NomosBibliothek

Die Lehrbuchreihe bietet Studierenden der Sozial- und Geisteswissenschaften ausgezeichnete Einführungen in die jeweilige Fachdisziplin. Klar strukturiert und in verständlicher Sprache vermitteln die Bände grundlegende Fachinhalte und fundiertes Expertenwissen. Sie sind ideal geeignet zum Einstieg in das Studium und zur sicheren Prüfungsvorbereitung – ein unentbehrliches Handwerkszeug für alle angehenden Sozial- und GeisteswissenschaftlerInnen.

Reza Hajatpour

Islamische Ethik

Einführung

Nomos
Bibliothek

VERLAG KARL ALBER

GEFÖRDERT VOM

Bundesministerium
für Bildung
und Forschung

Die Deutsche Nationalbibliothek verzeichnet diese Publikation in der Deutschen Nationalbibliografie; detaillierte bibliografische Daten sind im Internet über http://dnb.d-nb.de abrufbar.

ISBN 978-3-8487-7383-1 (Print)

ISBN 978-3-7489-1358-0 (ePDF)

Onlineversion
Nomos eLibrary

1. Auflage 2022

Inhaltsverzeichnis

Einleitung 7

Grundlegende Erklärungen und Begriffsbestimmungen 13

1 Ethik, Moral und Sitte 13

2 Der islamische Ethikbegriff 15

3 Ethik als theoretische und praktische Wissenschaft 18

4 Gegenstand und Themenbereiche der Ethik im Islam . . . 23

5 Die Formen und Inhalte der ethischen Begriffe und Urteile 26

Gut und Böse 33

1 Was ist das höchste Gut? 33

2 Ethische Begriffe vom Guten und Bösen im Koran 40

3 Die Idee des Guten und Schlechten im islamischen Denken 48

Das Wesen der islamischen Ethik und ihre Quellen . . . 59

Theologische Ethik 65

1 Menschenbild 65

2 Die Schulmeinungen 72

Ethik der Menschenwürde 79

Moderne Reflexionen für eine islamische Ethik der Menschenwürde 89

1 Mahdī Ḥā'irī Yazdī 90

2 Muḥammad Taqī Ǧa'farī 98

3 Muḥammad Taqī Miṣbāḥ Yazdī 106

Philosophische Ethik 119

Pädagogische Ethik 129

1 Erziehung als ein Vorgang der Menschwerdung 134
2 Der Begriff »Erziehung« im Islam 137
3 Der Mensch als Person 141
4 Der pädagogisch relevante Aspekt der Idee des Guten und Bösen 149
5 Erziehung als Vorgang des Seelenentwurfes 154
6 Erziehung – ein Vorgang der praktischen Vernunft 161
7 Selbsterziehung der Vernunft 173

***Adab*-Erziehung als Vorgang der sittlichen Charakterveredelung** 181

1 Adab und Bildungspädagogik 186
2 Adab und die Erziehung des Kindes 190

Weisheitspädagogik und humanistische Sittenpädagogik für Staat, Könige und Fürsten 201

1 Politische Ethik bei al-Fārābī 201
2 Traditionelle und religiöse Fürstenethik 206

Spirituelle Pädagogik 215

1 Mystische Erziehung als Vorgang seelischer Perfektion im Vereintsein mit dem Ganzen 215
2 Die Selbstmacht ist ein Zustand des Selbstentwurfes . . . 233

Zusammenfassung 243

Literaturverzeichnis 251

Einleitung

Worin liegt das Wesen der Ethik bzw. der Moral? Wie lassen sich die idealen Werte definieren, die sich im Persönlichen und Kollektiven bzw. in der zwischenmenschlichen Moralität manifestieren? Was sind die Normen für das menschliche Verhalten?

Im menschlichen Verhalten und Denken finden wir Eigenschaften, die in sozialen Interaktionen moralisch bewertet werden. Einige davon werden als unfair, unehrenhaft, unanständig, unaufrichtig oder egoistisch beurteilt. Moralische Inhalte sind bekanntlich an bestimmte Spielregeln gebunden. Es handelt sich hierbei um die sozialen Regeln und die kulturelle Wertvorstellung im jeweiligen Kontext, die den Menschen durch Erziehung, Bildung und gesellschaftliche Vermittlung prägt.

Das moralische Denken per se beinhaltet Tugenden, welche sich unabhängig von gesellschaftlichen Spielregeln begründen lassen. Demnach stellt sich die Frage, nach welchen Kriterien werden ethische Urteile gefällt? Sind diese universell und können objektiv bzw. logisch erfasst werden oder benötigen sie eine zusätzliche Begründung?

Mit anderen Worten: Gibt es ein moralisches Denken, das ohne soziale, kulturelle, politische und religiöse Herleitung, also rein a priori, aus dem menschlichen Wesen/seiner Vernunft heraus begründbar ist? Bzw. existieren moralische Inhalte und Ergebnisse, denen alle Menschen zustimmen, unabhängig von ihrer sozialen, kulturellen, politischen und religiösen Gesinnung? Wenn ja, inwiefern stehen diese in Übereinstimmung mit dem Religiösen als solchem?

Die menschliche Gebundenheit an Werte und die ethischen Reflexionen führen zur Frage der Legitimation. Wie werden die Werte bzw. die ethischen Ideale begründet bzw. woher rührt also letztlich ihre Legitimation? Denn ohne wären sie eine Angelegenheit der persönlichen Einstellung im jeweiligen kulturellen Kontext. Mit anderen Worten: Existieren moralische Urteile, die aus den essentiellen Tatsachen des menschlichen Wesens und dessen Eigenschaften her erfahrbar und durch Beobachtungen erfassbar sind? Oder wären moralische Werte nur Produkte kultureller Entwicklungen und historischer Prozesse?

Da der Mensch ein Kulturwesen ist und das gemeinschaftliche Zusammenleben das ethische Verhalten unabdingbar macht, stellt sich weiter die Frage, ob das ethische Empfinden doch ein Resultat seines natürlichen Umfeldes ist. Existiert eine moralische Ordnung außerhalb der gesellschaftlichen Formierung? Woher kommen moralische Differenzen zwischen Menschen/Gruppen? Wer ist der Träger moralischer Vorstellungen? Beziehen sich moralische Ansichten auf Glaube, individuelle Meinung oder eher Geschmack? Und wenn ja, worin liegt der Unterschied? Gibt es inhärente Merkmale moralischer Vorstellungen? Wie kann all dies religiös begründet werden?

Solche Themenkomplexe betreffen zum Teil Sachverhalte, die durchaus nicht neu sind. Es handelt sich hierbei um grundlegende Fragen, die innerhalb einer Moralphilosophie gestellt werden. Denn auf diese Weise werden verschiedene Ethikkonzepte charakterisiert. Jedoch werden an diese Themen wiederum weitere Fragen angeknüpft, welche die Gründe und Motive der Ethik analysieren: Was beinhalten Ethik bzw. Moral konkret? Sind sie Urteile oder Sichtweisen? Was versteht man unter dem Ethischen, wann beginnt die Ethik und wie sehen moralische Urteile aus? Diesbezüglich stellt sich auch die Frage nach dem Verhältnis von Absicht und Handlung. Was soll ich denken, was darf ich denken, was kann ich denken? Was soll ich, was darf ich und was kann ich tun?

Es handelt sich um Fragenkomplexe, auf die hier direkt oder indirekt eingegangen wird. Die vorliegende Arbeit thematisiert hauptsächlich die Darstellung der religiösen Ethiken in den islamischen Lehrtraditionen. Ein besonderes Augenmerk liegt dabei auf der philosophischen und pädagogischen Ethik.

****

Wenn wir von der Ethik sprechen, dann ist von einem Wert an sich die Rede. Ethik als eine menschliche Reflexion der idealen Werte dient dem Leben allgemein und entsteht nicht aufgrund einer göttlichen Offenbarung oder gar Gesetzen, sondern entwickelt sich allein aus der Lebenserfahrung heraus. In diesem Sinne herrscht ein wesentlicher Unterschied zwischen ethischen Vorstellungen und moralisierenden Aspekten, welche durch bestimmte Weltanschauungen zur Lebensführung festgelegt werden. Der Religion geht es jedoch um ein Leben jenseits der Vergänglichkeit, das den Sinn des Daseins deutet und ihm eine unbegrenzte existentielle Selbsterfüllung durch eine höhere Macht verleiht.

Somit stellt Ethik einen wichtigen Aspekt des menschlichen Lebenswandels dar. Daraus ergibt sich ferner die Frage, in welcher Form Religiosität und Ethik im Islam miteinander übereinstimmen und inwiefern ein »System der Ethik« (nach Immanuel Kant) im Islam zu erkennen ist, durch welches sich eine metaphysische und diesseitige Bestimmung begründet. Dies ist eine grundlegende Fragestellung dieser Arbeit. Denn wenn es ein solches System gibt, was wäre das Ziel der Ethik im Islam? Ist Ethik identisch mit dem Glauben?

Wenn wir heute von Religion sprechen, kann sich dies nie auf die reine, von Praxis und Deutung losgelöste Vorstellung beziehen. Wenn die Religion alle Bereiche des Lebens umfasst, ist Ethik ein Aspekt der Religion und steht somit immer mit einem religiösen Ritus in Verbindung. Damit geht die Frage einher, welche Bedeutung religiöse Ideale für die Ethik und die Selbstgestaltung des Menschen einnehmen.

Um diese Fragenkomplexe zu beantworten, ist nun eine weitere Überlegung vonnöten, in der man den Menschen im Islam als ein ethisches Wesen betrachtet. Der Islam als Religion hat den Anspruch, menschenwürdige Normen und ethische Ideale zu vermitteln, nach denen der Mensch in der Lage sei, sich in seiner ethischen Charakterbildung zu einem besseren und vernünftigeren Wesen zu entwickeln. Mit der Ethik strebt der Mensch nach der Glückseligkeit, die sich im Dies- und Jenseits manifestiert.

Um einen umfassenden Einblick in die islamische Ethik zu gewähren, ist es notwendig, die Grundzüge des menschlichen Wesens in Bezug auf sein ethisches Wesen aufzuzeigen. Hierbei steht vor allem der freie Mensch im Fokus. Schwerpunkte bilden seine diesseitsbezogenen essentiellen Rechte und Pflichten einerseits und die jenseitsbezogene spirituelle Selbstgestaltung und Existenzideale andererseits.

Mit der Frage nach dem Menschenbild im Islam hängen also wiederum ethische Themenkomplexe und Erziehungsvorstellungen zusammen. Ein Aspekt des islamischen Menschenbilds ist die Erziehung, welche gleichzeitig ein bestimmtes Menschenbild voraussetzt. Erziehung wird in islamischen Ethiktraktaten (meist) als ein Teilaspekt der Ethik verstanden. Oft wird sie in Form sittlicher Anstandsregeln bzw. praktischer Anweisungen angeführt, in denen entweder die Eigenschaften eines Mustermenschen im Alltag und/bzw. in einem höheren Veredelungszustand dargestellt werden.

Es handelt sich dabei um schöngeistige Bildung mit ethischer und normativer Charakterverwirklichung. Diese sog. pädagogische Ethik umfasst alle Formen des sozialen, politischen, persönlichen und kollektiven Verhaltens, von ästhetischer bis hin zu ethischer Natur. Wir können an dieser Stelle von einer Menschenerziehung ausgehen, die auf religiöse und rationale Weisheitstraditionen zurückgreift.

Diesbezüglich stellt die Vernunft neben der Religion einen weiteren Aspekt dar. Wie Oliver Leaman zu Recht betont, fehlt es der Herangehensweise an die islamische Ethik an einem analytischen Ansatz, eine Tatsache, die er sowohl bei den Muslimen als auch bei den Islamforschern bemängelt.[1] Um den Veränderungen in der Gesellschaft zu begegnen, soll man sich – mit einem Blick auf die Tradition gerichtet – den modernen Herausforderungen stellen. Diesbezüglich kommt die religiöse Überlieferung ohne rationale Reflexion nicht aus.

Im islamischen Ethik- und Moraldiskurs steht die Vernunft für die Weisheit, richtig und gut handeln zu können, also das Richtige und Gute vom Falschen und Bösen zu unterscheiden. Sie wird somit als Gegenstück zum moralischen Verfall bzw. zur Begierde herangezogen. Ein moralisches Denken ohne feste moralische Maßstäbe wäre subjektiv und daher relativierbar. In Bezug auf diese Aspekte stellt sich die Frage, welche Funktion der islamischen Moralphilosophie zukommt. Worauf bezieht sie sich und wie begründet sie das Denken und Handeln des Menschen?

In der islamischen philosophischen Tradition ist Ethik, in Anlehnung an die griechische Antike, ein Teil der praktischen Philosophie. Sie hat den Anspruch ethische Prinzipien bezüglich des richtigen und falschen Handelns rational zu begründen und darüber hinaus durch den Vollzug der ethischen Maxime für einen edlen Charakter und seelischen Vervollkommnung zu sorgen und zugleich ein friedliches soziales Leben zu ermöglichen.

So gesehen ist pädagogische Ethik ein Teil der praktischen Philosophie im Islam. Die Philosophie steht zwar hierbei im Dienst des Glaubens, zielt allerdings auf die rationale Erklärung von Geschehnissen und von Bedingungen des Lebens ab. Sie beginnt mit Selbsterkenntnis und den Voraussetzungen für unser Dasein, Denken und Handeln. Daher gelten Ontologie, Anthropologie und Psychologie als

1 Siehe Oliver Leaman, Islam and Morality: A Philosophical Introduction. London: Bloomsbury Academic, 2019, S. viii.

untrennbare Aspekte der Philosophie im Islam – somit ist Ethik ein fester Bestandteil des Lebens.

All diese Aspekte sind keine von den religiösen Traditionen unabhängige Einsichten des ethischen Normdenkens. Auch wenn im Islam Einsichten von moralischen Normen existieren, deren Erkenntnisse der menschlichen Vernunft unterliegen und keine Bestätigung von der Offenbarung benötigen, ist dennoch das moralische Urteil der Vernunft eingebettet in die Offenbarung, denn sie erhält ihre Legitimation nicht durch sich selbst, sondern eben durch die Offenbarung. Daher geht es in dem vorliegenden Buch um die Ethiken, die im Islam durch verschiedene religiöse Disziplinen beleuchtet werden. Hierbei wird auf religiöse Denkschulen und Theorien in ihrer unterschiedlichen traditionellen Prägung zurückgegriffen.

Im Vordergrund stehen die theologischen, philosophischen, mystischen und nicht zuletzt die pädagogischen Zugänge zur islamischen Ethiklehre. Im Gegensatz dazu handelt es sich bei der Offenbarungsethik, die durch prophetisches Vorbild an den Gläubigen übermittelt wurde, um keine systematische Lehre. Diese Ethik repräsentiert eher eine Lebensethik, die den Weg zum guten und gottgefälligen Leben eröffnet und Möglichkeiten aufzeigt, der überlieferten Tradition auf praktische Weise zu folgen. Auch die aktuelle Diskussion im Iran und die Differenzen der Protagonisten bezüglich ihres humanistischen Religionsverständnisses finden Berücksichtigung.

****

Die vorliegende Monographie ist das Ergebnis diverser Vorlesungen, die ich im Rahmen der Islamisch-Religiösen Studien an der Friedrich-Alexander-Universität Erlangen-Nürnberg (FAU) seit einigen Jahren gehalten habe. Dementsprechend wurden speziell die Wünsche und Erfordernisse dieses neuen Faches berücksichtigt.

Ziel ist es, die Diversität der Ethiktheorien im Islam darzustellen und vor allem den vernachlässigten pädagogischen Aspekten der Ethik eine besondere Aufmerksamkeit zu schenken. Jedoch ist es bei der Themenfülle schier unmöglich, alle existierenden ethischen Fragestellungen, Themenbereiche und Konzepte in ihrer Komplexität vollständig zu behandeln.

Angesicht der dringenden Frage zur ethischen Problematik, auch bezüglich der aktuellen Fragestellungen und ihrer Relevanz als kritische Begleitung der neuen theologischen Konzepte, soll diese Abhandlung einen kleinen, aber dezidierten Überblick über die Ethik im Islam verschaffen, um so einen Mehrwert für ethisch-humane Reflexion der Glaubensinhalte liefern zu können.

Im Hinblick auf die Pluralität und Vielschichtigkeit des Daseins sollen Gott, der Mensch, die Natur und das ganze Dasein nicht als voneinander getrennt betrachtet werden. Ein humanes soziales und menschenwürdiges Leben in Toleranz, Frieden und Dialogfähigkeit erfordert einen neuen kritischen Blick auf religiöse Dogmen, Weisheitstraditionen und geistige Überlieferungen sowie ein humanes Verhalten gegenüber Andersgläubigen/-denkenden. Glaubensfreiheit und Dogmenkritik usw. sollen im Lichte einer Neuorientierung bezüglich des sozialen und ethischen Lebenswandels im Mittelpunkt der theologischen Debatten stehen.

Wie dies – ausgehend von der Vielfalt bedeutender theologischer, religiöser, philosophischer und pädagogischer Werke – gelingen kann, ist eine Frage, zu der dieses Buch auf dem Weg zu einem besseren Verständnis zwischen den verschiedenen Religionen und Kulturen einen Beitrag leisten möchte.

Last but not least möchte ich mich herzlich bei allen Studierenden, die in den letzten Jahren lebhaft und diskursiv an meinen Vorstellungen teilgenommen und mitgewirkt haben, bedanken. Ebenso gilt mein herzlicher Dank an die Verlage Karl Alber und Nomos für die Übernahme des Manuskriptes und vor allem Frau Elham Daniela Mazloum und Herrn Lukas Trabert, die sich engagiert dem Lektorat des Buches gewidmet haben.

Grundlegende Erklärungen und Begriffsbestimmungen

1 Ethik, Moral und Sitte

Der Begriff Ethik steht für ein System der Werte, die sich auf mannigfaltige Aspekte des menschlichen Denkens, Verhaltens und Handelns beziehen. Dafür werden mehrere Begriffe genutzt, die miteinander in Zusammenhang stehen. Ethik, Moral und Sitte sind die am häufigsten verwendeten Begriffe dafür und werden generell selten voneinander abgegrenzt. Denn sie liegen nahe beieinander, was eine klare Trennung der Begriffe sehr schwierig macht.

Moral ist eine Ableitung vom lateinischen Wort *mores* und wird für die sittlichen Gewohnheiten von Gemeinschaften bzw. Gruppen verwendet.[2] Allgemein steht Moral für Sitte, Brauch und Charakter.[3] Es geht um den für die Daseinsweise des Menschen konstitutiven normativen Grundrahmen für das Verhalten zu sich selbst, zur Natur und vor allem zu seinen Mitmenschen. Darunter versteht man einen der Willkür des Einzelnen entzogenen Komplex von Handlungenregeln, Wertemaßstäben, Weltanschauungen und Sinnvorstellungen.

Moralität gilt nicht nur in der eigenen persönlichen Überzeugung und ist an Verhaltensweisen sichtbar, sondern prägt gleichermaßen private Institutionen wie Familie und Verwandtschaft oder öffentliche Institutionen (z. B. Eigentum, Bildungseinrichtungen usw.). Ebenfalls manifestiert sie sich in politischer, sozialer, kultureller und wirtschaftlicher Ordnung und letztlich im gelebten alltäglichen Leben.

Soziologisch gesehen bedeutetet dies, dass Moral der Stabilität und Integrität des gemeinschaftlichen Lebens dient, in dem das soziale System von gegenseitigem Vertrauen, von Authentizität und Glaubwürdigkeit geprägt ist. Damit geht ein gemeinsames Wertever-

---

2 Auffrath, Christoph / Kippenberg, Hans G./ Michaels, Axel (2006): Wörterbuch der Religionen. Stuttgart: Verlag Kröner, S. 351.

3 Siehe Höffe, Otfried (Hrsg. 1977): Lexikon der Ethik. In Zusammenarbeit mit M. Forschner, A. Schöpf u. W. Vossenkuhl. München: C. H. Beck, S. 162 f.

ständnis unter gemeinsamen Grundprinzipien und der Akzeptanz von sozialen Normen sowie einem allgemeingültigen Verhaltenscodex einher.

Insgesamt umfasst Moral sämtliche Verhaltensregeln, die innerhalb einer Gesellschaft oder sozialen Gruppierungen gelten und als Maßstab dafür gelten, welche Handlungen anerkannt oder missbilligt werden.[4]

Der Begriff Ethik entstammt etymologisch dem Griechischen und leitet sich von dem Wort *ēthos,* i.e. Ethos: Stamm oder Sippe, ab. Dieses kann folgende Bedeutungen einnehmen:[5]

- Wohnsitz, Heimat, Wohnung, gewohnter Aufenthaltsort.
- Gewohnheiten, Herkommen (Brauch), Sitte, Lebensgewohnheiten, gewohnte Art des menschlichen Verhaltens.
- Gesinnung, sittliches Bewusstsein, Charakter.

In diesem Sinne wird Ethik synonym zu Moral und Sitte verwendet. In der Antike wurde mit Ethik die theoretische Reflexion über das sittliche Verhalten bezeichnet. Damit schloss man auch ein Wertesystem ein. Diesem System zufolge überprüft die Philosophie als Lehre von der Lebensanschauung die Kriterien richtigen Denkens und Handelns bzw. legt diese fest. Sie ist eine Art Pflichtenlehre im kantischen Sinne.

Der Philosoph und Aristoteleskenner Ernst Tugendhat meint, dass mit Ethik ursprünglich *ēthe* (mit langem »ē«), also die Charaktereigenschaften, gemeint waren. Diese beinhalteten gemäß der aristotelischen Lehre Tugenden und Laster. *Ēthikos* wurde sozusagen mit *moralis* als Lehre der tugendhaften Charaktereigenschaften gleichgesetzt. *Ethos* (mit kurzem »e«) hingegen bedeutet Gewohnheiten und Bräuche wie *mores*.[6]

Zusammengefasst steht Ethik also für einen gemeinsamen Raum bzw. eine gemeinsame Sitte. In diesem Sinne kann man sie als Prinzip für eine Lebensart nach moralischen Codes verstehen. In der

---

4 Siehe Birnbacher, Dieter (²2007): Analytische Einführung in die Ethik. Berlin u.a.: De Gruyter, S. 1–3; Pieper, Annemarie (⁷2017): Einführung in die Ethik. Tübingen: A. Francke Verlag, S. 21–25.; Krings, Herman: Ethik, Ethos, in: Staatslexikon, Bd. 2. Görres Gesellschaft (Hrsg. 1988). Freiburg u.a., S. 397–398.; Lesch, Walter: Ethik und Moral/Gut und Böse/Richtig und Falsch, S. 64–83. In: Wils, Jean-Pierre, Mieth, Dietmar (Hrsg. 1992): Grundbegriffe der christlichen Ethik. Paderborn u.a.: Ferdinand Schöningh, S. 64.

5 Auffrath /Kippenberg/Michaels, 2006, S. 136.

6 Siehe Tugendhat, Ernst (²1994): Vorlesungen über Ethik. Suhrkamp Verlag Frankfurt/M.: Suhrkamp S. 34.

Philosophie handelt es sich dabei um die Lehre von den Grundnormen des menschlichen Handelns und der Verhaltensweisen. Sie dient als Wissenschaft zur theoretischen Begründung der Moral und ist ein Teil der praktischen Philosophie.

Einerseits beschäftigt sie sich mit dem Erkennen und den Prinzipien des Charakters sowie des sittlichen Denkens, andererseits mit der menschlichen Praxis. Im engeren Sinne ist sie somit eine Wissenschaft von der Sittlichkeit und den Prinzipen der menschlichen Verpflichtungen, das heißt, der Ermittlung und Begründung des moralisch Richtigen und Guten. Sie geht auch argumentativ auf die Überprüfung der Methode und Reflexion von Problemstellungen und Lösungsverhalten ein.

Was den Begriff Sitte betrifft, so stammt dieser von dem indogermanischen Wort *sueth* und beschreibt den Zusammenhang von dem Wohnort und den damit verbundenen vorherrschenden Gewohnheiten und Lebensweisen. Damit ist eine vorgeformte Lebensart gemeint, die Handlungs- und Beurteilungsgewohnheiten, Sichtweisen und Interpretationsmuster umfasst und diese fraglos als verbindlich betrachtet.

Im Deutschen spricht man von Anstand und Sitte bzw. Sittenbruch. Somit handelt es sich kulturell bzw. soziologisch gesehen um soziale Normen als überlieferte Ordnung. In diesem Sinne hat Sitte eine große Nähe zur Moral.[7]

Zusammengefasst ist Ethik bzw. Moral die Lehre des sittlichen Verhaltens, des Denkens und des Tuns. Genauer gesagt: Sie ist die Lehre des richtigen und falschen Verhaltens, des Denkens und des Tuns. Damit setzt sie sich sowohl im Allgemeinen als auch im Besonderen mit dem menschlichen Denken und Tun auseinander:

1. Zum einen zur sachlichen Richtigkeit oder Falschheit.
2. Zum anderen zur sittlichen Richtigkeit des Verhaltens der eigenen und/oder fremden Personen.

2 Der islamische Ethikbegriff

Der gängige Begriff für Ethik im Islam ist *aḫlāq*. *Aḫlāq* bedeutet auch Moral. Eine Differenzierung von Ethik und Moral nehmen wir hier

7 Siehe Krings, Ethik, Ethos, S. 397 f.; Lesch, Ethik und Moral, S. 64.

nicht vor. Denn nach islamischem Verständnis werden keine klaren Unterschiede zwischen Ethik und Moral (bzw. der Wissenschaft der Ethik *ʿilm al-aḫlāq* und Moral *aḫlāq*), vorgenommen.[8]

Der Begriff *aḫlāq* kommt in dieser Form nicht im Koran, jedoch in zahlreichen Überlieferungen vor. *Aḫlāq* ist der Plural des Begriffs *ḫalq* bzw. *ḫulq*. Somit stellt *ḫalq* den schöpferischen Akt sowie die Form der Dinge und des Erschaffenen dar, während *ḫulq* die Natur der Dinge, deren Eigenschaften, innere Befindlichkeiten und Dispositionen beschreibt.

So kommt *ḫalq* häufig im Koran vor, allerdings ausschließlich im Zusammenhang mit dem Akt der göttlichen Schöpfung, der Entstehung der Welt und des Menschen (Koran 23:12–14; 96:1–2, im Folgenden wird für den Koran gekürzt »K« eingeführt). Der Begriff *ḫulq* hingegen erscheint nur zwei Mal und wird dabei im Zusammenhang mit Sitte und Charaktereigenschaften verwendet. In koranischen Suren lesen wir einmal in Bezug auf die Sitte der Vorfahren: »Dies ist nichts als eine Sitte der Altvorderen.« (K 26/137) Und im Zusammenhang mit dem Verhalten und den Charaktereigenschaften bzw. der Wesensart des Propheten Muhammad: »Und du besitzest ganz sicherlich hohe moralische Eigenschaften« bzw. »Und du bist wahrlich von großartiger Wesensart.« (K 68/4).[9]

Das mit dem Begriff *aḫlāq* stehende Nomen *ḫulq* wird in zahlreichen Kontexten wiedergegeben und bedeutet so viel wie angeborene Eigenart, Charakter und Sitte, aber auch Gewohnheit, Wesen, Neigung, Veranlagung, Gemütsart, Gabe, geistige Fähigkeit, Talent, Begabung, Naturanlage, Vermögen oder Habitus. In diesem Sinne spricht man im Arabischen von *»al-ḫuluq hiya sağiyya«*.[10]

Somit stehen beide Begriffe *ḫulq* und *ḫalq* für eine natürliche Gestaltung bzw. Wesensart des Menschen in äußerlicher und innerer Form. Die Verbindung der Begriffe ist ebenfalls in den Überlieferungen zu erkennen. Laut einiger Aussagen des Propheten Muhammad soll der Mensch sich mit schönen Charaktereigenschaften ausstatten, da Gott den Menschen in schönster Form erschaffen habe (*innaka ʾmruʾun qad aḥsana Allāh ḫalqaka fa-aḥsin ḫulqaka*). Auch in diesem

---

8 Siehe dazu: Ḥanabka al-Maidānī, ʿAbd ar-Rḥmān Ḥasan (⁶1423/2002): Al-aḫlāq al-islāmiyya wa ususuhā. Bd. I. Damaskus u. Beirut; Zur Moralphilosophie. Siehe Frankena, William K. (1972): Analytische Ethik. Eine Einführung. München: Dtv.

9 Siehe ar-Rāġib al-Iṣfahānī: Muʿğam mufradāt li-alfāẓ al-Qurān. Hrsg. v. Nadīm Marʿašlī (1392q/1972). Beirut, S. 158–159.

10 Ebd. S. 159.

Kontext wird von dem ersten schiitischen Imam ʿAlī ibn Abī Ṭālib folgende Aussage überliefert: »Die schöne Veranlagung ist für die Seele und die schöne Form ist für den Körper« (*ḥusn al-ḫulq li an-nafs wa ḥusn al-ḫalq li al-badan*).[11]

Ibn Miskawaih (gest. 1030) meint dazu, dass der Begriff *al-ḫulq* (bzw. auch *al-ḫuluq*) einen Zustand der Seele (*ḥālun li-nafs*) umschreibt, der die Seele zu Handlungen ohne Denken und Überlegung veranlasst.[12] Dieser Zustand ist, wie beispielsweise Wut, natürlich, oder durch Übung und Gewohnheit erworben, wie etwa Mut. Daher spricht man an dieser Stelle von einem Zustand des Habitus (*malaka-i nafsānī*, der seelische Habitus), wenn eine Eigenschaft zum Wesen des Menschen wird. Dieser Habitus kann kaum noch beseitigt werden. Hingegen spricht man von einem Zustand (*ḥālun*) der Seele, wenn dieser noch nicht zum Habitus der Seele geworden ist und man diesen somit leichter wieder entfernen kann.[13]

Vom sechsten schiitischen Imam, auf den die Gründung der Gafʿaritischen Rechtsschule zurückgeht, wurde überliefert, dass er *ḫulq* als die Charaktereigenschaften der Menschen versteht und in zwei Arten unterteilt: Zum einen ist *ḫulq* die Veranlagung (*saǧiyya*) im Menschen, zum anderen ein Gesinnungsvorhaben (*niyya*, Intention).[14] Der schiitische Imam führt aus, dass die Charaktereigenschaften, die von Grund auf inhärent sind, dem Menschen zwangsläufig ohne Mühe und eigenes Zutun entspringen. Die zweite Art der Eigenschaften wird hingegen durch Geduldsübung, Beharren und standhaftes Befolgen erarbeitet.

Die Begriffe *ḫulq* bzw. *aḫlāq* kommen in zahlreichen weiteren Überlieferungen vor. Beispielsweise werden die Menschen aufgefordert, sich mit göttlichen Eigenschaften auszustatten (*taḫallaqū bi aḫlāq allāh*).[15] Der Begriff *aḫlāq* wird sogar in einer Überlieferung mit der Absicht der Gesandtschaft des Propheten in Zusammenhang gebracht. Laut dieser Überlieferung heißt es: »Ich wurde nur geschickt, um die Charaktereigenschaften zu veredeln«[16]. Auch von

11 Vgl Falsafi, Muḥammad Taqī ([3]2000): Aḫlāq az naẓar-i hamzīstī wa arzišhā-i insānī. Teil I. Daftar-i Našr wa farhang-i islāmī Teheran, S. 15.

12 Vgl. Ibn Miskawaih, Aḥmad Ibn Muḥammad: Tahḏīb al-aḫlāq wa-taṭhīr al-aʿrāq. Hrsg. v. Ibn al-Ḫaṭīb (1398q/1979). Maktaba aṯ-ṯaqāfa ad-dīniyya Kairo, S. 41.

13 Siehe Sādāt, Muḥammad ʿAlī ([12]1993): Aḫlāq-i Islāmī. Teheran, S. 8.

14 Vgl. Baṭḥāī Gulpāyigānī, Hāšim (1998): Aḫlāq-i taḥlīl-i Islām. Teheran, S. 2–3.

15 Siehe Maǧlisī, Muḥammad Bāqir: Bahār al-anwār. Muʾassisa al-wafāʾ (Hrsg. 1404), Beyrūt, Bd. 58 S. 129.

dem bereits genannten sechsten Imam der Schia werden zahlreiche Aussagen zum *makārim al-aḫlāq* überliefert, in denen er die Menschen auffordert, sich den edlen Eigenschaften zu verpflichten (*alaikum bi makārim al-aḫlāq*).[17]

Ebenso gibt es eine Vielzahl koranischer Begriffe und weitere Formulierungen in islamischen Kulturkreisen, welche mit Ethik in Zusammenhang gebracht werden können. Diese sind z.B. *adab* (Anstand), *ḫuy* (gut gelaunt, Gewohnheit), *bad* (schlecht), *ḫub* (gut), *zešt* (hässlich), *zībā* (schön), *ğamīl* (schöne Tat), *maḥmūd* (gelobte Tat), *ḥusn* (erwünschte Tat), *qubḥ* (unerwünschte Tat), *ḫair* (Gut), *šarr* (Böse) *maḥbūb* (gemochte Tat), *maḏmūm* (verabscheute Tat), *arzeš* (Wert), *faḍīla* (Tugend), *raḏīla* (Frevel), *kamāl* (Integrität, Rechtschaffenheit), *naqs* (mangelhaft), *sa'āda* (Glückseligkeit) oder *šaqāwa* (Elend). All diese Begriffe beschreiben gute oder schlechte Charaktereigenschaften. Im Laufe der vorliegenden Arbeit werden diese Begrifflichkeiten kontextabhängig beschrieben und deshalb hier nicht gesondert definiert.

3 Ethik als theoretische und praktische Wissenschaft

Heutzutage hat sich Ethik, wie etwa die Psychologie, als Einzelwissenschaft verselbständigt. Sie dient nicht einer bestimmten Disziplin, sondern stellt die grundsätzliche Frage nach dem menschlichen Lebenssinn und Lebensverhalten. In der wissenschaftlichen Tradition ist sie jedoch eine Teildisziplin der praktischen Philosophie. Die Philosophie ist eine wissenschaftliche Disziplin, dient aber auch als Lebensanschauung und ist somit als eine Lebens- und Selbsterkenntnis zu verstehen.

Selbsterkenntnis umfasst die Erkenntnis des Seins und aller Formen des Handelns. Die Selbsterkenntnis als Lebensaufgabe artikuliert sich in der Bedeutung des Lebens und der richtigen und sittlichen Lebensführung, welche man mit dem Sinn des Lebens verbindet. Daher ist die Philosophie nicht nur ein theoretisches

---

16 Vgl. Miṣbāḥ, Muǧtabā (⁵2001): Falsafah-i aḫlāq. Ghom, S. 19; Gril, Denis: The Prophetic Model of the Spiritual Master in Islam, in: Jean-Louis Michon & Roger Gaetani (Hrsg. 2006): Sufism: love & wisdom. Foreword by Sayyid Hossein Nasr. World wisdom Indiana, S. 63–88, hier S. 80.

17 Zitat nach Baṭḥāī Gulpāyigānī 1998, S. 26–28.

Erkennen, sondern ebenfalls eine Lebensart. Sie hat somit auch ein praktisches Interesse am Leben.

Philosophie wird, in Anlehnung an die griechische Antike, auch in der islamischen Denkweise in theoretische und praktische Philosophie unterschieden. Erstere beschäftigt sich mit der Erkenntnis von den Dingen, deren Wesen und Zuständen. Ebenfalls fragt sie nach der Entstehung der Welt sowie deren Ziel. Im Islam steht vor allem die Erkenntnis Gottes im Fokus, seine Eigenschaften und die Erkenntnis der Schöpfung. Gleiches gilt für ihren Sinn für die Geschöpfe.

Ethik nimmt in verschiedenen Disziplinen und Kontexten eine unterschiedliche Bedeutung und Rolle ein: Diese umfasst etwa die Philosophie der Ethik, die Wissenschaft der Ethik sowie deren Wissenschaftsgeschichte.

Unter der Philosophie der Ethik (*falsafa al-aḫlāq*) versteht man allgemein eine deskriptive Darstellung, Beschreibung und Erläuterung der Grundkategorien oder Tatsachen. Die Wissenschaft der Ethik hingegen geht von einem normativen Zugang hinsichtlich ethischer Fragen aus (man spricht über Normen, deren Regulierung und Festlegung). Dabei betrachtet man Handlungen, wie sie sein sollten oder ob man sie gänzlich unterlassen sollte. Die Wissenschaftsgeschichte der Ethik ist ein Teilbereich der Soziologie. Sie beschäftigt sich nicht mit den moralischen Werten, sondern mit historischen Ereignissen, in welchen die Moralität des menschlichen Handelns sozialwissenschaftlich geschildert und analysiert wird.

Die praktische Philosophie als praktische Wissenschaft umfasst Ethik, Sozialphilosophie und Staatsphilosophie. Ihre Grundlage bildet die theoretische Philosophie.[18] Sie beschäftigt sich mit der Erkenntnis von den Handlungsprinzipien des freien Menschen. Ebenso thematisiert sie das Ziel bzw. die Konsequenz des menschlichen Handelns für sich, die Gesellschaft sowie seine Verantwortung gegenüber Gott. Darüber hinaus fragt sie nach den Handlungen des Menschen hinsichtlich derer Beurteilung als gut oder schlecht. Mit dieser Frage nach dem höchsten Gut geht das richtige Handeln einher. Aber auch die Themenbereiche der menschlichen Freiheit oder die Ideengeschichte der Ethik, ihre Ziele und Entwicklungsgeschichte werden beleuchtet.

---

18 Siehe Höffe, Otfried ([2]1996): Praktische Philosophie. Das Modell des Aristoteles. Berlin: Akademie Verlag, S. 10, 21.

Nach Ṣadr ad-Dīn aš-Šīrāzī (gest. 1641, bekannt als Mullā Ṣadrā), der als bedeutendster Vertreter der Schule von Isfahan gilt,[19] handelt es sich bei der praktischen Philosophie generell um die Erkenntnis, den Habitus und die Eigenschaften sowie alles, was daraus resultiert. *Ḫulq* kann nach diesem Verständnis eine beständige Eigenschaft der Seele sein in der Hinsicht, dass ein Mensch gerecht agiert und dies immer beibehält.

Jedoch kann der Mensch nach Mullā Ṣadrā ebenso als ethisch bezeichnet werden, wenn er nur gelegentlich ethisch handelt. Somit ist in diesem Fall nicht die Eigenschaft, sondern die einzelne Tat an sich gemeint. Ethik kann also auch rein positiv, nämlich für gute Taten, verwendet werden. Ferner kann der Begriff Ethik auch alle Handlungen umfassen, sowohl die guten als auch die schlechten.

Die Wissenschaft der Ethik (*ʿilm al-aḫlāq*) hat das Ziel, die menschliche Seele mit guten Eigenschaften auszustatten. Sie ist die Lehre der richtigen bzw. guten Taten, die von den Menschen ohne Überlegung und Anstrengungen vollbracht werden. Dies bedeutet, dass die Seele die Fähigkeit besitzt, etwas ohne Überlegung und Anstrengungen zu tun bzw. eine festverwurzelte Handlung durchzuführen. Dies geschieht nicht zufällig, sondern stellt einen Dauerzustand der menschlichen Natur dar, welcher erst dann eintritt, wenn die guten bzw. bösen Eigenschaften zum Habitus der Seele werden.

Somit können wir hier festhalten, dass die Philosophie der Ethik sich mit der Wissenschaft der Ethik befasst, die sich wiederum mit den guten und schlechten Eigenschaften des Menschen auseinandersetzt. Diese werden willentlich herbeigeführt.

Somit reflektiert die theoretische Philosophie über die Dinge, wie sie sind (Ist-Zustand oder Seins-Zustand). Die praktische Philosophie hingegen betrachtet die Handlungen, wie sie sein sollten (Soll-Zustand), de facto also Pflichten, Absichten und Prinzipien. Der iranische Gelehrte Murtaḍā Muṭahharī (gest. 1979) widmete der Philosophie der Ethik (*falsafa-i aḫlāq*) ein eigenständiges Werk. Er vertritt die Auffassung, dass die praktische Philosophie (*ḥikmat-i ʿamalī*) über die menschlichen Pflichten ausschließlich aus der menschlichen Vernunft heraus reflektiert.[20]

Muṭahharī meint, dass die Wissenschaft der Ethik (*ʿilm-i aḫlāq*) sich mit den allgemeinen Anwendungspflichten bzw. Handlungsre-

---

19 Siehe Hajatpour, Reza (2013): Vom Gottesentwurf zum Selbstentwurf. Die Idee der Perfektibilität in der islamischen Existenzphilosophie (Welten der Philosophie). Freiburg: Karl Alber Verlag, S. 39–58.

geln befasst, wie ein Mensch leben sollte. Allerdings steht die Art des Lebens im islamischen Sinne für ein heiliges und würdevolles Leben. Die Wissenschaft der Ethik umfasst alle Formen des Handelns, das praktische Verhalten und den seelischen Habitus (*malaka-i nafsānī*), das heißt, wie sich der Mensch im Sinne eines heiligen und würdevollen Lebens verhalten sollte.[21] Dagegen befasst sich die Philosophie der Ethik mit der Ethik selbst und allen Aspekten, die mit ihr in Verbindung stehen. Sie gehört zu einer Disziplin, die sowohl die wahren (*ḥaqīqī*) als auch die konventionellen Wissenschaften (*i'tibārī*) umfasst. Denn sie befasst sich zum einen mit den Erkenntnissen darüber, wie die ethischen Werte sind, zum anderen mit den Grundlagen der ethischen Werte, wie sie sein sollten.[22]

Hierzu meint Muḥammad Riḍā Mudarrisī, dass die ethischen Werte mit der Absicht und dem bewussten Willensakt einhergehen:

> »Es geht um die selbstgewählten Taten, worüber der Mensch Macht hat und was er aus eigenem Willen hervorbringt (*af'āl maqdūr*) und über den Wert und die Würdigkeit dieser Taten.«[23]

Insofern ist die Ethik eine theoretische und praktische Wissenschaft. Sie setzt sich einerseits mit den Erkenntnissen und Wertebestimmungen der Vernunft, andererseits mit den praktischen Handlungsregeln auseinander.

Die praktische Philosophie im Islam umfasst drei Aspekte des menschlichen Wirkens: die Ethik (*aḫlāq*), das Management des Hauses (*tadbīr manzil*, wird auch im Plural, also *tadbīr manāzil* verwendet, dazu zählen im Übrigen auch die Bildung und Pädagogik) sowie die Politik der Städte (*siyāsa al-mudun*) bzw. das Management der Zivilisation (*tadbīr al-madanī*), die allgemein als öffentliche Politik (*siyāsa*) bezeichnet wird.[24] Alle drei Aspekte gehören dem Bereich des menschlichen Wirkens als Freiheitswesen im öffentlichen Raum an. Dieses Wirken kann innerhalb der Familie, durch Politik oder in Form von individueller seelischer Veredelung erfolgen.

---

20 Siehe Muṭahharī, Murtaḍā (⁶1989): Āšinā'i bā 'ulum-i islāmī. Kalām, 'Irfān, ḥikmat-i 'amalī. Bd. II. Teheran, S. 178–179.

21 Siehe Muṭahharī ⁶1989, S. 191; Umīd, Mas'ūd (2009): Falsafa-i aḫlāq dar Irān-i ma'āṣir. Teheran, S. 309.

22 Ebd. S. 311–313.

23 Mudarrisī, Muḥammad Riḍā (²1997): Falsafa-i aḫlāq. Pažuhiš dar bunyānhā-i zabānī, fiṭrī, tağrubī, naẓarī wa dīni-yi aḫlāq. Teheran, S. 12.

24 Vgl. Ibn Miskawaih, Tahḏīb al-aḫlāq, S. 50; aṭ-Ṭūsī, Naṣīr ad-Dīn: Aḫlāq-i Nāṣirī. Kommentiert und hrsg. v. Muğtabā Mīnū'ī (⁴1369/1990). Teheran, S. 40.

Die Ethik beschäftigt sich somit mit den Handlungen des Menschen, die zum Guten/Glückseligkeit (*sa ʿāda*) oder zum Elend/Bösen (*šaqāwa*) führen. Allgemein betrachtet stellt dies einen Scheideweg zwischen Schönem (*ḥusn, ǧamīl*) oder Hässlichem (*qabīḥ*), dem Würdigen (*maḥbūb*) oder Unwürdigen (*maḏmūm*) bzw. dem Wohl/der Tugend (*faḍila*) oder dem Übel (*raḏīla*) dar.

Ethik befasst sich somit mit der Erkenntnis, welche menschlichen Handlungen gut sind (*aḫlāq-i naẓarī,* die theoretische Ethik) und woran Handlungen orientiert sein sollen (*aḫlāq ʿamalī,* die praktische Ethik). Die Philosophie der Ethik sucht jedoch nach dem Grund der ethischen Forderung an den Menschen. Sie untersucht, was gut oder schlecht ist bzw. religiös betrachtet wird, und wie man erkennt, ob eine Tat gut oder verwerflich ist. Dies geschieht durch Erfahrung, Vernunft (a priori), Intuition, Gewohnheit, die eigene Glückseligkeit, subjektives Empfinden, Wohlgefallen oder Gemeinwohl.

Zuletzt stellt sich die Frage, ob der Mensch einen kontinuierlichen Zustand für gute Taten ohne Überlegung oder Erziehung erreichen kann, oder ob sich dies widerspricht. Ist ein bewusster, festverwurzelter Zustand nicht erst durch dauerhaftes Überlegen und harte Arbeit an sich selbst möglich?

Darüber hinaus stellt sich die Frage, welche Bedeutung die Freiheit für das ethische Handeln einnimmt. Nach islamischem Verständnis spricht die Ethik nur den Menschen als Freiheitswesen an, nicht die Tierwesen, denn diese handeln nicht willentlich, sondern instinktiv. Ibn Miskawaih unterscheidet den Menschen von den Tierwesen durch die Vernunft als das Prinzip des Handelns, welche auf das Gute gerichtet ist.

Dadurch stellt sich die Frage nach dem Guten: Ist es etwas, was das Subjekt erreicht, wenn es die religiöse Pflicht erfüllt hat? Geht es dabei um das absolut Gute, um die wahre Erkenntnis und das damit einhergehende ewige Sein bzw. die Vollkommenheit seines Wesens? Ist das Gute eher allgemein oder als relatives Gutes eine individuelle Erkenntnis? Wenn es allgemein ist, wie steht es in Bezug zum Einzelnen?

Insgesamt geht die islamische Ethik von dem ethischen Prinzip aus, dass das menschliche Handeln dem Willen entspringt. Somit sind alle Fragestellungen über Verantwortung, willentliche Handlungen und Absichten des menschlichen Handelns und des Denkens der Gegenstandsbereich der Ethik.

4 Gegenstand und Themenbereiche der Ethik im Islam

Ethik setzt sich mit den Themenbereichen des menschlichen Denkens und Verhaltens auseinander und zeigt auf, wie diese sein sollten. In diesem Sinne beschäftigt sich Ethik mit Eigenschaften und Handlungen, die dem Menschen willentlich entspringen. Der Gegenstand der Ethik (hier können wir auch von einer Sittenlehre sprechen) ist die Frage nach dem »Was« und »Wie« des Gesollten. Ethik ist demnach die Lehre des »Wie-Lebens« und des Gesollten.

Der Gegenstand der Ethik variiert nach ethischen Teilbereichen und Disziplinen. So gibt es eine philosophische, theologische (religiöse), mystische und pädagogische Ethik. Die pädagogische Ethik befasst sich mit der menschlichen Erziehung und Bildung, wie diese sein sollte. In Bezug auf die religiöse Ethik umfasst der Gegenstand der Untersuchung Ge- und Verbote Gottes. An dieser Stelle kann man auch von einer Pflichtenlehre sprechen. Hinsichtlich der praktischen Philosophie ist der Gegenstand der Ethik die dem Menschen zugrunde liegenden Prinzipien und Kategorien, nach denen der Mensch seine Handlungen als gut oder schlecht definiert. Der Gegenstand der Wissenschaft der Ethik sind die willentlichen Handlungen, die den Menschen zum Guten oder Üblen verlocken. Ebenso ist die Seele des Menschen ein Teilbereich der Ethik, denn das Ziel der islamischen Ethik liegt auch in der Glückseligkeit oder der Vollkommenheit der Seele. Hier kann man von einer mystischen Ethik im engen Sinne sprechen. Das Ziel der Mystik ist, durch Askese und den spirituellen Pfad die Seele zu läutern, um sie mit den göttlichen Attributen zu vereinen.

Grundsätzlich beschäftigt sich die philosophische Ethik mit den ethischen Werten von Handlungen, die in der Wissenschaft der Ethik als Grundlage zum Wahr- und Falschhalten von ethischen Grundsätzen und Urteilen betrachtet werden. In der philosophischen Ethik spricht man also einerseits von den Grundfragen der Ethik wie z.B. universellen oder relativen ethischen Werten, dem höchsten Gut oder dem Bösen im Menschen. Wir können folglich von einer Ethik als praktische Wissenschaft sprechen, die auf Prinzipien, Grundlagen und Kategorien aufgebaut ist, um die sittlichen Prinzipien des menschlichen Denkens und Handelns gemäß einer idealen Lebensführung zu überprüfen.

Die Grundlagenprinzipien der Ethik im Islam können je nach Betrachtung in zwei Bereiche geteilt werden: Glaubensprinzipien und humane Existenzprinzipien. Die religiösen Grundlagenprinzipien der islamischen Ethik sind auf den folgenden vier Säulen aufgebaut:

- Gott (Monotheismus): Es geht um die Nähe Gottes, vom Menschen zu Gott und von Gott zum Menschen sowie die Einheit mit ihm. Dies kann je nach Methode und religiöser Denkrichtung unterschiedlich ausgelegt werden.
- Eschatologie: Gott ist Richter, Herr der Strafe und Belohnung und damit ist das Ziel des Menschen die Begegnung mit ihm.
- Prophetie (Führerschaft): Es geht dabei um die Gesandtschaft des Propheten sowie seine Botschaften und Rechtsleitung. Die prophetische Lebensart gilt als beispielhaft für den Menschen. Sie sollen sich an seinem Handeln orientieren und an seine Prophetie glauben. Die Führerschaft kann je nach religiöser Überzeugung unterschiedlich ausgelegt werden.
- Gerechtigkeit: Es geht dabei um ein Leben in Ausgewogenheit und Harmonie mit der Existenz unter den Prinzipien der Verantwortung, Pflicht, Freiheit und Vorbestimmung. Gott ist gerecht und die Schöpfung fungiert nach dem Prinzip der Gerechtigkeit.

Was die Existenzprinzipien betrifft, basieren diese im Islam auf philosophischen Vorstellungen und können in drei Faktoren zusammengefasst werden:

- Die Glückseligkeit der Seele: Sie ist erreichbar durch den tugendhaften Vollzug der Vernunftseele. Man kann sie als diesseitige bzw. jenseitige Glückseligkeit verstehen. Im koranischen Sinne erlangt die Seele den Zustand der Seelenruhe.
- Die Vervollkommnung der Seele: Sie ist erreichbar durch die Vereinigung der Seele mit dem aktiven Intellekt bzw. durch das asketische Aufgehen in Gott.
- Die Selbstveredelung des Charakters: Sie ist erreichbar durch Charakterbildung und Erziehung.

Diese drei Aspekte können miteinander verknüpft bzw. je nach Disziplin unterschiedlich bewertet werden.

Die Ethik im Islam beschäftigt sich mit den Grundfragen der Schöpfung, des Handelns oder des Glaubens: Ist die Schöpfung gut oder böse? Was ist gut? Was sind Gerechtigkeit, Solidarität, Verantwortung, Glaube, Gehorsam, Schicksal oder Sünde?

Gesamtheitlich geht es um den Zustand der Seele bzw. der Anima, des Ichs, des Geistes oder der Psyche. Dabei handelt es sich um die moralische Fähigkeit und das Primat der Seele (*rūḥ/nafs*). Dies beinhaltet Vernunft, Freiheit, Bewusstsein und freien Willen. Die Besonderheiten der Seele (*nafs*) im Islam können je nach Disziplin und religiöser Grundvorstellung entweder für Perzeption (*idrāk*), Wille (*irāda*) oder Liebe (*maḥabba*) stehen.

Die Vollkommenheit der Seele symbolisiert gleichzeitig die Vollkommenheit der sittlichen Eigenschaften des Menschen. Der Mensch strebt danach, dem Beispiel der Göttlichkeit durch die Aneignung göttlicher Charaktereigenschaften zu folgen und sich mit ihm zu vereinen (*taḫallaqū bi aḫlāq Allāh*).

Der menschliche Wille trachtet nach Selbsterhaltung und Selbstverwirklichung. Im religiösen Sinne ist der Mensch danach bestrebt, seine Existenz wertvoll und gottgefällig zu gestalten. Der Mensch gründet sein Handeln auf Selbstliebe (*ḥubb-i ḏāt*) und Erkenntnis über die Dinge, die zur Selbstverwirklichung führen.

Das Endziel des Menschen ist die höchste Vollendung seines Wesens. Diese wird durch das Streben der Seele nach ewigen Zielen, also der richtigen Handlungsweise zur Erlangung dieser Vollkommenheit, vorangetrieben, um die Gottesnähe, welche die Quelle des Lebens und der Vollkommenheit ist, zu erreichen. Im Koran wird diese Nähe mit der Metapher der »glänzenden Gesichter« im Jenseits ausgedrückt (K. 75/22 f.) oder mit dem Bild geselliger Gefährten in der »Gegenwart Gottes« (K. 54/53). Die Nähe Gottes ist eine geistige Aktivität der Seele, deren höchste Form die Aktualität der Seele in ihren transzendentalen Eigenschaften ist. Solche Eigenschaften können Wissen, Liebe, Wille und Macht sein, aber auch andere Attribute Gottes.

Im koranischen Sinne spiegelt sich dies in folgenden Versen wider:[25]

> »O du Seele, die du Ruhe gefunden hast, kehre zu deinem Herrn zufrieden und von seinem Wohlgefallen begleitet zurück. Tritt in die Reihe Meiner Diener ein, und tritt ein in Meinen (Paradies)garten.« (K. 89/ 27–30)

»Diejenigen nun, die nicht die Begegnung mit Uns erwarten und mit dem diesseitigen Leben zufrieden sind und darin Ruhe finden, und die gegenüber Unseren Zeichen unachtsam sind, deren Zufluchtsort wird das (Höllen-)Feuer sein für das, was sie erworben haben.« (K. 10/7f.)

---

[25] Die Koranzitate orientieren sich im Großen und Ganzen an: Der Koran: Neu übertragen von Hartmut Bobzin (2012). München: Verlag C. H. Beck, 2012.

Die Ethik im Islam geht also, wie an den obigen Versen ersichtlich, mit einem bestimmten Menschenbild einher. Somit spielt die Frage nach dem Wesen des Menschen eine integrale Rolle für die islamische Ethik. Wenn man nach dem Wesen des Menschen fragt, so fragt man gleichzeitig nach dem Wesen der Seele. Denn nur durch die Seele ist der Mensch im islamischen Denken zu einem Menschen geworden.

In diesem Sinne meint Mullā Ṣadrā, dass Ethik eine Tugend der Eigenschaften der Seele (*faḍā'il an-nafs*) sei. Nach der aristotelischen Tradition glaubt er, dass Ethik einen Ausdruck der inneren Schönheit darstellt, so wie die äußere Schönheit der Ausdruck der Schönheit der Körperglieder sei.[26] Dabei geht es um den Ausgleich der vier Seelenkräfte: Wissen (*ʿilm*), Zorn (*ġaḍab*), Lustbegierde (*šahwa*) und Gerechtigkeit mit der Vernunft (*ʿadl wa ʿaql*).

5 Die Formen und Inhalte der ethischen Begriffe und Urteile

Urteile, die in Form moralischer Sätze formuliert werden, müssen eine Begründung enthalten. Die Begründungen von moralischen Sätzen stellen wiederum moralische Prinzipien dar, die selbst in Satzform aufgebaut sind. Moralische Prinzipien sind jedoch Überzeugungen, die entweder religiös oder rational bzw. auch nach Werteprinzipien oder nach Erfahrungen bzw. Gesinnung begründet werden. Im Islam werden moralische Urteile auf transzendentale Werte zurückgeführt. Sie werden jedoch sowohl in der theologischen Normenlehre als auch in Ethiktraktaten sowie in Fürstenspiegeln und der praktischen Philosophie an bestimmten Kategorien gemessen.

Beispielhaft werden hierbei die Sätze »Gerechtigkeit ist gut« und »Unterdrückung ist verwerflich« im Islam rational begründet. Die Begründungen gehen jedoch auf Prinzipien zurück, die ihre Geltung metaphysisch bzw. durch die Offenbarung erhalten. In diesem Sinne lautet eine der wichtigsten Fragen in der islamischen Ethik, wie man die ethischen Urteile verortet. In welchen Formen und Inhalten erscheinen ethische Grundsätze und Urteile?

---

[26] Vgl. aš-Šīrāzī, Ṣadr ad-Dīn Muḥammad Ibn Ibrāhīm: al-Ḥikma al-mutaʿāliya fī al-asfār al-ʿaqlīya al-arbaʿa (al-Asfār). Bd. I-IX. Hrsg. v. Riḍā Luṭfī u. Muḥammad Riḍā Muẓaffar (q²1387/1967). al-Maktabat al-Muṣṭafawī Ghom, Bd. 9, S. 78.

Generell werden moralische Urteile bzw. Prinzipien mit Modalverben (müssen, sollen, können, dürfen), Bewertungen (gut und schlecht, positiv/negativ) oder Ge- bzw. Verboten (»Du sollst nicht töten«, »Lügen ist schlecht«, »Geduld ist gut«) versehen. Sämtliche Sätze thematisieren die Notwendigkeit und Gebothaftigkeit des Denkens, einer Absicht oder einer Handlung.[27]

Die ethischen Sätze und Urteile können im islamischen Denken ihrer Form nach entweder als ein Aussagesatz bzw. Propositionalsatz (*ḫabarī*) oder imperativ (*inšā'ī*) gewertet werden. Ihrem Inhalt nach sind sie entweder wahr und haben in der Außenwelt entsprechend eine Identität (*ai'ynī*) oder sie sind Abstraktionen des Geistes (*intizā'ī*) in Bezug auf realexistierende Gegebenheiten oder pure konventionelle bzw. rein geistige Vereinbarungen (*i'tibārī*) zwischen den Menschen.[28]

Die erste Variante (*ai'ynī*) geht davon aus, dass Moral in der Außenwelt erkennbar ist, während die zweite Variante (*intizā'ī*) annimmt, dass Situationen und Gegebenheiten, die zu moralischem Handeln in der Außenwelt führen, erkennbar sind. Sie ermöglichen es, moralische Forderungen zu abstrahieren. Dies ist vergleichbar mit den Eigenschaften eines Menschen, welche dazu führen, dass der Mensch ein moralisches oder vergängliches Wesen ist. Demnach haben gewisse Eigenschaften, die einem Menschen wesentlich sind, in der Außenwelt eine entsprechende Übereinstimmung. Die Eigenschaften werden allerdings im Geist erfasst und gelten somit als a priori (*ma'qūlat-i awwaliya*). Dies geschieht ohne vorherige Erfahrung und Abstraktion, wie es bei der Wärme der Sonne der Fall ist. Im Gegensatz dazu werden alle Eigenschaften, die von der apriorischen Wahrnehmung abhängig sind und erst nachträglich im Geist festgestellt werden, als aposteriori (*ma'qūlat-i ṯānawiya*) bezeichnet. Beispielhaft hierfür steht die Vergänglichkeit der Sonne oder die Verwerflichkeit der Unterdrückung.[29]

Die dritte Variante (*i'tibārī*) meint, es gäbe weder Moral in der Außenwelt noch könne sie aus der Außenwelt abgeleitet werden. Stattdessen entstünde sie nur im Geist durch menschlich-konventionelles Verständnis. Vergleichbar ist dies mit dem Besitztum, für das es keine Entsprechung in der Außenwelt gibt, sondern welches

---

27 Siehe dazu Tugendhat ^{2}1994, S. 35–48.

28 Siehe dazu Mudarrisī ^{2}1997, S. 38–47, 62–76; vgl. Miṣbāḥ ^{5}2001, S. 21–38.

29 Vgl. Mudarrisī ^{2}1997, S. 62–64.

allein durch Vereinbarungen festgelegt wird. Auch Eigenschaften wie Respekt gegenüber den Eltern sind nicht äußerlich als Wert erkennbar oder ableitbar. Vielmehr entsteht dieser Respekt durch die Selbstverständlichkeit des menschlichen Lebens.

Aus islamischem Blickwinkel stellt sich die Frage, ob die Moralität bzw. ethische Sätze einen realen Bestand in der Außenwelt darstellen wie etwa die Wärme der Sonne. Die Antwort darauf lautet, dass sie weder Bestand in der Außenwelt haben noch reine Produkte des Geistes sind. Das Gute und das Böse manifestiert sich auch nicht in der Außenwelt und ist dennoch keine Imagination des Geistes.

Moralische Sätze sind nicht absolut (*muṭlaq*) und nicht überall gleich wie das Wasser in der Welt. Demut und Großzügigkeit sind beispielsweise gut, Lügen und üble Nachrede hingegen nicht. Weder Demut noch Lüge haben in der Außenwelt Bestand. Doch sie entsprechen einem Fakt, der durch Handeln in der Außenwelt erkennbar wird und die Notwendigkeit liefert, im Geist abstrahiert zu werden.

Wenn wir nun aus der religiösen Sicht sagen: »Lüge ist eine Sünde«, ist dies auch moralisch böse oder schlecht? Wenn wir sagen: »Retten ist gut«, wie entscheidet man in dem Dilemma zwischen der Rettung des eigenen Eigentums oder dem Leben eines anderen? Insgesamt stellt sich daher die Frage, wie ethische Aussagen konstruiert sind. Sind sie einfache Aussagesätze, die linguistisch als propositionale Sätze bezeichnet werden, zum Beispiel »Morgen wird es regnen« oder in Form eines Imperativs gehalten sind, wie zum Beispiel »Du sollst nicht töten«?

Ein Aussagesatz ist keine Aufforderung, sondern eine Benachrichtigung bzw. eine deklarative Aussage oder eine Behauptung. Diese kann wahr oder falsch sein. Ein propositionaler Satz wie »Verzeihen ist gut« beinhaltet möglicherweise auch eine Aufforderung zur Handlung. Im Imperativ dazu lautete »Verzeihe!«. Allerdings muss keiner der beiden Sätze automatisch ein moralischer Satz sein.

Ein Imperativsatz wie »Verzeihe!« geht darauf zurück, dass Verzeihen eine allgemeine Gültigkeit darstellt. Ein Aussagesatz hingegen muss erst auf seine Richtigkeit bzw. Falschheit hin überprüft werden, er kann jedoch mit einem Soll-Satz verbunden werden (z.B. »Weil die Gerechtigkeit gut ist, soll man gerecht handeln«). Hier ist der Imperativsatz nur ein Angebot bzw. eine Empfehlung. Denn wenn etwas gut ist, so ist es notwendigerweise gut, danach zu handeln. Moralische Begründungen der Sätze sind zusätzliche Wertbestimmungen, die den Menschen verpflichten, nach dem Guten zu handeln.[30]

Die Notwendigkeit gilt als eine Kohärenz zwischen dem Subjekt und Prädikat, etwa in dem Satz »Wenn man in die Schule geht, muss man lernen«. Dieser Imperativ mit »muss« oder »soll« zeigt allerdings nur eine Notwendigkeit, ist jedoch keineswegs ein kategorischer Imperativ. »Ein Mensch soll moralisch handeln« heißt beispielsweise nicht, dass er verpflichtet ist, sondern dass es sich um einen Anspruch aufgrund seines Menschseins handelt. Moralische Sätze sind also Aussagesätze, die eine Notwendigkeit vom Prädikat zum Subjekt herstellen. Z.B. bedeutet »Gerechtigkeit ist gut«, dass ein Mensch notwendigerweise gerecht sein soll, weil das Gegenteil bedeuten würde, man dürfe ungerecht sein.

Im Islam werden ethische Urteile keineswegs in Aussagesätzen, sei es eine Information oder Behauptung, formuliert. Sie sind im kantischen Sinne Imperative. Ein propositionaler Satz kann auch ein analytisches Urteil sein, das im Prädikat einen gedanklichen Inhalt ausdrückt, der im Begriff des Subjekts bereits enthalten ist. Dies ist vergleichbar mit einer tautologischen Aussage: Ein Urteil ist analytisch wahr, wenn es einem Begriff eines seiner Merkmale zuspricht, wie etwa »alle Körper sind ausgedehnt« oder »die Rose ist eine Blume«.

Ein propositionaler Satz kann aber wahr oder falsch sein und muss keineswegs ein moralisches Urteil abgeben. Bei »Gerechtigkeit ist eine Tugend« handelt es sich um einen analytischen Satz, wobei jedoch erst außerhalb des Urteils begründet werden muss, ob Gerechtigkeit tatsächlich eine Tugend ist. Dieser Satz wirkt zugleich synthetisch, weil er in sich nicht evident ist.

Ein Satz beinhaltet dann ein synthetisches Urteil, wenn er im Prädikat einer Aussage einen gedanklichen Inhalt ausdrückt. Dieser ist im Begriff des Subjekts (noch) nicht enthalten. Synthetische Urteile können im kantischen Sinn auf der Basis von Erfahrungen gefällt werden. Sie sind also nicht a priori, sondern a posteriori und ihre Wahrheit beruht nicht auf der Zerlegung von Begriffen. Beispielsweise ist in der Aussage »Umweltverschmutzung ist die Ursache des Waldsterbens« im Begriff Umweltverschmutzung kein Waldstreben erkennbar. Allerdings erkennt man aufgrund der Erfahrung in der Umweltverschmutzung das Waldstreben.

Ein synthetisches Urteil kann aber auch wie ein analytisches Urteil a priori sein. Im kantischen Sinne gehen alle mathematischen

30 Ebd. S. 104.

Erkenntnisse auf Vernunfturteile zurück, die ohne Erfahrung erkannt werden. Mathematische Sätze wie »zwei plus zwei ist vier« sind also synthetische Sätze, da sie erst durch die Erkenntnis der Vernunft a priori bestätigt werden.

Nun stellt sich die Frage, ob moralische Sätze analytische oder synthetische Urteile sind. In der Aussage »Lügen ist nicht gut« findet man in dem Begriff Lügen weder gut noch böse. Auch wird die Lüge nicht durch die Erkenntnis der Vernunft a priori erkannt. Denn Lüge wird erst durch schädliche Erfahrungen in der Außenwelt als verwerflich verurteilt. In diesem Sinne sind die kategorischen Imperative nach Immanuel Kant synthetische Sätze a priori, da sie auf durch die Vernunft getroffene Erkenntnisse zurückgehen.[31] Dennoch sind Forderungen der Moral nach kantischer Sicht unbedingt. Dies bedeutet, dass sie »sich in ihrem Gültigkeitsanspruch nicht von den Zielsetzungen des Handelnden abhängig machen: Moral fordert nicht ›hypothetisch‹, sondern ›kategorisch‹"[32].

Ethische Sätze sind im Islam jedoch mit Werten behaftete Sätze, die erst durch die Erfahrung oder die Vernunft als solche erkannt werden. Wenn die Moralität eines Urteils oder einer Handlung durch sich selbst nicht evident ist, so muss sie erst durch Erfahrung erkannt werden. Wenn man zum Beispiel sagt: »Gerechtigkeit ist gut« oder »Lügen ist verpönt«, stellt sich die Frage, wodurch das Gutsein der Gerechtigkeit oder das Schlechtsein des Lügens begründet wird. Ist dem so, weil die Gerechtigkeit einen gesellschaftlichen Wert darstellt und das Miteinander beeinflusst? Oder weil es keine Vertrauensbasis zwischen Menschen geben kann, wenn viele lügen? Das gleiche gilt auch für Aufrichtigkeit. Ist Aufrichtigkeit etwa ein individuelles und soziales Gut?

Was ist wichtig für die Seele und die Entwicklung des menschlichen Wesens hin zu einem moralischen Wesen? Ist Aufrichtigkeit das Ziel? Geht es darum, anderen oder sich selbst Gutes zu tun? Ein Ziel könnte gerechtes Handeln sein. Denn dies würde zu einer gerechten Gesellschaft führen, an der jeder gleichermaßen teilhat und in der jedes Individuum selbst ein gerechter Mensch ist!

---

31 Vgl. Schönecker, Dieter: Die Methode der Grundlegung und der Übergang von der gemeinen sittlichen zur philosophischen Vernunfterkenntnis. In: Hariolf Oberer (Hrsg. 1997): Kant. Analysen – Probleme – Kritik. Bd. III. Würzburg: Königshausen & Neumann, S. 81–98, hier S. 87.

32 Hübner, Dietmar ([2]2018): Einführung in die philosophische Ethik. Göttingen: Vandenhoeck und Ruprecht, S. 173.

Im religiösen Sinne werden Lügen z.B. mit einer zusätzlichen Begründung als verwerflich verurteilt, weil sie die Vervollkommnung des Menschen verhindern. Die islamischen Philosophen rechtfertigen diese Vervollkommnung durch Urteile der Vernunft und ergänzen sie durch die transzendentalen Zweckbestimmungen des Seins.

Als Absicht des Handelns gilt die Handlung selbst. Damit sind das Ziel und die Art des Handelns gemeint. Im religiösen Kontext wird einerseits das eigene Heil und andererseits Gottes Wohlgefälligkeit mit einbezogen. Dies kann sowohl das gesellschaftliche als auch das eigene Heil umfassen. Somit sind ethische Werte Teil der seelischen Vollkommenheit. In diesem Sinne kann die Ethik entweder rational oder religiös begründet werden, oder es handelt sich um ein gesellschaftliches Gut. Es geht um ein friedliches Zusammenleben, gesellschaftlichen Nutzen und die individuelle Seelenruhe.

Die Schwerpunkte können hierbei auf den Handlungen selbst (deontologische Ethikansätze im Sinne Kants) oder auf den Handlungsfolgen (teleologische Ethikansätze) liegen.

Anders als die Philosophen sind die an der Scharia orientierten religiösen Gelehrten der Meinung, man könne moralische Urteile nicht durch Vernunft erkennen. Es stellt sich darüber hinaus die Frage, ob man zwangsläufig zu etwas verpflichtet werden müsse, wenn dies etwas Gutes sei. Zu der weiter oben bereits genannten Unterscheidung zwischen berichtenden bzw. behauptenden Aussagesätzen und Imperativsätzen meinen die asch'aritischen Religionsgelehrten, man benötige zum Erkennen moralischer Urteile die Zustimmung der Scharia. Eine Ausnahme bilden hierbei die Mu'tazaliten, wie später erläutert wird.

Je nach Schulmeinung bzw. Denker sind ethische Urteile entweder Imperative und/oder kosmogonisch bzw. religiös (gesetzlich) und/oder sie stellen im Sinne der Vernunft ein Verlangen (*ṭalab*) nach Wahrheit dar.

Daraus ergibt sich die Frage: Worin liegt die primäre Grundlage des Ethischen? Im Bewusstsein oder in den objektiven Bedürfnissen der Gesellschaft? Handelt es sich um das Prinzip des Aufeinander-angewiesen-Seins oder einen kategorischen Imperativ? Ein Faktum der Vernunft oder ein Gesetz von der Welt der Dinge an sich, also a priori? Weiter stellt sich die Frage, ob ethische Sätze wie religiöse Glaubensgrundlagen metaphysisch sind.

Kann man moralische Sätze wie Wasser oder andere Elemente analysieren oder gar zerlegen.? Können wir das Gute und das Böse zerstören oder herstellen? Oder sind moralische Sätze eine Abstraktion des Geistes in Form einer synthetischen Aussage, die erst durch Erfahrung und durch bestimmte Merkmale in der Außenwelt, also durch ihr Wirken, erkennbar wird?

Eine essentielle Frage, die man sich im Islam stellt, ist die, ob die Geschöpfe an sich gut seien. Damit verbindet sich allerdings eine weitere Frage nach dem Handeln Gottes: Agiert Gott moralisch und gerecht? Ist Gott in seinem Handeln den moralischen Prinzipien verpflichtet? Wenn ja, wie sind die Prinzipien göttlicher Handlungen? Sind es dieselben Prinzipien, nach denen sich der Mensch zu orientieren hat? Wenn dem so ist, was bedeuten dann Katastrophen und Unheil in der Welt und was ist deren Ursache?

Für moralische Sätze kann auch mit Hilfe der Schöpfung argumentiert werden: Der Mensch trägt die Eigenschaften der Schöpfung in sich. Wenn die Schöpfung gut ist, dann hat Gott auch diese Werte in die Schöpfung gelegt. Doch die Frage ist: Wie erkennt man das Gute und gibt es überhaupt das höchste Gute?

Gut und Böse

1 Was ist das höchste Gut?

Dem Begriff des Guten kann selbst keine unmittelbare ethische Bedeutung zugeordnet werden, wie einige Beispiele im Folgenden zeigen werden:

Vitamin C ist gut für die Gesundheit.

Tanzen und Musik sind gut für die Seele.

Ehrlichkeit ist gut.

Liebe ist gut.

Wissen ist gut.

Gerechtigkeit ist gut.

Welche dieser Sätze sind moralisch oder können als moralische Aufforderungen verstanden werden bzw. nach welchen Kriterien können sie als moralisch gut beurteilt werden? Wird das Gute im moralischen Sinne verwendet, so ist es auch wichtig zu erfahren, wozu das Gute im menschlichen Leben in Betracht gezogen werden sollte. Dies suggeriert, es müssen die Rahmenbedingungen und das Grundmotiv des Handelns miteinbezogen werden: Sind sie religiös, individuell, gesellschaftlich, politisch oder rein rationale Notwendigkeit? Zum einen geht es um das individuelle Handeln, zum anderen um das Handeln an sich. Daraus ergeben sich unsere sozialen, ethischen, religiösen und gesellschaftlichen Werte, die auch Gegenstand von Psychologie und Soziologie sind. Entsprechend wird je nach Kontext das Urteil gut oder schlecht, erwünscht oder unerwünscht, einbezogen. Wenn Gott nun beispielsweise gesagt hätte, Vitamin C sei gesund und man sollte es daher zu sich nehmen, gilt diese Handlung dadurch als moralisch? Durch eine einfache Betrachtung dieser Sätze wird klar, dass deren ethischer Gehalt nicht ohne ein zusätzliches Merkmal/einen zusätzlichen Parameter erkannt werden kann. Sie können vor allem erst dann als moralisch gut beurteilt werden, wenn das Gegenteil verurteilt und für schlecht erklärt wird.

Der amerikanische Philosoph Willam K. Frankena (gest. 1994) vertritt die Ansicht, dass man ohne das Erkennen des Schlechten auch das Gute nicht erfassen kann:

> »Eine Handlung ist dann auszuführen und nur dann, wenn sie oder die Regel, unter die sie fällt, ein größeres Überwiegen des Guten über das Schlechte herbeiführt, vermutlich herbeiführen wird oder herbeiführen sollte als jede erreichbare Alternative.«[33]

Alle moralischen Handlungen können darüber hinaus nur unter dem Aspekt der Freiheit verstanden werden. Der Mensch, von dem etwas erwartet wird, muss frei handeln, gesund bzw. geistig zurechnungsfähig sein und willentlich handeln.

Soll der Mensch immer gut und charakterlich stark sein? Wie kann der Mensch das Gute erkennen und sein Denken und Handeln danach ausrichten? Im Islam fragt man nach dem Ziel der Existenz. Die Frage ist nun, ob die Existenz ein moralisches Ziel beinhaltet und an sich gut ist. Daher stellt sich die Frage: Was ist Gutsein? Aus der islamischen Sicht entfaltet sich die Existenz hin zur Harmonie und Vervollkommnung, hat ein höheres und heiliges Ziel inne und ist das höchste Gut. In diesem Sinne soll der Mensch daher sein Denken und Verhalten nach dem höchsten Gut, nämlich dem heiligen Leben, richten.

Generell fragt die philosophische Ethik nach dem, was gut ist. Damit ist nicht gemeint »gut für …«, sondern »einfachhin gut«.[34] Sie setzt, wie Spaemann meint, sittliche Erfahrung voraus und begründet nicht die sittliche Dimension, sondern demonstriert diese selbst als Grund, auf dem wir aufbauen. Der philosophischen Ethik geht es um ein Nachdenken und ein Gespräch über das richtige Leben, über Handeln und Intention, was in der Philosophie mit den Begriffen »gut« oder »böse« zum Ausdruck gebracht wird.[35]

In der westlichen abendländischen Tradition gab und gibt es unterschiedliche Vorstellungen davon, was das höchste Gut ist und wie man es erkennen kann. Dies spielte für die Entwicklung der philosophischen Ethik im Islam eine wichtige Rolle. Deshalb ist es

---

33 Frankena, William K. (1973): Ethics. 2. Auflage. Englewood Cliffs: Prentice-Hall, S. 14. Auch in Keller, Albert (1994): Philosophie der Freiheit. Styria, Graz, S. 212.

34 Vgl. Spaemann, Robert ([2]2002): Grenzen. Zur ethischen Dimension des Handelns. Stuttgart: Klett-Cotta Verlag, S. 16.

35 Ebd. S. 20.

notwendig, einen Überblick über diese Vorgänge und Gedanken miteinzubeziehen.

Die antike griechische Vorstellung basierte auf dem Gedankengut diverser Denkschulen, die sich an Vorstellungen über das Endziel des menschlichen Lebens und Handelns orientierten. Aristoteles gilt als offizieller Begründer der Ethik. In seinem Werk »Nikomachische Ethik« widmete er sich systematisch den ethischen Fragen und Prinzipien. Doch schon vor ihm gab es Denker, die sich mit ethischen Fragen und Handlungen des Menschen sowie dem Zweck des Daseins beschäftigten. Einer der bekanntesten war Sokrates, dessen Ansichten wir aufgrund der Überlieferung seines Schülers Platon kennen.

Die vorsokratischen Ansichten sind uns mittlerweile ebenso durch die Schriften späterer antiker Denker bekannt. Die Ziele des ethischen Verhaltens und Handelns vor Sokrates orientierten sich an dem Prinzip des Lebens. Hier wird ein sozialpolitischer Wandel in der Polis dargestellt: Leben, Verhalten, Stadt/Staat und Kosmos bilden eine Einheit. Der Kosmos ist demzufolge ein ethisches System, das durch Unordnung (Ungerechtigkeit) bestraft wird. Die Ordnung der Natur wird als Normprinzip zur Ordnung der Gesellschaft. Demzufolge soll auch der Mensch seine Seele reinigen, da sie aus der Universalseele an den Körper gebunden und dadurch unrein wurde. Ziel der sozialen Ordnung ist die Rückkehr der Seele in ihrem Ursprung. Das wahre Wesen des Menschen zeige sich in der Unsterblichkeit seiner Seele, welche auch ein Attribut Gottes sei. Diese Auffassung vertreten bekannte Philosophieschulen wie die Pythagoreer, aber auch Denker wie Heraklit oder Empedokles.[36]

Zu diesen vorsokratischen Denkern wird auch Demokrit gezählt. Er leitete seine Vorstellung zur Ethik von der Natur des Menschen ab. Dabei ging es ihm um Wohlbefinden und das Interesse der Allgemeinheit. Leid entsteht seiner Ansicht nach durch innere Unruhe, die durch Wünsche und materielle Abhängigkeiten verursacht wird. Das Gegenteil dazu bilden Freude und Wohlbefinden. Durch Zähmen der eigenen Lüste, Gier und der Eingrenzung materieller Wünsche kann Zufriedenheit hergestellt und somit eine innere Balance ermöglicht werden.[37]

---

36 Siehe dazu Rohls, Jan (^{2}1999): Geschichte der Ethik. Tübingen: J. C. B. Mohr, S. 38–41.

37 Siehe dazu Ries, Wiebrecht (2005): Die Philosophie der Antike. Darmstadt: Wissenschaftliche Buchgesellschaft, S. 46.

Sophisten (z.B. Protagoras) betrachten moralische Urteile als Produkte des Menschen. Diese sind relativ und dienen dem Interesse des Individuums und der politischen Praxis, da der Mensch ihnen zufolge das Maß aller Dinge sei. Der Erfolg ist somit das Maß des Guten. Nicht die Erkenntnisse und Theorien, sondern die Praxis und die angewandte Erkenntnis gelten als die Parameter der moralischen Prinzipien. Ein guter Bürger orientiere sich an dem Brauchtum des Staates, um so eine gerechte Gesellschaft und Gesetzgebung sicherzustellen. Gerechtigkeit hängt von der Art des Handelns ab. Deshalb müsse man eine nützliche Person für das öffentliche Zusammenleben sein. Jedoch ist Gerechtigkeit kulturell unterschiedlich. Denn die Art des Lebens hängt von dem Brauchtum der jeweiligen Stadt ab, in der man als Bürger wirkt.[38]

Anders als die Sophisten fragt Sokrates nach dem Wesen der Ethik. Was ist Tugend? Tugend stellt für ihn kein partikulares Interesse dar. Sie gilt nicht als Privileg für die Herrschenden oder Schwachen, sondern für alle. Tugend ist zum Beispiel Gerechtigkeit. Denn das Tun des Guten: »sei selbst das höchste Interesse, das jeder Mensch haben könne und das daher alle Menschen verbinde«.[39]

Die Ethik ist in der menschlichen Seele verankert. Daher muss der Mensch sich selbst erkennen: Selbsterkenntnis ist nämlich das grundlegende Prinzip der Moral und verkörpert das Wissen um die wahre Tugend. So ist die Ethik ein Prinzip der im Menschen verankerten Seele, des geistigen Ichs, was zu Gerechtigkeit, Erkenntnis und Tugend und somit zu einem Ausgleich in der Schöpfung und im Staat führt.[40] Wenn der Mensch weiß, was Tugend ist, kann er auch tugendhaft handeln.[41]

Sokrates leitet seine Ethiklehre aus der menschlichen Willenskraft ab. Sein Schüler Platon hingegen sucht sie in der metaphysischen Welt. Platons Ethik ist eine Werteethik:[42] Die Grundlage für seine Ethiklehre bildet die Ideenwelt, denn sie ist absolut und das höchste

---

38 Siehe Rohls ^{2}1999, S. 41.

39 Vgl. Spaemann, Robert / Schweidler, Walter (Hrsg. 2006): Ethik. Lehr- und Lesebuch. Texte – Fragen – Antworten. Stuttgart: Klett-Cotta Verlag, S. 29.

40 Carrera, Gabriel García: Selbsterkenntnis, in: Christoph Horn, Jörn Müller, Joachim Söder (^{2}2020): Platon-Handbuch. Leben – Werk – Wirkung. Heidelberg/Berlin: J. B. Metzler, S. 336–338.

41 Siehe Rohls ^{2}1999, S. 46–48.

42 Siehe dazu Vieht, Andereas (2018): Einführung in die philosophische Ethik. Münster, S. 177. https://d-nb.info/1155238087/34 [aufgerufen am 9.12.2020].

Gut, die Vollkommenheit und Glückseligkeit. Platon geht von der göttlichen Idee des Guten aus. Das Gute entstammt aus der Evidenz einer Idee, nach der sich die Welt gestaltet, und kann auch in der Polis (dem griechischen Stadtstaat) als Gerechtigkeit, Schönes und Wahrheit verwirklicht werden. So führt eine gute Gesellschaft die Menschen zum gerechten, schönen und wahrhaftigen Bürgertum.

Gerechtigkeit ist ein existentielles Prinzip, das für Balance, Harmonie und Ausgeglichenheit im Kosmos sorgt. Ausgeglichenheit ist ein ästhetisches Prinzip und alles, was ausgeglichen ist, gilt daher als schön und gerecht. Das Gute muss allerdings erst erkannt werden. Ein Philosoph ist deshalb gut, weil er das Gute erkannt hat und danach handelt. Daher verkörpert der Philosoph nach Platons Meinung den adäquaten König für die Polis, die als Tugendstadt gilt. Die platonische Lehre vom Guten ist die Lehre vom Leben in Liebe und Loslösung von der materiellen sinnlichen Welt.[43]

Platons Schüler Aristoteles sucht Ethik nicht in der metaphysischen Welt, sondern sieht sie als ein Ergebnis des menschlichen Zusammenlebens.[44] Da der Mensch ein Gesellschaftswesen ist, stellt die Ethik ein gesellschaftliches Faktum und somit eine Tüchtigkeit in der Polis dar. Bei der Moral handelt es sich um eine Tätigkeit für das menschliche Leben.

> »Diese Tätigkeit ist die Tätigkeit der Vernunft. Der Vollzug der Vernunfttätigkeit im ganzen Leben führt zur Glückseligkeit. Die Erkenntnis des richtigen Handelns um des richtigen Handelns willen.«[45]

Es geht also nicht darum, zu wissen, was Tugend ist, sondern darum, tugendhaft zu leben, und de facto um das gute Leben.

Das höchste Gut ist also nicht der Zweck an sich, sondern eine praktische Aufgabe, die zum Glücklichsein führt. Somit dient das tugendhafte Handeln einem höheren Zweck: der Eudämonie, dem guten Leben und Handeln.[46] Das Gute ist nämlich etwas, wonach der Mensch strebt und das von ihm als erstrebenswert erachtet wird.[47] Bei Aristoteles' Moralbegriff sind Glückstugenden und moralische

---

43 Rohls ²1999, S. 49–61; Schweidler, Walter (²2014): Der gute Staat. Politische Ethik von Platon bis zur Gegenwart. Wiesbaden: Springer VS, S. 21–34.

44 Siehe Höffe, Otfried: Ethik als praktische Philosophie – Methodische Überlegungen (I 1,1094a22 -1095a13), S. 9 – 28, in: Höffe, Otfried (Hrsg.) (⁴2019): Aristoteles. Nikomachische Ethik. Berlin/Bosten: Walter De Gmbh Gruyter, S. 11.

45 Siehe dazu Rohls ²1999, S. 62; Schweidler ²2014, S. 35–54.

46 Siehe dazu Rohls ²1999, S. 62–72.

47 Siehe Tugendhat, Ernst ²1994, S. 242–243.

Tugenden eng miteinander verbunden. Glücklich ist jemand, der die moralischen Tugenden personifiziert.[48] Bei der aristotelischen Ethiklehre handelt es sich um eine Tugendlehre im Sinne der Glückstheorie.[49] Der Begriff Tugend (griechisch *areté*) bedeutet »So-Sein« im moralischen Sinne.[50]

Bei Aristoteles' Ethik handelt es sich um eine Ethik der Mitte.[51] Verstand, Erfahrung und Erziehung sind die Quellen ethischer Erkenntnisse.[52] So beschreibt Ethik die Lehre von den Handlungen und der Lebensart, die zum Glücklichsein führen. Es geht darum, sich im Staat zu verwirklichen und in Harmonie mit der Natur und ihrer Ordnung sozial tugendhaft zu leben. Glücklichsein gilt hierbei auch als eine soziale Erscheinung.

Aristoteles zufolge ergibt sich ethisches Handeln aus der Wahl einer moralischen Mitte zwischen dem Zuviel und dem Zuwenig: Mut steht z.B. zwischen Angst und Aggression (Gewalt oder Furchtlosigkeit), Anständigkeit zwischen Lustlosigkeit und sexueller Ausschweifung, Großzügigkeit zwischen Geiz und Verschwendung.[53]

Daher meint Aristoteles, dass die bloße Erkenntnis des Guten nicht ausreiche, um tugendhaft zu handeln. Ebenso müsse man die Seele dazu erziehen und sich darin üben. Eine ethische Aussage wie »Mut ist gut« gehört zur Wissenschaft der Ethik. Aber wie das Gute zu definieren sei, wäre aus der Sicht Aristoteles' eher ein Gegenstand der Philosophie.

Anders als Aristoteles, der eine eudämonistische Ethik vertrat, argumentierte Epikur hedonistisch:[54] Lust und Freude, Befriedigung der Lust und Beseitigung des Schmerzes sind die Quelle des ethischen Verhaltens des Menschen. Ruhe, welche auch die Seelenruhe einschließt, wird durch Unlust gestört. Daher soll die Unlust durch Lust beseitigt werden. Lust ist somit die Abwesenheit von Unlust.

Für Zenon (Kynismus) spielen im ethischen Denken soziale Gerechtigkeit, Glückseligkeit und ein naturgemäßes Leben eine wichtige Rolle. Er sucht nach einer Übereinstimmung des menschlichen Verhaltens mit den Naturgesetzen und der Vernunft. Daraus folgert

---

48 Ebd. S. 248–149.

49 Ebd. S. 240.

50 Ebd. S. 228.

51 Ebd. S. 250–251.

52 Ebd. S. 117.

53 Ebd. S. 251–253.

54 Siehe Rohls ^{2}1999, S. 78–81.

er Verantwortung als Tugend für die Gemeinschaft. Nachdem die Orientierung an der ethisch idealisierten Polis, welche von Platon und Aristoteles gelehrt wurde, an Bedeutung verliert, greift man wieder die sokratische Ethikvorstellung auf.

Die stoische Ethik bleibt zwar eudämonistisch, das Streben nach Glück ist jedoch stark spirituell geprägt. Denn das Glück besteht für Stoiker im inneren Seelenfrieden. Besonders in der späteren Stoa sind religiöse Tendenzen zu erkennen: Wie beispielsweise das Teilhaben am Logos durch den menschlichen Vernunftakt. In der stoischen Ethiklehre kommen vor allem starke mystische Tendenzen wie Bedürfnislosigkeit, leidenschaftliche Seelenruhe und Selbstbeherrschung als Ziel der Ethik zum Ausdruck. Weitere Motive sind Weltflucht und Einsamkeit, Fatalismus und Skeptizismus.[55] Die Lehre der Stoa ist mit der christlichen Religion gut vereinbar. Beide übten einen nicht unbeachtlichen Einfluss auf das islamische Denken aus.[56] Stoizismus und Platonismus führten zum Neuplatonismus, der den Grundstein für andere religiöse Weltanschauungen gelegt hat und vor allem für den Islam eine wichtige Rolle spielt.[57]

Während die ethischen Ideen der Antike, aber auch die spätantike religiöse Vorstellung, von der Idee des höchsten Gut geprägt waren und sich generell auf einer metaethischen Ebene bewegten, sieht die neue und neuzeitliche Ethik den Menschen als Zweck seiner Handlungen. Ethische Handlungen dienen dem Wohlergehen des Menschen und sind ein Produkt der menschlichen Einsicht.

Islamische Ethik ist hingegen eine Mischung (spät-)antiker Vorstellungen wie auch persischer und asiatischer Ideengeschichte. Als Ziele der Ethik im Islam gelten Gottesnähe, Vollendung des Intellektes oder Vollendung der Seele in ihrer höchsten Stufe. Diese Leitmotive sind vergleichbar mit dem Buddhismus, in dem ein Akt des Erwachens (*bodhi*) zur Weisheit, Barmherzigkeit und Seelenruhe angestrebt wird. Das, was zu Gott, zur Gottesnähe, Weisheit oder Seelenruhe führt, ist das Gute. Das Gute vermeidet das Böse. Daher ist das Ziel der islamischen Ethik das Erlangen des Guten.

Wenn das Gute das Ziel ethischen Verhaltens ist, stellt sich nun die Frage: Ist der Begriff »gut« erfass- bzw. definierbar? Welche

---

55 Ebd. S. 74 f.

56 Horovitz, Saul (1909): Ueber den Einfluss der griechischen Philosophie auf die Entwicklung des Kalam. Breslau: Breslau: Schatzky, S. 8–33.

57 Siehe Rohls ^{2}1999, S. 166–173.

Eigenschaften sind gut und wie wendet man sie in der Praxis an? Nach welchen Kriterien beurteilt man etwas als gut?

Nun soll anschließend ein Blick auf den Koran geworfen werden, um zu sehen, in welchem Kontext die Idee des Guten und des Bösen dort verortet wird.

2 Ethische Begriffe vom Guten und Bösen im Koran

Die koranische Ethikvorstellung ist keine rationale oder theoretische Verhaltenslehre. Sie ist ebensowenig eine autoritative Lehre. Vielmehr handelt es sich dabei um einen Wertekodex, der sich auf Erfahrungen, religiöse Bedürfnisse und die guten Sitten einer Jahrtausende alten lebendigen Tradition beruft. Die Idee der guten und verwerflichen Gesinnung und Taten geht von der Idee eines unbegrenzt gütigen Gottes aus, der nicht nur gut ist, sondern auch das Gute wünscht und es selbst verkörpert.

Die menschliche Suche nach Frieden und Erlösung ist der Ausgangspunkt religiöser Empfindungen, die sich der prophetischen Weisheit und Ermahnungen hingeben. Der religiöse Lehrer plädiert an das Gewissen des Menschen, in dem die Idee des Guten und des Bösen verankert ist. Nicht die Gottesliebe steht am Anfang, sondern die Begegnung mit Ihm. In diesem Sinne bilden die Gottesehrfurcht und die Hoffnung in Seine Rechtleitung die Grundlage für Hingabe, Gehorsamkeit und sittliches Verhalten.

Die koranischen Begriffe für das Gute unterscheiden sich: Man spricht vor allem von dem Schönen (*ḥusn*) und dem Guten (*ḫair*), was an zahlreichen Stellen der heiligen Schrift der Muslime vorherrscht. Demgegenüber verwendet der Koran Begriffe wie hässlich/abscheulich (*qubḥ*), Schlecht (*sūʾ*) oder Böse (*šarr*) in Bezug auf das menschliche Verhalten und Handeln. Auch Begriffe, die man oft in philosophischen Traktaten findet, kommen im Koran vor, beispielsweise Glückseligkeit (*saʿāda*) und Elend/Unheil (*šqāwa*). Ebenso gibt es dort auch Begriffe wie Tugend/Recht (*birr*) und Unrecht (*fuǧūr*), die ethisch besetzt sind.

Der Begriff *ḥusn* und die damit einhergehenden abgeleiteten Variationen (*ḥasana, iḥsān muḥsin*) kommen im Koran häufig vor und werden oft im Sinne des Guten oder Schönen verwendet. Der Koran benennt sie manchmal als gutes Verhalten, sei es den Eltern, Verwandten, den Armen und Waisen (K 2/83) gegenüber bzw. in

Bezug auf Andersgläubige, wenn man um den Glauben streitet (K 16/125). Ferner sind sie allgemein als Aufforderung für angenehmes oder freundliches Tun (K 11/7) zu verstehen, der gemäß die Menschen auf den Prüfstand gestellt werden, und manchmal beschreiben sie eine Belohnung im Jenseits (K 3/148). Über den moralischen Aspekt hinaus hat *ḥusn* auch einen Bezug zu Forschung oder den göttlichen Namen. Anhand einiger Beispiele aus dem Koran wird nun erläutert, in welchem Kontext der Begriff *ḥusn* verwendet werden kann:

> »Wer aber Unrecht getan und hierauf nach Bösem Gutes eingetauscht hat, so bin Ich Allvergebend und Barmherzig.« (K 27/11)
>
> »Kann der Lohn für Güte etwas anderes sein als Güte?« (K 55/60)

Der von *ḥusn* abgeleitete Begriff *ḥasana* (das Gute) kommt oft mit seinem Gegenpaar *sayyi'a* (Schlechtes bzw. Böses, auch die kleine Sünde) vor sowie *iḥsan* mit *ʿadl.*

»Und verrichte das Gebet an den beiden Enden des Tages, und in den Stunden der Nacht (die dem Tage näher sind). Wahrlich, die guten Werke vertreiben die bösen. Das ist eine Mahnung für diejenigen, die Gottes gedenken.« (K 11/114)

> »[…] und die geduldig sind im Trachten nach dem Angesicht ihres Herrn, das Gebet verrichten und von dem spenden, womit Wir sie versorgt haben, verborgen und offen, und die mit dem Guten das Böse bahnen, für sie gibt es letztendlich die Wohnstätte.« (K 13:22)
>
> »Allah gebietet Gerechtigkeit und Gutes zu tun (uneigennützig Gutes zu tun) und dem Verwandten zu spenden; und Er verbietet das Schändliche, das offenbar Schlechte und die Übertretung. Er ermahnt euch, auf dass ihr es beherzigt.« (K 16/90)

In diesen bereits zitierten Versen steht der Begriff *ḥusn* und damit auch weitere abgeleitete Begriffe für allgemein sittliches und moralisches Verhalten. Der Koran fordert die Gläubigen auf, sich sittlich zu verhalten, was den Menschen scheinbar sehr geläufig war.

In einigen Versen steht allerdings der Begriff *ḥusn* nicht per se für Moralität. Beispielhaft dafür sind: »Schöne Heimkehr« (*ḥusn al-ma'āb*, K 3/14; K 13/29; K 38/25, 49), »schöner Lohn« (*ḥusn aṯ-ṯawāb* K 3/148, 195), »gutes Darlehen« (*qarḍ al-ḥasana*, K 2/245; K 57/11; K 64/17), »die schönsten Namen« (*asmā' al-ḥusnā*, K 59/24), »der beste Schöpfer« (*aḥsan al-ḫāliqīn*, K 23/14), »guter Ratschlag« (*Mauʿiẓa al-ḥasana*, K 16/125), »die schönsten Geschichten« (*aḥsan al-qiṣaṣa*, K 12/3).

Anders als *ḥusn* kommt der Begriff *qubḥ* allerdings nur an einer Stelle im Koran (K 28/42) als Substantiv vor und wird in Bezug auf den Pharao im Jenseits als denjenigen, der zu den Verabscheuten gehört, verwendet.

Das Begriffspaar *ḥusn* und *qubḥ* wird vorwiegend in der Methodologie der religiösen Jurisprudenz (*uṣūl al-fiqh*) als Prinzip der Normbestimmung verwendet. Es geht vor allem um die Unabhängigkeit bzw. Abhängigkeit der Erkenntnis des Guten und Bösen von der Offenbarung.

Ebenso kommt der Begriff *ḫair* oft im Koran vor. Insgesamt versteht man unter *ḫair* das Gute, jedoch wie bei *ḥusn* nicht immer moralisch, sondern auch als etwas, das gut sein kann oder sollte. Manchmal symbolisiert *ḫair* eben das, was die Menschen bei Gott erwartet (K 3/198) bzw. von Gott als gut angesehen wird (K 97/3; 22/36). Ferner wird auf etwas Gutes in einem religiösen Ritual – wie das Fasten – aufmerksam gemacht bzw. es wird etwas angedeutet, was von den Menschen verweigert oder als unbegreiflich angesehen wird, obwohl die Handlung sich für sie positiv auswirken würde (K 2/183–184, 216).

Manchmal kommt der Begriff *ḫair* zusammen mit dem Begriff *ḥusn* vor, sehr selten auch zusammen mit dem Begriff *šarr*. Folgende Koranverse werden als Beispiel für die unterschiedlichen Bedeutungen von *ḫair* herangezogen:

> »Über diese Welt und die künftige. Und sie fragen dich über die Waisen. Sprich: »Sie gut zu behandeln, ist gut. Wenn ihr mit ihnen enge Beziehungen eingeht, so sind sie eure Brüder. Und Allah unterscheidet wohl den Unheilstifter vom Friedensstifter. Und hätte Allah gewollt, Er hätte es euch schwer gemacht.« Wahrlich, Allah ist allmächtig, allweise.« (K 2/220)

> »Und wenn er (der Schuldner) in Bedrängnis ist, dann sei Aufschub bis zur Besserung der Verhältnisse. Erlasst ihr es aber als Guttat: das ist euch noch besser, wenn ihr es nur wüsstet.« (K 2/280)

> »An dem Tag, da jede Seele das vorgebracht findet, was sie an Gutem getan hat und an Bösem. Wünschen wird sie, dass ein großer Abstand wäre zwischen ihr und jenem (Bösen). Allah warnt euch vor sich selbst. Und Allah ist zu seinen Dienern mild und gütig.« (K 3/30)

> »Ihr seid die beste Gemeinschaft, die für die Menschen hervorgebracht worden ist. Ihr gebietet das Rechte und verbietet das Verwerfliche und glaubt an Allah. Und wenn auch die Leute der Schrift glauben würden,

wäre es wahrlich besser für sie. Unter ihnen gibt es Gläubige, aber die meisten von ihnen sind Frevler.« (K 3/110)

»O die ihr glaubt, gehorchet Allah und gehorchet dem Gesandten und denen, die Befehlsgewalt unter euch haben. Und wenn ihr in etwas uneins seid, so bringet es vor Allah und den Gesandten, wenn ihr an Allah glaubt und an den Jüngsten Tag. Das ist am besten und nimmt den schöneren Ausgang.« (K 4/59)

»Sahst du nicht jene, zu denen gesagt wurde: ›Haltet eure Hände zurück, verrichtet das Gebet und zahlet die Zakāt‹? Als ihnen dann Kampf verordnet wurde, da fürchtete ein Teil von ihnen die Menschen, wie die Furcht vor Allah oder mit noch größerer Furcht; und sie sagten: ›Unser Herr, warum hast Du uns Kampf verordnet? Möchtest Du uns nicht noch eine Weile Aufschub gewähren, bis zu einer nahen Frist?‹ Sprich: ›Der Genuß diesseitiger Welt ist gering und das Jenseits wird besser sein für den Gottesfürchtigen; und kein Quäntchen Unrecht sollt ihr erleiden.‹" (K 4/77)

»Und wenn eine Frau von ihrem Ehemann befürchtet, dass er sie widerspenstig und abweisend behandelt, so soll es für sie beide kein Vergehen sein, sich in Frieden zu einigen; denn Versöhnung ist das Beste. Die Menschen sind dem Geiz ständig verfallen. Tut ihr jedoch Gutes und seid gottesfürchtig, so hat Allah Kenntnis von dem, was ihr tut.« (K 4/128)

»Zu denjenigen, die gottesfürchtig sind, wird gesagt: ›Was hat euer Herr herabgesandt?‹ Sie sagen: ›Gutes.‹ Denen, die hier im Diesseits Schönes tun, gibt es hier Schönes; aber die Wohnstätte des Jenseits ist noch besser. Wie köstlich ist das Haus der Gottesfürchtigen.« (K 16/30)

»Wer mit einer schönen Tat kommt, dem steht noch Besseres zu als das. Und sie sind vor (jedem) Schrecken an jenem Tag in Sicherheit. Wer aber mit einer schlechten Tat kommt, diese werden mit ihren Gesichtern (voran) ins (Höllen-)Feuer gestürzt: »Wird euch denn etwas anderes vergolten als das, was ihr zu tun pflegtet?« (K 27/89 f.)

»Und wenn sie Handel oder Zeitvertreib sehen, laufen sie dem nach und lassen dich stehen. Sag: Was bei Allah ist, ist besser als Zeitvertreib und Handel. Und Allah ist der beste Versorger.« (K 62/11)

»Siehe der Mensch ist als kleinmütig erschaffen. Wenn ihn Schlimmes trifft, ist er sehr mutlos. Doch wenn ihm Gutes widerfährt, ist er knausrig.« (K 70/19–21)

Anders als *ḫair* kommt der Begriff *šarr* im Koran seltener vor und wird meist als böse/schlimm bzw. als etwas Übles angesehen, sei es ein eschatologisches Ereignis oder eine kosmische (*ġāsiq*, Dunkelheit) bzw. menschliche Eigenschaft (*ḥasad*, Neid), was die Menschen dazu bewegen sollte, bei Gott Zuflucht zu suchen (K 113/1–5). Zudem wird der Begriff auch mit Nachteil bzw. Missfallen gleichgesetzt. Folgende Verse gelten als Beispiel:

»Der Kampf ist euch vorgeschrieben, auch wenn er euch zuwider ist; aber es ist wohl möglich, dass euch etwas zuwider ist, was gut für euch ist; und es ist wohl möglich, dass ihr etwas liebt, was für euch übel ist. Allah weiß, ihr aber wisset nicht.« (K 2/216)

> »Sprich: Soll ich euch noch etwas Schlimmeres als das kundtun als Vergeltung bei Allah? Diejenigen, die Gott verfluchte und denen Er zürnte und aus denen Er Affen und Schweine machte und die die falschen Götter anbeten. Diese befinden sich in einer (noch) übleren Lage und noch weiter irregegangen vom rechten Weg.« (K 5/60)
>
> »Gewiss die übelsten Tiere vor Allah sind die Taubstummen, die nicht begreifen.« (K 8/22)
>
> »Der Mensch erbittet das Üble, wie er das Gute erbittet; der Mensch ist ja stets voreilig.« (K 17/11)
>
> »Und wenn Wir dem Menschen Gnade erweisen, wendet er sich ab und weicht zur Seite; wenn ihn aber Übles trifft, gibt er sich der Verzweiflung hin.« (K 17/83)

Die beiden Begriffspaare *ḫair* und *šarr* werden vorwiegend in der islamischen Theologie und Philosophie verwendet. Vor allem geht es um die Frage, ob die Idee des Guten und Bösen in der menschlichen Natur veranlagt ist oder sie das Ergebnis menschlicher Handlungen ist. Dabei geht es auch um die Freiheit des Menschen.

In einigen Versen im Koran werden *sa'āda* und *šaqāwa* und daraus abgeleitete Begriffe verwendet. Sie kommen allerdings nur in Zusammenhang mit dem Jenseits vor. Es geht dabei um das jenseitige Heil oder Unheil:

> »Wenn jener Tag kommt, dann wird keine Seele sprechen, es sei denn mit Seiner Erlaubnis; und unter ihnen sind die Unglückseligen und Glückseligen. Was nun diejenigen angeht, die unselig sind, so werden sie ins Feuer gelangen, dort stöhnen sie und heulen. Immerfort bleiben sie darin, solange die Himmel und die Erde währen, außer was dein Herr will. Dein Herr tut immer, was Er will. Was aber diejenigen angeht, die glückselig sind, so werden sie im (Paradies)garten sein, ewig weilen sie darin, solange die Himmel und die Erde währen, außer was dein Herr will, als eine ununterbrochene Gabe.« (K 11/ 105–108)

»Er sprach: ›so steigt alle gemeinsam von ihm herab, ihr seid einander feind! Und wenn von Mir Rechtleitung zu euch kommt, dann wird, wer Meiner Rechtleitung folgt, nicht irregehen, und auch nicht elend sein.‹“ (K 20/123)

Sa ʿāda und *šaqāwa* sind Begriffe, die sowohl bei den Philosophen als auch bei den Mystikern auftreten. Weitere Begriffe, die im Koran im moralischen Sinne verwendet werden, ist das gegensätzliche Begriffspaar *birr* und *fuǧūr*. Beide Begriffe stehen für das moralisch gute und schlechte Handeln. *birr* bezeichnet generell das Gute bzw. das fromme Handeln und *fuǧūr* das lasterhafte Handeln:

»Nicht darin besteht die Frömmigkeit, daß ihr euer Antlitz nach Osten oder nach Westen kehrt, Frömmigkeit besteht vielmehr darin, wenn man an Allah glaubt und an den Jüngsten Tag und an die Engel und das Buch und die Propheten; und den Besitz (das Geld), auch wenn man ihn liebt, für die Angehörigen und für die Waisen und Bedürftigen auszugeben und für den Wanderer und die, die um eine milde Gabe bitten, und für (Loskauf der) Gefangenen (Sklaven), und der das Gebet verrichtet und die Zakāt (Armensteuer) zahlt; sowie jene, die ihr Versprechen (Verpflichtung) halten, wenn sie eins gegeben haben, und diejenigen, die geduldig bleiben in Not, Leid und in Kriegszeiten; sie sind es, die sich als redlich bewährt haben, und sie sind die Gottesfürchtigen.« (K 2/177)

»Sie fragen dich nach den Neumonden. Sprich: Sie sind festgesetzte Zeiten für die Menschen und für die Pilgerfahrt. Und nicht darin besteht die Frömmigkeit, dass ihr die Häuser von hinten betretet; Frömmigkeit besteht vielmehr darin, dass man gottesfürchtig ist. So betretet die Häuser durch ihre Türe und fürchtet Allah, auf dass es euch wohl ergehen möge.« (K 2/189)

»Und helfet einander in Frömmigkeit (Güte) und Gottesfurcht; aber helfet einander nicht in Sünde und Übertretung. Und fürchtet Allah, denn Allah ist streng im Strafen.« (K 5/2)

»Oder sollen Wir etwa diejenigen, die glauben und rechtschaffene Werke tun, den Unheilstiftern auf der Erde gleichstellen oder die Gottesfürchtigen den Lasterhaften?« (K 38/28)

»O nein! Das Buch der Sittenlosen ist wahrlich in ›Sidschin‹ (im tiefen Kerker).« (K 83/7)

»O Nein! Das Buch der Frommen ist wahrlich in ‚Illiyun‹ (in der hohen Stätte).« (K 83/18)

> »[…] bei einer Seele und bei dem, was Er zurechtgeformt hat und dann ihr Sittenlosigkeit (Lasterhaftigkeit) und Gottesfurcht eingegeben hat!« (K 91/8)

Ähnlich wie *saʿāda, šaqāwa, birr* und *fuǧūr* verhält sich der Begriff *taqwā*. *Taqwā* wird generell als Gottesfurcht verstanden und drückt die religiöse Moralität des Gläubigen aus. Er wird fast ausschließlich im Zusammenhang mit dem Jenseits verwendet. Hier sind diesbezüglich Beispiele aus dem Koran:

> »Ihr Kinder Adams! Wir haben auf euch Kleidung hinabgesandt, die eure Blößen verbirgt, und Federn. Aber das Kleid der Gottesfurcht, das ist besser. Das gehört zu Allahs Zeichen. Vielleicht lassen sie sich ermahnen.« (K 7/26)

> »Und fürchtet das Feuer, das für die Ungläubigen bereitet ist.« (K 3/131)

> »O die ihr glaubt! Seid standhaft gegenüber Allah als Zeugen für die Gerechtigkeit! Und die Feindseligkeit gegen (bestimmte) Leute soll euch nicht dazu verleiten, dass ihr nicht gerecht handelt. Handele gerecht, das kommt der Gottesfurcht näher. Und fürchtet Allah; wahrlich, Allah ist kundig dessen, was ihr tut.« (K 5/8)

> »Und hütet euch vor einer Prüfung, die gewiß nicht bloß die unter euch treffen wird, die Unrecht getan haben. Und wisset, daß Allah streng im Strafen ist. (K 8/25)

Ein weiterer wichtiger Begriff, der im Sinne der Ethik verwendet wird, ist *tazkiya*. Er bezeichnet allgemein die Läuterung bzw. Reinigung. Gemeint ist an dieser Stelle eine Seelenläuterung. Dieser Begriff ist vor allem bei Mystikern beliebt. Zum Beispiel wird das Verlesen vom Wort Gottes als Mittel für die Läuterung der Seele verstanden (K 2/151). So wird die Läuterung als Vorteil für einen selbst angesehen (»Und wer sich läutert, der läutert sich gewiss für sich selbst«), was auch von einem Zustand der Gottesfurcht und ritueller Erfüllung begleitet wird (K 35/18). Auf ähnliche Weise zeigt auch ein weiterer Vers diesen Zusammenhang auf: »Wohl ergehen wird es ja jemandem, der sie (die Seele) läutert, und enttäuscht sein wird ja, wer sie verkümmern lässt.« (K 91/9–10)

Ansonsten gibt es zahlreiche andere Begriffe, die im Koran für eine religiöse Ethik stehen. Besonders der Begriff *ṣāliḥ* (rechtschaffenes Handeln) (K 13/23; 41/46) ist bedeutsam. Dieser Begriff kommt oft in Kombination mit Glauben vor. Der Glaube und die religiöse Praxis werden häufig nebeneinander verwendet (*amanū wa ʿamilū aṣ-ṣāliḥāt*) (K 4/ 57, 122). Dazu gehört auch *ṣulḥ*, das Nomen, das mit »Frieden« übersetzt wird:

> »Und wenn zwei Gruppen von Gläubigen miteinander kämpfen, so stiftet Frieden zwischen ihnen. Wenn die eine von ihnen gegen die andere widerrechtlich vorgeht, dann kämpft gegen diejenige, die widerrechtlich vorgeht, bis sie zu Allahs Befehl zurückkehrt. Wenn sie zurückkehrt, dann stiftet Frieden zwischen ihnen nach Gerechtigkeit und handelt dabei gerecht. Allah liebt ja die Gerechten.« (K 49/9)

In vielen weiteren Versen werden Eigenschaften genannt, denen Gottesliebe zugesprochen wird. Zu diesen Eigenschaften zählen u. a. *ṣabr* (Geduld K 3/146), der gütig Handelnde (K 3/148), Gerechtigkeit (K 49/9) und Gottesfurcht (K 9/7).

Wie bereits den diversen koranischen Versen zu entnehmen ist, kommen die meisten moralisch besetzten Begriffe in allgemeiner Weise vor und können kontextabhängig unterschiedliche Bedeutungen einnehmen. Erst durch ein Werturteil erhalten diese einen moralischen Gehalt. Der Koran fordert die Menschen auf, das Gute zu tun und auf das Böse bzw. Verwerfliche zu verzichten. Selten gibt es im Koran konkrete Beispiele dafür, was unter dem Guten oder Bösen zu verstehen ist.

Offenkundig scheint den Menschen das rechtschaffene Handeln, die guten Taten und die verwerfliche Gesinnung bekannt gewesen zu sein. Die sittlichen Aussagen im Koran sind weniger Vorschriften als vielmehr eine Ermahnung bzw. Erinnerung oder Angebote. Die Menschen sollen dazu angehalten werden, sich im Sinne des Glaubens an den wohlmeinenden Sitten und Handlungen zu orientieren sowie sich über die Folgen ihrer Taten im Jenseits bewusst zu sein.

Die koranischen Aussagen appellieren an das menschliche Gewissen und die guten Sitten der Gottesfürchtigen sowie an die prophetischen Weisheiten. Dabei werden auch Vernunft und Verantwortung angesprochen.

Im Folgenden soll nun ein Blick auf die philosophischen Lehrmeinungen geworfen werden, in deren Kontext die Idee des Guten und des Bösen thematisiert und begründet wird.

3 Die Idee des Guten und Schlechten im islamischen Denken

Gut ist im islamischen Denken das, was der göttlichen Welt entspricht. Schlecht ist hingegen das, was von ihr abweicht. Aus metaphysischer Sicht ist das Gute etwas, aus dem die Existenz hervorgeht und nach dem sie als höchste Vollkommenheit strebt. In diesem Sinne ist die materielle Welt (*dunyāʾ*) nicht gut, da sie vergänglich und somit nicht erstrebenswert ist. Vielmehr wird sie als Gefängnis und Verführerin verdammt.

Philosophisch gesehen widerspricht diese Vorstellung der göttlichen Schöpfung. Denn alles, was Gott erschafft und was aus seinen Händen hervorgeht, ist ein Produkt des Guten. Und aus Gutem könne nur Gutes hervorgehen. Ansonsten muss man davon ausgehen, dass Gott auch die Ursache des Bösen darstellt. Hierbei stellt sich die Frage, ob die materielle Welt per se böse bzw. schlecht ist.

Für die meisten islamischen Philosophen existiert das Böse als Wesen nicht. Daher kann die materielle Welt auch nicht böse bzw. schlecht sein. Islamische Philosophen wie Šihāb ad-Dīn Suhrawardī (gest. 1191) und Mullā Ṣadrā betrachten das Schlechtsein daher als relativ. Die Welt ist nur schlecht, wenn sie sich vom Guten entfernt. Gemeint ist hier die existentielle Ferne. Alles, was sich von dem Absoluten und Reinen, also der göttlichen Welt, entfernt hat, ist zum Nichtsein verurteilt. Böse ist somit nur das, was dem Nichtsein ausgesetzt ist. Da die diesseitige materielle Welt ihre Existenz und ihren Wert nicht durch sich selbst erhielt, ist sie mit dem Absoluten nicht identisch. In diesem Sinne stellen Philosophen wie Suhrawardī und Mullā Ṣadrā die diesseitige Welt aufgrund des Grads ihrer niedrigen existentiellen Stellung und Verfügbarkeit dem Guten gegenüber.[58]

Somit ist das Sein an sich gut, das Nichtsein böse. Nichtsein besitzt keine existentielle Würde. Unter diesem Aspekt wird das Gute nach dem Grad der Existenz gemessen. Je höher der existentielle Zustand eines Wesens ist, desto höher ist der Grad seines Gutseins, bzw. je beständiger ein Ding ist und der Welt des Unveränderbaren näher und verbundener, desto näher ist es dem Guten und dem Wahren. Das Gute ist also, wie Mullā Ṣadrā im Sinne Ibn Sīnās versteht, das, was als Zweck aller natürlichen Dinge gilt und wonach sich alles Exmittierende sehnt:

---

58 Vgl. aš-Šīrāzī, al-Ḥikma al-mutaʿāliya, Bd. VII. 58.

> »Gut ist das, wonach jedes Ding verlangt (sich sehnt) und strebt, seinen Sinn richtet und wodurch es seinen Anteil von der machbaren Vervollkommnung, was ihm zusteht, vollendet.«[59]

Das höchste Gut ist für Mullā Ṣadrā Gott, dessen Existenz notwendig ist, denn ohne ihn hat nichts existentiellen Bestand. Alles Wirkliche strebe daher nach der Vollendung seines Wesens. Für Ibn Sīnā (gest. 1037, lat. Avicenna) gibt es nichts in der natürlichen Welt, was sich nicht nach dem Guten und Zweckmäßigen ausrichte. Daher gäbe es nichts, was zufällig, nutzlos oder belanglos wäre. Ebenfalls könne keine Handlung den Gesetzmäßigkeiten der Schöpfung widerstreben.[60]

Folglich strebt alles nach dem Guten und einem höheren Zweck. Diese Tatsache wird mit Gottes Existenz begründet. Wenn alles, was existiert bzw. den Händen des Schöpfers entstammt, gut ist, dann muss das Böse bzw. Schlechte das Ergebnis menschlicher Absichten und Handlungen sein.

Jedoch gibt es in der islamischen Welt auch die Ansicht, dass das Böse ebenso für sich existiert. Zakarīyā ar-Rāzī zufolge soll sogar die Existenz des Bösen die des Guten in der Welt überwiegen.[61] Dem widerspricht jedoch die Meinung vieler religiöser Gelehrter. Wie Ibn Maimūn (Moses Maimonides, gest. 1204) anmerkt, sei dies unvereinbar mit der Tatsache, dass Gott das absolut Gute ist und alles, was aus Ihm hervorgeht, zweifellos ebenso rein und gut sei.[62]

Ibn Sīnā erklärt, dass die Welt des Existierenden nach dem besten System bzw. der besten Ordnung (*niẓām aḥsan*) erschaffen wurde. Diese Ansicht geht aus der Annahme des Prinzips der göttlichen Vorsehung (*al-ʿināya*) hervor. Ihr zufolge wurde die Existenz von ihrem Ursprung her als beste Ordnung aus dem Guten (*al-ḫair*) und der Vollkommenheit (*al-kamāl*), hervorgebracht. Das Gute geht aus der Essenz und dem Wissen Gottes hervor, welches den Zweck des Lebens bestimmt. Gott ist daher der Ursprung des Guten und der Vollkommenheit. Somit sind sie der Existenz per se inhärent.

---

59 Ebd. Bd. VII. 58. Siehe auch Ibn Sīnā: al-Mabdaʾ wa al-maʿād. Hrsg. von ʿAbdallāh Nūrānī (1984). Teheran, S. 10.

60 Vgl. Ibn Sīnā: An-naǧāt fī al-ḥikma al-manṭaqiya, aṭ-ṭabīʿiya wa al-ilāhiya. Hrsg. v. Muḥy ad-Dīn Ṣabrī al-Kurdī (^{2}1938q/1978). Kiaro, S. 102.

61 Siehe ar-Rāzī, Muḥammad Ibn Zakarīyā: Rasāʾil falsafīya. Hrsg. v. Paul Kraus (o. J.). Kairo u. Teheran, S. 179–180.

62 Ebd. S. 180.

Ibn Miskawaih meint deshalb, dass das Gute ein Prinzip der Existenz ist. Alles strebt nach dem Guten und jeder hat gemäß seinem Zweck einen Anteil an dem Guten und der Glückseligkeit. Die menschliche Glückseligkeit ist daher unterschiedlich. Die größtmögliche Glückseligkeit ist das höchste Gut für den vollkommenen Menschen und dieser Mensch ist der Glücklichste. Gott ist demnach das primäre Gut, nämlich das Erste und der Zweck aller menschlichen Wesen.[63]

Mullā Ṣadrā definiert Glückseligkeit als eine Übereinstimmung mit dem wahren Wesen des Selbst. Die existentielle Vollendung des eigenen Selbst ist die höchste Form von Glückseligkeit. Somit ist die existentielle Vollkommenheit gleichzusetzen mit der Glückseligkeit, denn der Zustand der Glückseligkeit ist abhängig von dem Grad der Vollkommenheit. Je näher ein Wesen an die höchste Form des Seins heranreicht, umso glücklicher und vollkommener ist es. Nach dieser Vorstellung verfügt die Glückseligkeit des Menschen über mehrere Stufen und hängt davon ab, in welcher existentiellen Stufe sich ein Mensch gerade befindet.[64]

Das Gute ist das Ziel allen Strebens im Leben und befindet sich in allen Dingen, sei es in Substanz, Quantität, Qualität oder anderen Kategorien des Seins. Das Gute verkörpert jene Handlungen und Verhaltensweisen, die den Menschen zur »Erfüllung seines Daseinszweckes« geleiten.[65] Für die Menschen ist das Gute, wie Ibn Miskawaih formuliert, unterschiedlich. Das Gute hat unterschiedliche Perspektiven und wird entweder für und an sich betrachtet oder für etwas anderes. Ibn Miskawaih führt einige Beispiele an: Es kann an sich edel (*šarīfa*) sein wie Vernunft und Weisheit oder lobenswert (*mamdūḥa*) wie Tugenden und schöne Taten. Ebenso könne es potentiell gut sein wie die Prädisposition (*at-tahayū'*), welche eine Bereitschaft und Fähigkeit, sich selbst und andere zu pflegen, darstellt oder nützlich für alle Dinge, durch die das Gute erreicht wird. Das Gute kann auch dem Ziel nach vollständig oder unvollständig sein. Jedoch gilt die Glückseligkeit als vollständiges Gut.[66]

---

63 Vgl. Ibn Miskawaih, Tahḏīb al-aḫlāq, S. 88.

64 Siehe aš-Šīrāzī, al-Ḥikma al-muta'āliya, Bd. 9. S. 121.

65 Siehe Endress, Gerhard: Antike Ethik-Traditionen für die islamische Gesellschaft: Abū 'Alī Miskawaih, 210–237, in: Rudolph, Ulrich (Hrsg.), Philosophie in der Islamischen Welt, Bd. 1: 8.-10. Jahrhundert (Grundriss der Geschichte der Philosophie, begr. von Friedrich Ueberweg). Basel 2012, S. 221.

66 Vgl. Ibn Miskawaih, Tahḏīb al-aḫlāq, S. 88 f.

Erreicht man das Gute, so erlangt man Ibn Miskawaih zufolge Glückseligkeit. Sie ist die (eine) Gnade Gottes, die dem vollkommenen Menschen (*al-insān at-tāmm,* wörtl. *der totale Mensch*) zukommt. So ist der vollkommene Mensch für Ibn Miskawaih ein sittlicher Mensch, und der sittliche Mensch ist folglich jemand, der Weisheit und höchste Intelligibilität erreicht. Das Böse gilt daher für Ibn Miskawaih als ein negativer Aspekt der Vervollkommnung. Es ist das, was die Menschen an der Erlangung der Glückseligkeit hindert. Das Böse bzw. die Unvollkommenheit sind daher Akzidentien, wie auch Ibn Sīnā feststellt. Damit gehören sie zu den partikularen Verhältnissen, sind Produkte der Welt bzw. der Materie und befinden sich unterhalb der Mondsphären (*ǧamīʿ as-sabab aš-šarr innamā yūǧad taḥt-i falak al-qamar*).[67]

Die materielle Welt ist folglich nicht frei vom Bösen, auch wenn es sich hier um ein negatives Attribut der Materie handelt. Nicht die Materie an sich ist böse, wie wir von Ibn Miskawaih erfahren. Denn die materielle Welt ist zwar nicht gleichzusetzen mit der höchsten Glückseligkeit, sie gilt aber dennoch als ein unverzichtbarer Bestandteil menschlicher Existenz. Der Mensch ist ein Wesen mit zwei Naturen, einer geistigen und körperlichen, und die Glückseligkeit trägt daher beide Aspekte seines Wesens in sich.

> »Daher kann die Glückseligkeit für den Menschen, solange er Mensch ist, nicht vollendet werden außer durch die Erlangung beider Zustände.«[68]

Das Böse wird durch Verhältnisse verursacht, welche die Materie beherrschen. Es begleitet das Leben, wenn es darum geht, das Gute zu erreichen. Mit anderen Worten: das Böse ist die notwendige Gegenkraft zum Guten, wie das Nichtsein zum Sein. Daher meint Ibn Sīnā, dass es nicht falsch ist, wenn man sagt:

> »Gott, erhaben sei Er, wollte die Dinge und wollte das Böse ebenso in einer Art (Weise), die akzidentiell ist. Weil Er wusste, dass es (das Böse) notwendig ist, hielt Er es für unbedeutend. Also ist das Gute essentiell und das Böse ist akzidentiell notwendig (erforderlich).«[69]

Eine solche Vorstellung vom Guten und Bösen ist determiniert von der Idee einer reinen, absoluten und positiven Existenz, die das

---

67 Vgl. Ibn Sīnā, An-naǧāt, S. 285 f.

68 Ibn Miskawaih, Tahḏīb al-aḫlāq, S. 95.

69 Ibn Sīnā, An-naǧāt, S. 289.

Gute verkörpert. Es handelt sich hierbei um ein Prinzip, das allem Seienden zugrunde liegt. Nach Mullā Ṣadrās Existenzphilosophie ist das Gute gleichzusetzen mit dem Sein. Wo die Existenz sich am intensivsten und reinsten manifestiert, ist das Gute immer als ein Attribut des Seins zu verstehen. Das Böse hingegen erscheint aus den hierarchischen Verhältnissen, in die sich die Existenz begibt.

Die Existenz ist bei Mullā Ṣadrā wie auch bei Ibn Sīnā notwendig und möglich. Das Notwendige gilt als existentiell vollkommen, das Mögliche jedoch als unvollkommen.[70] So hängen das Gute wie auch das Böse in der Welt der Existierenden von dem Grad und ihrem Anteil an der jeweiligen Existenzform ab, die sich zwischen Vollkommenheit und Unvollkommenheit bewegt. Gott ist das Einzige, was aktuell absolut und vollkommen ist. In diesem Verhältnis bewegen sich das Gute und Böse zwischen beiden Polen der Existenz, nämlich dem absoluten Sein und absoluten Nichtsein. Alles andere Existierende, das dazwischen liegt, ist relativ. Der Grad des Guten und des Bösen hängt dabei von der Möglichkeit der Entwicklung zum Sein oder Nichtsein ab. Alles, was sich vom Guten entfernt, ist nämlich böse. Das Gute ist also steigerungsfähig, da es mit einem Prozess des existentiellen Ab- und Aufsteigens einhergeht, wie Mullā Ṣadrā im Folgenden erläutert:

> »Wenn Du nachdenkst und die Bedeutungen des Bösen und seiner Zustände und Beziehungen näher betrachtest, findest Du alles, auf das die Bezeichnung des Bösen zutrifft, in zweierlei Form; es ist entweder ein absolutes Nichtsein oder tendiert zum Nichtsein. Man sagt, das Böse ist beispielsweise (wie) der Tod, die Unwissenheit, die Armut, die Schwäche (Dürftigkeit), die Verstümmelung der Gestalt (der Schöpfung), das Fehlen eines Gliedes, die Dürre (der Mangel) und ähnliches vom absoluten (reinen) Nichtsein (*ʿadamiyyāt*, Nichts, Privativen) und es wird weiterhin gesagt: es gibt Böses in Form von Schmerz, Trauer, und die absolute Unwissenheit (gemeint ist die komplexe Unkenntnis, d.h. man weiß nicht, dass man nicht weiß) und andere ähnliche Dinge, bei denen es sich um die Erfassung eines bestimmten Grundsatzes und einer bestimmten Ursache handelt, nicht um das bloße Verlieren eines bestimmten Grundsatzes bzw. einer bestimmten Ursache, denn das Schädigende, die das Gute und das

[70] Das Mögliche ist nach avicennistischer Definition und auch nach Ṣadr ad-Dīn aš-Šīrāzī ein Zustand der Existenz, dem das Sein und Nichtsein gleichermaßen zukommen kann.

> Vollkommene verneinende Ursache, die zum Erlöschen (Verlieren) führt, lässt sich in zwei Bereiche einteilen.«[71]

Diesen Gedanken zufolge sind das Gute und Böse existentielle Aspekte, die sich mannigfaltig manifestieren und sich in allen Bereichen des materiellen und jenseitigen Lebens befinden. In diesem Sinne kann abwechselnd das Gute oder das Böse in der Existenz überwiegen. Dies betrifft allerdings nicht die Existenz selbst, sondern die ethische Manifestation in der menschlichen Handlung, die willentlich in der Existenz herbeigerufen wird. Denn alle Taten, die aus der Existenz hervorgebracht werden, sind entweder förderlich für die Vollkommenheit oder stellen sich als Hindernisse für die Vervollkommnung heraus.

Daher gelten für Mullā Ṣadrā die verwerflichen Charaktereigenschaften (*al-aẖlāq al-maḏmūma*) und die zu tadelnden Handlungen (*al-afʿāl aḏ-ḏamīma*) als eine Behinderung für die menschliche Seele auf ihrem Weg zur geistigen Vervollkommnung (*al-māniʿatu li an-nufūsi an al-wuṣūli ilā kamālātihā al-ʿaqliyya).*[72] Warum die Welt jedoch einen Hang zum Bösen und Unvollkommenen hat, erklärt er mit der Notwendigkeit natürlicher Entwicklungen und dem Trieb nach Lebenserhaltung in der materiellen Welt.[73] Die Materie ist also nicht an sich böse,

> »da sie (die Materie) die Potenz alles Existierenden ist, ist sie im Gegensatz zum Nichtexistieren (das reines Schlechtes ist) akzidentiell etwas Gutes.«[74]

Die materielle Welt stellt nur für die intelligible Entwicklung eine Barriere dar, die wiederum durch ethische und intelligible Anstrengungen überwunden werden kann. So gesehen müssen alle Formen der religiösen und rationalen Ge- und Verbote, die einen Vorteil oder einen Nachteil für die Vollkommenheit darstellen, bewertet werden.

Die diesseitige Welt (*dunyāʾ*) stellt also nur eine Herausforderung und Möglichkeit dar, woraus das Gute hervorgehen kann. Sie wird demnach nicht dem Jenseits (*āẖira*) gegenübergestellt, sondern

71 aš-Šīrāzī, al-Ḥikma al-mutaʿāliya, Bd. VII, S. 59.

72 Ebd. S. 61.

73 Ebd. Bd. VII, S. 104–105.

74 aš-Šīrāzī, Ṣadr ad-Dīn Muḥammad Ibn Ibrāhīm: Die Risāla fi l-ḥudūṯ (Die Abhandlung über die Entstehung) v. Ṣadr ad-Dīn Muḥammad Ibn Ibrāhīm aš-Šīrāzī (1572–1640). Mit Übersetzung und Erläuterung v. M. Bagher Talgharizadeh (2000). Klaus Schwarz Verlag Berlin, S. 73–74.

als ein Medium der existentiellen Möglichkeiten betrachtet. Ihr Hang zum Bösen ist ihrer existentiellen Mangelhaftigkeit geschuldet. In diesem Sinne steht die diesseitige Welt dem notwendigen Sein gegenüber.

Die materielle Welt ist folglich aus ethischer Perspektive ein Ort der Erkenntnisse und Reflexionen, um das Gute zu erkennen. Die Welt stellt also nach Mahdī Muḥy ad-Din Ilāhī Qumša'ī (gest. 1973), einem Anhänger der geistigen Schule Mullā Ṣadrās, einen Spiegel dar, um dem Mangelhaften die Fülle und dem Schlechten das Gute vor Augen zu führen.

> »Wir sagen hier auch, wenn in der Welt die Bosheiten (das Böse) und die partikularen Mängel – was alles auf das Ganze Dasein bezogen absolut ist – nicht gewesen wären, würde das System dieser Existenz gänzlich in Desorganisation und Unordnung geraten. Der Grund liegt auf der Hand, da aus allem, was man für böse oder mangelhaft hält, so viel Gutes und Vollkommenes hervorgeht (hervorgehen), dass, wenn sie fehlen würden, all dieses Gute fehlen (verborgen sein) würde. Wäre in der Welt kein Krieg gewesen, dann hätten Wettbewerb, Bewahrung der Souveränität und Beseitigung des Schmerzes den Menschen nicht zu den tausend Wissenschaften, Techniken (Künsten) und Erfindungen geführt, deren Vorteile überwiegen und dauerhaft sind und deren Nachteile (Schäden) geringfügig und begrenzt sind.«[75]

Somit befindet sich die Seele zwischen der Welt des Vergänglichen und Relativen einerseits und dem Absoluten andererseits. Die Idee des Guten ist der Seele bereits aufgrund ihrer Beziehung zur himmlischen Welt (*ʿālam al-maʿqūl*) eingegeben. Durch Weisheit und ethische Besinnung verhält sich die Seele gemäß der Ordnung der intelligiblen Welt und wird damit zur Vernunftseele. Ihre Abhängigkeit von der materiellen Welt macht aus ihr jedoch zusätzlich noch eine Triebseele. Die Seele befindet sich also zwischen zwei Polen.

Das Böse ist somit ein negativer Aspekt, der dem Guten gegenübersteht. Wenn der Mensch keinen Einblick in das Gute hätte, würde er auch nicht auf das Böse stoßen, meint Muḥammad Ḥusain Ṭabāṭabā'ī Tabrīzī (gest. 1981), der seinerzeit als ein bedeutender Anhänger der Existenzphilosophie Mullā Ṣadrās galt. Er veranschaulicht, dass man Blindheit nur für etwas Schlechtes hält, weil man die Fähigkeit des Sehens als etwas Positives wahrnimmt.

---

75 Ilāhī Qumša'ī, Muḥyi ad-Dīn Mahdī (1379/2000): Ḥikmat-i ilāhī. Ḫāṣṣ w ʿāmm. Hrsg. v. Hurmuz Būšahrīpūr. Teheran, S. 90–91.

Ethisch gesehen ist das Böse für Ṭabāṭabā'ī, lateinisch gesprochen, ein *prīvāre,* das heißt ein negativer Aspekt (*'adamī,* Nichtsein, Privativ, das Fehlen bzw. die Negation von etwas). Da die Negation existentiell gesehen etwas Mögliches (*imkānī*) darstellt, dessen Sein relativ ist, steht es dem Guten gegenüber. Das Gute dagegen ist als etwas Positives (*wuǧūdī,* wörtl. Existentielles) und Notwendiges (*ḍarūrī*). Der Grund dafür, dass Gerechtigkeit als positiv und gut betrachtet wird, ist die negative Berurteilung der Ungerechtigkeit. Hierbei handelt es sich um eine existentielle Erfahrung. Nach dieser Vorstellung ist das Gute positiv und notwendig und geht auf das höchste Gut zurück, während das Böse nur im Zusammenhang mit dem menschlichen Wollen und Handeln zustande kommt.[76]

Bei Ibn Rušd (gest. 1198, lat. Averroes) beobachten wir den Versuch, die Gut-Böse-Dualität auch im theologischen Sinne aufzuheben. Da zwischen den einzelnen Überlieferungen und Offenbarungssätzen Widersprüche herrschen, müssen diese Ibn Rušd zufolge mit Hilfe der Vernunft aufgehoben werden. Das Religionsgesetz (Scharia) befindet sich mit der Vernunft in Übereinstimmung. Folglich unterwirft Ibn Rušd den Gut-Böse-Komplex zur Überprüfung den Gesetzen der rationalen Methode. Demnach geht man im islamischen Denken von dem Prinzip aus, dass alles in seiner gattungsspezifischen Ganzheit gut ist, denn der Schöpfer kann keine andere Absicht verfolgen. Auf der partikularen Ebene können jedoch Elemente des Bösen erscheinen. Dies geschieht allerdings nicht aus dem Grund, dass es etwas Böses an sich gäbe. Vielmehr habe Gott als Schöpfer das Böse als Mittel erschaffen, um den Zweck des Guten zu erfüllen.

Mit anderen Worten: Es gibt nur einen Gott, der gut und gerecht ist, und dieser ist der Schöpfer alles Existierenden. Dementsprechend kann alles, was in der Existenz hervorgerufen wurde, nur für das Gute gehalten werden. Die dualistische Lösung und vorislamische Weltanschauung, in der es für das Gute und das Böse getrennte Götter gab, wird von Ibn Rušd entschieden abgelehnt.

> »[...], daß Gott mit dem Attribut Gerechtigkeit charakterisiert ist, und daß er Schöpfer von allem, Guten und Schlimmen, ist, weil viele von den im Irrtum befangenen Völkern annehmen,[77] daß es zwei Götter gibt, einen Gott, der das Gute schafft, und einen Gott, der das Schlimme

76 Ṭabāṭabā'ī, Muḥammad Ḥusain (1350/1971): Uṣūl-i falsafa wa rawiš-i ri'ālīsm. Mit Einleitung u. Kommentar v. Murtaḍā Muṭahharī. Bd. I-V. Teheran. Bd. 5, S. 212–215.

> schafft: sie sind nun belehrt, daß Er Schöpfer von beiden gänzlich ist, [...]. Jedoch darf man dies nicht absolut (*ʿalā al-iṭlāq*) verstehen, sondern so, daß er das Gute wegen des Guten selbst schafft, hingegen das Schlimme wegen des Guten, das heißt, wegen des Guten, das mit ihm verbunden ist (wegen dem, was sich dadurch mit dem Guten verbindet). Auf diese Weise ist die Schöpfung des Schlimmen von ihm gerecht (eine Gerechtigkeit). Ein Bild (das Vergleichsbild) davon ist das Feuer, welches wegen des Bestandes der Wesen geschaffen ist, deren Existenz ohne die Existenz des Feuers nicht vollständig (gedacht werden) sein kann. Jedoch ergibt sich aus seiner Natur (*an-nār*, aus der Natur des Feuers), daß es einige Dinge verdirbt (ins Verderben stürzt). Aber wenn der Schaden, der ihm entspringt, und der ein Schlimmes (ein Übel) ist, mit dem, was aus ihm an Existenz jener Wesen entspringt, was das Gute ist, verglichen wird, so ist seine Existenz seiner Nichtexistenz vorzuziehen, und somit ist es gut.«[78]

Bei den ausgeführten Vorstellungen über den Gut-Böse-Komplex stoßen wir auf die Auffassung, dass es sich zwar um Rechtfertigung der Idee von Gottes Gerechtigkeit handelt. Zugleich geht daraus jedoch auch die Idee der Freiheit und der selbstverschuldeten Unmündigkeit hervor. Die Handlungen des Menschen, sofern sie seinem Willen entspringen, sind seine eigenen Werke. Ibn Rušd meint jedoch, dass die Ursachen und das Vermögen im Menschen, die diese Handlungen hervorbringen, Gotteswerke seien. Dennoch ist der Mensch frei und nicht zu seinen Handlungen gezwungen. Denn der Mensch braucht für die Ausführung seiner Handlungen Mittel, die er selbst nicht geschaffen hat. Beim Schreiben muss er zum Beispiel seine Hand benutzen oder eine Feder, deren Urstoff von Gott erschaffen wurde.

---

[77] Diese Ansicht geht auf die vorislamische ontologische Vorstellung mancher religiöser Bewegungen im iranischen Raum zurück. Widengren weist darauf hin: »Der Dualismus ist indessen in der iranischen Religion viel klarer ausgeprägt als im Manichäismus. Dieser Dualismus geht von dem Gedanken eines unablässigen Kampfes zwischen zwei Prinzipien, den guten (*Ahūrā Mazdā*) Ohrmazd und dem Bösen (*Angrā Mainyū*) Ahriman aus.« Widengren, Geo (1961): Mani und der Manichäismus. Stuttgart: Kohlhammer Verlag, S. 48 f. Siehe dazu Flügel, Gustav (1969): Mani. Seine Lehre und seine Schriften. Osnabrück: Biblio-Verlag.

[78] Ibn Rušd, Abū al-Walīd: al-Kašf ʿan minhaǧ al-adilla fī ʿaqāʾid al-milla. Hrsg. u. eingel. v. Muḥammad ʿĀbid al-Ǧābirī (1999). Beirut, S. 197. In dieser Übersetzung wurde auch die Übersetzung von Marcus Joseph Müller berücksichtigt. Siehe Averroes: Philosophie und Theologie. Aus dem Arabischen übersetzt v. Marcus Joseph Müller (1974). Nachdruck: Osnabrück, S. 107.

> »[...], d. h., daß das Dasein der von unserem Willen herrührenden existierenden Dinge (Handlungen) durch die beiden Dinge zugleich vollendet wird, das heißt: durch unseren Willen und durch die äußeren Ursachen *(wa bi al-asbāb allatī min ḫāriǧ,* von außen kommende Ursachen). Wenn die Handlungen gänzlich einem der beiden Dinge zugeschrieben werden, so werden die erwähnten Zweifel eintreten.«[79]

Die ethischen Ergebnisse des Guten und Bösen im philosophischen und mystischen Sinne besagen für den Menschen, dass das Böse das Ergebnis menschlicher Reflexion ist. Anders formuliert handelt es sich bei dem Bösen um ein reines Menschenwerk und es tritt erst dann zum Vorschein, wenn es der Mensch mit seiner Absicht, seinem Denken und durch sein Tun hervorbringt. Außerdem ermöglicht erst die Reflexion über das Böse, das Gute überhaupt erkennen zu können.

[79] Ebd. S. 190. Ebd. S. 100–101.

Das Wesen der islamischen Ethik und ihre Quellen

Der islamische Philosoph Ibn Sīnā schreibt in seinem Buch »*an-Naǧāt*«, dass moralische Taten lobenswerte Taten seien und die Zustimmung zu diesen Taten somit als lobenswerte Meinungen gelten, welche an drei Aspekten erkennbar sind:[80]

a) Handlungen, die zum Gemeinwohl führen (*taʾdīb ṣalāḥiyya*).
b) Taten, die der Natur des Menschen entsprechen (*fiṭra*).
c) Handlungen, die den guten Traditionen und dem Brauchtum entsprechen.

Gerechtigkeit (*ʿadl*) wird im Islam beispielsweise stets gelobt, Unterdrückung (*ẓulm*) hingegen getadelt. Dieses Urteil finden wir nicht nur im Koran, es wird sowohl aus gesellschaftlicher als auch religiöser Sicht und aus Vernunftgründen getätigt. Dennoch stellt sich die Frage, ob ethische Urteile im Islam eine religiöse Legitimierung benötigen bzw. abhängig sind von der muslimischen Gemeinschaft. Oder sind sie gar unabhängig davon allein aus dem gesunden Menschenverstand ableitbar? Dies müsste vor allem von den Gläubigen akzeptiert werden.

Betrachtet man die Ge- und Verbote, stellt sich die Frage, ob sie bloßes Mittel zum Zweck oder Zweck des Guten sind. Welche Bedeutung kommt den sittlichen Ge- und Verboten zu? Sind sie als Zwecke ethischen Verhaltens gedacht oder dienen sie nur dem Glaubensbekenntnis? Und sind sie als die einzigen legitimen ethischen Werturteile anzusehen oder gibt es über sie hinaus weitere Prinzipien und Quellen ethischer Urteile? Was sind die Quellen der islamischen Ethik? Auf welchen Grundlagen baut die Ethik im Islam auf? Wer sind die Adressaten der sittlichen Normen? Was bedeutet generell Ethik, Sitten- oder Pflichtenlehre im Islam?

Der Islam in seiner ursprünglichen religiösen Offenbarungslehre verfügt über keine systematische Darstellung moralischer Prinzipien.

---

80 Siehe Mudarrisī [2]1997, S. 79 f.

Er enthält jedoch viele Anweisungen für richtiges bzw. angemessenes Verhalten und zwischenmenschliche Beziehungen.

Um das Wesen der Ethik zu bestimmen, müssen wir einen Blick auf die Quellen der ethischen Lehre im Islam werfen. Welche Faktoren haben die islamische Ethik geprägt bzw. haben wir eine islamische Ethik, die aus dem Islam heraus selbstständig gewachsen ist? Oder gibt es mehrere Einflüsse, die zum heutigen islamischen Werteverständnis, seinen Moralvorstellungen und seinem ethischen Denken geführt haben?

Um über die Quellen der islamischen Ethik zu sprechen, müssen wir uns die Frage stellen, von welcher Art der Ethik die Rede ist. Denn je nach Disziplin und Schulmeinung weist die Ethiklehre auf verschiedene Einflussfaktoren hin, die mit unterschiedlicher Gewichtung und Schwerpunktsetzung in ethischen bzw. normativen Traktaten herangezogen werden. Hinzu kommen auch die Besonderheiten der einzelnen Schulmeinungen:

Es gibt vier geistige Denkschulen, die die islamische Ethik geprägt haben: 1. Die philosophische Schule, die oben bereits thematisiert wurde. 2. Die mystische Schule, die einen spirituellen Zugang zum ethischen Verhalten sucht. 3. Die traditionelle Fürstenethik als politischer Ethikkodex mit Verhaltensregeln gemäß der *Adab*-Pädagogik. 4. Die theologisch-religiöse Ethik als Normenlehre für die gottgefällige und jenseitige Glückseligkeit. Diesbezüglich gelten Ge- und Verbote als religiöses Rechtsgutachten für die Gestaltung der Beziehung der Gläubigen zueinander sowie zu Gott.

Alle vier islamischen Ethikreflexionen gehen von bestimmten Grundannahmen der menschlichen Natur aus. Die philosophischen Schulen sehen vor allem im menschlichen Wesen ethische Reflexionen, die aus dem Intellektvermögen (*intellectus*) der Seele hervorgehen. Die Vernunftseele ist in der Lage, die Prinzipien des ethischen Denkens und Handelns zu erkennen, dadurch das Richtige vom Falschen zu unterscheiden und danach zu handeln. Für die Philosophie ist die Ethik eine geistige Askese und das Ergebnis der Weisheit, die zu der Vollkommenheit der Seele führt.

Die mystische Schule strebt gleichsam nach der Vollkommenheit der Seele. Allerdings geschieht dies nicht durch Vernunft, sondern mittels seelischer Askese, also konkret durch asketische Übung und Meditationen. Die traditionelle Fürstenethik und *Adab*-Pädagogik streben beide nach guter Sitte und edlem Charakter. *Adab*-Werke umfassen generell die Gnomologien, Doxographien und Fürstenethik. Sie werden von Gutas im Wesentlichen als populäre Ethik verstanden.[81] Sie sind sowohl durch Vernunfterkenntnisse als auch durch bereits anerkanntes bewährtes Verhalten der Weisen inspiriert. Es handelt sich um eine Mischung aus religiösen, rationalen und traditionellen Verhaltensregeln, die auf alle zwischenmenschlichen Begegnungen übertragen werden. So wurden sie von unterschiedlichen kulturellen Traditionen, z.B. der persischen, indischen und griechischen, verschiedenen Denkschulen, aber gleichzeitig auch religiös inspiriert.[82] Die theologische Ethik ist an die göttlichen Offenbarungen gebunden, die durch die Überlieferungen des Propheten und seiner Lebensweise an die Gläubigen vermittelt wurden.

Allerdings existiert ein wesentlicher Unterschied zwischen theologischer und religiöser Ethik. Eine religiöse Ethik ist stark an der Offenbarung und prophetischen Tradition orientiert. Robert Spaemann weist etwa darauf hin, dass religiöse Lehrer als Wegweiser galten und die Möglichkeiten des guten Lebens aufzeigten. Dadurch konnten sie eine lebendige Tradition aufrechterhalten und einen Weg weisen, dem man durch praktisches Handeln folgen konnte.[83]

In diesem Sinne ist die religiöse Ethik eine Ethik der guten Sitte und der Charakterzüge religiöser Vorbilder. Als Beispiel für religiöse Ethik nennt Majid Fakhry die vorbildhaften Charakterzüge ʿAʾischahs, der Frau des islamischen Propheten Muhammad. Dabei handelt es sich seiner Meinung nach um praktische Tugenden. Ihm zufolge sind diese u.a. wahrheitsgetreue Überlieferung, Standhaftigkeit im Gehorsam gegenüber Gott, Spenden, die Belohnung der guten Taten, Freundlichkeit gegenüber den Verwandten, Erlangung von Vertrauen, Freundlichkeit gegenüber dem Nachbar, Rücksicht auf Freunde, Gastfreundschaft und Bescheidenheit. Die Prinzipien der religiösen Ehik umfassen daher laut Majid Fkhary den Glauben (*imān*), die Frömmigkeit (*waraʿ*) und die Gehorsamkeit (*ṭāʿah*).[84]

---

81 Siehe Gutas, Dimitri: Populäre Ethik und praktische Politik, 458–517, in: Rudolph, Ulrich (Hrsg.), Philosophie in der Islamischen Welt, Bd. 1: 8.-10. Jahrhundert (Grundriss der Geschichte der Philosophie, begr. von Friedrich Ueberweg). Basel 2012, S. 462.

82 Siehe dazu susführlicher bei Horst, Heribert: Entstehung der *adab*-Literatur und ihre Arten, in: Gätje, Helmut (Hrsg.), Grundriß der arabischen Philologie, Bd. 2: Literatur. Wiesbaden 1986, 208–220.

83 Vgl. Spaemann ²2002, S. 15.

84 Vgl. Fakhry, Majid (²1994): Ethical Theories in Islam. Islamic Philosophy, Theology and science, Volume 8, edited by H. Daiber and D. Pingree. Leiden: Brill Verlag, S. 151–152.

Eine theologische Ethik versucht hingegen, ihre Lehre mit rationalen Begründungen zu untermauern. Denn die Quelle der theologischen Ethik liegt neben der Offenbarung und der Überlieferung des Propheten in der philosophischen Lehre. Deren ethische Vorstellungen beruhen vorwiegend auf griechischem Gedankengut.

Darüber hinaus ist die philosophische Tradition im Islam eng mit der altpersischen Weisheitstradition verbunden. Bekannt wurde diese etwa unter den Begriffen »*Andarz-Nāmah*« (Buch der Ratschläge), »*Pand-Nāmah*« (das Buch der Anweisung) bzw. »*Naṣīḥat-Nāmah*« (Buch der Predigt) und »*Ḫirad-Nāmah*« (Buch der Vernunft). Dabei handelt es sich um Traktate, die sich mit pädagogischen und sittlichen Lebensweisheiten beschäftigen. Diese Traktate werden auch als *Adab*-Pädagogik bezeichnet. Es handelt sich hierbei um Ratschläge, Moralpredigten, kluge Anweisungen und Weisheitsbelehrungen, die im Allgemeinen unter den sog. Fürstenethiken zusammengefasst werden.[85]

Einige solcher Traktate dienen genauso als Quelle für die mystische Ethik wie das Buch »*Pand-Namah*« von Farīd ad-Dīn Aṭṭār (gest. 1221). Allerdings findet man darüber hinaus auch indische, buddhistische und christliche Spuren in der mystischen Ethik.

Was die pädagogische Ethik betrifft, so stellt sie im Islam keine eigenständige Disziplin dar. Stattdessen ist sie mit einer Erziehungslehre verbunden, die man in allen bereits angeführten Denkschulen findet. Somit ist sie Teil der Philosophie, der *Adab*-Pädagogik sowie der mystischen und religiösen Ethik.

Zusammenfassend lässt sich Ethik im Islam aus verschiedenen Perspektiven betrachten: Theologisch, mystisch, pädagogisch und philosophisch. Jeder dieser Perspektiven liegt ein Menschenbild zugrunde, mit dem die Begründung der Moral und des ethischen bzw. sittlichen Denkens und Verhaltens einhergeht.

Die Quellen der Ethik im Islam können dementsprechend in fünf Punkte zusammengefasst werden:

- Offenbarung: direkt von dem islamischen Propheten Muhammad.
- Koran und Sunna (anfängliche Form der Interpretationen, umfasst auch die Überlieferungen).

---

[85] Siehe dazu De Fouchécour, Charles-Henri (1986): Moralia. Les Notions Morales dans la Littérature Persane du 3e/9e au 7e/13e siécle. Paris.

- Theologie, religiöse Rechtswissenschaft, Philosophie, juristische, philosophische und theologische Entwicklungen für neue Fragen und die Begründung der eigenen und neuen Tradition (neue Kulturgüter).
- Fürstenethik und *Adab*-Literatur.
- Griechische Philosophie, indische und persische Weisheitslehre sowie syrische und ägyptische Sittenlehre.

Theologische Ethik

1 Menschenbild

Im Islam gehen religiöse Antworten auf moralische und sittliche Fragen auf ein Menschenbild zurück, das von der Idee der Geschöpflichkeit im engen Sinne geprägt ist. Diese Geschöpflichkeit des Menschen bedeutet einerseits, dass der Mensch endlich, vergänglich und ein Eigentum Gottes ist. Im Jenseits muss er sich vor Gott für seine Taten verantworten. Andererseits ist der Mensch Stellvertreter Gottes (*ḫalīfa*) auf Erden und dazu verpflichtet im göttlichen Sinne als Hüter der Schöpfung auch die Verantwortung gegenüber sich selbst und anderen zu übernehmen.

Das religiöse Menschenbild ist also durch die göttliche Offenbarung geprägt. In der Offenbarungs- oder Schöpfungsgeschichte geht es einerseits um den Menschen. Ebenso gibt es aber auch die koranische Lehre vom Menschen. Man versteht die Geschichte als einen offenen Vorgang, der durch den Menschen und sein Handeln vollendet wird, da der Mensch als Hüter der Schöpfung Gottes auf Erden eingesetzt wurde. Die Voraussetzung dafür liegt in der Verantwortung und Freiheit des Menschen.

Demnach legt die Offenbarung als Willensoffenbarung speziell den göttlichen Willen dar. Seine Transzendenz geht durch diese personale Offenbarung durch den Menschen nicht verloren. Offenbarung in der Geschichte bedeutet, dass sie unterschiedlich wahrgenommen wird. Der Mensch ist ein individuelles und soziales Wesen, ein geschichtlich endliches Wesen, und zugleich transzendental ein freies Wesen. Er ist in der Lage, die Offenbarung zu interpretieren (*homo religius*).

Der Glaube an Gott wird daher als eine positive Reaktion des Menschen auf die Offenbarung verstanden, denn der Glaube bringt Heil. Daher soll sich der Mensch am Glaubensleben, sozialen Leben und am geschichtlichen Geschehen aktiv beteiligen.

Im religiösen Sinne wird jedoch das Verhältnis von Mensch und Gott durch Gehorsam bestimmt, der durch die Erfüllung des göttlichen Willens und des Gesetzes vollendet wird. Der Mensch als Geschöpf Gottes ist quasi Diener Gottes, der ihm gegenüber Demut und Gehorsam leisten muss. Nichtsdestotrotz wird das Menschenbild im Islam auf drei Konzepten aufgebaut, die die Verantwortung und Souveränität des Menschen hervorheben. Diese drei Konzepte sind: Die Lehre von der Statthalterschaft des Menschen auf der Erde (*ḫalīfa*), die Lehre von *amāna* (Anvertraute) und die Lehre von *fiṭra* (Disposition).

Die entscheidende Passage für eine koranische Anthropologie finden wir in der zweiten Sure des Korans.[86] Gott schuf den Menschen als Mann und Frau, die als seine Stellvertreter (*ḫalīfa*) auf der Erde fungieren. Der Begriff *ḫalīfa* ist hier nicht im politischen Sinne zu verstehen, sondern wie der Anglikaner Kenneth Cragg (1913–2012) zu Recht formulierte, ein allgemeines anthropologisches Konzept. Der Mensch wird sozusagen zum Pächter der Welt erhoben und eingesetzt als Gottes stellvertretender Souverän im Sinne von delegierter Autorität.[87] In diesem Sinne beinhaltet *ḫalīf* die beiden Aspekte von Herrschaft und moralischer Verantwortung: Herr und Diener. Der Mensch hat keine Souveränität über die Welt, außer in der Verantwortung unter Gott. Diese doppelte Berufung des Herrschens und Dienens wird im Ritualgebet durch die abwechselnden Haltungen des Stehens und der Postration symbolisch-leibhaftig zum Ausdruck gebracht.

In einem Dialog zwischen Gott und den Engeln im Koran wird klar, dass Gott den Menschen mit bestimmten Privilegien ausgestattet hat. Er wird zum Hüter des Wissens und quasi als Pächter der Welt angesehen (Gottesebenbildlichkeit *Imago Dei*; Vgl. Gen. 1, 26). Hierbei ist er dennoch Herausforderungen ausgesetzt, denn er muss sich gegen die Verführungen durch das Böse wehren und ein wahrer Diener Gottes werden.[88]

In all diesen koranischen Passagen, in denen der Mensch als eigenständiges Geschöpf Gott auf der Erde repräsentieren muss, steht er zwischen zwei Polen: zwischen Gut und Böse, Hochmut und Wissen sowie Glaube und Unglaube. Cragg definiert die Schöpfung als »Involviertsein Gottes, ein In-Beziehung-Sein Gottes zum Menschen.«[89]

---

86 Koran 2/30–35; 6/165; 7/11 f., 69, 172; 10/14, 73; 35/39.

87 Cragg, Kenneth (2003). Privilege of Man. Oxford: Onward Publication, S. 3.

88 Koran 15/26–53.

Als Stellvertreter Gottes übernimmt der Mensch die Verantwortung nicht nur für sich selbst, sondern auch für die gesamte Erde. Denn nach dem sogenannten *amāna*-Konzept wurde ihm diese Verantwortung aufgetragen.[90] *Amāna* ist sozusagen eine Gnade Gottes, die in der islamischen Mystik als Geschenk Gottes angesehen wird. Durch sie kann der Gläubige schon im diesseitigen Leben den Weg zu Gott finden. Darin sieht der Mystiker Abū Yaʿqūb Ḫwağa Yūsuf Hamadānī (gest. 1141) den Unterschied zwischen Mensch und Tier. Diese Differenz ist durch Erkenntnis und Vernunft, durch das, was Gott ihm anvertraute (*amāna*), und durch die damit einhergehende Herrschaft gekennzeichnet. Der Mensch ist Hamadānī zufolge zwar durch die diesseitige Existenz lebendig, aber lebt nicht in völligem Frieden. Diesen kann er nur durch zwei Dinge erlangen: durch die Gnade Gottes (*faḍl-i rabbānī*), das permanente Sich-Bemühen und den asketischen Kampf (*muğāhada*). Ziel sei, dass sich der diesseitige Ruheplatz zum Ruheplatz im jenseitigen Leben verwandele.[91]

Bei *amāna* handelt es sich auch um eine Gabe, die den Menschen dazu befähigt, sich zu vervollkommnen. Da Gott sie nur dem Menschen anvertraut hat, ist allein er dieser Gabe würdig. Nach Nağm ad-Dīn Rāzī (gest. 1261) hat der Mensch diese ihm von Gott anvertraute (*amāna*) Gabe auch aktiv entgegengenommen. Dieses Potential zur Vervollkommnung ist allerdings seiner Meinung nach ein Privileg, das nicht jedem Menschen gewährt wird. Doch die Vernunft, durch die der Mensch von Gott angesprochen wird, ist in allen Menschen gleichermaßen verankert. Nağm ad-Dīn Rāzī meint, dass diese Vernunft souverän ist und in ihrer Erziehung keinen Propheten (als Vorbild) benötigt, bis diese Vernunft ihre Vollkommenheit erreicht. Mit dieser Vernunft, so führt er aus, haben viele Menschen und Denker eine Höherentwicklung in den Wissenschaften erreicht. Was die göttlichen Wissenschaften betrifft, kann sie der Mensch nicht durch die Vernunft erlangen: Dafür benötigt man die unmittelbare Gnade.[92]

---

89 Cragg. Zitat nach Renz, Andreas (2002): Der Mensch unter dem An-Spruch Gottes. Offenbarungsverständnis und Menschenbild des Islam im Urteil gegenwärtiger christlicher Theologie (Christentum und Islam – Anthropologische Grundlagen und Entwicklungen, Bd. 1), (Diss.). Würzburg: Ergon Verlag, S. 133.

90 Siehe Koran 33/72.

91 Siehe Hamadānī, Yūsuf: Rutbat al-ḥayāt. Eingel. u. hrsg. v. Muḥammad Amīn Riyāḥī (1362/1983). Teheran, S. 26–33.

92 Rāzī Dāya, Nağm ad-Dīn: Risāla-yi ʿišq wa ʿaql (Miʿyār aṣ-ṣidq fī miṣdāq al-ʿišq). Hrsg. und ediert v. Taqī Tafaḍḍulī (1345/1966). Teheran, S. 45–47.

So akzeptiert der Mensch die Souveränität und Ebenbildlichkeit Gottes. Als vernunftbegabtes Wesen bewohnt er die Erde und wird somit zum Stellvertreter Gottes und gegenüber allen anderen Wesen erhoben. Als freies, souveränes und zugleich unbestimmtes Wesen nimmt er den Plan Gottes auf sich. Der Mensch versteht sich als Mikrokosmos, als Abbild alles Seienden. Werden und Vergehen bestimmen seine Realität. Verewigen und Vereinen bestimmen seine Idealität. So sind seine Realität und Idealität unzertrennlicher Bestandteil seines Wesens. In ihm sind alle natürlichen Formen und Wesensmerkmale anderer Seiender potentiell vorhanden. Auch die Vernunft ist eine natürliche Gabe, die Entfaltung und Erziehung benötigt, um ihre Vollkommenheit zu erreichen.

Die Vernunft wurde dem Menschen nicht als Instinkt, sondern als ein Potential zum Selbstentwurf eingegeben, um sich zum Vernunftwesen zu gestalten. Die Vernunftwerdung der Seele (*nafs-i ʿāqila*) machte ferner die Essenz des menschlichen Selbstentwurfes aus, wie es in der islamischen Philosophie verstanden werden kann.[93] Der Mensch wird quasi als ein Wesen angesehen, das von Natur aus auf einen vollkommenen Lebenswandel angelegt ist. Er strebt jedoch ebenso danach, diesen Wandel aus eigener Kraft anzustreben und zu erlangen. Die Vollendung der Vernunft liegt in der Vervollkommnung ihrer theoretischen und praktischen Kräfte des Menschen. Dadurch erreicht der Mensch, wie Ibn Miskawaih zum Ausdruck bringt, die Vollendung der Glückseligkeit (*fa iḏā kamula al-insān bi al-ǧuzʾ al-ʿamalī, wa al-ǧuzʾ an-naḏarī: fa-qad saʿida as-saʿāda at-tāmma*). Bei der ersten Vervollkommnung handelt es sich um die Vervollkommnung des theoretischen Vermögens, bei der zweiten um die des praktischen Vermögens. Wissen verkörpert die Form (*aṣ-ṣūra*) und die Praxis den Stoff (*al-mādda*). Daher

> »(kann) keiner sich vollenden [...] ohne den anderen. Denn das Wissen ist der Ursprung (die Grundlage) und die Praxis (die Tat) das Endziel. Der Ursprung ohne Endziel geht verloren und das Endziel (die Vollendung) ohne Ursprung ist unmöglich.«[94]

Diese beiden Ausdrücke (*al-ʿilm wa al-ʿamal*, deutsch: Wissen und Praxis) stellen für ʿĀdil al-ʿAwwā, der das Wertverständnis nach Abū Ḥāmid al-Ġazālīs Ethikkonzept kommentiert, das Kennzeichen der Religiosität islamischer Gelehrter dar. Durch die Verschmelzung bei-

93 Siehe dazu Hajatpour, 2013, S. 255.

94 Ibn Miskawaih, Tahḏīb al-aḫlāq, S. 50.

der Aspekte der menschlichen Seele ergibt sich ein praktisches Wissen (*ʿilman ʿamalīyan*), das die asketische Seelenpädagogik einerseits und die Pädagogik der ethischen und politischen Lebensführung andererseits herbeiführt.[95] Darüber hinaus erweckt Ibn Rušd (Averoes) den Eindruck, dass er als Philosoph ebendies bezwecken will, wenn er zum Ende seiner Darstellung der drei Klassen des Religiösen, die aus der Art ihrer Interpretationen und ihres Verständnisses hervorgehen, die Frage des Glaubens mit dem ethischen und seelischen Zustand abschließt.[96] Zwar sind für ihn die Dialektik und Demonstration, vor allem jedoch die philosophische Interpretation, ganz entscheidend für den Grad des Glaubens. Wichtig ist jedoch die Öffnung des Inneren.

> »Die richtige Interpretation ist die Disposition (*al-amāna,* das Anvertraute), die dem Menschen zu bewahren aufgetragen wurde und (die er wirklich übernahm), [...].«[97]

An beide Konzepte, als *ḫalīfa* Gottes auf Erden und dem durch Auftrag *amāna,* sind zwei Aspekte geknüpft: die allgemeine Herrschaft über die Erde und die moralische Verantwortung. *Amāna* wird generell als das anvertraute Gute übersetzt. Die meisten Experten verstehen darunter die Vernunft. Cragg verbindet mit *amāna* ein klassisches semitisches Bild für Herrschaft und Souveränität (Gen. 2, 19–20), denn Gott verleiht den Menschen diese Souveränität und Herrschaft durch die Belehrung über die Namen bzw. die Verleihung der Namensgebung.

Hinzu kommt die *fiṭra*-Lehre als ein anthropologisches Konzept. *Fiṭra* bedeutet wörtlich natürliche Anlage und kommt im Koran in Sure 30/30 vor, denn gemäß dieser Anglage erschuf Gott den Menschen. Hierbei wird die Religion als *ḥanīf,* als rechter Glaube und Schöpfungsnatur Gottes angesehen. Abū Ḥāmid Muḥammad bin Muḥammad al-Ġazālī (gest. 1111) versteht darunter eine Schöpfungsdisposition, nach der Gott die menschliche Substanz schuf:

> »Das menschliche Wesen (*ǧauhar al-insān,* die menschliche Substanz) ist in seiner‚ursprünglichen Natur' (*fī aṣl al-fiṭra*) leer (*ḫālīyan*) und schlicht (*sāḏiǧan,* bedeutet auch einfach) geschaffen, ohne jegliche Kenntnis von den Welten des erhabenen Gottes.«[98]

---

95 Siehe al-ʿAwwā, ʿĀdil (1986): al-ʿUmda fī falsafat al-qayyim. Damaskus, S. 545–546.

96 Siehe Ibn Rušd, Abū al-Walīd: Faṣl al-maqāl fī-mā bain al-ḥikma wa-š-šarīʿa min al-ittiṣāl. Kommentiert, eingel. u. hrsg. v. Muḥammad ʿImāra (²1969). Kairo, S. 62.

97 Ebd. S. 62.

Nach der *fiṭrat*-Lehre, welche al-Ġazālī und viele weitere Gelehrte heranziehen, um der menschlichen Substanz einen besonderen Platz in der Schöpfung zuzuweisen, erhält der Mensch ein ursprüngliches Erkenntnisvermögen und eine natürliche Disposition, die etwas Engelhaftes in sich trägt.[99] Zakī Mubārak (gest. 1952) meint, dass al-Ġazālī und auch viele andere Theologen die natürliche Anlage des Menschen hinsichtlich der Erkenntnis und der ethischen Reflexionen nicht einheitlich darlegen.[100]

Die unterschiedlichen Beschreibungen der menschlichen Naturanlage liegen möglicherweise daran, dass der Mensch letztlich indifferent ist und sich offen gegenüber Veränderungen verhält. Zum anderen hat der Unterschied in der begrifflichen Verwendung mit dem menschlichen Gedächtnis, der menschlichen Seele und der menschlichen Urgestalt zu tun. Demnach trägt das menschliche Wesen die Veranlagung der Idee des Guten in sich und besitzt eine Gotteserkenntnis. Diese ist jedoch nur potentiell vorhanden und kann ohne sein Zutun nicht aktuell werden. Daher muss die menschliche Substanz als frei, autonom und selbstgestalterisch in all ihren Entwicklungen betrachtet werden.

Fiṭra kann hier als eine Art intuitives Wissen bzw. instinkthaftes Vermögen verstanden werden. Der Koran bringt dies direkt mit der Religion des rechten Glaubens in Zusammenhang:

> »So richte dein Gesicht zur Religion hin als Anhänger des rechten Glaubens, – (gemäß) der natürlichen Anlage Allahs, in der Er die Menschen erschaffen hat. Die Schöpfung Allahs kann nicht abgeändert werden. Das ist die richtige Religion. Aber die meisten Menschen wissen nicht.« (K 30/30)

Die islamische Religion wird damit zu einer natürlichen oder schöpfungsgemäßen Religion erhoben, die man mit dem Rahner`schen Begriff des übernatürlichen Existentials bzw. »*anima naturaliter islamica Tertullians*« vergleichen kann.[101]

---

98 al-Ġazālī, Abū Ḥāmid: al-Munqiḏ min aḍ-ḍalal. Hrsg. v. ʿAbd al-Ḥalīm Maḥmūd (1955). Kairo S. 133.

99 Siehe al-Ġazālī, Abū Ḥāmid Muḥammad: Kīmīyā-yi saʿādat. Bd. I, II. Hrsg. v. Ḥusain Ḫadīw Ǧam ([8]1378/1999). Teheran, Bd. II. S. 242–234.

100 Vgl. Mubārak, Zakī (1924): Al-aḫlāq ʿind al-Ġazālī. Kalimāt ʿarabiyya li at-tarǧama wa an-našr. Kairo, S. 152.

101 Siehe Renz 2002, S. 456. Paraphrase von Tertullian (2./3. Jahrhundert): *anima naturaliter christiana.*

Der Unterschied zwischen dem *fiṭrat*-Instinkt« und dem natürlichen Triebinstinkt (*ġarīza*, wörtl. Veranlagung) ist, dass Ersterer im Gegensatz zum Zweiten nur willentlich und selbstbewusst fungiert, so der schiitische Theologe und Ethikexperte Maẓāhirī.[102] Er erhebt damit *fiṭra* (existentielle Disposition, natürliche Anlage) zu einem besonderen Merkmal des Menschen, das im Gegensatz zu *ġarīza* ein Vorwissen innehat. Daher muss der Mensch sich dieser *fiṭrat*-Disposition bewusst zuwenden. Unter anderem gehöre zum *fiṭrat*-Instinkt vor allem das Gottesbewusstsein und der Gottesdienst. Darin sieht Maẓāhirī die Ähnlichkeit des Menschen zu seinem Gott. Das Ziel eines Menschen sollte sein, ein perfekter Mensch (*insān-i kāmil*) zu werden.[103]

Zu dem *fiṭrat*-Instinkt« gehören nach Muḥammad Taqī Miṣbāḥ Yazdī (gest. 2021) auch die Suche nach Wissen, die Erkenntnis und das Machtstreben. Während Letzteres durch äußere Mittel erreicht wird, sucht man das Erstere, wie bereits oben erwähnt, durch inneres Vermögen. Miṣbāḥ Yazdī stellt sich gegen die Denker, die den Erwerb von Erkenntnissen allein auf die Philosophie beschränken. Für ihn, wie für viele weitere Mystiker auch, ist die höchste Erkenntnis »die augenscheinliche Einsicht, die aktuelle und selbstbezeugende Perzeption der Wirklichkeiten des Daseins«.[104]

In diesem Sinne meint auch Annemarie Schimmel (gest. 2003), dass die Negation der Erbsünde im Islam die Möglichkeit herbeiführt, den Islam als eine natürliche Religion anzuerkennen, wie es schon im Koran ausdrücklich betont wird: Keine Seele trägt die Last der anderen.

Die drei koranischen Ansätze zum Menschenbild erheben den Menschen in seinem irdischen Leben zum Hüter über die Welt, der schöpfungsgemäß moralisch den rechten Weg gehen und Verantwortung übernehmen muss. Dabei ist er auf sich allein gestellt. Der Mensch bekommt zwar göttliche Rechtleitung, letztlich muss er aber selbst entscheiden, welchen Weg er gehen möchte. Dennoch sind sich die Theologen nicht einig, wie sie die Handlungen des Menschen beurteilen können und nach welchen Prinzipien dies geschehen soll.

---

102 Maẓāhirī, Ḥusein (71379/2000): Aḫlāq dar ḫānih. Bd. I-II, hier Bd. I. Ghom, S. 11–12.

103 Ebd. S. 19.

104 Miṣbāḥ Yazdī, Muḥammad Taqī (31379/2000): Ḫud-šināsī barāyi ḫud-sāzī Ghom, S. 30.

2 Die Schulmeinungen

Im Islam gibt es neben zahlreichen religiösen Strömungen zwei theologische Hauptdenkschulen: Die muʿtazalitische und die aschʿaritische Schule. Beide theologischen Schulen begründen ihre religiös-dogmatischen Weltanschauungen mit rationalen bzw. dialektischen Methoden. Neben den theologischen Schulen existieren noch die juristisch-normativen Lehrmeinungen. Grundsätzlich kommen fünf juristisch-normative Schulmeinungen in Betracht: Mālikiten, Ḥanafiten, Schāfiʿiten, Ḥanbaliten und Schiʿiten.

Allgemein betrachtet bewegen sich die juristischen Schulen an der Grenze der koranischen Lehre und der überlieferten Traditionen. Je nach Schule variieren ihre normativen Vorstellungen und methodischen Begründungen.

Mālikiten und Ḥanafiten betrachten neben Offenbarung, Sunna und *iǧmāʿ* (Konsens der Gemeinschaft bzw. Konsens der Gelehrten) das Konzept *raʾy*, die eigene Ansicht, und *qīyās*, den Analogieschluss, als Prinzipen zur Findung ethischer und normativer Urteile. Dahingegen legen Schāfiʿiten mehr Gewicht auf die Offenbarung und die Überlieferung. Ḥanbaliten sehen fast ausschließlich die Offenbarung als Quelle ethischer und normativer Urteile.

Schiʿiten sind eine Mischung aus allen diesen Schulen, die sowohl Koran, Sunna und *iǧmā* als auch die Vernunft als Quelle zur Urteilsfindung akzeptieren. Die ethischen Lehren der juristischen Schulen können wir als Pflichtenlehren verstehen, während die Ansichten der theologischen Schulen auf ihre dogmatischen Glaubenslehren zurückzuführen sind. Gegenstand der Pflichtenlehre sind folgende Handlungen:

- Handlungen, die unbedingt und pflichtgemäß ausgeführt werden müssen (*wāǧib*).
- Handlungen, die pflichtgemäß verboten sind und strafbar (*ḥarām*).
- Handlungen, deren Ausübung empfohlen und belohnt wird (*mustaḥab*).
- Handlungen, deren Unterlassen empfohlen wird (*makrūh*).
- Handlungen, deren Ausübung bzw. Unterlassen gleichgültig ist (*mandūb*).

Die Gültigkeit moralischer Urteile wird von den islamischen Theologen unterschiedlich begründet. Anders als bei den Muʿtazaliten sind moralische Urteile nach asch'aritischer Meinung kategorisch unbedingt (wie eine Art »kategorischer Imperativ«), da diese nur von Gott und seiner Offenbarung als moralisch er- oder unerwünscht bzw. zum moralischen Ge- oder Verbot erklärt werden können. Denn die Quelle der Ge- und Verbote müsse größer sein als der Mensch selbst. Damit lehnen die Asch'ariten ab, dass der Mensch sich selbst Ge- und Verbote auferlegen kann, denn er könne diese ja jederzeit wieder aufheben. Auch die Erkenntnis des Guten und Bösen bzw. Verwerflichen komme von Gott, denn nur Gott kann es wollen, dass etwas gut oder schlecht ist.

Es gibt also keine essentielle Vorstellung vom Guten und Bösen, das durch die Vernunft ohne göttliche Gesetzgebung erkannt werden könnte. Die Asch'ariten gehen deshalb davon aus, dass die menschliche Vernunft ohne Rechtleitung das Gutsein der Gerechtigkeit und das Schlechtsein des Lügens nicht erkennen kann. Denn wenn es keinen Gott gäbe, würde die Menschheit zwischen der Aufrichtigkeit und Lüge nicht differenzieren können.

Ibn Taimiyya ist der Meinung, dass die Vernunft hinsichtlich der Erkenntnis von Gut und Böse nicht souverän ist. Ohne göttliche Gesetzgebung wird es der Vernunft nicht gelingen, das Gute vom Bösen zu unterscheiden.[105] Ibn Taymiyya gilt als ein Kritiker der rationalen Schule der Mu'tazaliten und steht somit den Asch'ariten nahe.[106]

Die Mu'tazaliten vertreten im Gegensatz zu den Asch'ariten die Souveränität der Vernunft bezüglich der Beurteilung moralischer Fragen. Sie behaupten, dass die Vernunft durchaus in der Lage sei, das Gutsein der Gerechtigkeit und das Schlechtsein des Lügens zu erkennen. Gott selbst habe die menschliche Vernunft dazu befähigt, Tugenden zu erkennen, bevor der Menschheit die Ge- und Verbote Gottes offenbart wurden. Beide theologische Schulen sind sich einig, dass Gott die Ursache des Erkennens moralischer Urteile ist.

Die Mu'tazaliten vertreten jedoch die Meinung, moralische Urteile seien von Prinzipien abhängig, die durch gottgewollte Vernunft begründet werden können. Diese Prinzipien können in folgende Kategorien eingeteilt werden: Vernunft (*'aql*), Gerechtigkeit (*'adl*),

105 Siehe Ibn Tamiyya: al-Amr bi-l-ma'rūf wa-n-nahy 'an al-munkar: li-šayḫ al-islām Aḥmad Ibn 'Abd al-Ḥalīm Ibn Taymiyya al-mutawaffā sana 728 h. Ḥaqqaqahū ad-duktūr Ṣalāḥ ad-Dīn al-Munağğid. Bayrūt: Dār al-kitāb al-ğadīd, 1984, S. 12–18.

106 Vgl. Vasalou, Sophia (2016): Ibn Taymiyya's Theological Ethics. Oxford University Press, S. 253.

Gnade (*luṭf*), Verantwortungspflicht (*mas'ūliya*) und Gemeinwohl der Gemeinschaft (*maṣlaḥa*, pl. *masāliḥ*).

Die Vernunft ist die einzige Instanz, die die moralischen Ge- und Verbote, die dem Menschen durch die Offenbarung auferlegt sind, legitimiert. Wenn es jedoch zwischen Überlieferung und Vernunft keine Übereinstimmung gibt, wird das Urteil der Vernunft der Überlieferung vorgezogen. Der Grund liegt darin, dass die Vernunft in ihrem Erkennen moralischer Urteile unabhängig von den religiösen Ge- und Verboten fungiert.

Gerechtigkeit ist ebenso eine Grundlage der ethischen Urteile. Gott würde, da er gerecht ist, niemandem unrecht tun: Gott wünscht das Gute, denn das Gute ist gerecht. Daher ist es auch gerecht, dass Gott niemanden bestraft oder belohnt, ohne dass jeder auf eigene Verantwortung, nach eigenem Wissen und eigener Vernunft das Gute und Schlechte begeht. Das Gleiche gilt auch für Gott, dessen Handlungen auf seiner Weisheit beruhen. Daher glauben die Muʿtazaliten, dass das Böse nicht existiert, außer durch das moralisch Verwerfliche, welches aus den Taten der Menschen hervorgeht. In diesem Sinne gewährt Gott den Menschen nach dem Prinzip der Gnade Willensfreiheit und die Fähigkeit der Vernunfterkenntnis.

Ein Aspekt der Gnade Gottes ist die Vervollkommnung der Vernunft (*ikmāl-i ʿaql*). Dabei muss der Mensch souverän das Gute und Verwerfliche erkennen und die Unwissenheit durch das Licht der Vernunft beseitigen. Eine Ausnahme stellen lediglich geistig ungesunde Menschen und Kinder dar, denn diese sind nicht in der Lage, das Gute von dem Verwerflichen zu unterscheiden, bzw. ihre Vernunft ist noch nicht ausgereift.[107]

Das Problem der muʿtazalitischen Position, auch wenn diese nach rationalistischen Kriterien logisch erscheint, ist jedoch, dass es sich bei der Vernunft um eine gottbezogene Vernunft handelt. Sie besitzt allein durch den göttlichen Willen die Fähigkeit, das Gute vom Bösen zu unterscheiden. Jedoch kann sich die Vernunft auch irren und wenn dies einmal der Fall sein sollte, dann muss man ja auf die Offenbarung als die Quelle der Vernunft zurückgreifen können.

Andererseits scheint die aschʿaritische Position einem religiösen Glaubensverständnis zwar näher zu sein, allerdings ist sie weder

---

107 Aʿwānī, Ġulām Riḍā: Aḫlāq, In: Dāʾirat al-maʿārif buzurg-i islāmī. Hrsg. v. Kaẓim Mūsawī Buġnūrdī (^{2}1998), Bd. 7, Teheran, S. 201–214; Siehe auch Miṣbāḥ ^{5}2001, S. 49–54.

logisch noch theologisch haltbar. Wenn der Mensch souverän das Gute nicht erkennen kann, kann er auch aus demselben Grund Gott und die Glaubensprinzipien nicht erkennen. Er ist weder im Stande sich selbst noch die Ge- und Verbote Gottes zu erfassen. Also ist und bleibt er immer auf eine göttliche Bestimmung angewiesen und benötigt somit eine Art Daueroffenbarung. Zudem kann er niemals von sich selbst aus ein guter Mensch sein, sondern allein durch absoluten Gehorsam ein gottgefälliges Leben führen.

Theologisch gesehen ist diese Position also ebenso problematisch. Zunächst widerspricht sie einigen koranischen Versen:

> »Und wenn sie eine Abscheulichkeit begehen, sagen sie: ›Wir haben unsere Väter darin (vor)gefunden, und Allah hat es uns geboten.‹ Sag: Allah gebietet nicht Schändliches. Wollt ihr (denn) über Allah sagen, was ihr nicht wißt.« (K 7/28)

Da sie den Glauben als einen Akt der Gehorsamkeit betrachten, widerspricht ihre Position der Eigenverantwortung des Menschen hinsichtlich des Bekenntnisses sowie der Belohnung und Bestrafung seiner eigenen Handlungen. Ebenso könnte man anführen, dass der Mensch die Botschaft Gottes nie befolgen kann, weil er sie auch nicht als solche erkennt. Man kann der aschʿaritischen Schule teilweise Recht geben, dass die Vernunft viele Dinge per se nicht begreifen kann. Dies ändert jedoch nichts an der Tatsache, dass dem Menschen die Vernunft als einziges Erkenntnismittel zur Verfügung steht, ohne die er weder Gott noch die Offenbarung oder seine Ge- und Verbote erkennen kann. Damit kann er eigentlich niemals bewusst gläubig sein. Dies widerspricht der Offenbarung und den darin vorhandenen Botschaften, welche an die Vernunft des Menschen appellieren. Dies ist dem folgenden koranischen Vers zu entnehmen:

> »So verkünde frohe Botschaft Meinen Dienern, die auf das Wort hören und dann dem Besten davon folgen. Das sind diejenigen, die Allah rechtleitet, und das sind diejenigen, die Verstand besitzen.« (K 39/18)

Des Weiteren könnte man dieses Argument gegen die Aschʿariten selbst verwenden, indem man sagt, dass selbst die Ge- und Verbote niemals an sich und ohne göttliche Offenbarung als Gebot und Verbot gelten können. Das würde bedeuten, wenn man nicht an Gott glaubt und ihn nicht erkennt, dürfte man töten.

Betrachtet man die beiden theologischen Schulen und ihre ethischen Vorstellungen, kann man feststellen, dass beide in Gott die Ursache des Erkennens moralischer Urteile sehen. Der Unterschied jedoch liegt darin, dass Gott nach den Muʿtaziliten die Erkenntnis normativer Werte in der menschlichen Vernunft verankert hat. Die Aschʿariten hingegen sehen die Erkenntnis in der Rechtleitung durch die Offenbarung, nach der sich auch die Vernunft zu richten hat.

Ein bedeutender Vertreter der aschʿaritischen Schule ist Abū Ḥāmid al-Ġazālī. Er ist der Meinung, dass das Ziel der Ethik in der Glückseligkeit im Jenseits liegt, was jedoch den Wohlgefallen Gottes voraussetzt. Wenn man etwas Gutes tut, geschieht dies aus der Motivation, das Wohlgefallen Gottes im Jenseits zu erhalten. Als Theologe vertritt er die Pflichtenlehre, welche die Taten des Menschen nach religiösen Normen in fünf Aspekte unterteilt. Demnach können Taten verpflichtend, verboten, erlaubt, wünschenswert oder unerwünscht sein. Zakī Mubārak zufolge denkt al-Ġazālī in den üblichen Kategorien der aschʿaritischen Schule und sieht die guten und schlechten Taten nicht als an sich erkennbar gut oder schlecht, sondern allein durch die göttliche Rechtleitung.[108]

Der schiitische Theologe Mohammad Nasser Taghavi (pers. Muḥammad Nāṣir Taġawī) meint, dass der Mensch erziehbar ist und durch Vernunft und Offenbarung das Gute erkennen kann. Ziel der ethischen Lehre im Islam ist die Rechtleitung zwischenmenschlicher Beziehungen. Sie soll dazu führen, den Menschen göttlich werden zu lassen. Eine göttliche Gesellschaft ist eine moralische Gesellschaft, die durch den moralischen Menschen gestaltet wird und den einzelnen Menschen göttlich macht. Denn ethisch leben bedeutet, Gott in seinen Handlungen zu imitieren. Eine göttliche Gesellschaft ist eine Gesellschaft, in der Ruhe, Ehre, Vertrauen, Frieden, Freundschaft und Liebe herrschen, was Taġawī zufolge »die süßesten göttlichen Geschenke für den Menschen sind, [die] in ihren zwischenmenschlichen Beziehungen präsent sind«[109].

Die Problematik des herkömmlichen Verständnisses der Ethik in der Theologie liegt darin, dass die Normen zwar an alle Menschen gerichtet sind, sich aber an den Prinzipien des eigenen Glaubens orientieren. Ethik besitzt jedoch einen universellen Charakter für alle Menschen, egal ob gläubig oder ungläubig.

Eine moderne islamische Ethik ist in diesem Sinne daran interessiert, die ethischen Normen so zu begründen, dass sie für alle

108 Vgl. Mubārak 1924, S. 122–124.

109 Taghavi, Mohammad Nasser (2008): Ethik im täglichen Leben: Aspekte der islamischen Ethik. Herausgegeben vom islamischen Zentrum Hamburg. Hamburg, S. 14.

Menschen gelten und unabhängig vom eigenen Glauben existieren können. So kann man den ersten schiitischen Imam ʿAlī ibn Abī Ṭālib verstehen, von dem die folgende Aussage überliefert wird: »Der Kopf des Glaubens (ist) die schöne Charaktereigenschaft und stattet sich mit der Aufrichtigkeit aus (*raʾs al-īmān ḥusn al-ḫulq wa at-taḥallī bi aṣ-ṣidq*)«[110] . Daher dient der Glaube nicht zum Selbstzweck, sondern es geht um Glauben im Licht der Ethik, dessen Ziel die Vervollkommnung des Menschen ist. Dies ist auch einem Ausspruch des Propheten zu entnehmen: »Ich wurde nur geschickt, um die Charaktereigenschaften zu vollenden (*innamā buʿiṯtu li-utammima makārim al-aḫlāq*)[111]. Daher muss die islamische Theologie eine Ethik des Menschen konzipieren, bei der seine Würde als Mensch gewahrt wird.

110 Vgl. Falsafi ³2000, S. 6.
111 Vgl. ebd. S. 8.

Ethik der Menschenwürde

Eine moderne Theologie ohne ethisches Konzept ist unvorstellbar. Sie kann sich kaum mit Glaubensinhalten auseinandersetzen, ohne den Blick auf den Menschen, seine Würde, Rechte, Verantwortung, Personalität und Freiheit zu richten. Alle diese Aspekte stehen direkt mit der Ethik in Verbindung. Man kann sie allgemein als Würdeethik bezeichnen. Denn im religiösen Denken steht allein dem Menschen die Würde zu, demgemäß richtet sich sein Selbstbild nach dem Gottesbild.

Im islamischen Denken steht der Begriff *karāma* für die Würde des Menschen.[112] Wörtlich übersetzt bedeutet *karāma* wertvoll, freigiebig oder Ehre. Dieser Begriff kommt als abgeleitetes Verbum in diversen koranischen Suren (17/62, 70; 49/13; 89/15) vor. Gott huldigt den Menschen als ein wertvolles Wesen und bevorzugt ihn vor vielen anderen Geschöpfen (K 17/70). Einem anderen Vers nach gibt der Koran zu verstehen, dass die Würde des Menschen nach Gottesfurcht und Frömmigkeit gestuft ist:

> »O ihr Menschen, Wir haben euch ja von einem männlichen und einem weiblichen Wesen erschaffen, und Wir haben euch zu Völkern und Stämmen gemacht, damit ihr einander kennenlernt. Gewiss, der Würdigste von euch bei Allah ist der Gottesfürchtigste von euch. Gewiss, Allah ist Allwissend und Allkundig.« (K 49/13)

Die Würde des Menschen wird durch die Schöpfung des Menschen gekennzeichnet. So ist das Menschenbild im Islam geprägt durch die besondere Stellung des Menschen in seiner Geschöpflichkeit. Die Idee der »Gottesebenbildlichkeit« bringt ihn in die Mitte der Schöpfung und die Nähe Gottes. Die Überlieferung besagt: »Gott hat den Adam nach seinem Bilde erschaffen (*inna Allāh ḫalaqa Ādam ʿalā ṣuratihi*)«.[113] Ob das dem biblischen Schöpfungsbericht gleichkommt, ist umstritten. Einige Experten argumentieren, die Ebenbildlichkeit

112 Hajatpour, Reza: Würde im Islam, in: P. Gröschner, A. Kapust, O. Lembcke (Hrsg. 2012): Lektionen aus dem Wörterbuch der Würde. Eine Lesereise um den Globus der Menschlichkeit. Paderborn: Fink-UTB.

habe weniger mit der Erschaffung des Menschen nach seinem Bilde zu tun (Gen. 1,27), die koranische Deutung verkörpere vielmehr die menschliche Gestalt »in der besten Form«[114].

Da der Mensch seine Würde durch den allmächtigen Schöpfergott erhält, wird er ebenso von einer religiösen Wertebestimmung geprägt. Die Verleihung der Würde ist gekoppelt an die Verankerung der Prinzipien der Geschöpflichkeit des Menschen. Der Mensch nimmt ontisch und ethisch-normativ Bezug auf die Transzendenz. Er wurde als Stellvertreter Gottes auf Erden und Träger des Anvertrauten (K 2/30 ff.; 33/72) auserwählt. Dies würdigt seine Gottesebenbildlichkeit.

Mit dieser Würde ist ein ethischer Anspruch verbunden: »Wer sich von niedrigen Wünschen bereinigt, besitzt in seiner Seele die Würde«, soll der erste schiitische Imam gesagt haben.[115] Von ihm ist ebenfalls überliefert, dass *al-karam* (wörtlich, Eddelmut, Großzügigkeit) die schöne Veranlagung« (*ḥusn as-saǧiyya*) sei, sich der niedrigen Eigenschaften zu enthalten. Denn die Würde ist eine Eigenschaft der Seele (*nafs*). Wer seine Seele mit Würde schmückt, ist ein Mensch, der sich von der bösen Gesinnung entfernt hat.[116]

Die ethischen Aspekte im Islam können als schöne Gesinnung oder Eigenschaften (*maḥāsin-i aḫlāq*) gesehen werden, denn sie sind für die zwischenmenschlichen Beziehungen äußerst förderlich. Bei den edlen Charakteren (*makārim al-aḫlāq*) handelt es sich um Eigenschaften, die zur spirituellen Entwicklung und Veredelung der Menschenwürde beitragen. Daher ist das Ziel der prophetischen Botschaft die Veredelung der Charaktereigenschaften (*makārim al-aḫlāq*) und deren Ausschmückung (*maḥāsinhā*).[117] Auf diese ethische Differenzierung weist eine Aussage des ersten schiitischen Imams hin, die

---

113 Diese Aussage wird dem islamischen Propheten zugeschrieben. Sie wird vor allem von vielen Mystikern zitiert. Siehe Rāzī Dāya, Naǧm ad-Dīn Abū Bakr Ibn Muḥammad Ibn Šāhwar Ibn Anūširwān: Mirṣād al-ʿibād. Hrsg. v. Muḥammad Amīn Riyāḥī ([6]1374/1995). Teheran, S. 2, 411, 650; Kāšānī, ʿIzz ad-Dīn Maḥmūd Ibn ʿAlī: Miṣbāḥ al-hidāya wa miftāḥ al-kifāya. Eingel., ed. und hrsg. v. Ǧalāl Humāʾī (2q1365/1956). Teheran, S. 95; Rūmī, Ǧalāl ad-Dīn Maulawī: Aḥādīṯ maṯnawī. Hrsg. v. Badiʿ az-Zamān Furūsānfar (1334/1955). Teheran, S. 114, 213.

114 Siehe Bannerth, Ernst: Der Mensch im Islam, In: Gadamer, Hans-Georg u. Vogler, Paul (Hrsg.) (1975): Neue Anthropologie. Bd. 6. Philosophische Anthropologie. Erster Teil. Stuttgart: Georg Thieme, S. 279–315, hier S. 283.

115 Vgl. Falsafī [3]2000, S. 32.

116 Ebd. S. 33–35.

117 Ebd. S. 52.

besagt: »Zähmt eure Eigenschaften mit schönen Charakteren und führt sie dann zur Veredelung der Veranlagung (*ḏallilū aḫlāqakum bi al-maḥāsin wa qudūhā ilā al-makārim*)«[118].

Die schönen Charaktere (*maḥāsin aḫlāqī*) fördern die gute Gesellschaft und eine stabile Gemeinschaft. Sie führen zu Respekt, gegenseitiger Solidarität und Zuwendung. Mit schönen Charakteren wie Freundlichkeit, Rücksicht und Respekt schafft man eine positive Verbindung zwischen den Menschen einer Gemeinschaft. Die edlen Charaktere (*makārim al-aḫlāq*) führen zu einer spirituellen Vervollkommnung (*kamāl-i rūḥānī*) und machen den Menschen zu einem tugendhaften Wesen. Dieser ethische Aspekt führt dazu, dass die Rechte des Menschen geachtet werden: Fairness, Gerechtigkeit und Respekt vor dem Recht des anderen.[119] Durch einen schönen Charakter erreicht man somit eine gesunde Gemeinschaft.

Die Beseitigung der niedrigen Eigenschaften sowie die Veredelung der eigenen Würde führen zu einer individuellen und gemeinschaftlichen Würde als auch zu gegenseitiger Achtung. Die Menschenrechte sind demnach das Resultat einer ethischen Gesinnung, deren Ziel es ist, die Würde des Menschen zu achten. Dies beinhaltet sowohl Selbstachtung als auch die Achtung des anderen. Die Ethik der Würde führt sozusagen zu einer Ethik der Menschenrechte, welche die gegenwärtige Debatte prägt.

Bereits im 19. Jahrhundert wurde in einigen islamischen Ländern eine Debatte über Menschenrechte geführt. Als beispielhaft kann der Iran gelten, in dem die Schiiten bis heute religiöse Normen und Dogmen diktieren.

Zahlreiche Traktate, die von religiösen Gelehrten während der Zeit der iranischen Verfassungsrevolution (1906) niedergeschrieben wurden, thematisieren die Menschenrechte (*ḥuqūq-i insān* bzw. *ḥuqūq-i bašar*). Šaiḫ Hādī Naǧm'ābādī, ein bedeutender iranischer Theologe des 19. Jahrhunderts, machte auf die Stellung des Menschen in der Welt bzw. im öffentlichen Leben und die Bedeutung seiner Selbstbestimmung in einer modernen islamischen Gesellschaft aufmerksam. Seine Kritik an der herkömmlichen Theologie beginnt mit seinem Appell zur Neuauffassung des Glaubens, der menschenwürdig und vernunftorientiert konzipiert ist.

118 Ebd.

119 Ebd. S. 60–61.

Religion ist Naǧm'ābādī zufolge nur der Glaube an Gott, an Ethik und Gerechtigkeit, wobei sich der Glaube immer auf einen ethischen Kern und der Suche nach der Wahrheit gründet.[120] Naǧm'ābādī thematisiert auch die ethische Funktion der Religion in Bezug auf die Herrschaft im Islam. Denn jedwede Herrschaft ist dann göttlich, wenn sie die Liebe zum Menschen vor Augen habe.

Seit den 70er Jahren sind Menschenrechte ein zentrales Thema in islamischen Ländern und beherrschen auch den aktuellen Religionsdiskurs. Speziell in der Islamischen Republik Iran werden Diskussionen über Menschenrechte und Freiheit lauter. Die Bedeutung dieses Themas ist vor allem darin zu erkennen, dass es selbst in den wöchentlichen Freitagspredigten thematisiert wird.

Im Kreise der Gelehrten beginnt man sich um die spezifischen Rechte des Menschen Gedanken zu machen und sie angesichts der vorherrschenden religiösen Dogmen und Vorstellungen neu zu begründen. Oft geht es um die philosophische und theologische Argumentation der Menschenrechte. Dies geschieht im Hinblick auf ihre politische und gesellschaftliche Existenzberechtigung in einer religiösen, säkularen und pluralen Gesellschaft. Dabei wird auch die Stellung des Menschen in einer erschaffenen Welt erörtert. Am Beispiel des Iran soll hier ein Blick auf eine Theologie geworfen werden, die sich mit der Ethik der Menschenrechte befasst.

An diesem religiös-internen Gelehrtendiskurs beteiligen sich sowohl konservative als auch gemäßigte und kritisch-liberale schiitische Geistliche. Ein zentrales Anliegen dieser Debatte ist die Frage, ob es eine Übereinstimmung der Prinzipien des schiitischen Islam mit den Prinzipien eines modernen Verfassungsstaates geben kann. Ferner geht es um die Grenzen und Möglichkeiten der Vermittelbarkeit zwischen dem islamischen Religionsgesetz, der Universalität der Menschenrechte und dem modernen Verfassungsstaat. Ein weiteres Thema ist die Rolle der Religion im öffentlichen Raum.

Es handelt sich also um die Ausarbeitung einer theologischen Anthropologie der Menschenwürde und Deutungspotentiale religiöser Tradition für eine ethisch-humane Selbstbehauptung. Hier stellt sich die Frage, ob es im Islam eine Wende gibt: Ist es möglich, eine humane Selbstbehauptung bzw. eine Befreiung von einem theologischen Absolutismus herbeizuführen?

---

120 Siehe Hajatpour, Reza (2002): Iranische Geistlichkeit zwischen Utopie und Realismus: Zum Diskurs über Herrschafts- und Staatsdenken im 20. Jahrhundert. Wiesbaden: Reichert Verlag, S. 153–147.

Eine Auseinandersetzung mit den philosophischen und theologischen Entwürfen zum Wesen der Menschenrechte im Islam ist essentiell. Dabei werden die Möglichkeiten, Grenzen, Chancen und Bedingungen der geistigen und theoretischen Begründbarkeit der islamischen Werteordnung überprüft und verifiziert, um herauszufinden, ob im Islam humanistische Werte zu erkennen sind, die mit den freiheitlich-liberalen Werten der Moderne konform gehen.

Die Akzeptanz der modernen Menschenrechte setzt voraus, dass man die Individualität des Menschen, seine Freiheit sowie seine persönliche Glaubensfreiheit trotz der bestehenden religiösen Dogmen toleriert. Zugleich müssen die theologisch begründeten Rechte des Menschen mit den Glaubensgrundsätzen vereinbar bleiben.

Die Grundfrage ist, ob es angesichts der göttlichen Ordnung und Vorschriften Platz für die Rechte des Menschen gibt. Dabei geht es um die Rechte des Menschen (*ḥuqūq an-nās*) und ihre theoretische Herleitung. Woraus werden sie nun abgeleitet? Von Gott selbst, der Natur des Menschen oder beidem? Wenn sie von Gott abgeleitet werden, müssen sie von Gott gewollt sein. Wenn sie durch die Natur des Menschen begründet werden, müssen sie ebenso mit dem göttlichen Willen in Übereinstimmung gebracht werden.

Eine weitere Frage lautet, wie sich diese Vorstellungen mit dem islamischen Verständnis von Gottestranszendenz und dem Menschenbild decken. Können die Menschenrechte angesichts des Gottesrechtes (*ḥuqūq allāh*) in Bezug auf ein von Gott abgeleitetes Menschenbild überhaupt an Bedeutung gewinnen? Daraus ergibt sich auch die Frage nach der politischen und gesellschaftlichen Existenzberechtigung des Menschen in einer religiösen oder säkular-pluralen Gemeinschaft sowie nach der »Gleichrechtlichkeit unter den Menschen unabhängig von Herkunft, Geburt, Rasse, Religion, Nation oder sonstigen Gruppenzugehörigkeiten«.[121] Dabei handelt es sich um die Grundrechte eines jeden Individuums auf Leben, Freiheit, Gleichberechtigung, Gerechtigkeit und Souveränität.

Lässt der Glaube an die Absolutheit des einen monotheistischen Gottes in dieser Hinsicht andere Freiheiten zu? Können Menschenrechte mit einer religiösen Herrschaft (*ḥukūmat-i dīn*) vereinbar sein? Eine solche moderne Theologie, die den Menschen als solche diese Rechte zuerkennt, muss sich auch über die eigene kulturelle

---

121 Strzelewicz, Willy (1968): Der Kampf um die Menschenrechte. Frankfurt/M.: Verlag Heinrich Scheffler, S. 276.

Tradition hinausbewegen. Dementsprechend stellt sich die Frage, wie es möglich sein kann, sich aufgrund der transzendentalen Interessen interkulturell auf ein gemeinsames Prinzip der Menschenrechte zu einigen.[122]

Diese Fragen wurden in den religiösen Diskursen der letzten drei Jahrzehnte direkt oder indirekt aufgegriffen. Es geht dabei um eine neue Teologie, die sich aus sich selbst heraus auf das moderne Freiheitsdenken einlässt und kritisch ein Konzept zum neuen Lebensentwurf des Menschen erarbeitet. Ein gutes Beispiel hierfür stellt der Religionsdiskurs im Iran als einem Land dar, in dem der Klerus mit religiösen Verordnungen über das Volk herrscht.

Man könnte behaupten, dass sich gerade in einem islamischen Staat eine neue Entwicklung im religiösen Denken abzeichnet. Diese müsste aus sich selbst heraus bemüht sein, die theologischen Vorstellungen der Vergangenheit kritisch zu reflektieren und sich mit der Realität eines freiheitlichen Verfassungsstaates sowie den Grundsätzen des modernen Menschenrechtsverständnisses abzufinden. Zuletzt ist diese Auffassung theologisch zu begründen.

Im Vordergrund steht die Entwicklung einer theologischen Anthropologie der humanen Selbstbehauptung gegen den metaphysischen bzw. theologischen Absolutismus und eine Neubestimmung der religiös-normativen Diktion. Diese humane Selbstbestimmung geht mit einer kritisch-humanistischen Interpretation der göttlichen Offenbarung einher. In diesem Sinne richtet sich diese humane Selbstbehauptung islamisch gesehen nicht gegen den Gottesbegriff, sondern ist sogar im Sinne Gottes.

Diese Tatsache zeigt auf, dass der islamische Begriff der Menschenwürde die Distinktheit dieses Würdestatus durch die geschöpfliche Abhängigkeit von Gott bedeutet. Dabei stellt die (Willens-)Freiheit einen zentralen muslimisch-anthropologischen Eckpfeiler dar.[123] Eine moderne Theologie, die Gott ins Zentrum alles Existierenden stellt, ist eine Theologie der Vielfalt. Sie macht die humane Selbstbehauptung auf Basis des Glaubens an Gott als Seinsgrund der existentiellen Vielfalt zum ethischen Gesamtkonzept. Die spezifische

---

122 Vgl. Höffe, Otfried: Die Menschenrechte im interkulturellen Diskurs, in: Walter Odersky (Hrsg. 1994). Die Menschenrechte. Herkunft – Geltung – Gefährdung. Düsseldorf: Patmos-Verl., S. 119–137.

123 Vgl. Asghar-Zadeh, Darius (2017): Menschsein im Angesicht des Absoluten. Theologische Anthropologie in der Perspektive christlich-muslimischer Komparativer Theologie. Paderborn: Verlag Ferdinand Schöningh, S. 191.

Stellung der menschlichen Existenz und deren Freiheit bilden die Basis einer Ethik der Menschenwürde bzw. der Menschenrechte.

Darius Asghar-Zadeh untersucht diesbezüglich in seiner Dissertation die ideenhistorisch komparative Theologie der Gott-Mensch-Relation. Zugleich betont seine interreligiöse Arbeit mit gegenwärtigen Verstehens- und Verständigungskonflikten die Relevanz des Dialogs zwischen westlich-christlicher und orientalisch-islamischer Kultur. Das »Hauptaugenmerk seiner Untersuchung gilt der Ortung bzw. Konzeption einer zeitgemäßen innovativen Grundlegung« sowie dem »Denken des Gott-Mensch-Verhältnisses im Horizont theologisch-anthropologischer Entrees«.[124] Dieses Denken soll den Übergang in die Moderne ermöglichen: Beispiele hierfür sind die Diskussion um die human-freiheitliche und menschenrechtsassoziierte Idee wie auch die Zentralthematik der Glaube-Vernunft-Relation.

Im Zentrum der Arbeit steht der neue theologische Macht-, Freiheits- und Willensbegriff. Mit Asghar-Zadeh soll eine kritische Reflexion diesbezüglich auf die intertheologische Kontroverse der frühislamischen Gelehrten und die so entstandenen muʿtazilitischen und aschʿaritischen Theologieschulen geworfen werden.[125]

An dieser Stelle ist eine kritische Distanz zur aschʿaritischen Theologie ebenso angebracht wie eine neue Aufarbeitung der muʿtazilitischen Theologie. Das *kasb*-Konzept der aschʿaritischen Theologie und der eingeschränkten Freiheit wirkt angesichts der absoluten Macht Gottes kontraproduktiv für das Selbstverständnis einer humanen Selbstbehauptung des Menschen. Sie bindet dem Menschen die Hände und verlagert die Verantwortung für die eigenen Taten auf Gott. Dies widerspricht vehement der koranischen Lehre des *ḫalīfa*- sowie des *fiṭra*-Konzepts.

Anders als in der aschʿaritischen Theologie zeigt sich im Muʿtazilismus und Uṣūlismus[126] eine humane Selbstbehauptung. Hier wird in der frühislamischen Theologie versucht, die Rationalität in Theologie und religiöser Rechtswissenschaft fest zu etablieren. Ein methodischer Zugang gemäß heutiger Rationalität und moderner Theologie findet sich in der islamischen Tradition im Begriff *iǧtihād* als rationale Vermögenskategorie. Dies bedeutet auch eine theologisch-

---

124 Ebd. S. 11.

125 Ebd. S. 79–112.

126 Bei den sog. Uṣūlīs handelt es sich um die mehrheitlichen islamischen Juristen, die die Überlieferung – im Gegensatz zu den Aḫbārī – anhand bestimmter rationaler Regeln bzw. Prinzipien auslegen.

wissenschaftstheoretische Kontextualisierung der anthropologischen Frage.[127] Von zentraler Relevanz ist in diesem Zusammenhang die Idee der Verhältnisbestimmung zwischen der Transzendenz Gottes und dem Gedanken über einen dignitarischen Selbststand des Menschen.

Die traditionell-klassische theologische Auslegung beinhaltete in der Gott-Mensch-Beziehung einen Dienerschaftsgrundsatz, der die Entmachtung des Menschen als Selbstleugnung gegenüber Gott darstellt. Dies soll nun durch eine Theologie der Selbstbehauptung ersetzt werden, ohne die Souveränität Gottes infrage zu stellen.

Die Verwirklichung der *ʿubūdīya* (Dienerschaft Gottes) wird durch Kategorien wie Freiheit, Wille, Macht und Liebe erweitert. Diese Erweiterung ist eine Sinnerweiterung der islamischen Glaubensgrundsätze, die eine moderne islamisch-theologische Anthropologie anstößt. Dienerschaft Gottes stellt hier ein ontologisch-anthropologisches Paradigma dar, das die Autonomie des Menschen in einen Kontext mit der Autonomie Gottes setzt. Der Mensch ist zwar ontisch von Gott erschaffen und bestimmt, gleichzeitig jedoch als ein freies Wesen mit den Attributen Gottes ausgestattet.

Als *ḫalīfa* Gottes auf der Erde erhält er die Möglichkeit, seine Person zu entfalten und die verschiedenen Grade des Menschseins durch eigene Anstrengung zu erreichen. Aus philosophischer Perspektive soll er durch Weisheit und intellektuelle Vervollkommnungsprozesse danach streben, Gott ähnlich zu werden. Dadurch ist er als Diener Gottes (*ʿabd*) bzw. als Geschöpf mit seinem Schöpfer eng verbunden. Aus ontischer Sicht wird er als ein absolut frei wollendes (*muḫtār*) und handelndes Wesen bezeichnet.

Daher liegt die anthropo-ontologische Aufgabe des Menschen in der Aktualisierung seines Menschseins durch einen gottgefälligen Lebensweg. Dies geschieht vor allem durch moralische und spirituell-intellektuelle Selbstvervollkommnung. Die islamische Anthropologie betont auf Basis ihrer Heiligen Schriften die aus dieser besonderen Wesensbestimmung erwachsende Menschenwürde als *ḫalīfa*. Der Mensch ist sowohl leibliches und seelisch-geistiges Freiheits- und Vernunftwesen als auch Ansprech- und Bundespartner Gottes.[128]

Allerdings vermittelt der eigentliche koranische Duktus vom Gott-Mensch-Verhältnis im Sinne einer Schöpfer-Geschöpf-Bezie-

127 Siehe Asghar-Zadeh, 2017, S. 215.
128 Vgl. Renz 2002, S. 377.

hung keine eigenständige ontologisch-anthropologische Wesensbestimmung. Die koranische Lehre legt jedoch die der schöpferischen Macht Gottes entstammende Entwicklung des Menschen zu einem neuen Geschöpf, einem neuen Menschen, nahe.

Die besondere Würde bzw. edle Stellung des Menschen ist durch seine unsterbliche himmlische Seele zu definieren. Dabei orientiert man sich sowohl an der Tradition wie auch an der radikalen Seelenanthropologie Ibn Sīnās. Wie bei vielen antiken und mittelalterlichen Philosophen seiner Zeit steht im Mittelpunkt der Philosophie Ibn Sīnās ein ethisches und politisches Gemeinwohldenken im Sinne der Glückseligkeit (*sa'āda*). Diese Glückseligkeit kann der Mensch durch das sich in seinem vollkommenen Sein erfüllende Gute (*ḫair*) erreichen. Ibn Sīnā meint, dass das Gute in jenem besteht, »was von allem und jedem ersehnt wird; und das, was alles und jeder ersehnt, ist entweder das Sein oder die Vervollkommnung des Seins als solchem«[129].

Die Seele des Menschen sehnt sich nach dem absolut Guten, nach der Existenzfülle. Diese Existenzfülle beabsichtigt der Philosoph durch geistige Askese und intellektuelle Vervollkommnung zu erreichen. Der Mystiker hingegen versucht es durch die seelische und rituelle Askese sowie die Einheit mit dem absoluten Guten. Der Theologe schließlich strebt die Erfüllung des göttlichen Willens und Glaubenshingabe an.

Der Grundgedanke ist, dass der Mensch nicht nur aufgrund seiner Beschaffenheit, sei diese intellektuell oder spirituell-religiös geprägt, sondern auch durch die Kontingenz seines Wesens gegenüber der göttlichen Seinsfülle bzw. Vollkommenheit zur Selbstverbesserung und Selbstverwirklichung verpflichtet ist.

Im theologischen Sinne sucht der Mensch die Nähe Gottes, des absoluten Guten und des Vervollkommnens und sehnt sich nach dem ewigen Leben. Daher ist der Mensch bestrebt, durch das Erfüllen der göttlichen Botschaften oder die Erlangung von intellektueller Weisheit und spiritueller Fülle einen Zustand der Unversehrtheit zu erreichen. Er trachtet danach, die aus dem göttlichen Reich kommende eigene wahre Würde zu erreichen. Diese von Gott her und auf Gott hin erhaltene Würde des Menschseins erreicht er durch Selbstaskese, Selbstveredelung und die Aktualisierung seines Wesens.

---

129 Asghar-Zadeh 2017, S. 339–340.

Deshalb sieht sich der Mensch verpflichtet, auf dem gottgefälligen Lebensweg der moralischen wie spirituell-intellektuellen Selbstverwirklichung seine wahre Würde zu erreichen. Diese Selbstverwirklichung kann nur unter dem Aspekt eines freiheitlich-schöpferischen Selbstbestimmungsprozesses bzw. einer humanistisch-rationalen Selbstbehauptungsdynamik erfolgen.

Moderne Reflexionen für eine islamische Ethik der Menschenwürde

Im modernen und gegenwärtigen iranischen Raum gibt es zahlreiche Debatten, die bezwecken, eine Ethik der Menschenwürde theologisch oder philosophisch zu begründen. Dabei geht es um eine Dichotomie der allgemeinen Grundrechte(-werte) und der spezifischen religiösen Rechte (Werte).

Die Protagonisten dieses Diskurses sind religiöse Reformer, die sich in ihren Schriften für die Anerkennung der Menschenrechte einsetzen. Sie argumentieren vor allem gegen eine islamische absolutistische Herrschaft und setzen sich für die Wiederherstellung der traditionellen Ambiguitätstoleranz ein. Gleichzeitig treten sie für eine islamische Werteordnung und Weltanschauung ein, die sich inhaltlich und methodisch einer zeitgemäßen Interpretation öffnet.[130] Zu diesem Reformdiskurs gehörte der schiitische Großayatollāh Ḥusein ʿAlī Muntaẓirī (1922–2009), der einst von Ayatollāh Khomeini, dem Gründer der Islamischen Republik in Iran, zu seinem Nachfolger erklärt wurde. Zwei Jahre vor seinem Tod im Jahre 2009 erschien Muntaẓirīs Werk »Religiöse Herrschaft und Menschenrechte« (*ḥukūmat-i dīnī wa ḥuqūq-i insān*), in dem er ausdrücklich zu zentralen Problemen der religiösen Herrschaft und deren Missverhältnis zu Menschenrechten Stellung nimmt.[131]

Der Rechtsgelehrte sieht Reformbedarf in der religiösen Normenfindung. Diese müsse auf Grundlage der neuen und freiheitlichen Rechte der Menschen unserer Zeit neu geprüft werden. Zugleich betont er, dass die natürlichen und fundamentalen Rechte der Menschen überzeitlich und metaörtlich sind. Somit gelten sie in allen Situationen und Bedingungen – trotz Religions- und Kulturunterschieden.[132]

130 Vgl. Muntaẓirī, Ḥusein ʿAlī (2009): Ḥukūmat-i dīn-i wa ḥuqūq-i insān, Ghom.

131 Siehe dazu Hajatpour, Reza: Reflections and Legal Analysis of the Relationship between »Religious Government and Human Rights« from the Perspective of Grand Ayatullāh Muntaẓirī, in: Die Welt des Islams 51 (2011), S. 382–408.

Von einer religiösen Herrschaft erwartet er sich tugendhafte Ideale, welche die Entwicklung und Entfaltung der geistigen Potentialitäten des Menschen fördern. Dies solle durch Gerechtigkeit, Beseitigung der Armut und der Kluft zwischen den Bevölkerungsschichten, Herstellung der Sicherheit sowie freie Meinungsäußerung geschehen. Dadurch könne man die Ethik und Werte des Menschen bewahren.[133]

Neben Muntaẓirī versuchen auch andere Denker, die islamische Ethik mit der modernen Auffassung von Menschenwürde und Menschenrechte zu verbinden: Mahdī Ḥā'irī Yazdī (gest. 1999), Muḥammad Taqī Ǧafarī (1923–2000), Muḥammad Taqī Miṣbāḥ Yazdī (1934–2021) Ǧawadī Āmulī (geb. 1933) und Muḥsin Kadīwar (geb. 1959). In dieser Auseinandersetzung werden die Vorstellungen dreier Gelehrter hervorgehoben, deren ethische Ansätze in Verbindung mit einer Theologie der Menschenrechte ein exemplarisches Beispiel für die Debatte im Iran darstellen.

1 Mahdī Ḥā'irī Yazdī

Mahdī Ḥā'irī Yazdī (Sohn von Großayatollāh Abdulkarīm Ḥā'irī Yazdī, dem Gründer der theologischen Hochschule in Ghom) lehrte als Dozent eine Zeit lang an der Universität Sapahsālār in Teheran, an die traditionell die zeitgenössischen Philosophen als Lehrer berufen wurden. Als Stellvertreter des Großayatollāhs Muḥammad Ḥusein Buruǧirdī (1875–1962) verbrachte er mehrere Jahre in Nordamerika. Er studierte in den Vereinigten Staaten und Kanada westliche Philosophie und war unter anderem ein Schüler des Philosophen William K. Frankena. Bis 1979 lehrte Mahdī Ḥā'irī Yazdī in Amerika und Kanada. Zu dieser Zeit war er Mitglied im Internationalen Ethikrat des Kennedy Institute of Bioethics an der Georgetown University. Seine Schwerpunkte lagen in der islamischen Ethik, die er aus philosophischer Sicht behandelte.[134]

Ḥā'irī Yazdī gründet seine Ethiklehre auf eine ontologische und anthropologische Existenzlehre, die auf Macht- und Souveränitätsreflexionen gerichtet ist. Das Sein ist per se absolut und gut. Als

132 Muntaẓirī 2009, 115–116.

133 Ebd. S. 29.

134 Siehe Hajatpour 2002, S. 234–236.

Seinsganzes (*muṭlaq-i hastī*) umfasst es sowohl die unwillkürlichen als auch die willkürlichen Phänomene des Existierenden. Gemeint ist damit, dass das existierende Seiende entweder außerhalb des eigenen Machtbereichs (*hastī-yi nāmaqdūr*) oder im Bereich der eigenen Machbarkeit (*hastī-yi maqdūr*) liegt. Zu letzterem gehört auch die Ethik, die die menschlichen Handlungen erfasst und den Menschen in die Existenz ruft. Sie wird den Seienden zugeordnet, die notwendigerweise sein sollen (*bāyastīhā,* Soll-Zustände).[135] Daher beschäftigt sich die Philosophie in ihrer praktischen Funktion mit dem (willkürlichen) Sein, das dem Willen des Menschen unterstellt ist. So umfasst sie alle ethisch-moralischen Handlungen und Prinzipien, die solchen Handlungen zugrunde liegen. Die praktische Philosophie bzw. praktische Vernunft (*ʿaql-i ʿamalī*) bildet den Gegenstand der Philosophie der Ethik (*mauḍuʿ-i falsafah-i aẖlāq*).[136]

Daher sind alle Formen des Seins, welche die Handlungen des Menschen und dessen essentielle Akzidenzien (*ʿawāriḍ-i ḏātī*)[137] betreffen, Gegenstand der praktischen Philosophie. Als essentielle Akzidenzien gelten »moralisch gut und böse, richtig und unrichtig, wofür man verantwortlich ist und was unerlässlich (Sollen) ist«.[138]

In Anlehnung an Ibn Sīnā sieht Ḥā'irī die Aufgabe und das Ziel der praktischen Philosophie in der Erkenntnis des Guten sowie dem Handeln nach dem Guten.

> »Aber ein anderes Ziel in diesem Bereich der rationalen Tätigkeit (gemeint ist die praktische Philosophie) ist, dass die Suchenden mit dem Erwerb der Ethik und den pädagogischen (imperativen) Kategorien der Vernunft den praktischen Kräften der Seele (*nafs*, lat. *anima*) sittliche Erziehung, Rückhalt und Vervollkommnung verleihen.«[139]

Ḥā'irīs philosophischer Ansatz zur Ethik macht den Menschen als Vernunftwesen zum Ausgangspunkt der ethischen Reflexion. Diese ist ein bewusster Akt des Seins. Der Mensch als handelndes Subjekt besitzt die Fähigkeit, das Gute zu erkennen und aufgrund des Schöpfungsgesetzes willens- und vernunftgemäß zu handeln. Wie Gott,

---

135 Ḥā'irī Yazdī, Mahdī (1361/ 1982): Kāwušhā-yi ʿaql-i ʿamalī. Falsafah-i aẖlāq. Teheran, S. 50, 133–134.

136 Vgl. Hajatpour 2002, S. 250–251.

137 Gemeint sind damit die von der Substanz untrennbaren Akzidentien, welche die essentielle Notwendigkeit der Substanz sind, wie der Wille für den Menschen oder das Gute oder Böse für das Handeln.

138 Ḥā'irī Yazdī 1361/1982, S. punzdah (S. 15).

139 Zitatübersetzung nach Hajatpour 2002, S. 255.

der die Dinge aus dem Nichts in die Existenz ruft, ist der Mensch in der Lage, die Phänomene des Seins im Bereich des eigenen Willens zu ermöglichen.

> »Der Mensch in seinem individuellen und sozialen Handeln, im Sprechen, Essen, Trinken, Sitzen, Aufstehen, Bauen, Zerstören, Familie gründen, also in all seinem Handeln und Verhalten, ist, indem er auf der Grundlage des Bewusstseins (der Vernunft), des freien Willens und der Freiheit handelt, die letzte Quelle der Schöpfung und des Schöpfers bzw. der Gott der Welt des machbaren Seins seines Umfeldes. Alles Handeln und Verhalten, das aufgrund seiner Entschlusskraft und seines Bewusstseins aus ihm hervortritt, bedeutet genau dies, dass er eines der Phänomene des Seins aus dem Nichts in die Existenz gerufen hat. Er ist selbst Akteur und Verantwortlicher der Entstehung und des Seins jenes Geschöpfes.«[140]

Diese Selbstbestimmung des Menschen leitet Ḥāʾirī aus seiner Naturzustandslehre ab, in der er dem Menschen die Grundrechte aus einem Lebensraumrecht-Prinzip zuspricht. Dies ist ihm zufolge universal und gilt für alle Menschen. Folglich bezeichnet er dieses Naturrecht als Gemeinschaftslebensraum (*mālikīyat-i ḫuṣūṣī-yi mušāʿ*). Dabei werden alle Formen des Lebens, sei es Individualität oder Pluralismus, Politik oder Staat, Lebensethik und weiteres, zusammengeführt. Diesem Konzept, das er auch als Universal-Partikulär-Konzept benennt, liegt eine rational-universalistische Naturzustandslehre zugrunde.[141]

Die moralischen Fragen und Prinzipien der Ethik sind in der Schöpfung verankert. Für Ḥāʾirī stellen sie eine rationale Reflexion des Menschen dar. Durch Ethik agiert der Mensch als Vernunftwesen. Diese Selbsterkenntnis ist normativ und zielt darauf ab, den Menschen auf den Weg einer immerwährenden existentiellen und moralischen Selbstbegründung zu leiten.[142]

Da die Philosophie für Ḥāʾirī eine Lebensphilosophie darstellt, kommt der Ethik eine wichtige Bedeutung zu. In seinem Werk »Untersuchungen der praktischen Vernunft« (*Kawušhā-yi ʿaql-i ʿamalī*) gründet Ḥāʾirī seine Ethik auf die traditionelle Philosophie, welche die Erkenntnis der Existenz in umfassender Form beibehält.[143]

---

140 Zitatübersetzung nach ebd. S. 249–250.

141 Ebd. S. 275–280.

142 Siehe Hajatpour, Reza (2005): Mehdi Hairi Yazdi Interkulturell gelesen. Interkulturelle Bibliothek. Band 80. Hrsg. u.a. von Hamid Reza Yousefi und Ram Adhar Mall. Nordhausen: Traugott Bautz Verlag, S. 61.

Die Fähigkeit, sich seinem Wesen und seinem Handeln nach selbst zu gestalten, ist ein geistiger Vorgang, der eine Wechselbeziehung zwischen theoretischer und praktischer Philosophie zum Ausdruck bringt. Diese Beziehung erfolgt zwischen Geist und Körper, Existenz und Wesenheit, Logik und Ethik sowie zwischen Vernunft und Handeln.[144] Philosophie ist im islamischen Kontext keine rein demonstrative Wissenschaft und Ideenüberlieferung, sondern die Logik des Handelns und eine Ethik des Lebens. Nur in Bezug auf diesen gelebten Geist erhält die Existenz in der Philosophie Ḥā'irīs eine dynamische Lebensform.[145]

De facto entsteht auf diese Weise eine enge Beziehung zwischen Vernunft und Ethik. Dadurch können das moralisch Gute oder Böse sowie ethische Maximen von allen Menschen unabhängig von Kultur oder Religion erkannt werden. Ḥā'irī zufolge ist die Vernunft in ihrem ethischen Urteil autonom (*mustaqillāt-i ʿaqliyya*). Durch das Vermögen der theoretischen und praktischen Vernunft ist der Mensch in der Lage, das Gute zu erkennen und ihm zufolge zu handeln. Denn sobald er das Gute erkannt hat, zeigt es sich als realisierbar. Die Vernunft leitet dies nun an einen Willensprozess weiter, um es für den Vollzug freizugeben. Das Sein wird somit in ein Sollen verwandelt. Ethik ist dabei nichts anderes als ein Prozess von Erkennen und Verwirklichung.

Ethische Grundmaximen sind Ḥā'irī zufolge keine subjektiv von Menschen vereinbarten Phänomene, sondern das Resultat einer logischen Beziehung zum Sein. Somit handelt es sich bei den ethischen Maximen um die geistige Betrachtung der Sache an sich (*iʿtibāriyāt-i nafs al-amrī*). Gemeint ist damit, dass der Geist abstrahiert, was auf das Sein zurückgeht. Denn zwischen dem, was ist, und dem, was sein sollte, existiert eine ontologische Beziehung.[146] Wenn etwas gut ist, ist es damit auch existentiell notwendig, d. h., seine Existenz erweist sich als unerlässlich. Für die ethischen Maximen gilt das gleiche Prinzip. Die Vernunft erkennt sie als notwendig und somit existenzfähig an. In diesem Sinne kann man sagen, dass alles, was sich existenziell als notwendig erweist, einer normativen Ontologie gleichkommt. Unterschiede in Moralvorstellungen sieht Ḥā'irī nicht

143 Ḥā'irī Yazdī 1361/1982, S. 4.
144 Ebd. S. 2.
145 Siehe Hajatpour 2005, S. 62.
146 Siehe Ḥā'irī Yazdī 1361/1982, S. 88.

in kulturellen Differenzen. Sie gehen für ihn auf die unterschiedliche individuelle Willenskraft und die eigene Lebensweise zurück.

Ethische Reflexionen und Urteile sind Ḥā'irī zufolge ein unerlässlicher Bestandteil der menschlichen Selbstbestimmung. Diesbezüglich meint der iranische Denker, dass ethische Sätze eher Propositionalsätze (*aḫbārī*) sind. Es handelt sich nicht um Imperativsätze (*inšā'ī*), da sie, wie oben erwähnt, *i'tibāriyāt-i nafs al-amrī* (geistige Betrachtung der Sache an sich) und zu frei interpretierbar sind, um als wahr oder falsch beurteilt zu werden. Der Geist abstrahiert das moralisch Gute und Schlechte aus der realen Welt und beurteilt es als wahr oder falsch. Ethische Maximen sind somit deskriptiv und kognitiv. Imperativsätze (*inšā'ī*) sind nicht als wahr oder falsch zu bewerten.

Wer ethisch handelt, tut dies nach dem Prinzip der Freiheit und Gerechtigkeit. Beide Komponenten sind die treibenden Faktoren ethischer Handlungen. Ḥā'irī stellt in der islamischen Philosophie generell eine Nachlässigkeit fest, da man kaum auf die philosophische Bedeutung der Gerechtigkeit einging. Nach seinem pyramidischen Modell der Existenz (*hiram-i hastī*) nimmt er die Gerechtigkeit als ein essentielles Attribut Gottes wahr. Dieses Prinzip bildet den vertikalen Aspekt der Pyramide, da es auf alle Ebenen der Existenz einwirkt. Wenn Gott gerecht ist, handelt er nach den Prinzipien seines Wesens ethisch und dieses Handeln umfasst alle Existierenden. Dies wiederum entspricht dem Willen Gottes.

Unter der Ethik versteht Ḥā'irī eine existentielle Gesamtheit, die das Gute hervorruft und das Notwendige möglich macht. In diesem Sinne handelt auch Gott ethisch. Dies kann allerdings nur unter der Bedingung der Freiheit geschehen: »Würde Gott nur aus ›Zwang‹ handeln, dürfte dieses Handeln nicht als ethisch bezeichnet werden.«[147]

Die Welt ist so beschaffen, dass sie mit den Prinzipien des Wesens Gottes, seinen Attributen und dem Menschen nach Seinem Entwurf in Einklang steht. Die Ethik spiegelt auf kosmogenetischer Ebene den Willen Gottes und Seine göttliche Gerechtigkeit wider. Der Mensch, wie er erschaffen ist, fungiert als Gott seiner Welt und kann gemäß seinem Willen und den Gesetzen der Vernunft sich selbst und die Welt gestalten.

So befinden sich sowohl der Mensch als auch die Existenz selbst zwischen der Welt des Seins und des Sollens: Er ist dazu in der Lage,

---

[147] Zitatübersetzung nach Hajatpour 2005, S. 69.

die machbaren Dinge im Denken und Handeln zu verwirklichen. Darum stellt Ḥā᾽irī bewusst die Idee der Freiheit und Verantwortung in den Mittelpunkt seiner Existenzphilosophie. Ihm zufolge gibt es eine logische Verbindung zwischen Willensfreiheit und Verantwortung, die nach dem Prinzip der Gerechtigkeit funktioniert. Die Idee der Freiheit und Verantwortung kann somit nur dann Sinn ergeben, wenn die reale Welt, das Wissen darüber und die Handlungen in Übereinstimmung mit den eigenen Motiven stehen.[148]

Diese Wechselbeziehung zwischen Verantwortung und Freiheit kann die Grundlage der ethischen Maximen für den Menschen erklären. Nur so können Strafmaßnahmen, Erziehung und sonstige Vereinbarungen nachvollzogen werden. Ethik ist demnach ein spezifisches menschliches Privileg.[149] Die Würde des Menschen kann daher ethisch begründet werden.

In der Pyramide des Daseins ist der Mensch ein Teil des Ganzen. Somit ist Verantwortung eine ontologische Notwendigkeit. Die Pyramide der Seienden fungiert ontologisch auf der Ebene der Gleichheit bzw. Gleichwertigkeit und Souveränität des Individuums. Sie macht die Existierenden auf die gegenseitigen Verpflichtungen und Verantwortungen aufmerksam:

> »Aufgrund dieser Erfassung und Reflexionsfähigkeit der menschlichen Ontologie entsteht notwendigerweise das Verantwortungsbewusstsein des Individuums gegenüber seiner Ursache und anderen Individuen.«[150]

Menschenwürde und Menschenrechte bilden dadurch einen wichtigen Teil von Ḥā᾽irīs Existenzphilosophie. Eng damit verbunden ist die Frage nach Individualität, Pluralismus, Legitimation und Rechtsstaatlichkeit.

Nach seinem »Universal-Partikulär-Konzept« und mittels einer rational-universalistischen Naturzustandslehre kommen dem Menschen einige unveränderbare Rechte zu. Die Würde des Menschen ist aus sich selbst heraus ersichtlich und bestätigt die ursprüngliche Wertschätzung des Menschen. So ist jeder Mensch aufgrund seiner Substanz überall jedem anderen Menschen ebenbürtig. Es existieren daher keine essentiellen Unterschiede.[151] Gleichheit bedeutet in der Existenzphilosophie Ḥā᾽irīs die Gleichwertigkeit aller Menschen,

---

148 Ḥā᾽irī Yazdī 1361/1982, S. 161–164.

149 Ebd. S. 168–169.

150 Ebd. S. 173.

unabhängig von ihren religiösen und kulturellen Zugehörigkeiten. Sie stellt den Kern der Pyramide des Daseins und die innere Logik und Übereinstimmung dar. Ebenfalls kann sie als Korrespondenz von Einheit und Differenz des gesamten Lebens angesehen werden.[152]

Nach dem bereits erwähnten Modell des Universal-Partikulär-Konzeptes beabsichtigt Ḥāʾirī einen islamischen Universalismus anzubieten. Dieser beinhaltet Gerechtigkeit, Gleichheit und Mannigfaltigkeit und lässt die Naturrechte allen Menschen zuteilwerden. Damit wird automatisch ihre Souveränität garantiert. Nach diesem Konzept ist der Begriff universal nicht von der Summe seiner einzelnen Teile abhängig. Er umfasst vielmehr die Eigenschaften aller Individuen, welche sich im Ganzen widerspiegeln. Der Begriff befindet sich somit in der Einheit aller seiner Individuen:

> »Auf der Grundlage der Erkenntnis dieser Unterscheidung zwischen dem Ganzen (*kull*) und dem Universalen (*kullī*) und weil jeder Bürger ein vollwertiges Individuum der universellen Menschengattung ist und in seinem Menschsein und mit seinen Privilegien, die dem Menschen, weil er Mensch ist, (zu eigen sind,) völlig unabhängig und autark und naturgemäß von jeglicher Abhängigkeit von anderen befreit ist, soll er alle Rechte, die für die Menschheit obligatorisch sind und ihr zustehen, und zu denen die Freiheit der Entscheidung und des Willens gehören, in Anspruch nehmen. Er benötigt für die Anwendung seiner natürlichen Rechte weder die Gesellschaft noch eine soziale und allgemeine (kollektive) Vereinbarung.«[153]

Damit geht ein Souveränitätsrecht einher. Es beinhaltet Grundrechte, die weder durch den Staat noch durch den Konsens der Gemeinschaft beeinflusst oder verändert werden dürfen:

> »Aus diesem Grunde soll man darauf achten, dass die Verantwortungen, die der höheren Natur des Menschen entspringen, alle erhabene und rationale Lehren sind, die wie die Menschenrechte zu menschlichen Vorzügen und zu seinen essentiellen und natürlichen Urteilen zählen. Diese Verantwortungen sind die dem Gewissen eigenen ethischen und essentiellen Verantwortungen des Menschen, die in keinem Fall gesetzlich zu erlassen und aufzuheben sind. Sie werden durch

151 Ebd. S. 248–249.
152 Siehe Hajatpour 2005, S. 78.
153 Ḥāʾirī Yazdī, Mahdī (1995): Ḥikmat wa ḥukūmat. London, S. 88. Zitatübersetzung nach Hajatpour 2005, S. 79.

> kulturelle, nationale, sprachliche, zeitliche und räumliche Unterschiede und Differenzen nicht gewandelt und verändert.«[154]

Menschenrechte sind demgemäß universale Rechte. Sie kommen allen zu und verpflichten sie, sich ihrer Würde entsprechend als Mensch zu verhalten und sich der eigenen Verantwortung bewusst zu werden. Damit wird der Mensch nicht der Gemeinschaft, sondern seinem Leben und seiner Person verpflichtet. Ḥā'irī baut sein Konzept auf eine philosophisch-rationalistische Anthropologie auf, die, trotz ihres philosophischen Charakters, an die traditionelle Theologie anknüpft, indem sie ihr Menschenverständnis vom Gottesbegriff her ableitet. Dieses Konzept hebt die menschliche Souveränität in der Form eines Freiheitsentwurfes hervor, der sich an dem Gottesbild orientiert und die Idee von einer humanen Selbstbehauptung beinhaltet.[155]

Daraus lassen sich folgende Prämissen ableiten:

- Die Existenz natürlicher Rechte des Menschen.
- Das Verhältnis von Ratio und Religion.
- Die Unterscheidung zwischen den essentiellen und akzidentiellen Aspekten der Religion.

Das bedeutet, dass der Mensch durch die Verleihung der Existenz implizit auch Gottesrechte erhält. Denn Existenzrechte sind Gottesrechte und Existenzschutz ist obligatorisch. Man geht davon aus, dass der Mensch als vernunftbegabtes Wesen durch eigene Kraft in der Lage ist, die dualen Aspekte des Menschen, transzendental und weltlich, immanent in Einklang zu bringen.

Der Mensch ist souverän und hat die Fähigkeit, die essentiellen von den akzidentiellen Aspekten der Religion zu unterscheiden. Die essentiellen Teile der Religion sind demnach Grundvorstellungen, die zum Wesen der Religion gehören und den Glauben ausmachen (*tauḥīd,* Prophetie, Eschatologie usw.). Bei den akzidentiellen Teilen handelt es sich hingegen um die angeeigneten Werte, die der Religion hinzugefügt wurden.

Somit handelt es sich um eine Ethik, die sich am menschlichen Verstand orientiert. In diesem Sinne postuliert sich hierbei eine freiheitliche Beziehung zwischen Gott und dem Menschen, die die Grundlage für eine der Gegenwartsrealität angemessene neue dialek-

---

154 Ḥā'irī Yazdī 1995, S. 115. Zitatübersetzung nach Hajatpour 2005, S. 81.

155 Asghar-Zadeh 2017, S. 352.

tische Theologie bildet.[156] Muḥammad Muǧtahid Šabistarī plädiert für ein humanistisches Religionsverständnis.[157]

> »[...] die Diskussion der Selbstbestimmung des Menschen ist einerseits eine Diskussion, die mit der Anthropologie verbunden ist (*bih āntrūpūlūžī marbūṭ ast*), sie ist andererseits eine Diskussion, die Bezüge zur Geschichtsphilosophie und zur Geschichte (*falsafa-i tārīḫ wa tārīḫ*) aufweist, und ist drittens eine spekulativ-theologische Diskussion, welche Bezüge zur Gotteslehre aufweist, die mit der Selbsterkenntnis einhergeht (*yek baḥṯ-i kalāmī ast keh beh ḫudāšināsī irtibāṭ peydā mīkunad*).«[158]

Ebenso erwartet ʿAbdulkarim Sorousch ein pluralistisches Islamverständnis im Sinne der Menschenrechte.[159]

> »Die Religion ist für den Menschen da und nicht der Mensch für die Religion. [...] Daher hat die Qualifizierung einer Religion als human Priorität über ihre Definition als göttlich. Infolgedessen ist es eines der Menschenrechte, inhumane Religionen abzulehnen und sie als nicht-göttlich zu verwerfen.«[160]

2 Muḥammad Taqī Ǧaʿfarī

Muḥammad Taqī Ǧaʿfarī ist ein schiitischer Philosoph und der bedeutendste Kommentator der mystischen Versepen „›*Maṯnawī*« des weltbekannten Mystikers Ǧalāladdīn Rūmī (gest. 1273). Darüber hinaus setzte er sich intensiv mit dem Pfad der Beredsamkeit (*Nahǧ al-balāġa*) auseinander, einer dem ersten schiitischen Imam ʿAlī zugeschriebenen Sammlung von Predigten, Briefen sowie moralischen und politischen Weisheitssprüchen. In zahlreichen Werken beschäftigte er sich mit dem Verhältnis von Gerechtigkeit, Freiheit und Menschenwürde im Islam, äußerte sich zu Gentechnik und zum Klonen und begründete Menschenrechte aus dem Kontext seiner traditionellen Existenzphilosophie und Mystik heraus.

---

156 Vgl. Hajatpour 2002, S. 305–308.

157 Siehe Muǧtahid Šabistarī, Muḥammad (2004): Taʿammulātī dar qarāʿat-i insānī az dīn. Teheran.

158 Siehe Asghar-Zadeh, 2017, S. 353.

159 Siehe Hajatpour 2002, 320–339.

160 Soroush, Abdolkarim: »Eine religiöse demokratische Regierung?«, in: Spektrum Iran. Zeitschrift für islamisch-iranische Kultur 5, 1992, Heft 4, S. 79–85, hier S. 80–81.

Ein zentrales Thema seiner Arbeiten ist die Ethik. Ǧaʿfarī ist weder ein dogmatischer Gelehrter noch ein von jeglicher religiöser Weltanschauung freier Denker. Er ist durch und durch schiitisch geprägt, aber dennoch offen für neue Ideen. Ǧaʿfarī sind zwar die Differenzen zwischen dem westlichen und dem islamischen Denken bewusst, jedoch hält er sie nicht für unüberwindbar. Durch Dialog, Korrespondenz und Offenheit könne man vielmehr das Gemeinsame erkennen. In diesem Sinne versucht er mittels Dialog und Denkaustausch einen Zugang zu modernen wissenschaftlichen Entwicklungen, Theorien und Erkenntnissen zu finden. Er lässt sich auf ein geistiges Gespräch mit westlichen Denkern und Künstlern wie Bertrand Russell, Viktor Hugo, Fjodor Dostojewski, Alfred North Whitehead, Honoré de Balzac, Max Planck und Albert Einstein ein.

Ǧaʿfarī begegnete auch westlichen Politikern, Orientalisten und Islamwissenschaftlern in Deutschland und Großbritannien auf Tagungsreisen, internationalen Konferenzen oder in Workshops. So kam er u.a. mit Willibald Pahr, Josef van Ess, Hans Daiber und Hans Küng in Kontakt. Seine Korrespondenz mit dem englischen Philosophen Bertrand Russell wurde noch zu seinen Lebzeiten veröffentlicht.[161]

Ǧaʿfarīs ethisches Konzept basiert auf einer idealen transzendenz-intelligiblen Lebensphilosophie, die er *ḥayāt-i maʿqūl* nennt. *Ḥayāt-i maʿqūl* bedeutet eine Welt, die das höchste und alles vervollkommnende Lebensziel darstellt. In ihr kann sich der Mensch geistig, spirituell und ethisch sowie sein Wesen existentiell und spirituell vollständig verwirklichen.

Ǧaʿfarī sieht die Philosophie nicht als eine analytische Betrachtung oder ein logisches Verfahren der Existenz und deren Beschaffenheit. Vielmehr handele es sich um eine Form der geistigen Meditation, die eine Erkenntnisart präsentiert, welche der Grund für die menschliche Existenzhaltung und für das Handeln sei. Durch ein ganzheitliches Mitwirken des Menschen am Lebenskonzept soll die Philosophie im menschlichen und ethischen Leben präsent sein. Dies bedeutet also eine aktive Interpretation des Seins.

---

161 Vgl. Ǧaʿfarī, Muḥammad Taqī (2010), Takāpū-ye andīšehā, Bd. I-II. Teheran; Ders. (^{2}2006): Taużīḥ wa barrasī-i muṣāhaba-i Rāsell – Vāit [Bertrand Russell – Woodrow Wyatt] dar falsafa, maḏhab, aḫlāq-i tābū Teheran; Miri, Seyed Javad: East and West. Allama Jafari on Bertrand Russell (Lanham, MD 2013), New York: University Press of America RLPG, S. 1–2.

Ǧaʿfarī gründet seine Lebensphilosophie auf zwei Aspekte: den Menschen und das Leben. Beide korrespondieren auf allen Ebenen der religiösen, spirituellen und ethischen Werteverständnisse. Ǧaʿfarīs anthropologischer Ansatz ist in vier Ebenen gegliedert, in denen der Mensch jeweils innerhalb von vier Beziehungen fungiert. 1.) sein Verhältnis zu sich selbst, 2.) sein Verhältnis zum Nächsten, 3.) sein Verhältnis zum Weltganzen und 4.) sein Verhältnis zu Gott.[162]

Die Beziehung zu sich selbst ist der Ausgangspunkt des Menschen als Person, der sich seines wahren Ichs, seiner Ziele, seiner Entwicklungen und Veränderungen mit einer unbeirrten Existenz bewusst ist. Der Mensch besitzt im Gegensatz zu allen anderen Wesen die Freiheit, über den Sinn seiner Existenz zu reflektieren und sich als Teil einer zweckmäßigen Existenz zu verstehen. Diese selbstbewusste Reflexion des eigenen Geistes und der Kräfte ist ein Teil des Selbstbeherrschens. Damit erkennt der Mensch seine eigene Kraft und kann sich entwickeln. Hierzu gehört auch, dass man sich selbst nicht belügt, was bedeutet, dass man einen ehrlichen, authentischen Umgang mit sich selbst pflegt.[163]

Zu einem guten Verhältnis zu sich selbst gehört auch, die Potentiale eigener Kräfte nicht nur für sich und die persönliche Selbstverwirklichung zu nutzen, sondern auch für die Gemeinschaft. Dies kann durch Wissenserwerb, technische oder politische Fähigkeiten geschehen.[164] Eine der Fähigkeiten ist die Liebe zum Menschen. Sie bedeutet keineswegs Selbstaufgabe, sondern will aus sich selbst und dem eigenen Bewusstsein heraus einen Gefühlswert manifestieren. Dadurch werden alle geistigen, religiösen und ethischen Ideale gesteigert. Diesem Gefühlswert verdankt man auch die Erkenntnis über sich selbst und die eigene Bedeutung in der Existenz.[165]

Durch sein Verhältnis zum Nächsten ist der Mensch ein Wesen, das eine Beziehung zu einer Gesellschaft und seinem Umfeld aufbaut. Dies ist in ihm verankert. In diesem Verhältnis soll der Mensch weder in der Gesellschaft aufgehen noch sich mit ihr identifizieren. Wichtig ist, dass er seine Natur bzw. seine natürliche Wurzel, die sich geistig und physisch entwickelt, nicht von der Gesellschaft vereinnahmen lässt. Sonst würde er seine wahre Natur und Identität verlieren, denn

162 Vgl. Ǧaʿfarī, Muḥammad Taqī ([8]1375 h.š./1996/1997): Tarǧuma wa tafsīr-i Nahǧ al-balāġa, I-XXVII Teheran hiernach Bd. XII, S. 331–361.

163 Ebd. S. 331–340.

164 Ebd. S. 340–343.

165 Ebd. S. 343–346.

auch ein gerechter Mensch kann sich innerhalb kurzer Zeit in einen Verbrecher verwandeln.[166]

Durch sein Verhältnis zum Weltganzen ist der Mensch der Akteur für die Bildung seines Wesens. Damit ist die Harmonisierung zwischen dem Ich und der Einbettung der Entwicklung seiner Person in das Weltganze als umfassende Existenz gemeint. Diese Beziehung zur Existenz ist eine bewusste und bewusstmachende Verbindung zu einer sinnvollen und zweckmäßigen Existenz.[167]

Ǧaʿfarī zufolge verfügt diese Beziehung über vier Dimensionen. Sie gründet sich auf die Erkenntnis des Seins (*šināḫt-i hastī*), das Erfassen des Seins (*daryāft-i hastī*), das Werden (*sairūrat*, Fließen/Fluss) im Sein sowie das Leiten (*taṣīir/gardāndan*) im Sein.[168]

Das Werden ist nach Ǧaʿfarī willentlich. Jeder Mensch befindet sich im Rahmen seiner Kapazität in einem natürlichen Werdungsprozess. Wenn der Mensch sich so weit entwickelt und in Balance befindet, dass er die höheren Zustände und vollkommenen Möglichkeiten mit seinem Gewissen und seiner Vernunft erfassen kann, ist er sich des höheren und vollkommeneren Zieles bewusst. Sobald er sich in eine solche bewusste Situation bzw. einen bewussten Zustand begibt und sich bereit fühlt, führt dieses Bewusstsein ihn zum Werden im Sein. Diese Entwicklung geht jedoch mit der Herbeiführung des Werdens (*gardandan*, wörtlich Leiten, Verwalten) der anderen im Sein einher. Denn ein Vervollkommungs(werdungs)prozess kann ohne die Erkenntnis der Einheit im Sein und die Harmonisierung des Ichs auf dem Weg zur Vervollkommnung mit den anderen, die vergleichbare Kapazitäten und Veranlagungen mitbringen, nicht erfolgen. Das Werden im Sein ist also ein kollektiver Prozess.[169]

Um diese vier Dimensionen zu realisieren, benötigt der Mensch die folgenden sieben wirkenden und hervorbringenden Faktoren: den wissenschaftlichen (*ʿilmī*), philosophischen (*falsafī*), bezeugenden (*šuhūdī*), ethischen (*aḫlāqī*), weisheitlichen (*ḥikamī*), mystischen (ʿirfānī) und religiösen (*maḏhabī*) Faktor.

Der wissenschaftliche Faktor speist sich aus empirischen Beobachtungen, Sinneserfahrung und Experimenten. Der philosophische Faktor ist eine Aktivität des Geistes, welche auf Grundlage der wissenschaftlichen Errungenschaften über die allgemeine und umfassende

166 Ebd. S. 346–350.
167 Ebd. S. 350–354.
168 Vgl. ebd. Bd. IVX. S. 13–16.
169 Ebd. Bd. IVX. Teheran, 15–18.

Interpretation des Seins erfolgt. Der bezeugende Faktor jedoch ergibt sich aus der Erfahrung, die jenseits der genannten wissenschaftlichen und philosophischen Gesichtspunkte liegt, auch wenn er von ihnen profitiert. Dies bedeutet, dass das Bezeugen auf dieser Ebene eine innere Tätigkeit ist, die sich dennoch von den sinnlichen, empirischen und analytischen der wissenschaftlich-philosophischen Kenntnisse affizieren lässt. So sind die Erfahrungen der höheren Sinne angelegt, nämlich wie Empfindungen, das Erfassen der Werte und Dimensionen wie auch die Affizierung der Schönheit und der Werte. Hierbei spricht man von einer Art geistiges Zeugen, das unmittelbar geschieht. Auf dieser Ebene erkennt man die Möglichkeit, ein Seinszeuge zu werden.

Wenn diese Kenntnisse im Inneren des Menschen wachsen und sich mit denjenigen ethischen Werten des Menschen verbinden, die er sich angeeignet hat, werden diese Dimensionen vereint. Dabei verbindet sich die innere Wahrnehmung mit der Werteerkenntnis und hohen menschlichen Idealen. Dies kann ein Wachstumsfeld für Gewissen, Liebe und Entwicklungsgeist darstellen. Das Ergebnis ist, dass der Mensch sein Inneres mit den Anforderungen einer Lebensethik in Einklang bringt. Das Resultat dieser wissenschaftlichen, philosophischen, bezeugenden und ethischen Erkenntnisse benennt Ǧaʿfarī als Weisheitserkenntnis (*ḥikmat*). Dies bedeutet mit anderen Worten: Wenn diese vier Faktoren unter der Leitung des Verstandes und der Vernunft agieren, führt dies zur Weisheit.

> »Die Weisheitsdimension bedeutet die Harmonisierung aller dieser vier Faktoren und die willentliche Bewegung von dem vervollkommnungssuchenden des Ichs auf dem Weg zum intelligiblen Leben.«[170]

Sobald diese fünf Faktoren von einem geistlichen Licht begleitet werden, das die inneren und äußeren Welten beleuchtet, erreicht der Mensch einen mystischen Zustand. Der letzte Faktor, nämlich der religiöse, ist das Ergebnis aller sechs anderen Faktoren. Er tritt erst dann in Erscheinung, wenn alle anderen erfolgt sind, und gründet sich auf die bereits genannten vier Säulen bzw. Dimensionen.

> »Die religiöse Dimension ist also der Glaube an die Verwirklichung der sechs Faktoren im Rahmen der Möglichkeiten in Richtung der vorhandenen Ordnung orientiert an die führenden Heiligen hin zu der göttlichen Anziehung.«[171]

---

170 Ebd. Bd. IVX. S. 18.

171 Ebd. Bd. IVX. Teheran, S. 32–33.

Der zentrale Aspekt von Ǧaʿfarīs ethischem Verständnis im Islam liegt im Empfangen des Seins, denn damit werden auch die Werte und der Sinn des Daseins erfasst. Ǧaʿfarī zufolge gelten die wissenschaftliche Erkenntnis, das philosophische Erfassen und der unmittelbare Empfang des bezeugenden Zustandes als Grundlage für das Erlangen des Seins. Damit korrespondieren ihrerseits die ethischen, mystischen und religiösen Ideale wie auch die Weisheit.

Der ethische Zugang zum Empfang des Seins ist damit verbunden, dass »die Ethik das Erblühen der Seele ist für die Anziehung an das Gute und die intelligiblen Ideale mit einem wachen Gewissen.«[172]

In diesem Sinne steht auch die wissenschaftliche Erkenntnis mit der ethischen Dimension in Einklang. Derjenige, der eine hohe menschliche bzw. ethische Dimension innehat, kennt die Ordnung seines Gehirns und der Psyche. Er bewegt sich gemäß dieser Ordnung. Somit hat er die Ordnung des Seins erfasst, die seine Existenz leitet. Ein gerechter Mensch, wie es Ǧaʿfarī formuliert, kennt nicht nur die reale Ordnung und nimmt diese hin, sondern er erfasst sie ebenso gewissenhaft wie die Gerechtigkeit.[173]

Ǧaʿfarī bringt an verschieden Stellen seiner Werke den Menschen, seine ethische Dimension und sein Werteverständnis in Einklang mit dem Erfassen des Seins. Er schildert die Ethik in unterschiedlichen Formulierungen, die alle zu einem Ziel führen. In dem Buch »Ethik und Religion« (*Aḫlāq wa maḏhab*) befasst er sich ausführlich mit der Ethik und ihren unterschiedlichen Definitionen. Ethik wird zum einen als unweigerliche Verpflichtung des selbsttätigen inneren Faktors gesehen, der den Menschen zum Guten führt und von dem Verwerflichen abhält, zum anderen als innere Aktivität ohne äußerliche Faktoren, und dabei wird das Streben nach Vollkommenheit als höchstes Ziel betrachtet.[174] Ebenso kann man Ethik allgemein als Handeln nach guten und Verzicht von schlechten Taten unter Beachtung der Freiheit verstehen. Allerdings gibt Ǧaʿfarī zu, dass solche Definitionen nie vollständig sein können.[175]

An anderen Stellen definiert er Ethik als die Entfaltung aller positiven menschlichen Dimensionen, die sich in die Richtung der höheren Zwecke des Lebens bewegen.[176] Des Weiteren betrachtet er Ethik als Bewusstsein von dem, was würdig ist und würdig sein

---

172 Ebd. S. 33.
173 Ebd. Bd. IVX, S. 52 f.
174 Siehe Ǧaʿfarī, Muḥammad Taqī (2000): Aḫlāq wa maḏhab. Teheran, S. 54, 58.
175 Ebd. S. 59–60.

sollte sowie den Menschen zur Gestaltung zur Vervollkommnung anzieht. In diesem Fall müssen alle Äußerungen, Taten, Absichten und Gedanken bezüglich dessen, was würdig ist und sein sollte, übereinstimmen.[177]

Mit dem Begriff Ethik sind weitere Begriffe wie Werte (*arziš*), Tugend (*faḍila*), Gütigsein (*nīkū'ī*) und Pflicht (*taklīf*) verbunden. Ziel aller ethischen Dimensionen ist die Vervollkommnung, die eine existentielle Dimension in sich trägt. Die Bedeutung des Lebens ist vom Grad der ethischen Vervollkommnung abhängig. Auch die seelische Ausgeglichenheit, d.h. eine sich im Menschen befindende Harmonie und Balance der Seele, korreliert mit dem Grad der Vervollkommnung der Ethik.[178] Die ethische Vervollkommnung ist das Ziel der Existenz. Jeder, der sich auf den Weg der Vervollkommnung begibt, bewegt sich somit in Richtung der existentiellen Vollkommenheit.

Die menschlichen Beziehungsaspekte und das menschliche Streben nach Vervollkommnung sind Ǧaʿfarī zufolge eingebettet in die Beziehung zu Gott (*rābiṭa-i ilāhī*). Da Gott alles ist,[179] kann das ethische Befinden des Menschen nicht getrennt von Ihm betrachtet werden. Insofern ist der Mensch ein ethisches Wesen (*insān-i aḫlāqī*), denn sein Wunsch zur Vervollkommnung gilt als ein heiliges Ziel des Daseins. Dieser existentielle Beweggrund steht ebenso mit dem religiösen Ziel in Einklang. De facto sind das Ziel der Ethik und das Ziel der Religion ein und dasselbe: Es geht um Entzücktsein und die Entfaltung der menschlichen Persönlichkeit in Richtung des intelligiblen Lebens. Das Streben nach ethischer Vervollkommnung ist gleichzeitig das Ziel der Selbstvervollkommnung. Dazu sind Freiheit und Wahlmöglichkeit notwendig.

Die Religion gilt laut Ǧaʿfarī als die Urquelle der Ethik. Er spricht von einer umfassenden göttlichen Religion (*dīn-i kullī-yi ilāhī*). In diesem Sinne stellt Religion für Ǧaʿfarī Ethik und Ethik die Religion dar.[180] Möglicherweise meint er (auch) aus diesem Grund, dass der Mensch von Natur aus ein ethisches Gewissen (*wuǧdān-i aḫlāqī*) besitzt.[181] In diesem Sinne müsste natürlich der Glaube die Kraftquelle

---

176 Ǧaʿfarī, ^{3}1376/1997, Bd. VI, S. 239.

177 Ebd. Bd. XVII, S. 194.

178 Ǧaʿfarī ^{3}1376/1997, Bd. XVII, S. 174, 194.

179 Ǧaʿfarī, Muḥammad Taqī (1344/1965): Āfarīniš va insān. Teheran, S. 255–266.

180 Vgl. Ǧaʿfarī ^{3}1376/1997, Bd. XIV, S. 306.

181 Siehe auch Ǧaʿfarī, Muḥammad Taqī (o. J.): Wuǧdān. Teheran.

für das Gewissen darstellen, die den Menschen in seinem Handeln und in zwischenmenschlichen Beziehungen begleitet.

Der Glaube symbolisiert für Ǧaʿfarī den Grund für die Entfaltung der menschlichen Persönlichkeit und bestimmt somit die vier genannten Beziehungsaspekte des Menschen. So dient der Glaube folglich dem Menschen als Kraftquelle seiner ethischen Entfaltung. Daher sieht Ǧaʿfarī im Glauben auch einen entscheidenden Faktor für das ethische Handeln.[182]

Ǧaʿfarī versteht Religion und Glaube als eine umfassende Reflexion der menschlichen Verwirklichung für einen idealen Zustand. In diesem Sinne versteht er auch die Rolle der Mystik hinsichtlich der spirituellen Gestaltung des Menschen: Die Wahre Mystik bedeutet, sich ethisch nach dem Vorbild der göttlichen Eigenschaften/Ethik zu gestalten (*taḫallaqū bi aḫlāq allāh*).[183]

Ǧaʿfarī führt die Ethik auf Gott zurück und betrachtet sie als Sinn der Existenz. Ohne den Glauben an einen Gott, der das Leben hervorgerufen hat, nehmen ethische Werte keinerlei Bedeutung ein. Seine Philosophie der Lebensethik geht somit von einer sinnhaften Existenz aus, welche die Schönheit des Daseins widerspiegelt. Die Erkenntnis des Lebens ist gleichzusetzen mit der Erkenntnis der ethischen Werte. Auf diese Weise gehen Ästhetik und Ethik miteinander einher. Die Welt- und Selbstwahrnehmung sind Ǧaʿfarī zufolge feste Bestandteile der Ethik, da sie zur Selbstperfektionierung des Menschen beitragen. Es handelt sich um die Fähigkeit des »ästhetischen Schauens« (*ḥiss-i zībāʾī/iḥsās-i dark-i zībāʾī*),[184] womit sich der Mensch von den Tieren abhebt. Der Unterschied zwischen Mensch, Tier und Maschine liegt im Bewusstsein. Dieses Bewusstsein ist vor allem ein ethisches Bewusstsein. Ǧaʿfarī erläutert, dass dem Menschen auch die Fähigkeit zum logischen Denken fehlen würde, wenn er nicht über ein ästhetisches Empfinden verfügte.[185]

Die ethischen Ideale (*ārmān-i aḫlāqī*) sind nicht vom sinnlich Schönen zu trennen. Dabei vergleicht er Ästhetik mit Werten, Ethik und Kunst. Die ethischen Prinzipien gründen auf Gefühlswerten, die

---

182 Siehe Ǧaʿfarī ^{3}1376/1997), Bd. XIV, Teheran, S. 307.

183 Ebd. Bd. XIV, S. 60.

184 Siehe dazu ausführlich Hajatpour, Reza: Muḥammad Taqī Ǧaʿfarī, In: Kügelgen, Anke (Hg.) (2021): Philosophie in der islamischen Welt. 19.-20. Jahrhundert. Grundriss der Geschichte der Philosophie. Vol. 4. Basel/Berlin: Schwabe, S. 1051–1059.

185 Vgl. Ǧaʿfarī, Muḥammad Taqī (1982): Zībāʾī wa honar az dīdgāh-i islām. Teheran, S. 74.

zur Innerlichkeit des Menschen gehören. Sie sind ein Teil des Ganzen und machen sein ästhetisches Erleben erst möglich. So gesehen gilt das ästhetische Erleben als ein unerlässlicher Bestandteil des ethischen Selbstentwurfes. Das Gefühl für das Schöne bildet die Grundlage für die innere und geistige Schönheit, die auch einen inhärenten Sinn für die ethische Selbstveredelung bildet.

> »Je vielfältiger und höher die Vollkommenheitsdimensionen sind, desto höher ist auch die Intensivität des ästhetischen Empfindens«.[186]

3 Muḥammad Taqī Miṣbāḥ Yazdī

Muḥammad Taqī Miṣbāḥ Yazdī, ein konservativer schiitischer Geistlicher, der erst nach der Revolution von 1979 zum religiösen Sprachrohr der neuen politischen Elite in Iran wurde, lehrte in der Zeit vor der Revolution im Kreis des damaligen Großayatollāh Muḥammad Kāẓim Šarīʿatmadārī (gest. 1986) Philosophie, Ethik und Korankommentare. Šarīʿatmadārī vertrat die Meinung, die Geistlichkeit solle sich von der Politik fernhalten.

Miṣbāḥ Yazdī wird als geistiger Mentor des früheren iranischen Staatspräsidenten Mahmud Ahmadinedschad gesehen. Er fungierte als Leiter des Imam-Chomeini-Instituts, einem Zentrum für islamische Bildung und wissenschaftliche Studien in Ghom.[187] Er war der Meinung, dass Demokratie, Freiheit und Menschenrechte keinen Platz in der islamischen Theologie einnehmen sollten.

Miṣbāḥ Yazdī schrieb zahlreiche Bücher, beispielsweise in Philosophie und Ethik. Bekannt ist sein dreibändiges Werk »Ethik im Koran«, eine Abfassung über Menschenrechte aus islamischer Sicht.[188] Dieses Werk handelt von der juristischen und philosophischen Begründung der Menschenrechte im Islam. Ihm geht es darum,

186 Siehe Hajatpour 2013, S. 322–328; Ǧaʿfarī 1982, S. 89; Umīd, Masʿūd (2009): Falsafa-yi aḫlāq dar Īrān-i muʿāṣir. Teheran, S. 139–192.

187 Siehe Yavari, Neguin: Muḥammad Taqī Miṣbāḥ Yazdī, in: Biographical Encyclopedia of the Modern Middle East and North Africa. https://www.encyclopedia.com/international/encyclopedias-almanacs-transcripts-and-maps/mesbah-yazdi-mohammad-taqi-1934 [aufgerufen am 07.01.2021]; Rafiee, Bahram: Mesbah Yazdi from Ayatollah Khamenei's Office: Democracy and Human Rights Have No Place in Islamic Theology. Rooz Online 09/07/10. http://www.payvand.com/news/10/sep/1057.html [aufgerufen am 7.01.2021].

ein Konzept islamischer Menschenrechte vorzulegen, welches sich inhaltlich und formal von den westlichen Menschenrechtsvorstellungen unterscheidet. Folglich bezweckt er eine Definition des Rechts und der Freiheit nach islamischem Verständnis. Aber auch die Stellung des Menschen in der geschaffenen Welt und die Beziehungen der Menschen zueinander, insbesondere zwischen Mann und Frau, werden thematisiert.

Miṣbāḥ Yazdīs Abfassung »Ethik im Koran«, das hier hauptsächlich behandelt wird, basiert auf seiner Interpretation des Korans und der philosophischen Lehre seiner Vorgänger in der islamischen Tradition. Obwohl er die Meinung vertritt, dass Gott als Ursache hinter allen Handlungen steht, basiert seine Ethiklehre auf drei Fundamenten: Erstens die Wahlfreiheit des Menschen, zweitens seine Zielorientiertheit (Glückseligkeit) und drittens die Anstrengung im ethischen Handeln.[189] Das Ziel des ethischen Handelns liegt allerdings in der jenseitigen Glückseligkeit.[190] Der Glaube gilt daher für ihn als Grundlage der Ethik im Islam.

Miṣbāḥ Yazdī übernimmt dazu die gängige Definition der Ethik in der islamischen Tradition, die bereits im islamischen Ethikdiskurs verbreitet ist. Die Ethik wird in drei Stufen bzw. Aspekte aufgeteilt: Sie ist entweder wie bei Ibn Miskawai ein Habitus der Seele, denn dieser führt mit oder ohne Überlegung zum Handeln. Alternativ stellt Ethik aber auch eine Tugend dar. Sind die ethischen Eigenschaften in der Seele manifestiert, führt dies ohne Überlegung zum Handeln. Benötigt es zum Handeln Überlegung, sind die ethischen Eigenschaften noch nicht in der Seele manifestiert. Als Tugend kann die Ethik gut oder verwerflich sein. Ethik ist also entweder eine rein seelische Eigenschaft und/oder eine Haltung bzw. drückt sich in Handlungen gegenüber den Mitmenschen aus.[191]

Somit umfasst sie alle Formen von Handlungen, seien diese physischer oder geistiger Natur. Ethische Handlungen sind grundsätzlich willentlich, außer wenn sie zum Habitus der Seele werden. Dann

---

188 Siehe Miṣbāḥ Yazdī, Muḥammad Taqī (^{3}1377/1998): Aḫlāq dar Qur'ān. Bd. I-III. Hrsg. v. Muḥammad Ḥusain Iskandarī. Bd. III. Ghom Mu'assisa-i Amūziš wa pažūhiš Imām Ḫumeinī. Ghom; Miṣbāḥ Yazdī, Muḥammad Taqī (2009): Nigāhī guzarā bi ḥuqūq-i bašar az dīdgāh-i Islām. Hrsg. und redigiert von 'Abulḥakīm Salīmī. Ghom.

189 Vgl. Miṣbāḥ Yazdī ^{3}1377/1998, Bd. I, S. 21–44, S. 97.

190 Ebd. S. 98–110.

191 Siehe Umīd 2009, S. 344–345.

führen sie nämlich ohne Überlegung und Anwendung des Willens automatisch zum Handeln.[192]

Deshalb ist Ethik umfassender als normative Handlungen, welche in der religiösen Jurisprudenz thematisiert werden. Wenn Ethik nur geistige Handlungen zur Folge hat, dann steht sie im Gegensatz zur religiösen Jurisprudenz (*fiqh*). Wenn sie jedoch sowohl geistige als auch äußerliche Handlungen umfasst, sind normative religiöse Handlungen ein Teil der Ethik.

Miṣbāḥ Yazdī teilt die Ethik in zwei Bereiche auf: Entweder gehört sie zur edlen Eigenschaft oder zur Handlung. Die ethischen Werte *(arziš-i aḫlāqī)* sind also per se gewünscht als ethische Eigenschaft. Jedoch sind ethische Handlungen (*aḫlāq-i af'ālī*) aufgrund ihrer Ergebnisse für andere Menschen durchaus erwünscht.[193] Somit sind Werte wie Glückseligkeit (*sa'āda*) oder Elend (*šaqāwa*) keine ethischen Handlungen, sondern Zustände, die zwar Werte in sich tragen, aber nicht zu den ethischen Aussagen gehören. Allein die Werte des Handelns sind ethische Werte und gehören folglich zum Begriff der Ethik.

Für Miṣbāḥ Yazdī liegt der Grund für die ethischen Werte und Handlungen nicht in der Vernunft, wie Immanuel Kant behauptet, sondern vielmehr im Glauben (*īmān*). Denn der Glaube verfügt über eine göttliche Wurzel. Der Mensch glaubt entweder aus dem Grund, da er Wissen über Gott erlangt hat oder den Drang zur Vervollkommnung verspürt. Dabei spielt die Intention eine wichtige Rolle. Ethik ohne Intention ist für Miṣbāḥ Yazdī wie ein toter Körper (Schale). Erst mit der Absicht kann die Ethik einen Wert in sich tragen. Die Intention ist also die Stütze bzw. der Geist der ethischen Werte. Wenn die Wurzel der Absicht in Gott selbst sowie im Erlangen seines Gefallens liegt, ist die Absicht rein und frei von weltlichen Bedürfnissen. In diesem Sinne ist der Glaube ein willentlicher Akt des Herzens. Daher handelt es sich hierbei um einen Aspekt der Ethik, der auf eine Absicht zurückgeführt wird, die sich von Gott und seiner Zufriedenheit in seinen Handlungen leiten lässt.[194]

Die ethischen Dimensionen beziehen sich Miṣbāḥ Yazdī zufolge auf zwei Bereiche: Zum einen beabsichtigt der Mensch durch Übungen und Veredelung seinem Charakter Vollkommenheit zukommen

---

192 Vgl. Miṣbāḥ Yazdī ^{3}1377/1998, Bd. II. S. 23 ff., 89–116.

193 Ebd. Bd. I, S. 49–50.

194 Ebd. S. 116–117, 123, 128–129.

zu lassen. Darin liegt für ihn die wahre Würde des Menschen. Zum anderen geht es dabei um eine gesellschaftliche Angelegenheit. Auch hier zielt die Ethik auf die Bewahrung der Würde des Menschen ab.

Miṣbāḥ Yazdī zufolge geht Ethik stark mit einem bestimmten Menschenbild einher. Ohne die Erkenntnis von dem Wesen des Menschen können die Erlangung seiner Würdevollkommenheiten und die Kriterien des edlen Charakters nicht erkannt werden.[195]

Im Zentrum seines Menschenbildes steht die Seele (*nafs*), die er auch als das Ich selbst bzw. die Essenz des Menschen versteht. Folglich habe Ethik einen starken Bezug zur Psychologie, die er als Seelenlehre beschreibt. Der moderne Westen hat seiner Meinung nach das Problem des Ichs nicht gelöst. Denn hierbei wurde das Wesen des Menschen auf das Äußere und sinnlich Wahrnehmbare begrenzt. Miṣbāḥ Yazdī sieht hingegen in der islamischen Lehre von der Seele die Lösung.

Die Seele verfügt seiner Ansicht nach über drei Dimensionen: Bewusstsein/Wissen (*agāhī/ ʿilm*), Macht/Kraft (*qudra*) und Liebe/Selbstliebe (*ḥubb, ḥubb-i ḏāt*). Diese drei Dimensionen bzw. Manifestationen bilden eine Einheit, denn die Seele an sich ist eine Einheit.[196] Der Geist (*ruḥ*) des Menschen ist Miṣbāḥ Yazdī zufolge gleichzusetzen mit der Seele (*nafs*) des Menschen. Das wahre Wesen des Geistes liegt in der Bewegung und Verwandlung der menschlichen Seele. Im Begriff *ruḥ* steckt seiner Meinung nach das Wort *rīḥ*, was so viel wie »Wind« bedeutet. Bewegung gehört zum Wesen der Seele (*nafs*) und Wind ist nichts anderes als Bewegung. Die Seele ist somit, vergleichbar wie Wind oder Luft, in permanenter Bewegung.

> »Die Wahrheit der menschlichen Seele ist Bewegung und sein Wesen sind Aktivität und Suche […] die Seele ist wie der Wind in Bewegung.«[197]

Weshalb die Seele des Menschen sich in permanenter Bewegung befindet, begründet er durch die Zielursache der Seele. Das Wesen der Seele befindet sich zwischen Anziehung (*ǧaḏb*) und Angezogensein (*inǧiḏāb*). Somit agiert die Seele in einer Bewegung von und zu ihrer Quelle.[198]

---

195 Siehe Miṣbāḥ Yazdī 2009, S. 36.
196 Siehe Miṣbāḥ Yazdī ^{3}1377/1998, Bd. II, S. 23–31.
197 Ebd. S. 34.
198 Ebd. S. 35.

Das Ziel der menschlichen Bewegung und Suche ist sein Ursprung, nämlich Gott, von dem er angezogen wird. Dies ist die Quelle des Lebens. Die Verbindung aller drei Manifestationen der Seele und ihre Entwicklung und Vervollkommnung hin zu ihrem Ursprung führen zur Entfaltung der Seele. Wissen, Macht und Liebe bilden eine Einheit und führen den Menschen zur Entfaltung seiner seelischen Dimensionen. Aus ihnen gehen Wissenschaft, Erkenntnisse, Kreationen und Entdeckungen hervor. Alle führen zur Selbstliebe, aus der sich auch die Liebe zum Ursprung und die Quelle der Bewegung zum ewigen Sein entfalten.[199]

Die Dimension der Liebe beinhaltet drei Aspekte: die Liebe zum ewigen Sein (*ḥubb-i baqā*), die Liebe zum Genuss und zur Glückseligkeit (*ḥubb-i liḏḏat, ḥubb-i saʿādat*) sowie die Liebe zur Vervollkommnung (*ḥubb-i kamāl*). Letztere entfaltet und vervollkommnet sich in Wissen und in Kraft bzw. Macht.[200]

Die Liebe zum ewigen Sein (*ḥubb-i baqā*) äußert sich in weltlicher und seelischer Ewigkeit, die im Widerspruch zueinander stehen. Die Liebe zur Vervollkommnung (*ḥubb-i kamāl*) verfolgt zwei Ziele: das Streben nach Macht und nach Wahrheit. Das Streben nach Macht ist in der Natur des Menschen verankert und zeigt sich schon zu Beginn des menschlichen Wachstums und der Entfaltung. Das Machtstreben drückt sich sowohl weltlich als auch seelisch aus. Diese Entwicklung hängt jedoch vom Grad des Wissens und der Erkenntnisse einer Person ab. Je stärker das Wissen und die Erkenntnis, desto stärker wird die Kraft seiner Seele und des Willens. Manche Menschen meinen, dass ihre Macht durch spirituelle und seelische Askese ein Schatten bzw. eine Manifestation der göttlichen Macht werde.[201]

Ebenso ist das Streben nach der Wahrheit in der Natur des Menschen aufzufinden. Es manifestiert sich in allen Bereichen, in denen der Mensch beabsichtigt Wissen und Erkenntnisse zu gewinnen. Die Selbsterkenntnis bildet für Miṣbāḥ Yazdī den Ausgangspunkt dieser Wahrheitssuche.[202]

Liebe zum Genuss und Liebe zur Glückseligkeit (*ḥubb-i liḏḏat, ḥubb-i saʿāda*) sind ebenfalls in der Natur des Menschen verhaftet. Sie manifestieren sich körperlich, körperlich-seelisch und seelisch. Die menschlichen Bedürfnisse, seien sie körperlich oder seelisch,

199 Ebd. S. 35–38.
200 Ebd. S. 42–43.
201 Ebd. S. 46–52.
202 Ebd. S. 52–58.

gehen auf diese Liebe zurück. Eine wichtige Manifestation dieser Liebe ist die Liebe zur Schönheit, die sinnlich, seelisch und geistig zum Ausdruck gebracht werden kann. Auch sämtliche Gefühle und emotionale Reaktionen sind ein Teil dieser Liebe.

Alle erwähnten Manifestationen sind die Gründe menschlicher Aktivität und seelischer Bewegungen. Da sie alle auf das menschliche Verhalten und Handeln wirken, ist diese Liebe ein integraler Gegenstand der Ethik. Allein, dass der Mensch diese Bedürfnisse und Neigungen besitzt, ist jedoch kein Grund für ein moralisches Urteil. Dieses erfolgt erst dann, wenn die Bedürfnisse und Neigungen durch einen willentlichen Akt einen ethischen Wert erhalten, unabhängig davon, ob dieser von positivem oder negativem Wert ist.[203]

Diese drei Arten der in der Natur des Menschen verankerten Liebe werfen die Frage auf, wo die Liebe zu Gott beheimatet ist. Miṣbāḥ Yazdī gibt hierfür eine Erklärung: Die Liebe Gottes sei in allen Menschen verankert, entfalte sich aber je nach Wissen, Erkenntnis und Entwicklung in unterschiedlichen Stufen. So gibt es etwa unbewusste Liebe, einfache Liebe und vollkommene Liebe.[204]

Dies bedeutet, dass die Gottesliebe im Menschen existiert, deren Bewusstsein, Entfaltung und Vervollkommnung jedoch einer Entwicklung bedarf. Diese Liebe kann schwach oder stark sein, bewusst oder unbewusst.

Für Miṣbāḥ Yazdīs ethisches Konzept bildet die Selbstliebe (*ḥubb-i ḏāt*) den Ausgangspunkt aller menschlichen Aktivitäten und Würde. Er meint, die Essenz des Menschen liege in seiner Seele und die Seele sei der Geist des Menschen. Somit bildet sie auch die Basis für das Leben des Menschen und seine guten und bösen Taten. Selbstliebe (*ḥubb-i ḏāt*) der Seele in ihrer natürlichen Veranlagung ist die eigentümliche Selbstkonstituierung der Seele selbst, die einem Sich-selbst-Bewusstsein gleichkommt. Der ethische Aspekt der Selbstliebe der Seele unterscheidet sich von der ontischen Selbstliebe, denn diese ist ein willentlicher Akt, der den Hang der Seele zu guten oder bösen Taten darstellt.

Die Seele (*nafs*) verfügt quasi über zwei Tendenzen, die sich zwischen Vervollkommnung (*kamāl*) und Absturz (*suqūt*) bewegen. Im ethischen Sinne bedeutet dies, dass die Seele entweder ihrem Intellekt nach zur Vervollkommnung oder ihrem Trieb nach dem

203 Ebd. S. 58–70.
204 Ebd. S. 70.

Dunklen zugeneigt ist. Miṣbāḥ Yazdī zufolge nennt man den Aspekt, der zur Vervollkommnung neigt, den Intellekt (*ʿaql*), in philosophischer Sprache ausgedrückt auch Vernunftseele. Den zum Abgrund neigenden Aspekt stellt die Triebseele (*nafs*) dar.[205]

Die Vernunft (*ʿaql*) steht im Gegensatz zur Seele (*nafs*) und ist ebenfalls ethisch besetzt. Miṣbāḥ Yazdī macht folglich einen Unterschied zwischen der Selbstliebe (*ḥubb-i ḏāt*) in ihrer Funktion als Disposition und der Liebe zur Triebseele (*ḥubb-i nafsī*) in ihrem willentlichen ethischen Akt. Die Selbstliebe ist die Quelle für das Ego und für die Vervollkommnung. Der Mensch befindet sich also zwischen dem ethischen und existentiellen Aufstieg und Abstieg.

Die islamische Ethik basiert seiner Meinung nach auf dieser Neigung, die einerseits eine ethische Selbstreflexion, anderseits eine ethische Reflexion anderen gegenüber darstellt. Für ihn bilden die rituellen religiösen Verordnungen daher ebenfalls einen Teil der islamischen Ethik.[206] Die Seele verfügt sozusagen über eine natürliche Selbsthinwendung (*tawağğuh-i nafsī*), welche die Quelle einer natürlichen Selbstwahrnehmung bzw. eines Selbstbewusstseins darstellt. Die Urquelle dieses Urbewusstseins ist Miṣbāḥ Yazdī zufolge Gott. Je höher und stärker dieses natürliche Wissen ist, desto stärker ist sein angeeignetes Wissen. So konstituiert sich de facto die Quelle des ethischen Verständnisses und der Vervollkommnung.[207]

Miṣbāḥ Yazdī geht davon aus, dass aus der Selbstbeobachtung eine Bewegung hin zur Selbstverwirklichung hervorgeht. Dies geschieht dadurch, dass eine unmittelbare Selbsterkenntnis und schließlich Gotteserkenntnis auf diese Weise ermöglicht wird. Diese unmittelbare Erkenntnis ist auch die Quelle der angeeigneten Gotteserkenntnis. Dadurch wird der Mensch aufmerksam auf die Bedeutung der Erkenntnis der Welt, ihre Erscheinungen und die eigenen Belange. Darin liegt also für Miṣbāḥ Yazdī der Grund der Wahrheitssuche.

Aus der Perspektive der Ethik ist der Mensch bestrebt, sich sicheres Wissen anzueignen und Realitäten und Begebenheiten zu entdecken.[208] Folglich gibt es für Miṣbāḥ Yazdī keine Grenze für die Wahrheitssuche oder für Genusswünsche. Zwar ist dies eine natürliche Veranlagung des Menschen. Die unbegrenzte Suche und

205 Ebd. S. 79–80.
206 Ebd. S. 82.
207 Ebd. S. 103.
208 Ebd. S. 109.

der unbegrenzte Wunsch nach Erfahrungen und Wissen können jedoch auch schädlich sein und Hindernisse für die Selbstvervollkommnung darstellen. Daher sind solche Aspekte in der islamischen Scharia begrenzt.[209]

Miṣbāḥ Yazdī setzt sich ausführlich mit der natürlichen Liebe zur Macht auseinander. Ihm zufolge sind sie und alle anderen natürlichen Anlagen kein Gegenstand der Ethik, allerdings auch nicht verboten, da sie zur menschlichen Disposition gehören. Sie seien daher nicht ethisch zu verstehen, denn sie geschehen nicht bewusst und willentlich. Nur Handlungen, die sich willentlich ergeben und schädlich oder nützlich sind, sind Gegenstand der Ethik. Der Mensch soll hier die Grenzen der Macht erkennen und diese für positive Zwecke einsetzen. Miṣbāḥ Yazdī nennt viele Gründe, warum Macht missbraucht wird und sich negative Aspekte der Macht manifestieren. Eine wichtige positive Dimension der Macht sei im Islam die Macht der Erkenntnis. Macht bedeutet in diesem Sinne eine Kraftquelle der Lebensenergie. Dies zeigt, dass alles, was der Mensch besitze und habe, von Gott komme. Auch diese Erkenntnis von der Wahrheit ist eine Form von Macht.[210]

Miṣbāḥ Yazdī weist auf viele koranische Erzählungen bezüglich Macht und ihrer negativen Folgen hin. Seine Ethik der Macht geht von der Annahme aus, dass der Mensch die Quelle dieser Bedürfnisse und die dazugehörigen Veranlagungen erkennen kann. Er müsse sich jedoch auch der Grenze seines Machtbereichs bewusst werden. So dürfe er seine Macht nur unter göttlicher Aufsicht anwenden.

In der Liebe zum ewigen Sein sieht Miṣbāḥ Yazdī ebenfalls eine natürliche Veranlagung. Sie ist die Quelle der Erkenntnis zwischen der diesseitigen und jenseitigen Welt. Die Abhängigkeit von der diesseitigen Welt steht dem jenseitigen Dasein entgegen. Nicht das Bedürfnis nach ewigem Sein ist verboten, sondern die Abhängigkeit vom Glauben an die Ewigkeit der diesseitigen Welt. Der Mensch ist in seinem ethischen Verhalten dazu verpflichtet, sich von der Abhängigkeit der diesseitigen Welt zu lösen, da sie ihn an jenseitsorientierter Glückseligkeit hindert.[211]

Im Schlussteil seiner Abhandlung geht er auf die Liebe zum Genuss ein. Das, was für alle anderen natürlichen Veranlagungen gilt,

---

209 Ebd. S. 118–121.

210 Ebd. S. 125–140.

211 Ebd. S. 153–184.

trifft gleichermaßen hier zu. Miṣbāḥ Yazdī unterscheidet ebenso zwischen diesseitigem und jenseitigem Genuss. Seine Ethik des Genusses zielt darauf ab, dass der Mensch sich gegen die Genüsse wehrt, die ihn am ewigen Jenseitsgenuss hindern. Daher dürfen die weltlichen Genüsse die Grenze der Gebote und Verbote, welche die Offenbarung vorgibt, nicht überschreiten. Trotz ihrer ethischen Dimension kommt nur dort zum Ausdruck, welche negativen Folgen für Körper und Geist mit den weltlichen Genüssen verbunden sind. Essen, Trinken und sonstige Genüsse sind an sich nicht verboten. Lediglich bei Übertreibung oder Überschreitung der göttlichen Verordnungen erfolgt ein ethisch-normatives Urteil.[212]

Miṣbāḥ Yazdī geht in einigen Beispielen auf weltliche Genüsse ein. Er zeigt anhand mehrerer Koranstellen und Überlieferungen auf, dass die ethische Lehre des Islam sich zwar nicht gegen die natürlichen Veranlagungen des Menschen richtet, jedoch vor Übertreibungen sowie Überschreitungen der religiösen Grenzen warnt. Er beschreibt die Vorteile und Vorzüge von Essen, Trinken und den Erwerb von Luxusgütern, die Erfolgs- und Statussymbole repräsentieren. Ebenfalls thematisiert er sexuelle Bedürfnisse, die Liebe zu sowohl Besitztum, Reichtum oder Geld als auch zur Familie, Kindern, kosmetischer Präsentation und die Liebe zu Schönheit und sonstigen materiellen Neigungen. Dabei schildert er zugleich ihre Nachteile. Die koranische Ethik wendet sich daher nicht prinzipiell gegen diese Bedürfnisse, sofern sie mäßig und bedacht praktiziert werden. Bei verantwortungsvollem Umgang stellen sie kein Hindernis für die seelische und spirituelle Entwicklung des Menschen dar.

Auch emotionale Reaktionen wie Angst, Zorn oder das Bedürfnis nach Sicherheit gehören zu ethischen Werten, sofern sie natürliche Grenzen nicht überschreiten und zu einem willentlichen Akt werden. Dabei besteht jedoch die Gefahr, dass der Mensch die Kontrolle über sich selbst verliert und sich seine Emotionen auf die Handlungen anderen gegenüber auswirken.[213]

Zu dem willentlichen Akt gehört auch die Bildung der Gemeinschaft. Dabei geht es um eine Ethik der Würde und Rechte des Menschen. Ethik ist entweder ein individuelles Gut, das auf eigene Veredelung und Vervollkommnung ausgerichtet ist, oder sie zielt auf

212 Ebd. S. 230–232.
213 Ebd. S. 213–352.

die Würde des Menschen innerhalb einer Gesellschaft ab, um die Angelegenheiten des Menschen zu verwalten.

Die Angelegenheiten der Menschen unterteilt Miṣbāḥ Yazdī in sechs Bereiche:

- Die Bewahrung des Selbst und das Recht auf das Leben.
- Die Bewahrung seiner Ehre und seiner Angehörigen.
- Die Bewahrung seines Besitzes.
- Die Sicherung seiner natürlichen Rechte und die Beseitigung von Konflikten.
- Die Verantwortung als Mitglied einer Gemeinschaft und das Achten der Rechte seiner selbst und der anderen.
- Die Ausbreitung und der Erwerb kultureller und wissenschaftlicher Errungenschaften.[214]

Für die Bildung einer Gemeinschaft sind ihm zufolge allerdings mehrere Motive verantwortlich, die nicht alle auf ethische Ursachen zurückgehen. Dazu gehört das Bedürfnis, sich zu vermehren und gegenseitig zu befriedigen. Zusätzlich gibt es emotionale Aspekte, die für das Überleben und die Fortsetzung des Lebens relevant sind. Zudem finden vernunftorientierte Überlegungen über die Notwendigkeit der Gemeinschaftsbildung statt.

Die beiden ersten Motive sind für Miṣbāḥ Yazdī eher natürliche Bedürfnisse. Das dritte ist überwiegend willentlich und gehört somit in den Bereich der Ethik. Denn auch hier ist die Intention (*niyyat*) entscheidend. Die Übereinstimmung zwischen Absicht und Handlung bildet das Kriterium für die ethische Beurteilung der guten und verwerflichen Taten, die willentlich durchgeführt werden.[215]

Die Gemeinschaftsethik gründet sich auf zwei wichtige Wertesäulen: Gerechtigkeit (*ʿadl*) und Wohlwollen (*iḥsān*). Miṣbāḥ Yazdī gibt jedoch den spirituellen und geistigen Angelegenheiten den Vorrang. Innerhalb einer Gemeinschaft werden bestimmten Aspekten Prioritäten eingeräumt, die über individuelle Wünsche hinausgehen. Er vertritt die Auffassung, dass die in der Scharia verankerten Verordnungen genau dies bezwecken. Das Gemeinwohl, die Gerechtigkeit und die allgemeinen religiösen Aspekte stehen sowohl über den individuellen Wünschen als auch über den materiellen Wünschen einer Gemeinschaft.

---

214 Vgl. Miṣbāḥ Yazdī [3]1377/1998, Bd. III, S. 195–196.
215 Vgl. Ebd. S. 29, 35–36.

Generell nehmen ethische Aspekte immer Bezug auf eine Handlung, die willentlich ist oder der persönlichen Entwicklung und Veredelung des Charakters dient. In diesem Sinne ist die Ethik umfassender als normative bzw. juristische Verordnungen. Für Miṣbāḥ Yazdī gelten die ethischen Aspekte deshalb als eine Art Garant für die rechtlichen Aspekte (*ḥuqūq*). So kann etwas juristisch erlaubt, jedoch ungerecht sein, so dass es von der Ethik verurteilt wird. Somit ist die Intention der Tat für das ethische Urteil integral. Heiraten ist beispielsweise gut. Ethisch gesehen ist es allerdings gleichgültig, ob man heiratet oder ledig bleibt. Wenn aber das Heiraten einen Beitrag zur eigenen ethisch-persönlichen Entwicklung leistet, handelt es sich um einen ethischen Faktor. Etwa, wenn das Heiraten den Gläubigen von der Sünde fernhält.[216]

Ebenso sind die rechtlichen Verordnungen, die damit einhergehen, ethisch, wenn die zugehörige Absicht der Handlungen ersichtlich ist. So ist Brautgeld (*mahr*) eine rechtliche Sache, die zwischen Menschen vereinbart wird, weil es um finanzielle Aspekte geht. Aber die Rücksichtnahme darauf, was von einem Bräutigam verlangt werden darf, ist mit der ethischen Absicht verbunden.

Miṣbāḥ Yazdī versucht zwar, die juristischen Angelegenheiten von den ethischen zu trennen. Allerdings achtet er nicht darauf, dass die gesellschaftlichen Handlungen und Absichten bzw. zwischenmenschlichen Beziehungen kaum voneinander zu trennen sind. Ethik dient nicht nur der persönlichen Entwicklung, um in der eigenen Würde tugendhaft zu leben. Vielmehr geht es dabei um Handlungen, die für andere Folgen haben könnten. Eine gute Absicht ist möglicherweise ethisch, kann aber durch eine negative Wirkung in der Praxis als amoralisch erachtet werden. Ebenso kann es sein, dass die Folgen einer Handlung ethisch positiv sind, die Handlung seitens der Scharia jedoch nicht erlaubt ist. Ferner kann etwas aus Sicht der Scharia erlaubt oder gar verpflichtend sein, aus ethischer Perspektive hingegen als verwerflich gelten.

Polygamie ist etwa aus islamischer Sicht erlaubt, kann/sollte ethisch jedoch verurteilt werden. Denn wenn sich zwei Menschen auf bestimmte Regeln verständigt haben, können diese nur aus der persönlichen Vereinbarung heraus ethisch be- oder verurteilt werden. Dies geschieht unabhängig davon, ob diese Regeln zu einer bestimmten Zeit akzeptiert oder verpönt werden.

---

216 Ebd. S. 60–63.

Ein weiteres Problem seines ethischen Konzepts findet sich in dem Verständnis internationaler Beziehungen. Ökonomische oder wissenschaftliche Beziehungen werden einerseits zwar begrüßt und sollen auf Grundlage der Gerechtigkeit und des Wohlwollens stattfinden. Andererseits ist jedoch eine Einmischung in kulturelle und religiöse Belange untersagt.[217]

Generell kann Miṣbāḥ Yazdī zufolge niemand ethische Fragen einzig auf Basis der Vernunft und unabhängig von der Offenbarung treffen. Vernunft kann zwar zu ethischen Erkenntnissen führen, diese sind jedoch begrenzt. Die Offenbarung dient daher als Garant für das Erkennen der Rechte, Pflichten und ethischen Werte.[218] Das Ziel der ethischen Werte und Handlungen ist also die Vollkommenheit.[219]

Somit gehört die Bewahrung der Würde des Menschen und seiner Rechte bzw. seines Besitzes zur ethischen Gesinnung im Islam. Darüber hinaus sollten menschliche Beziehungen ebenfalls auf Grundlage gegenseitiger Verantwortung aufgebaut werden. Dies ist eine ethische Verantwortung, die man auch gegenüber anderen Völkern erfüllen muss. Diese Verantwortung beinhaltet zum Teil die Einmischung in die Angelegenheit anderer Völker, wenn ihre Handlungen und Haltungen gegen die Prinzipien der Schöpfung gerichtet sind. Miṣbāḥ Yazdī meint daher, dass man zwar die Freiheit anderer Völker respektieren soll, aber nur solange diese nicht gegen die Prinzipien der Schöpfung handeln:

> »Es ist selbstverständlich, dass diese Art der Einmischung nicht gleichzusetzen mit der Verneinung des Wahlrechtes und dem Raub der Freiheit der anderen ist, sondern die Vorbereitung einer Grundlage für die richtige Anwendung der Freiheit und für die Auswahl eines richtigen Weges für das Leben.«[220]

Bis hier kann gesagt werden, dass zwei Positionen innerhalb der islamischen Ethik der neuen Zeit vorherrschen:

Die eine Strömung vertritt die Ansicht, dass die Menschenrechtsfrage und Ethik der Würde des Menschen an der jeweiligen kulturellen oder religiösen Auffassung gemessen werden sollten. Ursächlich dafür sind Unterschiede im kulturellen Verständnis des

---

217 Ebd. S. 116.
218 Ebd. S. 148, 170.
219 Ebd. S. 175.
220 Ebd. S. 419.

Universalitätsanspruchs. Dabei handelt es sich um eine kulturrelativistische Position.

Die andere Strömung sieht gemeinsame Werte zwischen den Kulturen als Beleg für die Universalität der Menschenrechte und einer gemeinsamen Ethik. Diese gemeinsame Ethik ist umfassender ist als die eigenen religiösen Werte.

Philosophische Ethik

Eine theologische Ethik ist zwar an die göttliche Offenbarung gebunden, strebt jedoch anders als eine religiöse Ethik danach, ihre Lehre mit rationalen Begründungen zu untermauern. In den bereits dargestellten modernen Ethikdebatten erkennt man die stark rationalen Ansätze, die den Zweck verfolgen, die Ethik für unsere Zeit zu thematisieren. Sie nehmen Bezug auf eine Tradition und geistige Weltanschauung, die bereits lange zurückliegt.

So hatte Philosophie stets den Anspruch, sowohl die Wahrheit zu erkunden als auch die Richtigkeit des Urteilsvermögens zu erfassen. Deshalb stellt sie einen Angelpunkt für die Fragestellung der praktischen Tätigkeit der Vernunft und ihrer Reflexion über das menschliche Denken und Verhalten dar. Sie ist zwar ebenso an islamischen Glaubenssätzen orientiert, überprüft diese jedoch vor der Vernunft und lässt – anders als die theologische Ethik die Eingebung – die rationalen Beweise sprechen. Die islamische Philosophie ist folglich ihrem Wesen nach eine rationale Reflexion über die Erkenntnisse und zugleich eine »geistige Übung«, welche die praktische Erfahrung des Erlernten mit dem intuitiven Erlebten verbindet.[221]

An dieser Stelle wird am Beispiel der Denkansätze von Ibn Miskawaih der Fokus auf eine Ethiklehre aus der philosophischen Tradition des Islam gelegt. Dabei werden die zentralen Anhaltspunkte ethischer Reflexionen aufgegriffen, die im Geiste der antiken Philosophie behandelt werden. Anschließend werden einige Aspekte des ethischen Denkens hervorgehoben, welche die ethische Vielfalt der Ansichten im Islam zum Ausdruck bringen.

Einer der bekanntesten Philosophen und Historiker ist Aḥmad Ibn Muaḥmmad Ibn Yaʿqūb Miskawaih Ḫāzin, Abū ʿAlī, bekannt als Ibn Miskawaih (320/932–421/1030). Da er aus der iranischen

221 Siehe Hajatpour, Reza: Was ist das Wesen der Philosophie im Islam? Eine ideengeschichtliche Spurensuche, in: Ahmad Milad Karimi (Hg. 2018) falsafa. Jahrbuch für islamische Religionsphilosophie / Yearbook for Islamic Philosophy of Religion. Freiburg: Karl Alber Verlag, S. 156–183.

Stadt Ray (in der Nähe der heutigen Hauptstadt Teheran) stammte, wurde er gelegentlich auch Abū ʿAlī Miskawayh Rāzī genannt. Jedoch erlangte er unter dem Namen Ibn Miskawaih größere Bekanntheit. Er pflegte gute Kontakte zu den politischen Machthabern der Buyiden (Āl-i Būya), indem er während ihrer Herrschaft als Bibliothekar tätig war. Aufgrund seiner meisterhaften Begabung wurde ihm deshalb der Beiname Ḫāzin verliehen. Später wurde er zum Schatzmeister ernannt und diente eine Zeit lang ʿAḍad ad-Daula Dailamī (gest. 983) als Botschafter.

Ibn Miskawaih war ein gebildeter Universalgelehrter, der Mathematik, Medizin, Geschichte, die Sprachen seiner Zeit, Literatur, Theologie, Astrologie, Ethik und Philosophie studierte. Er fungierte scheinbar auch als Übersetzer griechischer Philosophie. Ursprünglich beabsichtigte er Alchemist zu werden. Zu seinen Vorbildern zählt u.a. der Mediziner und Philosoph Abū Bakr Muḥammad ibn Zakarīyā ar-Rāzī (gest. 925).

Ibn Miskawaih war wie auch sein Vater vermutlich Zoroastrier, bis beide zum Islam konvertierten und sich der schiitischen Religion zugehörig fühlten. Er war Zeitgenosse von Abū Sulaymān as-Siğstānī (gest. 985), der den Beinamen al-Manṭiqī (der Logiker) erhielt. Ibn Miskawaih pflegte Kontakte zu ihm und zu Abū al-Ḥasan al-ʿĀmirī (gest. 992) und war zeitweilig auch Mitglied des Bagdader Philosophenkreises.[222] Bekannt ist vor allem Ibn Miskawaihs Geschichtswerk »Erfahrungen der Völker« (*Tağārub al-umam*). Mit seinem Ethikwerk »Auspfeilen der Charaktereigenschaft und die Reinigung der Sitte« (*Tahḏīb al-aḫlāq wa taṭhīr al-aʿrāq*) wurde er zu einem Vordenker für die späteren philosophischen Ethikschriften, wie etwa die von Naṣīr ad-Dīn aṭ-Ṭūsī oder Ğalāl ad-Dīn Muḥammad bin Asʿad ad-Dawānī (auch Dawwānī, gest. 1502).

In seinem »Buch der ewigen Weisheiten« (*Kitāb al-Ḥikama al-Ḫālida*) fasst Ibn Miskawaih seine Kenntnisse über die antike Lebensethik und die ethischen Weisheiten des alten Persiens, Indiens und Griechenlands zusammen. Des Weiteren machte er – neben den Überlieferungen der griechischen Philosophen – vor allem auf

222 Vgl. Endress, Antike Ethik-Traditionen für die islamische Gesellschaft: Abū ʿAlī Miskawaih, S. 212–213: Wakelnig, Elvira: Die Philosophie in der Tradition al-Kindīs. Al-ʿĀmirī, al-Isfizārī, Miskawaih, as-Siğistānī, at-Tawḥidī, S. 233–252, in: Heidrun Eichner/Matthias Perkams/Christina Schäfer (Hg. 2013): Islamische Philosophie im Mittelalter. Ein Handbuch. Darmstadt: WBG-Verlag, S. 236–238.

ethische und politische Themen aufmerksam.[223] Ferner schrieb er auch einige Überlieferungen über schiitische Heilige nieder.[224]

Ibn Miskawaih hat mit seinem Werk »*Tahḏīb al-aḫlāq wa taṭhīr al-aʿrāq*« eine erste systematische Einführung in die philosophische Ethik des Islam geleistet. Diese diente späteren Ethikern als Vorlage. Die Ansätze für seine ethischen Ansichten sind vor allem von der antiken griechischen Philosophie Platons, Aristoteles` und Galens geprägt. Ebenso sind Einflüsse der islamischen Philosophie al-Kindīs erkennbar.[225] Mit Ibn Miskawaih, wie Endress hervorhebt, »erhält die Ethik als Diziplin in der aristoletischen Gliederung der praktischen Philosophie ihre unmittelbare Zuordnung zur Metaphysik und Theologie platonischer Prägung in der Tradition al-Kindīs«.[226]

Ibn Miskawaih beabsichtigt mit seinem Werk *Tahḏīb al-aḫlāq*, den Weg zur Aneignung des noblen Charakters aufzuzeigen: Diesen Weg kann man durch eine sog. Kunstfertigkeit (*ṣanāʿa*) bewältigen, die mit Hilfe eines Lern- und Erziehungsprozesses ermöglicht wird. Denn die Ethik gehöre zu den höchsten Kunstfertigkeiten:

> »Aber diese Kunst ist die vorzüglichste aller Künste. Ich meine die Kunst der Ethik, die zur Veredelung (Verbesserung, Verfeinerung) der Handlungen des Menschen intendiert ist, sofern er Mensch ist.«[227]

Dafür möchte Ibn Miskawaih Prinzipien und Grundmotive liefern, mit deren Hilfe die Absichten tugendhaft werden können. Dies führt dazu, dass schließlich sämtliche Taten der Menschen schöner werden (*al-afʿāl kulluhā ǧamīla*).[228] Dabei geht es um die Erlangung der edlen Eigenschaften (*al-ḫuluq aš-šarīfa*), die man sich ohne Mühe und Anstrengung aneignet. Hierfür benötigt man Erziehung bzw. Belehrung über das rechte Verhalten (*taʾdīb*) und Predigten (*mawāʿiẓ*).[229]

Aus diesem Grund sieht Ibn Miskawaih die Notwendigkeit, die menschliche Seele zu erforschen und deren Beschaffenheit, Fähigkei-

---

223 Vgl. Gutas, Populäre Ethik, S. 467.

224 Siehe dazu Fakhry ^{2}1994, S. 107–108.

225 Siehe dazu Rudolph, Ulrich (2004): Islamische Philosphie. Von den Anfängen bis zur Gegenwart. München: C. H. Beck, S. 38; Nuʿama, ʿAbdullāh (^{2}1989): Falasafa-i Šʿia. Übertragen aus dem Arabischen ins Persische von Ǧʿafar Qaḏbān. Zāsamān-i Intišārāt wa amūziš-i inqilāb-i islāmī. Teheran, S. 170–186.

226 Endress, Antike Ethik-Traditionen für die islamische Gesellschaft: Abū ʿAlī Miskawaih, S. 232.

227 Ibn Miskawaih, Tahḏīb al-aḫlāq, S. 9, 46.

228 Ebd. S. 9.

229 Ebd. S. 9, 41.

ten, Ziel und Vervollkommnung zu erkennen. So widmet er sich im ersten Teil seines Buches ausführlich der menschlichen Seele, die er in Anlehnung an die philosophischen Traditionen darstellt. Er hebt die besondere Stellung der Seele hervor und grenzt sie aufgrund ihrer Gestaltungsfähigkeit, Vollständigkeit und Substanzialität vom Körper ab. Ihre Erkenntnisse und Urteile stammen eher aus der in ihr selbst verankerten Vernunft (*ʿaql*) und stehen über den Sinnen, auch wenn die Seele über diese mit Wissen und Erfahrungen versorgt wird.[230]

Diese Fähigkeit ist auch ursächlich für den Unterschied zwischen den durch die Sinne und den durch die Vernunft erworbenen Erkenntnissen. Dies gilt ebenso für Handlungen. Dabei sind diese Handlungen als Tugenden (*faḍāʾil*) zu werten und tragen Werte in sich, die sich von den Tieren abheben. Handlungen wie Trinken, Schlafen und Begatten, die ebenso von Tieren durchgeführt werden, sind Ibn Miskawaih zufolge körperliche Aktivitäten und keine speziell der Seele eigenen Tugenden (*faḍāʾil*).[231]

Es besteht für Ibn Miskawaih kein Zweifel daran, dass der Körper nicht vernachlässigt werden sollte. Ihm zufolge besteht der Mensch aus Körper und geistigem Vermögen. So muss sich der Mensch beidem widmen. Zwar hat die Welt des Sensitiven einen niedrigen Status, jedoch kann der Mensch erst dann die höhere Welt erreichen, wenn er sich über die Stufe der sensitiven Welt gestellt hat. Auf dieses Fundament baut er auch seine Vorstellung von der Glückseligkeit auf.[232]

Die Seele des Menschens verfügt über drei Kräfte, die das Wesen des Menschen ausmachen: die vernünftige Kraft (*quwwa an-nafs an-nāṭiqa*), die muthafte Kraft (*qaḍabiyya,* auch löwenhafte *sabuʿiyya*) und die triebhafte Kraft (*šahawiyya,* auch tierhafte *bahīmiyya*).[233] Das Tugendhafte im Menschen kommt erst dann zum Vorschein, wenn die vernünftige Kraft die Oberhand über beiden anderen Kräfte gewinnt. In diesem Sinne steht der Tugend das Laster (*raḏīla*) gegenüber. Dazu gehören also die bereits genannten sinnlichen Begierden bzw. animalischen Triebkräfte, nämlich tierische Kräfte (*bahīmiyya, sabuʿiyya*), Lust (*šahawiyya*) und affektives Vermögen wie Zorn (*qaḍabiyya*). Um

---

230 Ebd. S. 15–17.

231 Ebd. S. 18.

232 Ebd. S. 95.

233 Vgl. Endress, Antike Ethik-Traditionen für die islamische Gesellschaft: Abū ʿAlī Miskawaih, S. 221.

die Tugenden erwerben zu können, muss die menschliche Seele von den Lastern gereinigt werden.

Dementsprechend verfügt der Mensch über drei zentrale Formen der Kräfte:

- Die Kraft des Denkens, die im Hirn sitzt.
- Das Vermögen der Begierde, das sich nach Lust und Verlangen orientiert und dessen Sitz sich in der Leber befindet.
- Das Vermögen des Zorns, auch als wild bezeichnet, das den Sitz im Herzen hat und auf Macht bzw. Gewalt ausgerichtet und cholerisch veranlagt ist.

Diese drei Kräfte können sich gegenseitig ausschalten, ergänzen oder gegenseitig beeinflussen. Wenn sie sich jedoch im Ausgleich befinden, erscheinen die Tugenden. Mit der Tugend der Gerechtigkeit öffnet sich der Weg der Mitte zwischen den drei Vermögen. Dementsprechend besitzt der Mensch vier zentrale Tugenden, die als Kardinaltugenden bezeichnet werden: Weisheit (*ḥikma*), Keuschheit (*ʿiffa*), Mut (*šaǧāʿa*) und Gerechtigkeit (*ʿadāla*).[234]

Angelehnt an die antike Philosophie schildert Ibn Miskawaih die vier Kardinaltugenden und beschreibt ausführlich Aktivitäten, Funktionen und ihre Besonderheiten auf die drei zentralen Vermögen. Dabei stellt die Weisheit (*ḥikma*) die Tugend für die Denkfähigkeit der Seele dar, die Keuschheit (*ʿiffa*) für die Triebkraft der Seele und der Mut (*šaǧāʿa*) für das Vermögen des Zorns und der Gewalt. Zu guter Letzt ist die Gerechtigkeit (*ʿadāla*) die Tugend der Seele, unter der sie sich in Harmonie und im Ausgleich befindet. Somit vollendet die Gerechtigkeit die Tugenden.[235]

Ibn Miskawaih beschreibt ferner diejenigen Aspekte der Denkfähigkeit, die zur Weisheit gezählt werden: Intelligenz (*aḏ-ḏakāʾ*), die Fähigkeit, sich die Dinge schnell zu merken (*aḏ-ḏūkr*), vorzüglicher Geist (*ǧauda aḏ-ḏihn*) bzw. das schnelle Auffassungsvermögen (*surʿat al-fahm*) sowie die Leichtigkeit des Lernens (*sahūla at-taʿallum*). Er stellt die Tugenden der Mitte beispielhaft dar, auch wenn nicht alle plausibel zu erklären sind. So steht die Intelligenz (*aḏ-ḏakāʾ*) zwischen Bosheit (*al-ḫubaṯ*) und Dummheit (*al-balāda*) oder die Merkfähigkeit zwischen Vergessen (*nisyān*) und Gabe (*ʿināya*). Die

234 Ibn Miskawaih, Tahḏīb al-aḫlāq, S. 24.
235 Ebd. S. 26–27.

Weisheit befindet sich zwischen Torheit (*as-saffa*) und Narrheit bzw. Beschränktheit (*al-balah*).[236]

Ibn Miskawaih meint, Ethik sei gleichzusetzen mit Tugend und dem Guten an sich. Das Gegenteil davon wären Bosheiten (*šurūr*) und Laster (*raḏāʾil*).[237] Keuschheit (*ʿiffa*) bildet die Mitte zwischen Lustgier (*aš-šara*) und Lustlosigkeit (*ḫumūd aš-šahwa*), wohingegen Mut (*šağāʿa*) sich zwischen Feigheit (*ğubn*) und Übermut (*tahawwur*) befindet.[238] Schließlich steht Gerechtigkeit (*ʿadāla*) zwischen Unterdrückung (*aẓ-ẓulm*) und Unterwürfigkeit (*al-inẓalām*). Bei der Ethik der Mitte handelt es sich um eine humanistische oder realistische Ethik. Sie darf weder zu Über- noch zu Untertreibung führen, weder zur Selbstzerstörung noch zur Gleichgültigkeit.

Nach Ibn Miskawaih ist der Mensch in der Lage, gut und böse zu sein, da er vernünftig und unvernünftig handeln kann. Der Mensch ist zwar ein Geschöpf Gottes, aber dennoch in der Lage, seine Substanz zu verbessern (*tağwīd ğauharihi*).[239] Die Vervollkommnung des Menschen hängt jedoch von der Vervollkommnung zweier geistiger Kräfte ab: dem Wissensvermögen und dem praktischen Vermögen (*al-ʿālima wa al-ʿāmila*). Mit ersterem eignet sich der Mensch Erkenntnisse aus den Wissenschaften an. Mit dem zweiten organisiert er die praktischen Belange. Hierzu gehört auch die Ethik.[240]

Es kommt daher darauf an, wie er die Tugenden verinnerlicht und die Seele dazu erzieht, Glückseligkeit und Vollkommenheit zu erlangen. Tugendhaftigkeit ist das Resultat der Vernunft. Mohammed Turki betrachtet Ibn Miskawaihs Ethik in Anlehnung an Mohammed Arkoun als humanistische Ethik, da es bei seiner Ethiklehre um eine Ethik des Zusammenlebens geht.[241]

Der Mensch ist Ibn Miskawaih zufolge ein Sozialwesen. Somit kann er seine Glückseligkeit in einer sozialen Gemeinschaft realisieren.[242] Er geht vom aristotelischen Verständnis des Glücks aus, das besagt, dass der Mensch in seiner Gemeinschaftlichkeit das Glück zu erfahren sucht. Wie hier Endress zu Recht betont, wird bezugneh-

---

236 Ebd. S. 35.

237 Ebd. S. 37.

238 Ebd. S. 36–37.

239 Ebd. S. 49.

240 Ebd. S. 49–50.

241 Vgl. Turki, Mohammed (2015): Einführung in die arabisch-islamische Philosophie. Freiburg: Karl Alber Verlag, S. 71.

242 Ibn Miskawaih, Tahḏīb al-aḫlāq, S. 38.

mend auf Aristoteles eine Ethik vertreten, deren »Tugendideal sich im Handeln unter den Menschen manifestiert«[243]. Darüber hinaus stellt der Mensch zwar die Krone unter den Existierenden dar, dennoch entspringen nicht alle seine Handlungen seiner Substanz als Mensch. Durch die Verbesserung seines Handelns (*taǧwīd*) werden seine Taten vollständig und vollkommen, wie es seiner Substanz würdig ist.[244]

Der Mensch soll gemäß seiner Vernunft handeln, damit er dadurch die Bezeichnung »Mensch« verdient. Dies bedeutet, dass er das animalische Vermögen und die Zornkraft immer mit der Herrschaft der Vernunft kontrollieren muss. So wird ein Gleichgewicht seiner Kräfte erreicht, was ihm hilft, die Anlage für den Empfang der geistigen Formen zu erhalten. So wird der Mensch ein vollständiges Vernunftwesen (*al-ʿāqil at-tāmm*) und eine Besonderheit in der Welt (*al-mumayyiz al-ʿālam*).[245]

Dementsprechend legt Ibn Miskawaih eine Reihe von Verhaltensregeln fest, die zur Stärkung und Schwächung der Vernunft führen würden, wenn man nicht auf das Gleichgewicht achtet.[246] Er weist darauf hin, dass es eine Pflicht sei, andere zu erziehen bzw. zu belehren (*taʾdīb ġairihi*), wenn man bereits den edlen Charakter besitzt.[247] Anschließend beschäftigt er sich mit Verhaltensformen, welche bei der Erziehung von Kindern zu beachten sind.[248]

Im dritten Kapitel seines Buches beschreibt er schließlich die Glückseligkeit, das Gute sowie deren Unterschiede. Hierbei thematisiert Ibn Miskawaih in Anlehnung an Aristoteles die unterschiedlichen Arten der Glückseligkeit und des Guten und auch seine eigene Auffassung von Glückseligkeit.[249] Darüber hinaus zeigt er die Wege auf, die zur Glückseligkeit führen. Sie stellt wie erwähnt das ultimative Ziel der Seele und der Ethik dar. Danach setzt er sich mit den Tugenden auseinander und beleuchtet die Unterschiede innerhalb der Tugenden. Diese können wahr, manchmal jedoch auch nur scheinbar wahr sein.[250]

---

243 Endress, Antike Ethik-Traditionen für die islamische Gesellschaft: Abū ʿAlī Miskawaih, S. 35.
244 Ibn Miskawaih, Tahḏīb al-aḫlāq, S. 47.
245 Ebd. S. 57.
246 Ebd. S. 60.
247 Ebd. S. 65.
248 Ebd. S. 66–70.
249 Ebd. S. 87–97.
250 Ebd. S. 98–114.

Im fünften Kapitel werden Liebe und Freundschaft sowie die Vollendung der Glückseligkeit diskutiert. Liebe ist für Ibn Miskawaih der zentrale Aspekt des Zusammenhaltes einer Gemeinschaft, da die Menschen als soziale Wesen aufeinander angewiesen sind. Der Mensch neigt von Natur aus dazu, auf verschiedene Arten zu lieben. Adressat dieser Liebe können Dinge, Kinder, Eltern oder andere Menschen sein. All diese Liebe geht auf die im Menschen verankerte Selbstliebe zurück.[251]

Diese Liebe bildet die Grundessenz sowohl für die materiellen als auch geistigen Grundbedürfnisse des Menschen. Für diese Liebe führt er drei Gründe an: den Genuss (*al-liḏḏa*), das Gute (*al-ḫair*) und die Vorteile (*al-manāfiʿ*), die entweder einzeln oder gemeinsam wirken.[252] Liebe ist ebenso die Grundessenz für die Bindung zwischen den Menschen und den solidarischen Umgang miteinander. Unter den Menschen entstehen jedoch Konflikte hinsichtlich der Bedürfnisbefriedigung. Dem kann man mit der Kraft der Liebe entgegenwirken.

Ibn Miskawaih zählt auch Aufrichtigkeit (*sadāqa*) und Verliebtheit (*ʿišq*) als weitere Ausdrucksformen der Liebe und Zuwendung auf.[253] Dazu gehört auch die göttliche Liebe (*al-maḥabba al-ilāhiyya*), die durch starken Genuss verursacht wird, bis sie schließlich zur reinen und vollständigen Liebe wird (*išqan tāmman ḫāliṣan*).[254] Diese Liebe hat laut Ibn Miskawaih die Eigenschaft, keinen Mangel zu akzeptieren, denn diese Liebe existiert nur unter den Guten (*al-aḫyār*).[255]

Ibn Miskawaih nennt weitere Arten der Liebe und ihre Ursachen.[256] Er meint, dass die Liebe aus dem Guten/Rechtschaffenen (*al-aḫyār*) entspringt und weder auf Nutzen noch auf Genuss ausgerichtet ist, denn sie ist ein Aspekt ihrer Substanz. Generell gelten Genuss und das Gute als Ursache für die Liebe. Er führt aus, dass die Scharia die Liebe zwischen den Menschen fördert, um die gesellschaftliche Bindung zu stärken. Dafür wurden in der Scharia Gemeinschaftsgebete und andere Rituale wie die Pilgerfahrt vorgesehen, um so natürliche Zuwendung und das gemeinsame Wohl zu fördern.[257]

---

251 Ebd. S. 149–153.
252 Ebd. S. 149–150.
253 Ebd. S. 151.
254 Ebd. S. 152.
255 Ebd.
256 Ebd. S. 155–158.
257 Ebd. S. 153–154.

Wenn Liebe zwischen den Menschen herrscht, findet zwangsläufig Gerechtigkeit statt, welche die Grundlage für jede Gesellschaft bildet. Denn das Gute ist nicht nur die Ursache für die Liebe, sondern auch für die Gerechtigkeit. Somit ist alles, was gut ist, zugleich gerecht.[258] Die islamische Scharia fordert die Menschen auf, gerecht zu sein, denn Gerechtigkeit impliziert auch Gleichheit.[259] Diese Gerechtigkeit ist die Kraft, die im Menschen für den Ausgleich in der Seele sorgt. Sie geschieht unter der Herrschaft der Vernunft (*al-ʿaql*), die der Mensch als Stellvertreter Gottes innehat. Dadurch entsteht das Gute in der Gesellschaft und führt in der Gemeinschaft zur Veredelung der Eigenschaften. Wer in sich den Ausgleich schafft, der wird auch zum Nächsten gerecht. Daraus resultiert, dass die Nächstenliebe durch die konkrete Realisierung der Gerechtigkeit entsteht. Dieser Tugend ist auch der Verwalter der Stadt verpflichtet, da diese zu Freundschaft zwischen den Menschen führt.[260]

Der Verwalter muss also in vollkommenem Besitz dieser Eigenschaft sein. Wenn er sie vollendet hat, kann er das Gute innerhalb der Gemeinschaft sowie für jeden einzelnen Bürger der Stadt vollenden.[261] Ibn Miskawaih führt einige Verhaltenskodexe auf, zu deren Einhaltung ein König gegenüber seinen Untertanen verpflichtet ist.[262] Liebe und Freundschaft tragen in sich ethische Dimensionen und haben laut Ibn Miskawaih sogar mehr Wirkungskraft als Gerechtigkeit.

Abschließend erläutert er die Möglichkeiten, verschiedene Krankheiten der Seele zu heilen und erläutert, durch welche Eigenschaften sie beschädigt wird. Im Zuge dessen empfiehlt er eine geeignete Medizin. In dieser Frage argumentiert Ibn Miskawaih wie ein Mediziner und zieht Parallelen zu körperlichen Krankheiten, die entstehen, wenn dem Körper die nötige Balance fehlt. Ebenso verhält es sich seiner Ansicht nach mit der Seele, wenn diese durch den Mangel und das Fehlen von Ausgleich krank wird. Ibn Miskawaih nennt als Eigenschaften, die der Seele schaden, Angst, Übermut, Zorn, Verlangen, Depression (*ḥuzn*), Neid, Todesangst und ähnliche negative Gefühlszustände.[263]

---

258 Ebd. S. 139.
259 Ebd. S. 142.
260 Ebd. S. 144–145.
261 Ebd. S. 145.
262 Ebd. S. 159–160.

Der Mensch muss sich im Interesse Gottes und um den erhofften Erfolg zu erzielen um die Heilung seiner Seele von Krankheiten bemühen. Denn Erfolg (*at-taufīq*) steht dem Eifer (*al-iǧtihād*) nah und das eine ist unvollständig ohne das andere. Der ethische Erfolg hängt also vom Fleiß ab, der durch Erziehung und Kultivierung der Seele erfolgt: die Erziehung des Selbst und der anderen.

263 Ebd. S. 185–228.

Pädagogische Ethik

Den zentralen Gegenstand einer pädagogischen Ethik bildet zwar die Erziehung.[264] Jedoch kann Erziehung nicht losgelöst von Moral oder Ethik betrachtet werden. Auch hierbei nimmt die religiöse Erziehung eine normative Position ein. In der pädagogischen Ethik wird die Vorstellung gehegt, einen Menschen zu einem ethischen bzw. moralischen Wesen zu erziehen. Sie kann säkular sein und/oder unter einer bestimmten weltanschaulichen Vorstellung bestimmte Werte, Prinzipien oder einen moralischen Kodex vermitteln.

Die klassische Diskussion, bei der dem Menschen als einem freien Wesen gegenüber dem Tier ein nicht prädeterminierter Wille zugeordnet wird, liefert nur teilweise ein Argument für die Erziehbarkeit des Menschen. So wird aus dem freien Willen nicht nur die Möglichkeit, sondern auch die Notwendigkeit des Selbstentwurfes des menschlichen Wesens abgeleitet. Somit hat der Mensch nicht die Wahl, sondern ist gemäß seiner Natur ein pädagogisches Wesen.

Bereits im antiken Orient wurde gemäß der zoroastrischen Lehre der Mensch als ein Wesen angesehen, das für seine eigene Vervollkommnung zum Guten durch Tugend verantwortlich ist.[265] Der Mensch soll mit Hilfe guter Erziehung in die Lage versetzt werden, sich von Trieben zu befreien. Durch gutes Denken, Reden und gute Taten wird man erst zu einem Wesen, das die dunkle Seite seiner Natur besiegt. Diese Forderungen beinhaltet die Morallehre Zarathustras. Es geht nämlich um die Erlangung der höchsten Klugheit, Reinheit und Enthaltsamkeit, was einen metaphysischen Sieg zur Folge hat: Nämlich den Sieg des Lichtes über die Finsternis.

Es gibt kaum einen nennenswerten Denker, der den Menschen nicht für erziehbar hält. Erziehung kann alles (*L`éducation peut tout*), so bringt es Helvétius (1715–1771) unmissverständlich zum

---

264 Vgl. Oelkers, Jürgen (1992): Pädagogische Ethik. Eine Einführung in Probleme, Paradoxien und Perspektiven. München: Juventa Verlag, S. 11.

265 Siehe Nyberg, Henrik S.: Die Religionen des alten Iran. Übers. v. H. Schaeder (1938). Leipzig: J.C. Hinrichs Verlag.

Ausdruck. Die Erziehung macht den Menschen sozusagen zu dem, was er ist. Auch die Unterschiede, seien diese physischer, psychischer, moralischer oder intellektueller Natur, führt Helvétius auf die Erziehung zurück.[266] Für Erasmus von Rotterdam ist der Mensch ein *animal educabile*. Er zweifelt nicht einmal daran, dass selbst ein Tier durch sorgsame Pflege gezähmt werden könne. Den Erziehern rät er davon ab, »mißtrauisch oder ungehalten zu werden, wenn der Zögling etwas wild oder unbändig ist«.[267]

Die Erziehung soll dazu beitragen, Frieden, Ordnung, Freiheit und Wohlfahrt des Volkes zu sichern. Darin sieht Erasmus von Rotterdam das wahre Christentum. Denn als Mensch ist man frei und zugleich ein Christenmensch. Die Erziehung der Fürsten solle eine Staatserziehung mit sich bringen und diese sei eine Menschenerziehung.[268] Bei der Menschenerziehung können wir jedoch die Idee des freien Willens nicht ignorieren. Wir können nicht etwas erziehen, was nicht erziehbar ist. Die freie Gestaltung ist somit im Konzept der Erziehung als unerlässliche Bedingung anzusehen. Dort, wo die sittliche, politische und ästhetische Erziehung zusammenfallen (Schiller), ist es erforderlich, dass der Mensch in seiner Erziehung und überhaupt in seiner Gestaltbarkeit unter der Wirkung seines freien Willens und seiner Vernunft steht. Es geht dabei um eine Pädagogik, die auf die Gesamtwirklichkeit des Menschen ausgelegt ist. Daher nennt Schiller eine solche ästhetische Gestaltbarkeit die zweite Schöpferin.

> »Denn ob sie (die Schöpferin) uns gleich die Menschheit bloß möglich macht und es im Übrigen unserem freien Willen anheimstellt, inwieweit wir sie wirklich machen wollen, so hat sie dieses ja mit unserer ursprünglichen Schöpferin, der Natur, gemein, die uns gleichfalls nichts weiter als das Vermögen zur Menschheit erteilte, den Gebrauch desselben aber auf unsere eigene Willensbestimmung ankommen läßt.«[269]

---

266 Über die Ansichten von Helvétius siehe Hager, Fritz-Peter: Staat und Erziehung bei Rousseau, Helvétius und Condorcet – ein Vergleich, in: Hager, Fritz-Peter u. Dieter Jedan (Hrsg.) (1993): Staat und Erziehung in der Aufklärungsphilosophie und Aufklärungszeit. Bochum: Verlag Dr. Winkler, S. 67–95.

267 Erasmus v. Rotterdam: Fürstenerziehung. Hrsg. v. Kurt Kluxen (1968). Eingel. u. übers. v Anton J. Gail. Paderborn: Ferdinand Schöningh, S. 53.

268 Siehe ebd., Einführung, S. 9–31.

269 Schiller, Friedrich: Über die ästhetische Erziehung des Menschen. Hrsg. v. Oskar Walzel (1995). Stuttgart: Reclam, S. 87.

Es gibt aber auch Vorstellungen von Erziehung,[270] die auf den ersten Blick das Selbstverständliche in Frage stellen. In seinem pädagogischen Werk »Emile« beschreibt Jean-Jacques Rousseau eine Erziehungsvorstellung, die sich gegen traditionelle, gesellschaftliche und institutionelle Eingriffe stellt. Seiner Meinung nach kann man eine optimale Erziehung nur dann erreichen, wenn man es vermeidet, bei der Erziehung von Institutionen und der Gesellschaft geführt zu werden.

Erziehung ist eine natürliche Entwicklung und als Selbstzweck bereits naturgegeben. Rousseau geht davon aus, dass der Mensch nicht nur als ein gutes Wesen, sondern auch als Naturwesen vollständig und rein ist: »Alles ist gut, wie es aus den Händen des Schöpfers der Dinge hervorgeht; alles entartet unter den Händen des Menschen.«[271] Um dieses Gutsein des Menschen zu bewahren, soll dafür gesorgt werden, den Menschen in seiner kindlichen und natürlichen Unschuld vor der Gesellschaft zu schützen. Denn

> »je mehr [...] der Mensch seinem natürlichen Zustande treu geblieben ist, um so geringer ist der Unterschied zwischen seinem Vermögen und seinen Begierden, umso weniger weit ist er vom Glück entfernt.«[272]

Die Gesellschaft bzw. Institutionen erreichen also das Gegenteil von dem, was der Zweck der menschlichen Natur sei. Diese Annahme geht von einem bestimmten Verständnis der Zivilisation aus. Natur ist für ihn rein und unschuldig.

Rousseaus Annahme des Gutseins der menschlichen Natur ist nicht ethisch neutral. Der Mensch wird in seinem Erziehungsmodell als ein sittliches Wesen dargestellt, das nur in einer unmittelbaren Wirkung seiner Natur entfaltet werden kann. Nur unter der Voraussetzung der natürlichen Erziehung kann das Sittliche im Menschen möglich und erkennbar werden.

Auch Kant unternimmt wie Rousseau den Versuch das moralisch Gute unabhängig von der Gesellschaft zu begründen. Das Gute steht über der Gesellschaft und der Natur. Um ein guter bzw. sittlicher Mensch zu sein, muss man aktiv agieren und sich den Gesetzen

---

270 Lessing, G. E.: Die Erziehung des Menschengeschlechts und andere Schriften. Hrsg. v. Julius Petersen u. Waldemar von Olshausen (1995). Stuttgart: Reclam, S. 7.

271 Rousseau, J.-J.: Emile oder über die Erziehung. Übers. v. Josef Esterhaus (^{2}1962). Paderborn: Ferdinand Schöningh, S. 11.

272 Ebd. S. 64.

der eigenen Vernunft verpflichten, was nur unter der Bedingung der Freiheit möglich ist. Denn die Natur ist passiv.

Anders als bei Rousseau ist bei Kant die Natur jedoch weder gut noch schlecht. Was aber in der Welt für gut gehalten werden kann, ist der Wille, denn nur dieser ist auch wirklich gut. Man soll sozusagen den guten Willen, der seinen eigenen Gesetzen gehorcht, im Menschen erwecken, nicht aber den Wunsch nach Vorteilen, die man im Dies- und Jenseits erwarten kann.

Was aber ein guter Wille ist, kann nicht im Willen selbst begründet werden. Der Königsberger Philosoph macht deutlich, dass nur ein vernünftiges Wesen das Vermögen hat, nach der Vorstellung der Gesetze, d.h. nach Prinzipien, zu handeln, oder einen Willen zu haben. Und dieser Wille ist für ihn die praktische Vernunft, die autonom das Gute als etwas praktisch Notwendiges erkennt.[273]

Der Mensch folgt also dem sittlichen Gesetz, das die Maxime seines Willens und Handelns bestimmt. Unter der Wirkung der Freiheit sind vor allem Souveränität und Verantwortlichkeit Prinzipien, mit deren Hilfe der Mensch mit seiner Vernunft korrespondiert. Somit kann man sagen, dass der Mensch nur durch Erziehung zum Menschen wird. Damit der Mensch als Zweck an sich und nicht als Mittel angesehen wird,[274] soll die Erziehung eher eine lenkende Funktion einnehmen, anstatt dem Willen durch Zwangsmaßnahmen die Autonomie zu rauben.[275]

Der Mensch soll quasi sein eigener Gesetzgeber sein, so wie er auch sein eigener Pädagoge ist. Dies macht seine Erziehungsvorstellung nicht überflüssig, sondern gerade erst wirkungsvoll. In seinen Schriften zur Anthropologie hat Kant ausdrücklich formuliert, dass der Mensch durch die Erziehung zum Menschen werden kann.[276] Somit wird einer der drei kategorischen Imperative Kants zum Gegenstand der Erziehung. Denn Erziehung ist für ihn ein Vorgang, den Menschen als Zweck an sich zu sehen, auch wenn die Gesellschaft dazu aufgefordert ist, entsprechende erzieherische Möglichkeiten

273 Kant, Immanuel: Grundlegung zur Metaphysik der Sitten. Hrsg. v. Martina Thom (1978). Leipzig Verlag Philipp Reclam jun., S. 226–227.

274 Kant, Grundlegung zur Metaphysik, S. 244–245.

275 Kant, Immanuel: Kritik der praktischen Vernunft. Hrsg. v. Martina Thom (1978). Leipzig: Verlag Philipp Reclam jun., S. 34, 43–45.

276 Kant, Immanuel: Schriften zur Anthropologie, Geschichtsphilosophie, Politik und Pädagogik 2. Bd. XII. Hrsg. v. Wilhelm Weischedel ([7]1988). Frankfurt/M.: Suhrkamp, S. 699.

zu gewähren. Diese Selbstzweckmäßigkeit eröffnet eine Pädagogik der Selbstvervollkommnung, die jeder momentanen Zweckerfüllung seiner selbst oder von anderen die Grundlage entzieht.

Man soll den Menschen mehr oder weniger dazu zwingen, vernünftig zu sein, wie Rousseau über die Freiheit des Menschen sagt. Rousseaus Pädagogik beabsichtigt die Dualität zwischen der guten Natur und dem Diktat der Gesellschaft dadurch zu lösen, dass die Erziehung die Bedingungen schaffen soll, die den Menschen zu seiner wahren Natur führen. Aber welche Instanz kann dies bewirken? Wer ist in der Lage, das Gute im Menschen unbeeinflusst von der Gesellschaft und von den Institutionen herauszuarbeiten? Ist es die Stimme der Vernunft? Der gute Souverän eines idealen Staates? Der Fürst oder der Philosoph? Die natürliche Religion ohne geistliche Institution?

Im Gegensatz zu Rousseau legt Kant das Vertrauen in die menschliche Vernunft. Das Erziehungsziel lautet, sich eben dieser zu bedienen. Der Mensch macht sich zum Gegenstand eines pädagogischen Prozesses, der dem eigenen Willen unterworfen ist. Menschwerdung heißt hier, frei werden, und das ist gut.

Kant beschreibt Leidenschaft, Neigung und die menschlichen Affekte als Krankheit des Gemüts. Sie sind kein Übel, sondern eher wie der Schmerz eines Stachels.[277] Durch die Vernunft bzw. vernünftige Willenstätigkeit kann sich der Mensch von der Herrschaft der Affekte (Affektionen), von der Sklaverei der Leidenschaft befreien und zu einer pädagogischen Größe entwickeln, die den Menschen in seinem Bestimmungsgrund als rationales Wesen definiert. Kants pädagogische Philosophie hat ein hohes Ideal vor Augen, nach dem der Mensch streben soll.

Erziehung ist also einerseits die Veredelung des Menschen zu einem besseren Wesen, als er in der Natur oder Gesellschaft wäre. Dies kann durch Gebote der Natur oder der Vernunft bewirkt werden oder durch das Gebot höherer Instanzen. Andererseits ist die Erziehung eine sozialisatorische Anpassung zum sittlichen Umgang miteinander. Man kann hier festhalten, dass Sittlichkeit und Moralität des Menschen nicht voneinander zu trennen sind.

---

277 »Die Natur, so Kant, hat den Schmerz zum Stachel der Tätigkeit in ihn gelegt, dem er nicht entgehen kann: um immer zum Besseren fortzuschreiten [...].« Ebd. S. 556–557.

1 Erziehung als ein Vorgang der Menschwerdung

Im Folgenden sollen die Grundzüge einer möglichen islamischen pädagogischen Ethik skizziert und deren geistiger Rahmen herausgearbeitet werden. Hinsichtlich der herkömmlichen Ansichten sind drei Standpunkte zu unterschieden: der philosophisch-neuplatonische, der philosophisch-mystische und der theologische. Diese Aufteilung betrifft die äußere Form des religiösen Denkens in der islamischen Ideengeschichte.

Bei der Betrachtung der Schriften der islamischen Denker stoßen wir darauf, dass die Erziehung auf die Erkenntnis und die Wahrheit des Menschen gerichtet ist. Gott ist das Ziel aller religiösen Erfahrungen und geistigen Errungenschaften im Islam. Jede der geistigen Strömungen erhebt den Anspruch, die wahren Erkenntnisse und das wahre Wissen durch eigene Methoden und Wege zu vermitteln.

Der Mensch ist durch seine dualen Wesensmerkmale, Natur und Geist, an Gott gebunden. Daran, dass der Mensch im islamischen Sinne erzogen werden soll, besteht kein Zweifel, auch wenn am Rande orthodoxe Gedanken existieren, die die Allmacht Gottes für die Handlungen des Menschen verantwortlich machen, bzw. wie die Ideen der Anhänger von *Ǧabriyya*, die auf der Vorstellung von der Prädestination beharren.

Erkenntnis heißt im religiösen Sinne Wahrheit, denn Wahrheit ist das höchste Gut, und dies ist das einzige Ziel, wonach der Mensch streben soll. Die Wahrheit wird darüber hinaus auch zur Methode. Um die Wahrheit zu erreichen, soll man die Mittel heranziehen, die selbst Anspruch auf Wahrheit erheben. Abgesehen davon sind die Offenbarung, die prophetischen Überlieferungen und prophetische Lebensführung Mittel, mit denen das Ziel der Wahrheitsfindung bestimmt wird.

Der Mensch ist von einem Dualitätsprinzip von Leib und Seele bestimmt und als sinnlich-vernünftiges Wesen dem Prozess des Erkenntniserwerbs unterworfen. Die Seele ist entstanden, sei es, dass sie existentiell von Anfang an der Schöpferwelt angehörte oder dass ihre Realisierung erst später erfolgte. Sie ist, wie es vor allem die Theorie der substantiellen Bewegung Mullā Ṣadrās zeigt, dem materiellen Prozess unterworfen. Denn sonst wäre sie vorher erschaffen worden und wäre somit existenziell prädestiniert. Sie ist von der körperlichen Welt abhängig und von dieser sittlich und erkenntnismäßig beeinflussbar. Der menschliche Geist stellt nach Ansicht vieler

Gelehrter ein leeres Blatt dar und kann sich erst durch den Erwerb von Wissen entwickeln.

Wenn wir davon ausgehen, dass der Mensch in Zusammenhang mit dieser ontologisch-anthropologischen Annahme gut ist, ergibt sich die Frage, ob es für »das Gute« eine Steigerung gibt und das Gute erziehbar ist. Nur dort, wo das Schlechte oder die Möglichkeit für eine Steigerung und Vervollkommnung vorausgesetzt wird, wäre Erziehung sinnvoll. Was das Gute ist und wie sich sein Ursprung legitimieren lässt, wurde bereits erläutert. Wenn man davon ausgeht, dass der Mensch nicht gut ist, muss man fragen: Woher leitet der Mensch das Gute für sich ab?

Wie erkennt der schlechte Mensch das Gute oder wie erlebt das mangelhafte Wesen die Vollkommenheit? Leitet er es von der Natur ab, würde er sich logischerweise in einem Naturparadox befinden. Oder emanzipiert er sich als Gesellschaftswesen ganz und gar von der Natur? Dadurch kann eine Übereinstimmung von Natur und Gesellschaft kaum erzielt werden. Man muss sich schließlich Gedanken machen, wo die Ursprünge des Gutseins in der Gesellschaft liegen und ob die Erziehungsmaßnahmen eine rein institutionelle Erfindung sind, deren Zweck die Integration des Menschen in die vorherrschende gemeinschaftliche Befindlichkeit ist. Oder stellt die Erziehung des Guten das Ideal dar, in dem sich das Natürliche, Geistige und Gesellschaftliche kreuzen? Die Frage ist: Wie erlebt der Mensch das Gute und wie erkennt er es als Bedingung der möglichen pädagogischen Erfahrung?

Im Islam ist die Erziehung ein wichtiger Bestandteil der pädagogischen Ethik. Sie wird jedoch als eine Maßnahme der Veredelung des Menschen zu einem besseren Wesen verstanden. Der Begriff der pädagogischen Ethik kann im Islam für unterschiedliche Konzepte verwendet werden. Sie kann den menschlichen Intellekt, der ein transzendentales Gut ist, durch geistige Übung zur höheren Weisheit emporsteigen lassen. Dabei kann sie den Charakter veredeln und die Seele ausfeilen. All diese pädagogischen Aktivitäten führen je nach weltanschaulicher Vorstellung zu einem Ziel. Dieses Ziel ist Gott und die Vollendung Seines Werkes, nämlich die Menschwerdung durch religiöse, asketische oder rationale Lehren.

Islamische Denker wie etwa Ibn Miskawaih gehen davon aus, dass die Menschwerdung durch die Erziehung geschieht und der Mensch sich durch die Vernunft, welche die transzendentale

Kraft der Seele darstellt, von der materiellen Unvollkommenheit befreien könne.

Es gibt im Islam auch Vorstellungen, die vergleichbar mit Rousseau, auf eine natürliche Erziehung Wert legen. Sie lehnen zwar die institutionelle bzw. religiöse Erziehung nicht ab, glauben jedoch, dass die wahre Natur des Menschen diejenige Quelle darstellt, die in ihrer Beschaffenheit gut und vollkommen ist. Sie sei frei von Einflüssen und Eindrücken und offen für die transzendentale und kosmische Offenbarung. So kann der ideale Mensch einzig durch seine Natur, nicht durch gesellschaftliche Eingriffe, entstehen.

Es geht dabei also nicht darum, den Eingriff religiöser Institutionen bzw. die mystische oder philosophische Erziehung des Menschen als überflüssig zu betrachten. Stattdessen ist nach einem Erziehungsmodell zu fragen, das die Dualität von Natur und institutionellen pädagogischen Vermittlungen überwinden kann.

In der folgenden Ausführung wird auf einige Aspekte einer pädagogischen Ethik im Islam näher eingegangen: Was bedeutet Erziehung im Islam? Welche Werte soll Erziehung vermitteln? Gibt es eine Pädagogik des Menschen als Selbstentwurf? Ist der Mensch als Naturwesen ein pädagogisches Wesen und somit selbst der Akteur seiner Lebens- und Glaubensgestaltung? Weiterführend stellt sich die Frage, ob der Eingriff religiöser Institutionen in die erzieherische Gestaltung nur begrenzt erfolgen soll. Wo hört der institutionelle Eingriff auf und wo beginnt der Selbstentwurf? Und in welchem Grad und in welcher Weise ist die Erziehung für die Idee des Menschseins verantwortlich?

Demnach wird nicht primär nach einem Praxisfeld der Erziehung gefragt, sondern nach dem Erziehungsgrund im Menschen, der das Praxisfeld und das Ziel der Erziehung bestimmt. Der Erziehungsgrund beinhaltet die Idee von sich selbst als ein noch nicht ausgeschöpftes Wesen. Es geht also um eine Reflexion des Selbst, für die der Begriff Selbstrealisierung angebracht erscheint.

Diese Pädagogik des Menschen verlangt ein Wissen über sich selbst. Die Selbsterkenntnis ist die Weisheit über das Selbst, der zufolge der Mensch seine Art der Selbstüberwindung und Selbststeigerung vollzieht. Der Mensch arbeitet an der Realisierung seines Wesens, welches das noch nicht vollendete Selbst darstellt. Denn der Mensch ist, wie wir ebenso in Nietzsches Formulierungen finden können, »noch unausgeschöpft für die grössten Möglichkeiten [...].«[278]

Das Menschliche im Menschen können wir in diesem Sinne ein Produkt der Arbeit an sich selbst nennen. Es ist die größte Möglichkeit, die der Mensch noch ausschöpfen soll.

Macht der Mensch sich damit selbst aufgrund seines Tuns zum Menschen? Er führt eine praktische Aufgabe an sich selbst aus. Dies bedeutet, dass der Mensch nicht physisch, sondern vor allem geistig und seelisch im Entstehen ist (im Werden begriffen ist), und somit mit gewissen Maßnahmen, seien diese religiös, sittlich oder rational, seine Ziele erreichen kann.

In der islamischen Denkweise spricht man von Disposition des Menschen (*fiṭra*) bzw. der Seele (*nafs*). Sie entsteht erst mit dem Menschen als besonderes Kennzeichen seiner Menschlichkeit. Dabei handelt es sich um die wahre Natur des Menschen, was mit dem modernen Naturbegriff nicht verglichen werden kann. Sie ist im Menschen potentiell vorhanden, ihre Realisation bedarf jedoch einer Arbeit an sich selbst. Dieser seelsorgerische Akt unterscheidet sich insofern von der traditionellen Seelsorge, als dass hier die Arbeitstechniken nicht von einer institutionellen Theologie und von einem religiösen Katechismus vorgegeben werden. Sie ist vielmehr eine Selbstreflexion einer besonderen Art des Lebens, die für den Menschen aus einer Selbstidealisierung seines Wesens erfolgt. Man kann sie als eine Art Selbsterfahrung und Selbstentdeckung bezeichnen. Trotzdem handelt es sich dabei um eine Seelsorge, die von einer *asketischen Selbstaktualisierung* geleitet ist. Der Selbstaktualisierung geht jedoch eine Selbsterkennung voraus.

2 Der Begriff »Erziehung« im Islam

Der islamische Terminus für Erziehung ist *tarbiyya*. Im Koran finden wir diesen Begriff, bis auf einige abgeleitete Formen, die keine pädagogische Rolle spielen, nicht vor.[279] Dennoch stellen einige islamische Gelehrte einen Zusammenhang her zwischen dem Begriff *tarbiyya* und dem koranischen Terminus *rabbun*, der im Koran für Gottes Allmacht steht. *Rabbun* steht für die göttliche Zuständigkeit für

278 Siehe Nietzsche, Friedrich: Jenseits von Gut und Böse, in: Kritische Studienausgabe, hrsg. von Giorgio Colli und Mazzino Montinari, Bd. 5, Neuausgabe München 1999, § 203, S. 127.

279 Im Koran steht dieser Begriff sogar für eine Pflegefunktion der Eltern gegenüber ihrem kleinen hilflosen Kind. K 17/24.

die Angelegenheiten der Lebewesen, wie dies aus einer Definition ar-Rāġib al-Iṣfahānis hervorgeht.[280]

Es gibt einige Begriffe, die von *rabbun* abgeleitet werden und eine vormundschaftliche Aufgabe bzw. eine Betreuungsfunktion signalisieren. Dies sind *rabība* (Pflegemütter, auch Erzeugerinnen), *rabba* (Stiefmutter) oder *arbāb* für die Bezeichnung mancher Herrscher und *rabb al-ʿāʾila* für Familienvater. Man erkennt also in den beiden Begriffen *rabbun* und *tarbiyya* eine ähnliche inhaltliche Funktion.

Metaphorisch gesehen ist Gott der erste Erzieher. Für Mullā Ṣadrā hat Gott sogar eine erzieherische Funktion als Fürsorger inne. Der Grund liegt darin, dass Gott der einzige wahre Lenker und Bewahrer der Existenz ist und mit seiner Macht jedes Ding allmählich zu seiner Vollkommenheit führt.[281] Gott übernimmt bereits mit seiner Offenbarung die Funktion einer Rechtleitung.

Heute kommt *tarbiyya* häufig zusammen mit dem Begriff Belehrung (*tʿalīm*, auch Ausbildung bzw. Unterricht) als Bezeichnung für das moderne Erziehungswesen vor.[282]

Ein wichtiger Terminus, der ebenso mit Erziehung in Zusammenhang gebracht wird, ist Verhaltensregel (*adab*[283], im Persischen auch Höflichkeit). Die Begriffe *adab* bzw. die Pluralform *ādāb* oder der Infinitiv *taʾdīb* werden in fast jeder pädagogischer Literatur hinsichtlich einer ethischen Pädagogik verwendet.[284]

Anders als *tarbiyya* nimmt der Begriff *tʿalīm* im Koran eine Art pädagogische Funktion ein. In den pädagogischen Werken steht er für die Erkenntnis- bzw. Wissensvermittlung, wobei Gott als erster Lehrer dargestellt wird. Denn im Koran wird darauf hingewiesen,

---

280 *Rabbun* wird abgeleitet von dem Verbstamm *rababa* (Herr sein, Gebieter sein, besitzen, beherrschen usw.) und *tarbiyya* von *rabawa* (sich mehren, wachsen, züchten usw.). Ar-Rāġib, Muʿǧam, S. 189. Weitere Ausführungen zur Definition der *tarbiyya* siehe Ḥiǧāb, Muḥammad Farīd (1997): At-tarbiyya al-islāmiyya bain al-ʿaqīda wa al-aḫlāq. Kairo, S. 175.

281 Vgl. aš-Šīrāzī, Ṣadr ad-Dīn: Tafsīr al-Qurʾān al-karīm. Bd. I-VIII. Hrsg. u. kommentiert v. Muḥammad Ǧaʿfar Šams ad-Dīn (1998–1999). Dār at-Taʿāruf Beirut, Bd. I, S. 101.

282 Es gibt auch weitere Begriffe im persischen Sprachraum, die wie *tarbiyya* für das Erziehungswesen stehen, wie Bildung und Erziehung (*amūziš wa parwariš*) und Trainer bzw. Erzieher (*murabbī*).

283 Unter *adab* versteht man auch Literaturkunst und im persischen Raum steht *adabiyyāt* für das Fach Literatur.

284 Siehe Aḏarnūš, Aḏartāš: Adab, S. 296–217, in: Dāʾirat al-maʿārif buzurg-i islāmī. Hrsg. v. Kaẓim Mūsawī Buǧnūrdī (²1998). Bd. VII. Teheran, S. 297.

dass Gott Adam die »Namen« (*al-asmāʿ*) gelehrt hat. Somit ist der erste Lehrer Adams Gott selbst. Selbst die Engel besitzen nicht das Wissen, das dem Menschen gelehrt wurde. Adam wird daher der erste Stellvertreter Gottes auf Erden. Zahlreiche Verse im Koran deuten auf diese göttliche Belehrungsfunktion hin, die in der Offenbarung bzw. der prophetischen Sendung Ausdruck gefunden hat.[285] Diese Funktion der Belehrung ist letztlich für die Menschen auf der Erde als Verkündigung einer frohen Botschaft und Ermahnung zu verstehen.[286]

Demzufolge nehmen die Religion und ihre prophetische Sendung keine institutionelle und systemische, sondern eine spirituelle und geistige Funktion im Sinne der Anleitung (*iršād*), Ermahnung (*taḏakkur*) und Rechtleitung (*hidāyya*) ein. Offenbarung und prophetische Botschaften manifestieren eine Art Gewissen, das an die Seele, das geistige Erwachen und die mahnende Erinnerung gerichtet ist.[287] Der Mensch hat durch die göttliche Eingebung und Gnade die Disposition erhalten, sich Wissen und Einsicht anzueignen.[288] Daher kommt dem Propheten nur eine Verkünderfunktion zu, die an das Gewissen und die Vernunft appelliert:

> »So mahne! Denn Du bist (ja) nur ein Warner und bist keiner, der über sie Gewalt hat! (so dass du sie etwa zum Glauben zwingen könntest).« (K 88/21–22)

Im Koran kommt ebenfalls der Begriff *fiṭra* als Ort der göttlichen Offenbarung vor. Gott verpflichtet sich selbst der Aufgabe, der Natur des Menschen auch den richtigen Glauben einzugeben.[289] Und der Mensch seinerseits hat sich schon vom Beginn seiner Existenz an gegenüber Gott verpflichtet. In der Formulierung des Korans hat Gott die Kinder Adams um Antwort auf die Frage gebeten, ob er nicht ihr Herr sei. »Sie sagten:‚Jawohl, wir bezeugen es'.«[290] Im paradiesischen Zustand hat der Mensch allerdings den Vertrag bzw. die einzige Verpflichtung nicht eingehalten.[291] Somit wurde er auf die

285 Siehe Koran 2/31, 151, 239, 251, 282; 3/48, 164; 4/113; 6/91; 12/6, 22, 48; 16/103; 18/65; 27/15 f.; 53/5; 55/4; 62/2; 96/4 f.

286 Ebd. 34/28.

287 Ebd. 87/9; 88/21.

288 Ebd. 2/3; 91/8.

289 Ebd. 30/30.

290 Ebd. 7/172.

291 Ebd. 20/115; 36/60.

Erde verbannt. Von da an musste er sich allein auf seine Vernunft und seine Instinkte verlassen.

Als Unterstützung erweist Gott, wie es in der Theologie diskutiert wird, vor allem nach dem Prinzip der Gerechtigkeit (*ʿadl*) den Menschen Seine Gnade (*luṭf*). Offenbarung und Prophetie gelten als Gnade Gottes, mit deren Hilfe der Mensch den Weg zu Gott finden soll. Nach dem Prinzip der Verantwortung muss der Mensch zu dem stehen bzw. dafür zur Verantwortung gezogen werden, was er selbst tut. Einer modernen Auffassung nach ist das Prinzip der Gnade keine imperative, sondern eine rational-normative Kategorie, die an die menschliche Vernunft gerichtet ist. Daher sind die Menschen selbst als Subjekte ihrer Taten verantwortlich und verpflichtet, ihren Vernunftprinzipien ohne Zwang und Bevormundung zu folgen.

Ḥāʾirī, der oft im ṣadrāischen Sinne philosophiert, versucht sogar im Sinne Foucaults eine Art der »Selbstkonstituierung des Subjektes« theologisch zu begründen. Nur unter der Freiheit und Selbstverantwortung können wir den Menschen als Subjekt betrachten.

> »Kurz und gut, die Theologen haben einmal gesagt: Die religiösgesetzlichen Pflichten werden zu den Gnadenakten (zur Gnade) innerhalb der rationalen Pflichten gezählt. Die Bedeutung dieses theologisch-dogmatischen Satzes ist, daß die originären menschlichen Pflichten und Verantwortungen ganz und gar Sache der Vernunft sind und daher keinerlei Zwang von Seiten des Gesetzgebers auf die Menschen ausgeübt werden darf.«[292]

Diese Verpflichtung bzw. Verantwortung ist allerdings abhängig vom Grad des Wissens und Könnens.[293]

Mit den eben dargelegten Versen verweist der Koran auf eine pädagogische Funktion der Offenbarung und Prophetie, welcher der Mensch als freies, souveränes und verantwortliches Wesen gegenübersteht. Gott ist die einzig legitime Instanz, die über die Menschen zu entscheiden hat und vor der der Mensch zur Rechenschaft gezogen werden soll. Gott sieht den Menschen als ganzheitliche Person.

---

292 Ḥāʾirī 1995, S. 138; siehe ebenso Hajatpour 2000, S. 285–286.
293 Siehe Koran, 11/43; 17/34–36.

3 Der Mensch als Person

Ist von der Erziehung die Rede, wird unweigerlich die Freiheit des Menschen in seinem Tun und Wollen vorausgesetzt, denn dies macht seine Personalität aus.[294] Zwar deuten manche koranischen Verse daraufhin, dass Beratungen, Mahnungen und sonstige geistige Anleitungen und menschliche Glaubens- und Handlungsbestrebungen unter der Einwilligung der göttlichen Herrschaft wirksam sind. Allerdings erscheint es umso wichtiger, dass der göttliche Wille nicht aus der Notwendigkeit heraus geschieht, sondern allein aufgrund der Freiheit. Eine Vorherbestimmung erklären die meisten islamischen Theologen für inakzeptabel.[295]

Ist der Mensch Ebenbild Gottes, muss er ebenso dem Prinzip der Willens- und Handlungsfreiheit folgen. Er ist Person, zugleich ist die Art und Weise seiner Existenz das Resultat seines Denkens und Handelns. Erziehung widerspricht keineswegs der Vorstellung, dass der Mensch von Natur aus gut ist. Ziel ist zum einen, gesellschaftstauglich zu sein, vor allem aber, besser zu werden. Erziehung ist somit ein Mittel zur Kultivierung und Optimierung der vorhandenen guten Anlage des Menschen.

Die Erziehbarkeit des Menschen kann in diesem Sinne nicht in Zweifel gezogen werden. Sonst müsste man davon ausgehen, dass die menschlichen Handlungen vorherbestimmt sind. Eine solche Vorstellung würde Ibn Rušd zufolge sogar die Entsendung der Propheten, die Strafe und Belohnung im Jenseits, den Prozess des Wissenserwerbs und schließlich die Gerechtigkeit Gottes in Frage stellen. Dann wäre die Vernunft lediglich ein Instinkt und der Mensch ein willenloses Geschöpf. So würde die Idee der Erziehung, Ausbildung, Belehrung, Ermahnung und vor allem die Idee der Vollkommenheit zu einer absurden Vorstellung werden. Und darüber hinaus wären sämtliche Fürstenspiegel, pädagogische und sittliche Werke wie auch die Entstehung der Schulen und Institutionen für Wissensvermittlung sinnlos.

---

294 Siehe dazu Muġnīya, Muḥammad Ǧawād (o. J.): Falsafat al-aḫlāq fī l-islām. O.O., S. 75–76.

295 Siehe dazu at-Taftāzānī, Saʿd ad-Dīn: Šarḥ al-maqāṣid. Kommentiert, eingel. und hrsg. v. ʿAbd
ar-Raḥmān ʿUmaira (1989). Bd. 3. Kairo; al-Ḥillī, Ǧamāl ad-Dīn Ibn Muṭahhar: Kašf al-murād, šarḥ taǧrīd al-iʿtiqād. Kommentiert, hrsg. u. übers. v. Abū l-Ḥasan Šaʿrānī (1370/1990). Teheran.

Die islamische Lehre und Geschichte zeigt genau das Gegenteil auf: Das Leben in islamischen Ländern wurde durch die Entstehung zahlreicher Bildungseinrichtungen, religiös-soziale Netzwerke und politische Strukturbildungen bestimmt. Diese Tatsache hatte entscheidende Auswirkungen auf das Erziehungswesen der Muslime. Es mag sein, dass die Existenz der menschlichen Substanz vom göttlichen Willen und seiner Macht abhängig ist. Jedoch sind laut den Vertretern dieser Meinung die sittlichen Belange vom menschlichen Wollen abhängig.[296]

Der Mensch wird als Person gesehen, die in ihrem Willen autark ist. Seine Taten sind seine Werke. Mullā Ṣadrā argumentiert in seinem »Traktat über die Erschaffung der Handlungen« (*Risāla ḫalq al-aʿmāl*) nicht nur gegen das aschʿaritische Allmachtskonzept Gottes und die menschliche Freiheitseinschränkung, sondern auch gegen die Anhänger der radikalen Prädestination und die Argumente anderer islamischer Schulen, die für absolute Willensfreiheit stehen.

Gott als der Bewirkende aller Dinge und Verleiher der Existenz ist in seiner Allmacht im gesamten Geschehen des Daseins präsent. Die Welt und die Existenz der Dinge befinden sich jedoch in verschiedenen Stufen. Trotz aller Vielfalt und aller Gegensätze herrscht eine Einheit im gesamten Sein. Daher ist es Mullā Ṣadrā zufolge falsch, zu behaupten, der Mensch sei vollkommen frei, vollkommen prädestiniert oder teilweise frei und vorbestimmt zugleich. Seine Ansicht begründet er mit einer Überlieferung, die den Menschen »weder als Prädestination noch als freien Willen, sondern als eine Sache zwischen den beiden« einordnet (*lā ǧabra wa-lā-tafwīḍa bal amrun baina amrain*).[297] Diese Überlieferung deutet seiner Interpretation nach darauf hin, dass der Mensch frei ist, weil er dazu prädestiniert ist, prädestiniert dazu, frei zu sein (*bal al-murādu annahū muḫtārun min ḥaiṯu huwa maǧbūrun wa-maǧbūrun min ḥaiṯu huwa muḫtārun*).

Das bedeutet, dass der Mensch frei ist, jedoch nicht freiwillig. Er verdankt seine Freiheit einer Vorbestimmung. Folglich ist der Mensch auch als freies Wesen auf eine Art und Weise zu etwas gezwungen. Die Konsequenz der Vorstellung von Mullā Ṣadrās Einheit des Seins ist, dass es keinen freien Willen und keinen Zwang gibt. Seiner Meinung nach existieren nur unterschiedliche Erscheinungsformen

---

296 Ibn Miskawaih, Tahḏīb al-aḫlāq, S. 48–49.

297 Diese Überlieferung geht auf den sechsten Imam der Schia zurück. Siehe dazu. Ṭabāṭabāʾī, Muḥammad Ḥusain (1996): Die Schia im Islam. Ins Deutsche übertragen v. Farsin Banki. Hamburg, S. 94.

der verschiedenen Existenzerscheinungen. In diesem Sinne ist der Mensch eine Person und offen für Möglichkeiten der Selbstentwicklung. In welcher Form auch immer, der Mensch untersteht in seiner natürlichen Erscheinung einem Willen, den Gott dem Menschen verlieh.[298]

Wenn wir seine Vorstellung auf die koranische Belehrungsmethode anwenden, richtet sich die Offenbarung schon von Beginn an als eine direkte Botschaft an den Menschen als Person. Erziehung steht für Alltagsbewältigung der religiösen Erfahrung. Die Äußerungen und die Lebensführung des Propheten Muhammad dienen als Musterbeispiel und haben die Funktion einer Rechtleitung. Das Offenbarungsbuch Koran bezeichnet sich selbst häufig als Mahnbotschaft (*taḏakkur*) oder Rechtleitung (*hidāya*).[299]

Der Koran ist zwar im engen Sinne kein Erziehungsbuch, aber zusammen mit seinem Verkünder kann ihm als göttliche Botschaft eine pädagogische Beratungsfunktion zukommen. Diese ist weniger darauf gerichtet, die Menschen zu erziehen, als ihr Bewusstsein für eine Selbsterziehung zu erwecken. Der Koran weist auf die Rebellion des Menschen Gott gegenüber hin, in der er sich Gottes Befehl widersetzte. Der Koran spricht von einer moralischen Selbsterkennung, da Adam und Eva sich nach dem Essen der Früchte des verbotenen Baumes ihrer »Scham (Geschlechtlichkeit) kund« wurden, und »sie begannen, Blätter (von den Bäumen) des Paradieses über sich zusammenzuheften« (K 20/121).

Diese Widerspenstigkeit des Menschen ist nicht im Sinne des Rebellenmenschen bei Camus zu verstehen. Es handelt sich um eine trotzige Reaktion des Menschen als moralisches Wesen, das weder willenlos ist noch unbewusst agiert. Dies stellt sozusagen einen trotzigen Widerstand des Menschen dar, der die Idee der Willensfreiheit des Menschen und ihn als Person kennzeichnet. Gott nimmt diesen angeblichen Irrtum als Herausforderung für die Menschen an. Es war also kein Irrtum Gottes, sondern eine bewusste Absicht, den Menschen als Person gegenüber seinen eigenen Taten anzusprechen.

298 Vgl. aš-Šīrāzī, Ṣadr ad-Dīn Muḥammad Ibn Ibrāhīm: Ḫalq al-aʿmāl. Hrsg. u. kommentiert v. Yāsīn as-Sayyid Muḥsin (1978). Bagdad; Ders.: Risāla ḫalq al-aʿmāl, in: Mağmuʿa rasāʾil falsafī-yi Ṣadr al-Mutaʾallihīn. Hrsg. v. Ḥamīd Nāǧī (²1378/1999). Teheran, S. 269–280.

299 Siehe Koran 2/2, 185; 17/9; 27/6; 36/2; 39/27; 41/ 44 ff; 50/45; 54/17, 22, 32, 40.

In der Sprache des ismāʾilitischen Philosophen Afḍal ad-Dīn Kāšān (gest. ca. 1213/14) bedeutet diese Rebellion

> »die ›Entbindung der Seele aus dem göttlichen Reich‹. Eine solche Entbindung der Seele, als ein bewusster Akt der Seele bzw. als ein bewusster Widerstand, ist ein praktischer Akt, der eine ›Selbstkonstituierung‹ des Menschen zur Vollkommenheit impliziert«.[300]

Wir können daher die erzieherische Methode der Offenbarung als Ermahnungspädagogik bezeichnen. Oft weist der Koran den Menschen auf Selbstbesinnung, Nachdenken und vernünftige Überlegung (*yaʿqulūn bzw. yatadbbirūn* usw.) hin. Diese Beratungsfunktion ist auch in einigen Versen ersichtlich.[301]

Im Koran dienen die Geschichten der vergangenen Völker und Gemeinschaften als Metapher und Musterbeispiel für eine Lebens- und Glaubensweisheit. So ist der Koran demzufolge kein literarisches Buch. Für die Gläubigen steht die Offenbarung für die Weisheit Gottes. Sie ist sozusagen die »Allvernunft«, nämlich der Logos, der, wie auch in der christlichen Tradition, die wahre Weisheit verkörpert.[302] Somit ist der Koran auch kein Gesetzbuch, das den Menschen Verhaltensregeln aufzwingen möchte.

Erziehung ist eine Lebensweisheit und Weisheit ist ebenso, wie Gotthold Ephraim Lessing über die Erziehung schreibt, »Offenbarung, die dem einzelnen Menschen geschieht«. Es wäre daher nicht abwegig, wenn man mit Lessing bekräftigt, dass die »Offenbarung Erziehung ist, die dem Menschengeschlechte geschehen ist, und noch geschieht«.[303]

Die Erziehung soll ein neues Verständnis vom Menschen herbeiführen. Es stellt sich aber an dieser Stelle die Frage, ob durch die Religion ein Erziehungsvorgang gegeben ist. Dieser solle nach dem Prinzip agieren, womit der Mensch zum Menschen gemacht wird, wie es Kant als Inhalt des pädagogischen Zieles nennt, oder womit er als besseres Wesen ausgezeichnet wird. Religiös gesehen soll der Mensch

---

300 Zitatübersetzung nach Hajatpour 2013, S. 191.

301 Siehe Koran 7/62, 68, 79, 93.

302 Diese Allvernunft tritt, wie der französische Hellenist Hadot sagt, an die Stelle der Philosophie bzw. sie stellt sich als »wahre Philosophie« dar, die, wie Clemens v. Alexandria hervorhebt, „›lehrt, sein Leben so zu führen, daß man nach Kräften Gott ähnlich zu werden sich bemüht, und die Heilserzählung Gottes als maßgebend für die gesamte Erziehung hinzunehmen‹.« Zitiert nach Hadot, Pierre (1999): Wege zur Weisheit oder was lehrt uns die antike Philosophie? Berlin: Eichborn, S. 275.

303 Lessing, Die Erziehung des Menschengeschlechts, S. 7.

durch Erziehung gemäß der metaphysischen Ordnung sein wahres Wesen entfalten.

Gott fungiert als erster Erzieher, indem er seine Botschaften als Wegbegleiter des Menschen für seine Entfaltung offenbarte. Dies geschah jedoch ohne direkte Beeinflussung des Menschen in seinem Wollen und seinen Taten. Im Koran wird sogar die Hüterfunktion bzw. Sachwalterfunktion Gottes und des Propheten unmissverständlich abgewiesen. Denn der Mensch ist nach koranischer Vorstellung letztlich sein eigener Pädagoge, der Vollzieher seiner Taten und der Träger seiner Werte und Würde. Denn was er tut, tut er zu seinem eigenen Vorteil oder Nachteil, wie es der Koran formuliert.[304]

In diesem Sinne ist der Charakter der kategorischen Sätze des Korans wie »Du sollst« zunächst deskriptiv, also nicht normativ, zu verstehen. Gott schreibt dem Menschen nicht vor, sondern stellt ihn vor die Wahl. Ge- und Verbote sind als Angebote der Weisheit Gottes an die Menschen zu verstehen. Die Strafe, die den Menschen angeblich erwartet, ist nach koranischen Angaben das Ergebnis seiner Taten. Jedoch werden diese Strafen nicht auf der Erde vollzogen und geschehen auch nicht willkürlich. Der Mensch wird selbst Zeuge seiner Rechenschaft sein und selbst seine Schuld und Unschuld einsehen. Damit macht er Gott zum wahren Richter.

So ist der Mensch quasi der aufrichtige Vertreter seiner Selbstverantwortlichkeit. Auf diese Weise erhalten die kategorischen Sätze im Koran erst dann einen präskriptiven Charakter, wenn der Mensch sich selbst den kategorischen Sätzen als solchen verpflichtet. So werden sie dann durch ihre Vereinbarung als eigenes Gesetz angesehen, das aber nur in Anwesenheit Gottes zur Geltung kommt. Wie der iranisch-islamische Philosoph Ḥāʾirī Yazdī richtig erkannte, kann der Mensch erst dann zur Verantwortung und Rechenschaft gezogen werden, wenn er selbst nach eigener Erkenntnis und dem Urteil seiner eigenen Vernunft das Gute und das Abstoßende versteht.[305]

Nach dieser Darstellung entspricht Religion nicht dem, was häufig in religiösen Institutionen vermittelt wird. Vielmehr ist Religion die Erscheinung ihrer ursprünglichen Offenbarungsform in der Natur des Menschen. Ihre Funktion für das menschliche Leben kann

---

304 Koran 2/189; 6/104 f.;10/108; 17/13–15.

305 »Solange sie (die Bürger) ein Objekt (des Handelns) nicht genau erkennen, werden die allgemeinen religiösen Gesetze keine Geltung (*fiʿliyat,* Aktualität) und Autorität (*ḥākimiyat*) haben und den gegebenen Umständen nicht entsprechen können.« Ḥāʾirī Yazdī, 1995, S 141; siehe Zitatübersetzung nach Hajatpour 2000, S. 287.

sich daher nicht nach institutionellen Machtansprüchen richten. Sie gründet sich vielmehr auf die Reflexion der Selbstverpflichtung des Menschen. Mit Lessing können wir sogar die erzieherische Bedeutung der Religion und Offenbarung verstehen:

> »Erziehung gibt dem Menschen nichts, was er nicht auch aus sich selbst haben könnte: sie gibt ihm das, was er aus sich selbst haben könnte, nur geschwinder und leichter. Also gibt auch die Offenbarung dem Menschengeschlechte nichts, worauf die menschliche Vernunft, sich selbst überlassen, nicht auch kommen würde: sondern sie gab ihm die wichtigsten dieser Dinge, nur früher.«[306]

Somit kann jede institutionelle Form, der eine Betreuungsfunktion zukommt, nur als eine Notwendigkeit der menschlichen Selbstreflexion und Selbstbestimmung gesehen werden. Damit ist die Religion eine jenseitsorientierte Stimme, eine Art Heilsbotschaft, die den Menschen als Person sieht. Ihr erzieherisches Ziel ist nichts anderes, als dass sie den Menschen zur selbständigen Räson (*yaʿqulūn, yatadabbirūn*) aufruft, so dass er der pädagogische Entwerfer und Gestalter seiner Person wird und die Verantwortung trägt, über sich selbst zu verfügen und sich darüber hinaus bewusst zu machen, allein vor und von Gott zur Rechenschaft gezogen zu werden.

Der Religion kommt demnach die Aufgabe zu, den Menschen vor Abhängigkeit und Unterwerfung zu warnen, so wie im Koran vor satanischer Verführung und Knechtschaft gewarnt wird. Daher dürfen die Institutionen, die im Geist religiöser Botschaften tätig sind, nicht als Vollzieher der sittlichen Aufrichtigkeit oder als Aufsichtskontrolle und Vollstrecker der pädagogischen Disziplinarmaßnahmen fungieren. Stattdessen sollen sie den Menschen durch die Verkündigung der göttlichen Weisheit das nötige Bewusstsein verleihen, sich vor den Gefahren des Selbstverlustes bzw. Souveränitätsverlustes zu schützen. Diese Knechtschaft war der Grund, warum der Mensch den moralfreien paradiesischen Zustand verlassen und auf ein Leben vor dem Angesicht Gottes unter seiner Souveränität verzichten musste.[307]

---

306 Lessing, Die Erziehung des Menschengeschlechts, S. 8 § 4.

307 Einer der wichtigsten Gedanken, auf den sich die schiitische Mahdi-Bewegung im Mittelalter stützte, war die »Aufhebung der Gesetze«, die mit der Ankunft des Mahdi am Ende der Zeit verknüpft wurde. Dabei stellte man sich vor, dass ein Zustand wie die »paradiesische, kult- und gesetzlose Urreligion, die Adam und die Engel vor dem

So entstand aufgrund der Entfernung von dem freien Reich Gottes eine neue Situation. Der Mensch wurde nicht bestraft, sondern musste sich auf eine neue Herausforderung einlassen. Er sollte sich auf dem Weg zu Gott hin in einen irdischen Zustand begeben, damit er seine verlorene Souveränität und sein Menschsein wieder durch die Selbstüberwindung und Selbststeigerung gewinnt. Dies ist ein Zustand der moralischen Pädagogik.

Dem Menschen wird nicht mehr eine Vollexistenz geschenkt, sondern er soll diese durch eigene pädagogische bzw. asketische Seelsorge konstituieren, um der Würde der Ebenbildlichkeit Gottes gerecht zu werden. Die die Entbindung (Entlassung) des Menschen aus dem göttlichen Reich kommt quasi der Personalität gleich, denn der Mensch wird dadurch in eine Situation versetzt, in der er auf eigene Faust und in eigenem Suchen und Bemühen die Ewigkeit und die höchste Entwicklung seiner Existenz zu erlangen versucht. Man kann also nur als Person Gott gegenüberstehen und verantwortlich sein, nicht als Sklave. Diesen paradiesischen Zustand bzw. den Zustand des Selbstseins kann der Mensch nur mit einer moralischen und asketischen Selbstaufgabe erlangen, die allein aus eigener Kraft zustande kommt. Denn Allah hat, gemäß einem koranischen Vers,[308] nicht die Absicht, etwas an dem Menschen zu verändern, solange er selbst nicht etwas an sich verändert.

Der Mensch muss sich auf sein Selbst richten, denn er besitzt die Naturanlage (*al-fiṭra*), die ihm Gott verliehen hat und gemäß derer er das Gute von dem Bösen unterscheiden kann.[309] Das menschliche Ich befindet sich, wie der ägyptische Theologe und Mitglied der Muslimbrüder Muḥammad al-Ġazālī (gest. 1996) erläutert, in einem moralischen Prozess. Zwar ist die Naturanlage für einen religiös-orthodoxen Gläubigen wie Muḥammad al-Ġazālī ein gottgegebenes Vermögen, da der Mensch nur im göttlichen Sinne lebt. Allerdings muss der Mensch in dieser sittlichen Lebensaufgabe selbst wirken. Wissen und Vernunft (*al-ʿilm wa al-ʿaql*) sind für den Menschen nach Muḥammad al-Ġazālī die essentiellen Mittel für den Weg des

---

Sündenfall im Paradies praktizierten«, eintreten würde. Vgl. Halm, Heinz (1988): Die Schia. Darmstadt: Wissenschaftliche Buchgesellschaft, S. 203.

308 Der Vers lautet wörtlich: »[…] Gott ändert an einem Volk nichts, solang sie (d.h. die Angehörigen dieses Volkes) nicht (ihrerseits) sich selbst verändern.« Siehe Koran 13/11.

309 Al-Ġazālī, Muḥammad ([17]1423/2002): Ḫulq al-muslim. Damskus u. Beirut, S. 21–23.

sittlichen Lebens im islamischen Sinne. Wissen an sich gilt für ihn als das »menschliche« (*al-ḥayāt li al-insān*) überhaupt.[310] Er spricht nicht von einem durch Anfang und Ende bestimmtes und begrenztes Wissen *(laisa ʿilman muʿayyinan maḥdūd al-bidāya wa an-nihāya)*, das die menschliche Lebensart definiert. Es kann jegliche Form des Wissens sein, das

> »die Ausweichmöglichkeit der Sichtweise vergrößert und die Hindernisse vor der Vernunft entfernt, was den Durst nach der Erkenntnis steigert und die Bindung des Menschen mit der Existenz verstärkt [...].«[311]

Dieser existentielle Bezug des Menschen zum Wissen kann nur unter dem Blickwinkel einer asketischen Selbstkonstituierung erfolgen. Auch wenn für einen orthodoxen Gelehrten wie Muhammad al-Ġazālī die Freiheit nicht unbegrenzt sein kann, ist die Veränderung ganz und gar die Sache des Menschen selbst. Denn der Mensch muss selbst die Verantwortung für das tragen, was er tut und was in seiner Machbarkeit steht.

Bei ʿAbdul Raḥmān Ḥasan Ḥabnakah al-Maidānī (gest. 2004), einem zeitgenössischen saudi-arabischen Denker, wird der Mensch nur danach gefragt, was unmittelbar durch sein Denken, seine Taten oder seine Aussagen hervorgerufen wird. Die Verantwortung des Menschen ist daher auf den Rahmen seines Könnens und seiner Machtweite begrenzt.[312] Nur in diesem Sinne kann man die Veränderung als eine Sache des Subjektes verstehen.

Der libanesische Philosoph Muḥammad Ǧawād Muġniya (gest. 2008) versteht darunter eine Selbsterneuerung des Menschen.[313] Der Mensch muss sich mit Handlungen befruchten, die aus ihm ein sittliches Wesen machen. Das Erreichen der höchsten Sittlichkeit liegt nämlich in der Vollendung der höchsten Rationalität, denn die sog. sittliche Rationalität bringt die höchste Vollkommenheit mit sich.

---

310 Ebd. S. 227.

311 Ebd. S. 230.

312 Siehe Ḥanabka Al-Maidānī [6]1423/2002, S. 150.

313 Siehe die Kommentare von Muġniya, o. J., S. 17.

4 Der pädagogisch relevante Aspekt der Idee des Guten und Bösen

Der Mensch soll die Welt als eine Herausforderung begreifen, in der er das Gute und das Böse durch seelisches Vermögen und geistige Fähigkeiten erkennen kann. Das Böse macht sich dadurch bemerkbar, dass es ein geistiges und sittliches Problem darstellt, welches den Weg zur Vollkommenheit versperrt. Mullā Ṣadrā meint daher, wenn keine Hindernisse eintreten würden, könne der Mensch seine höchste Entwicklung erreichen und zum Stellvertreter Gottes auf Erden werden.[314]

Erziehung steht damit am Anfang des Schöpfungsaktes. Gott schuf die Welt und die Natur und verankerte in ihr eine entsprechende Ordnung der Dinge. Demnach würde sie sich in einer kontinuierlichen kosmogenetischen Entwicklung und einem Willensakt befinden, wie es aus der Sicht vieler religiöser Denker hervorgeht. Ebenso steht der Mensch am Anfang der Schöpfung. Seine Gestalt ist nach dem Ebenbild Gottes erschaffen. Er ist der Mikrokosmos, der dem Makrokosmos, welcher die Gestalt der Welt darstellt, entspricht. Beim Mikrokosmos handelt es sich um ein umfassendes Buch«, welches eine Abschrift des Makrokosmos beinhaltet. Ihr Verhältnis zueinander, d.h. Mikrokosmos zu Makrokosmos, vergleicht Mullā Ṣadrā mit demjenigen des Kindes zum Vater.[315]

Der Mensch wird von Anfang an bis hin zu seiner personhaften Gestalt und seinem individuellen Befinden vom universellen *(irādah-i kullī)* zum partikularen *(irādah-i ǧuzʾī)* Willensakt geleitet.[316] Somit ist der Mensch ein Produkt des Intellekts, in dem er eine Reihe geistiger Entwicklungen bis hin zu seiner personhaften Entstehung durchmacht. De facto untersteht er sozusagen einem existentiellen kosmogenetischen Prozess.

Der universelle Willensakt vereint somit den Menschen mit der kosmischen Ordnung, denn in seiner personhaften Seele ist er im Ganzen eigebettet und auch als Person der Stellvertreter Gottes auf Erden. Ferner wird er als individuelles Wesen unter dem universellen und partikularen Willensakt geleitet und hat die Möglichkeit, sowohl

---

314 Vgl. aš-Šīrāzī, Tafsīr al-qurʾān, Bd. III, S. 394.

315 Vgl. aš-Šīrāzī, Ṣadr ad-Dīn Muḥammad Ibn Ibrāhīm (Mullā Ṣadrā): Asrār al-āyāt. Hrsg. v. Muḥammad Ḫʷāǧawī (1413/1993). Beirut, S. 109.

316 Ebd. S. 68–69.

als sittliches Wesen wie auch als Gesellschaftswesen seine Person und seine Lebensumwelt zu gestalten.

So repräsentiert der Mensch Gott auf der Erde. Durch seinen Vervollkommnungsprozess spiegelt er die Attribute Gottes in ihrer göttlichen Sittlichkeit als Sein Ebenbild wider. Im Akt seiner existentiellen Gestaltung erscheinen die göttlichen Werke und schöpferischen Künste durch handwerkliche Tätigkeiten. Diese Möglichkeit umfasst alle Bereiche des Lebens, wie Mullā Ṣadrā mit verschiedenen Beispielen verdeutlicht:

> »Jeder Mensch innerhalb der Menschheit, vollkommen oder unvollkommen, hat einen Anteil an der Stellvertreterschaft im Rahmen seines menschlichen Kontingentes. Die Aussagen des erhabenen Gottes: ›Er ist es, der euch als Nachfolger auf der Erde eingesetzt hat‹, deutet darauf hin, daß jeder, sei es der vorzügliche Mensch oder der Verächtliche, einer Seiner Stellvertreter auf der Erde ist [...]. Gott hat sie (die Verächtlichen, die niedrigen Menschen) für die Kreation vieler Dinge zu Stellvertretern gemacht, als Bäcker (Brot), Schneider (Schneiderei) oder Maurer. Denn Gott, erhaben sei Er, hat nur den Weizen geschaffen. Der Mensch auf der Grundlage seiner Stellvertreterschaft mahlt ihn und macht ihn zu Teig und Brot.«[317]

Der Stellvertreterschaft des Menschen kommt ein Lern-, Lehr- und Gestaltungsprozess zu. Der Mensch ist dazu veranlagt, sein Wesen durch Rechtleitung und geistige Fähigkeiten, nämlich durch seine Vernunft und das Vermögen der Weitergabe, erzieherisch und gestalterisch zu vollenden. Mullā Ṣadrā zufolge ist der Mangel, der im Menschen verwurzelt ist, eine existentielle Möglichkeit, mit Werkzeugen, die ihm Gott von Natur aus verliehen hat, zu einem wahren menschlichen Wesen und zum Stellvertreter Gottes zu werden.

Nach Mullā Ṣadrā ist der Mensch zudem unbestimmt und offen für eine Optimierung seines Wesens, da er nicht fest in einer existentiellen Intensität (*šidda*) und Aktualität (*fiʿliyya*) eingebettet ist. Der ganze Mensch entsteht erst, wenn er sein Wesen zur vollkommenen Erfüllung gebracht hat:

> »Sie haben gedacht (einige Gelehrten), daß dies (die existentielle Intensität und Aktualität) der ganze Mensch wäre, und haben nicht verstanden, daß dies der Beginn der Erschaffung, seines Wachstums und seiner Vervollkommnung ist. Es ist wie ein Korn im Verhältnis zum Baum (*ka-l-ḥabba bi-l-qiyās ilā aš-šaǧara*). Es ist wie ein Keim im

---

317 Ebd. S. 110. Zitatübersetzung nach Hajatpour, 2013.

> Verhältnis zum Tier. Wenn das Korn die Härte des Steins hätte, wäre es unmöglich gewesen, seine höchste Entwicklung zu erlangen. Wenn der Keim das Vermögen eines Baumes hätte, wäre es unmöglich gewesen, das Leben (*al-ḥayāt*) zu erlangen. Denn, wenn der Mensch aufgrund seiner ersten Disposition nicht frei (*al-ḫulūw*, wörtl. leer) von jeder Tugend und jedem Wissen wäre, wäre er in seinem Wesen (*fī ǧauhar-i ḏātihī*) nicht würdig, sich Tugend und Wissen anzueignen.«[318]

Beim Menschwerden handelt es sich um einen Prozess, der dem Willensakt der Freiheit und Souveränität unterliegt. Durch seelische Askese sowie geistige und praktische Meditation soll der Mensch alle Hindernisse bekämpfen. Hierbei geht es um einen Umwandlungsprozess von dem materiellen Zustand in die intelligible Welt. Dabei findet eine enge Korrespondenz zwischen Philosophie, Mystik und Ethik statt.

Wie Mullā Ṣadrā feststellt, können geistige Übung, philosophische Weisheit und ethisches Handeln nach der Wahrheit dazu beitragen, der Seele zu ihrer Vollkommenheit zu verhelfen. Das Erlangen des sittlichen Zustandes geschieht durch die Beherrschung der Seele vor der Gefahr der materiellen Vereinnahmung.

Philosophie ist Mullā Ṣadrā zufolge die Übereinstimmung von Denken und Praxis. Deshalb hat auch die Vollendung der Seele die Funktion, Erkenntnissen Realität zu verleihen. Durch die in der Seele veranlagten Fähigkeiten ist sie die Quelle der Wahrnehmung, der Bewegung und des Bewusstseins. Dadurch ist sie in der Lage, zu ihrer eigenen geistigen und ethischen Verwirklichung beizutragen und Gott ähnlich zu werden.[319] Die menschliche Bewegung ist Mullā Ṣadrā zufolge willentlich. Somit ist der Mensch frei in seinem Handeln und sich hinsichtlich des Ziels seiner Bewegungen bewusst, gleichgültig, ob diese von geistiger, sinnlich-animalischer oder zornhafter Natur sind.[320]

Bewegungen sind also essentiell und für das Leben von zentraler Bedeutung. Bei den seelischen Aktivitäten handelt es sich allerdings um selbstgewählte Einsätze des geistigen, imaginären und sinnlichen Vermögens der Seele. Mit folgendem Beispiel veranschaulicht Mullā Ṣadrā, in welcher Form die Bewegungen essentiell sind und in welcher Form es sich um Willensaktivitäten der Seele handelt, sei es auf ethi-

---

318 Ebd. S. 157. Zitatübersetzung nach Hajatpour 2013.

319 aš-Šīrāzī, al-Ḥikma al-muta'āliya, Bd I, S. 21.

320 Ebd. Bd. VIII. S. 222.

scher, ästhetischer oder epistemischer Ebene: Das Kochen benötigt Mittel und Möglichkeiten und damit bewegt sich die Seele zu einer Handlung, die auf Mittel von außen angewiesen ist, während das Verdauen des Essens auf den Rhythmus und den natürlichen Vorgang des Verdauungssystems im Körper angewiesen ist.[321]

Der Mensch ist also in seiner Sittlichkeit, Erkenntniserwerbung und in seinen alltäglichen Handlungen und überhaupt in seiner Optimierung von dem Mitwirken der Außenwelt abhängig.[322] Hierbei gibt es kaum einen Unterschied zwischen den Propheten und jedem anderen Menschen. Ganz gleich ob beim Verdauen oder sittlichen Handeln, ein Prophet ist von denselben Voraussetzungen abhängig.

Der Mensch kann also das Gute und das Böse nur in Zusammenhang mit dem Willensakt der Seele betrachten. Lässt sich die Seele z. B. von der Begierde und der Selbstsucht leiten, so verfällt sie in die Welt des Relativen und Vergänglichen und damit des Unvollkommenen. Lässt sie sich aber von der sittlichen Vernunft und der ewigen Freiheit und Souveränität lenken, so steigt sie in die Sphäre der ewigen Glückseligkeit und Vollkommenheit empor.

Der Wille ist, wie der ägyptische Denker Zakarīyā Ibrāhīm (gest. 1976) es formuliert, das A und O in der Frage des Bösen (*al-irāda hiya al-alif wa al-yā fī muškilat aš-šarr*). Er meint, dass es kein Böses in der Welt gäbe, sondern nur den Willen zum Bösen.[323] Das Gute wie das Böse können meines Erachtens nicht nur im Willen liegen. So sollten sie auch nicht in der Welt als solche gesucht werden. Das Gute und Böse lassen sich im sittlichen Sinne begreifen. Daher ist auch die Welt für die religiöse Weltanschauung nicht an sich böse, sondern nur die Eigenschaften der Welt, die dem willigen oder unwilligen Menschen auf seinem Weg zur Vollkommenheit hinderlich wären.

Somit hängt alles von der Seele ab, d. h. vom menschlichen Ich. Denn das Böse ist entweder ein Menschenwerk oder eine ursprüngliche Eigenschaft der Welt, der sie ihre Instabilität verdankt. Der Mensch erkennt bei sich selbst bzw. in seinem Sinn das Gute und das Böse, wie man der zoroastrischen Lehre entnehmen kann. Auch die körperliche Welt (*kerp* bzw. *tanu*) besitzt eine himmlische Existenz und geht aus der geistigen Lebenskraft hervor. Im zoroastrischen Lehrsatz wird dies folgendermaßen formuliert: »Nachdem du die Lebenskraft körperlich machtest…« (Y. 31:11.).[324]

---

321 Ebd. S. 255–256.

322 Ebd. S. 245–246.

323 Ibrāhīm, Zakarīyā (1966): al-Muškila al-ḫulqīya. Kairo, S. 198–199.

Es liegt die Vorstellung nahe, dass der Mensch sich sittlich überwinden soll, um das wahre Glück zu erreichen. Im ersten Kapitel des »*Yasnas*« lobpreist die mazdaische Lehre Zarathustra, denn nach der Bekennung zur Herrschaft des einzigen weisen Herrn Ahūrā Mazdā werden das gute Denken, die Wahrheit und die Reinheit hervorgehoben. Zarathustra geht es ausschließlich um Selbstbeherrschung, Liebe, Bescheidenheit und um das gute Ende, denn darin liegt die »freudige und andauernde Vollkommenheit der materiellen und seelischen Welt«.[325]

In der zoroastrischen Lehre sehen wir sogar, dass der Lohn, den der Mensch erhalten soll, in der diesseitigen Welt ausgezahlt wird. Darüber hinaus erwartet ihn auch der jenseitige Lohn und dies wird durch das Reich Ahūrā Mazdās symbolisiert, womit das lange Leben, auch »Dein Reich« genannt, bezeichnet wird.[326] In der Sprache von Mullā Ṣadrā und einigen anderen islamischen Philosophen wird der Sinn der Schöpfung folgendermaßen zusammengefasst:

»Also ist der Grund der Schöpfung des erhabenen Gottes und seiner Gnade, dass jedes Unvollkommene seine Vervollkommnung erreicht, dass die Materie zu ihrer Form kommt, die Gestalt zu ihrer Idee (*maʿnāhā*, intendierter Zweck bzw. intendierte Bedeutung) und zu ihrem Wesen (*nafsihā*, Ich) und dass die Seele (*nafs*, wörtl. Person, Selbst) den Rang (*daraǧa*) des Intellektes und der Würde (*maqām*) des Geistes erlangt. Dort gibt es reine Gelassenheit (absolute Ruhe), vollendete Sorglosigkeit (*ṭumʾanina*, Vertrauen), ewige Glückseligkeit, das höchste Gut und das vollkommenste Licht. Dies ist das höchste Ziel und das reine Resultat (der reine Kern) der Erschaffung der Erde und des Himmels [...].«[327]

Auch in der Sprache der Mystik ist Ähnliches zu finden. Ziel ist das Erlangen der Glückseligkeit in ewiger Freiheit und vollkommenem Frieden. Für Abū Saʿīd Abū al-Ḫair (gest. 1049),[328] einem der bedeutendsten Mystiker, stehen die Instabilität, Vergänglichkeit und Körperlichkeit dieser Welt sowie die Abhängigkeit von einer Jen-

324 Siehe Widengren, Geo (1965): Die Religionen Irans. Stuttgart: Kohlhammer Verlag, S. 86.

325 Siehe Waḥīdī, Ḥusein (1360/1981): Pažūhišī dar farhang-i zartuštī. Teheran, S. 30.

326 Siehe Widengren 1965, S. 90.

327 aš-Šīrāzī, Asrār al-ayāt, S. 91.

328 Zu Abū Saʿīd Abū al-Ḫair siehe die Arbeit von Meier, Fritz (1979): Abū Saʿīd Abū al-Ḫair: Wirklichkeit und Legende. Teheran/Paris/London.

seitsvorstellung im Widerspruch zur Freiheit. Freisein bedeutet, frei zu sein von jeglicher Abhängigkeit, ob in dieser oder der jenseitigen Welt. Durch aktive Beteiligung an existentieller Selbstentfaltung und die Erlangung der existentiellen Nähe zum Perfekten erreicht man Freiheit. Daher soll Abū Saʿīd Abū al-Ḫair folgenden Satz zu seinen Anhängern gesagt haben: »Gott schuf Dich frei, sei frei« (*ḫalaqaka Allāh ḥurran kun kamā ḫalaqaka Allāh*). Die Voraussetzung für die Dienerschaft Gottes (*bandagī*) sei aber ihm gemäß das »Freisein von beiden Welten«.[329]

Man braucht also die Welt als Gegenspieler, um sich von ihr zu befreien. Damit steht fest, dass Vollkommenheit und Glückseligkeit und die ewige Freiheit ohne die materielle Welt nicht möglich sind.

5 Erziehung als Vorgang des Seelenentwurfes

Es gibt zahlreiche Schriften, die sich mit Erziehung beschäftigen. So kommt Erziehung als ein Teil der Ethik in vielen Ethiktraktaten vor. Allerdings existiert kaum ein Konzept, welches der philosophischen Pädagogik innerhalb der islamischen Wissenstradition zuzuordnen wäre. Erziehung kommt nur als ein Teilaspekt der Ethik oder als sittliche Anstandsregeln in Fürstenspiegeln bzw. *Adab*-Werken vor.[330] Diese Regeln werden oft in Form praktischer Anweisungen niedergeschrieben. Eine eigenständige Erziehungslehre als pädagogische Disziplin im Islam hat sich jedoch bis heute nicht entwickelt. Es mangelt hierfür an umfassenden theoretischen Grundlagen. Immerhin existieren einige Bildungsschriften, die als Pädagogikschriften im Islam aufgefasst werden können. Ihnen kann vereinzelt und marginal eine allgemeine Betrachtungsweise des praktischen und ideologischen Rahmens hinsichtlich des Wissenserwerbs und der -vermittlung entnommen werden. Inhaltlich wie methodisch deuten sie aber auf keine eigenständige philosophische Grundlage beziehungsweise pädagogische Wissenschaftlichkeit hin.

---

[329] Vgl. Abū al-Ḫair, Abū Saʿīd: Asrār at-tauḥid fī maqāmāt aš-Šaiḫ Abī Saʿīd. Bd. I. Eingel. hrsg. u. kommentiert von Muḥammad Riḍā Šāfiʿī Kadkinī (1366/1987). Teheran, S. 314.

[330] In diesem Zusammenhang weise ich auf einige Werke hin, die über Anstandsregeln (*adab*) und zur Ethik (*aḫlāq*) geschrieben wurden. Siehe dazu das Kapitel: *Adab*-Erziehung als Vorgang der sittlichen Charakterveredelung.

In *Adab*-Werken werden oft die Eigenschaften eines Mustermenschen im Alltag und/oder in einem übersinnlichen Veredelungszustand dargestellt. Es kann daher nicht von einer philosophischen Pädagogik gesprochen werden.

Die einzige Schrift, die eine Tendenz zur Entwicklung einer philosophischen Pädagogik aufweist, ist in dem Werk »Prologomena« (*al-muqaddima*) von Ibn Ḫaldūn enthalten. In einem Kapitel dieses Buches beschäftigt sich Ibn Ḫaldūn (gest. 1406) als Zivilisationstheoretiker mit der Bildung und den Wissenschaften, was als Bildungspädagogik gewertet werden kann. Er verleiht der Bildungspädagogik einen theoretischen Rahmen, der den anthropologischen Aspekt hervorhebt. Somit ist seine Bildungspädagogik in seine Zivilisationstheorie (*al-ʿimrān*) eingebettet.

Ibn Ḫaldūn zufolge ist der Mensch sowohl ein Bildungswesen als auch ein Gesellschaftswesen. Daher sind Wissensvermittlung (*taʿlīm*) und Wissenserwerb (*taʿallum*) in der menschlichen Zivilisation etwas Natürliches. Da der Mensch für seine Lebensführung auf sein Denkvermögen angewiesen ist, erwachsen daraus notwendigerweise Erkenntnisse, Wissenschaften und Fertigkeiten. Dank seines Vernunftvermögens strebt der Mensch danach, Erkenntnisse, die er noch nicht besitzt, zu erwerben. Damit ist der Lehr- und Lernprozess ebenso ein natürlicher Vorgang, der wie auch die Zivilisation dem menschlichen Wesen als naturgemäße Erfahrung entspringt.

Folglich spielt auch die Wahrheit eine Rolle. Die Aneignung von Erkenntnissen ist abhängig von Überlieferungen und ständigen Übungen, bis diese zur Eigenart des Wesens werden. Die Wissensvermittlung (*taʿlīm*) gehört somit zu den Fertigkeiten (*ṣanāʿāt, ṣanāʿi*: Künste, Gewerbe) der Wissenschaft (*ʿulūm*).[331] Unter diesem Gesichtspunkt geht Ibn Ḫaldūn auf die einzelnen Wissenschaften bzw. Gewerbe ein und erörtert ihre Bedeutung für die Zivilisation. Diese theoretische Skizze zeigt einen gesellschaftsphilosophischen und anthropologischen Ansatz auf, in dem die Wirkung der pädagogischen Bildung auf die Formierung der Gesellschaft und den Einzelnen deutlich wird. Für ein pädagogisches Gesamtkonzept fehlt es jedoch an philosophischen Rahmenbedingungen.

In jüngster Zeit gibt es allerdings Bemühungen, Erziehungskonzepte zu erarbeiten, die über die reine Bildungspädagogik hinausge-

---

331 Siehe Ibn Ḫaldūn, ʿAbd ar-Raḥmān bin Muḥammad: Muqaddimat Ibn Ḫaldūn. Hrsg. v. Dār al-Ǧalīl (o. J.). Beirut, S. 476–477.

hen. Man versucht, Wissen und Erziehen als gemeinsame Aspekte eines Bildungswesens zu sehen. Hiefür ist das Buch »*Ta'līm wa trabiyat dar Islām*« von Murtaḍā Muṭahharī ein gutes Beispiel.

Muṭahharī definiert Erziehung als Kultivierung und Aktualisierung der inneren Begabungen und Veranlagungen, die potentiell vorhanden sind. Mit der Potentialität verwendet er in seiner Definition auch einen Begriff, der aus dem aristotelischen Ansatz stammend der islamischen Philosophie vertraut ist. Erziehung ist die Sache des Menschen, da er Vernunft besitzt. Im Zentrum seines Erziehungsprogrammes steht deswegen die Bewahrung der Souveränität der Vernunft. Der Geist des Menschen wie auch sein Körper sollen einem pädagogischen Programm unterzogen werden. Ziel der Pädagogik ist es, den Menschen von vorherrschenden Gewohnheiten und Nachahmungen zu befreien.

Dass der Körper nicht vernachlässigt werden soll, kennen wir aus dem Ethiktraktat Ibn Miskawaihs. Muṭahharī zeigt etwa anhand mehrerer Beispiele, dass im Islam großer Wert auf die Pflege der Körperglieder gelegt wird. Die Erziehungslehre im Islam umfasst Muṭahharī zufolge die geistigen, sittlichen, religiösen und ästhetischen Veranlagungen des Menschen. Der Mensch habe jedoch noch eine schöpferische Veranlagung (*ḫallāqiyāt*), die auch als Kreativitätspotential bezeichnet werden kann. Erziehung stehe somit für die Kultivierung all dieser Veranlagungen.[332]

Darüber hinaus gibt es auch im arabischen Raum verschiedene Versuche, sich mit Pädagogik als selbständiger Disziplin zu befassen. Dies kann man etwa dem Buch »*at-Tarbiya bain al-'aqīda wa al-aḫlāq*« von Muḥammad Farīd Ḥiğāb entnehmen.[333]

Wird Erziehung nicht allein als ein sittlicher Prozess, sondern vor allem als eine ökonomische Maßnahme betrachtet (d.h. die Verwaltung der Lebensvorgänge und die Angelegenheit des Haushaltes, welche bestimmten Normen und Gewohnheitsbräuchen unterworfen sind), richtet sich die Erziehung inhaltlich und formal nach zwei Zielsetzungen aus: Selbsterziehung und Systemerziehung. Daraus ergibt sich ein Selbstentwurf und ein Gemeinschafts- bzw. Systementwurf.

Es geht somit um zwei Formen der Erziehung, deren zentrale Bestandteile Person und Gemeinschaftssystem sind. Der Personenbegriff ist in zwei Kategorien zu analysieren: Einerseits geht es um eine

332 Vgl. Muṭahharī, Murtaḍā ([12]1373/1994): Ta'līm wa trabiyat dar Islām. Teheran.
333 Vgl. Ḥiğāb 1997, S. 177–179.

Person, die Teil des Systems ist. Daher ist die Erziehung von der sozialen Umwelt abhängig. Andererseits geht es um eine Person, die sich selbst zwar durch den anderen wahrnimmt, zugleich aber auch ein Selbstbild durch eine gewisse Distanz zum anderen erwirbt. Diese Distanz bestimmt den Inhalt einer Vorstellung, in der man sich nicht mit den anderen im engen Sinne identifiziert.

Diesen beiden Formen der Personalität führen auch zu zwei Sinndeutungen des Menschseins. Erstens geht es um einen Menschenbegriff, der sich im Kontext seiner Gattung als soziale Einheit versteht. Demgemäß ist die Erziehung eine allgemeine Notwendigkeit für höhere Zwecke. Die menschliche Sozialisationspädagogik geht dahingehend von einem bewussten Wesen aus. Dieses ist der sozialen Lebenserhaltung im Kontext des Gestaltungswillens aufgrund der Selbsterhaltung, der Selbsterneuerung (John Dewey) und der Notwendigkeit der Erziehung unterworfen.

Des Weiteren nimmt Erziehung eine Dimension jenseits der Lebensnotwendigkeit an. Hierbei haben wir es mit einem zweiten Menschenbegriff zu tun, der seine Dimension über einen reinen Gemeinschaftsmenschen hinaus erweitert. Erziehung ist demnach ein Vorgang, der unabhängig von der Sozialisation der Erfahrung der Innenwelt entspringt. Sie reflektiert sozusagen primär die Innenumwelt der menschlichen Selbstwahrnehmung. Sie ist ein Vorgang zur Fortsetzung der Persönlichkeitsentwicklung jenseits sozialer Systemgestaltung. Hier geht es um eine reine Seele. Man strebt nach einem Vervollkommnungsideal.

Hierbei verfolgt der Prozess der Menschwerdung einen weiteren Sinn und Zweck: Der seelische Selbstentwurf ist der Ausgang (Ausweg) des Menschen aus dem Unvermögen seiner Selbstbegründung. Er ist eine selbstkonstituierte Selbstidealisierung im Kontext einer offenen Welt, die der doppelten Reflexion der Freiheit unterliegt, zum einen dem freien Zugang der Naturwirkung, zum anderen dem freien Zugang der Willenswirkung. Natur und Wille sind daher zwei Aspekte eines einzigen Ursprungs.

Wir können alle diese Formen unter dem Begriff *Erziehung* zusammenfassen. Der Ausdruck *tadbīr manzil*, der in der philosophischen Tradition allgemein für ökonomische Maßnahmen gebraucht wird, stellt neben Ethik und Politik einen Teilaspekt der praktischen Vernunft dar. Wörtlich bedeutet *tadbīr manzil* Management des Haushaltes.

Erziehung heißt demnach Entwurf. Dieser richtet sich entweder nach innen oder nach außen. Das, was sich mit dem Inneren beschäftigt, bildet einen eigenen Sinn. Dies benenne ich als das innere Sinnbild. Das, was aber nach außen gerichtet ist, findet meist unter Zensur statt. Der Sinn erfasst das Gemeinsame, was als Kompromiss für das Gemeinschaftsleben gedacht ist. Dieses äußere Sinnbild dient daher als Erfahrungsmaterial für die innere Sinn- und Lebenserfahrung.

Zum einen ist Erziehung eine Ethik des Alltags, eine Verhaltensethik bzw. Bildungsethik. Dabei zielt man auf die Optimierung des Charakters ab. Über ihre Rolle als moralische Richtschnur bzw. normativer Ratgeber hinaus hat Ethik auch eine strukturelle und systematische Funktion. Dies kann man als bindende Gestaltungsfunktion bezeichnen. Da das Leben in Gruppen fortdauert und sich erneuert, setzt eine solche Kontinuität die Erziehung als eine notwendige Maßnahme des Gemeinschaftslebens voraus, wie aus den Gedanken Deweys hervorgeht.[334]

So gesehen bedeutet die Erziehung einmal, sich dem Gemeinsinn und den gesellschaftlichen Spielregeln zu fügen, damit jeder Einzelne auch als Mitglied in das Gemeinschaftsleben aufgenommen wird. Ein Mensch, der sich nicht auf eine moralische Bindung einlässt bzw. der gegen eine normative Tradition verstößt, wird nicht nur als schlechter Mensch betrachtet, sondern gilt als Exempel für Vertrauens- und Verantwortungsverlust. Damit wird er zu einem »Störfaktor« für ein gesellschaftliches System und eine potentielle Gefahr für die Existenz der Tradition. Wird dagegen ein Mensch als moralisch gut angesehen, so hat er den Vorteil, einen besonderen Stellenwert in der Gesellschaft zu beanspruchen.

Erziehung bedeutet darüber hinaus auch, sich von der äußeren Welt, d.h. an dieser Stelle dem äußeren Umfeld, fortzubewegen und sich dem Inneren zuzuwenden. Dadurch soll man sich seiner Welt und Person bewusstwerden und sich als Individuum erkennen. Da

---

334 Wie Dewey verstehe ich Erziehung mithin im weitesten Sinne als »Werkzeug dieser sozialen Fortdauer des Lebens«. Ihre spezifische Bedeutung gewinnt Erziehung jedoch gerade in der Auseinandersetzung mit dem Umfeld. Die Erneuerung der Gemeinschaft macht Erziehung unverzichtbar. Vor allem stimme ich Dewey zu, wenn er sagt: »Die unerklärbaren Urfaktoren von Geburt und Tod jedes Mitgliedes dieser sozialen Gruppe machen die Erziehung notwendig«. Dewey, John: Demokratie und Erziehung. Eine Einleitung in die philosophische Pädagogik. Übers. v. Erich Hylla. Hrsg. und mit einem Nachwort v. Jürgen Oelkers (2000). Weinheim/Basel: Verlag Beltz, S. 17.

jede Person unabhängig von ihrer Entwicklung und ihren sonstigen sozialen Gestaltungsprinzipien auch eigene Lebenserfahrungen mitbringt, gewinnt die Erziehung in Bezug auf Selbsterkenntnis eine spezifische Bedeutung.

Nach dem geschilderten Schema können wir der traditionellen Aufteilung der Philosophie bzw. Vernunft in Theorie und Praxis, welche die islamischen Philosophen von der antiken griechischen Philosophie übernommen haben, einen weiteren Sinn verleihen. So stellen Wissen und Praxis zwei Aspekte der menschlichen Seele dar, die den Vollzug der Erkenntnisse und der Sittlichkeit herbeiführen.

Der Seele kommt daher eine wichtige pädagogische Aufgabe zu. Sie übernimmt durch die ihr angeeigneten Kräfte und ihre Aufnahmefähigkeit mannigfaltiger Erkenntnisse der sittlichen Eigenschaften und des Wissenserwerbs die erzieherische Funktion über sich selbst. Die Entfaltungsmöglichkeit wurde in ihr durch die substantielle Bewegung in der Existenz und durch die Seelenkräfte bereits naturgemäß angelegt.

Die substantielle Bewegung (*al-ḥaraka al-ǧauharīya*) ist Mullā Ṣadrā zufolge die existentielle Transformation von einem Zustand in einen höheren Zustand.[335] Durch die substantielle Bewegung, die Entfaltung eigener Kräfte und deren bewussten Einsatz gelingt es der Seele, ihre höchste Form zu erlangen. In der materiellen Welt ist sie Eigenschaften und Zuständen ausgesetzt, welche die wahre Sittlichkeit sowie Erkenntnisse beeinträchtigen. In diesen Auseinandersetzungen wird sich die Seele über die Bedeutung des Guten und des Bösen bewusst. Der Mensch verdankt sozusagen seine Wandlungsfähigkeit (*fī taqallubi al-insāni*) dieser substantiellen Bewegung der Existenz.

Menschwerdung ist der Vollzug der Seele in ihrer höchsten existentiellen Form, in der sie sich als Subjekt und Objekt sowohl in ihrer natürlichen Form als auch in ihren sittlichen Aktivitäten gestaltet. In ihr spiegelt sich dadurch die Idee des Guten und das Göttliche. In diesem Sinne dient die Welt als Ort der Selbsterkenntnis und der Erkenntnis der Werte. »Demnach ist die Welt alles, was widerspiegelt, was man ist«.[336]

Ziel ist also, die Vergänglichkeit des eigenen Leibes, die damit einhergehenden negativen Eigenschaften zu überwinden und der

335 Siehe Hajatpour 2013, S. 119–120.
336 Hajatpour 2013, S. 298.

Seele durch geistige und seelische Anstrengungen mit positiver Wirkung das Endziel zu ermöglichen. Dort befinden sich Glückseligkeit, Ewigkeit und absolute Freiheit. Das Paradies ist daher die Verwandlung des irdischen Zustandes in den himmlischen Zustand über gute Gedanken bzw. Intentionen, gute Handlungen und gerechtes Verhalten (Beziehung) zu anderen Menschen.

Dies ist der Weg zum wahrhaften Glauben. Der Mensch ist der Bewirkende seiner Taten und der Besitzer seiner Gedanken, sozusagen der Gestalter seiner Person zu sittlicher und geistiger Vollkommenheit.

Die Seele hat daher eine Anlage zum Praktischen, die sich sittlich vollendet, wie Kant es zu Recht formuliert: »Praktisch ist alles, was durch Freiheit möglich ist«.[337] Die Vernunft ist damit ein Entwurf des Schöpfungsaktes, da sie ein Teilaspekt der Seele ist. Somit können wir von einer Tätigkeit der Seele sprechen, die gemäß der Vernunft in einen Selbstentwurf und einen Gemeinschaftsentwurf mündet.

Die Philosophie ist eine Betrachtung, in der das Wissen und der Entwurf einen praktischen Sinn erhalten. Durch den Selbstentwurf gestaltet der Mensch seine Person sittlich und erzieherisch. Mit dem Gemeinschaftsentwurf bildet der Mensch den Gemeinsinn aus. Ethik, Ökonomie und Politik, die drei Zweige der praktischen Vernunft, werden damit in Bezug auf den psychischen und seelischen Aspekt ein Ausdruck des Selbstentwurfes. Hinsichtlich des ökonomischen Aspekts werden sie jedoch zu einem Ausdruck des Systementwurfes. Die praktische Philosophie ist somit nichts anderes als das Management der Vernunft bezüglich des ethischen Selbstentwurfes.

Hierbei kann die Erziehung auch eine ideale Dimension einnehmen. Trotz ihrer sozialen Relevanz kann sie auch als Protest gegenüber allem Weltlichen oder als ein Vorgang der Kontingenzbewältigung verstanden werden. Der Mensch strebt als Gesellschaftswesen nach der Bildung einer perfekten Außenwelt, die nicht selten zu falscher Politik führt. Dieser soziale Perfektionstrieb ist zumindest dem kontinuierlichen Verbesserungstrieb des Staates und der Gesellschaft zur Erreichung des Idealzustandes zu entnehmen.

Der Idealzustand ist aber ein psychischer Zwang, der sich nicht innerhalb einer realen Grenze bewegt. Er schafft daher eine eigene Welt bzw. eine eigene Dimension. Diese Dimension soll unabhängig

---

[337] Kant, Immanuel: Kritik der reinen Vernunft. Hrsg. v. Raymund Schmidt (^{2}1962). Hamburg: Meiner Verlag, A 800, B 825. S. 724.

von der Sozialisation betrachtet werden. Sie entsteht neben und in Verbindung mit unserer natürlichen und sozialen Welt. Aber sie kann sich auch verselbständigen und eigene Regeln, Prinzipien und geistige Strukturen schaffen. Ich bezeichne sie als die reine Seele, die auf Erkenntnisse und Erfahrungen der Außenwelt angewiesen ist.

Die Erfahrungen der äußeren Welt liefern Material für die Entstehung einer Innenwelt. Diese Innenwelt kann aber ohne die in ihr enthaltene potentielle Möglichkeit zum Selbstentwurf nicht entstehen. Der innere Idealzustand erhält damit auf dem Boden eines seelischen Selbstentwurfes auch eigene pädagogische Züge. Diese kurze theoretische Skizze ist nur eine Vorlage, an der einige Vorstellungen eines islamischen Erziehungsmodells zur Orientierung dargestellt werden. Diese Dimensionen werden anhand der mystischen Weltanschauung im Islam noch deutlicher dargelegt. Zuvor sollten wir uns aber eine Meinung über die unterschiedlichen Formen der geistigen Modelle zur Erziehungsvermittlung und zum Erziehungserwerb bilden.

6 Erziehung – ein Vorgang der praktischen Vernunft

Allgemein gibt es drei Disziplinen (geistige Richtungen), die sich mit den wichtigsten islamischen Denkformen beschäftigen: islamische Philosophie, Mystik und Theologie. In Bezug auf eine pädagogische Ethik sind die ersten beiden geistigen Richtungen repräsentativ und für die Belange der Pädagogik und der Ethik am besten geeignet.

Neben den Ethiktraktaten stellt die *Adab*-Literatur eine weitere Quelle hinsichtlich Erziehung und Bildung dar. Sie bildet sogar eine eigene Gattung, wird jedoch unter dem Gesichtspunkt der geistigen Disziplinen der Philosophie und Mystik betrachtet. Seit der Entwicklung der religiösen Wissenschaften war es nicht möglich, ihre Eigenständigkeit im islamischen Bildungssystem zu erhalten.

Erziehung wird (ausschließlich) der praktischen Philosophie zugeordnet. Praktische Philosophie bzw. die praktische Weisheit (*ḥikmat-i ʿamalī*) betrifft diejenigen Betrachtungen der Vernunft, die auf das menschliche Handeln ausgerichtet sind. Daher bezeichnet man sie auch als praktische Vernunft (*ʿaql-i ʿamalī*). Muṭahharī definiert sie folgendermaßen:

»Die praktische Philosophie bedeutet ein Wissen über die Pflichten und Aufgaben des Menschen. D.h., es wurde angenommen, daß der Mensch eine Reihe Pflichten und Aufgaben hat, [die] nicht von der gesetzlichen Seite – sei es sowohl göttliches wie auch menschliches Gesetz –, die eine andere Geschichte hat, sondern von der Seite der reinen Vernunft des Menschen (*ḫirad-i maḥḍ-i ādamī*) herkommt.«[338]

Muṭahharī meint, dass die Anhänger der praktischen Vernunft der Ansicht sind, die Vernunft könne die praktischen Aufgaben und Pflichten selbst erkennen, unabhängig davon, ob diese als Gesetz von irgendeinem Gesetzgeber bestimmt sind oder nicht. Somit ist die praktische Vernunft eine rein menschliche Sache und gilt vor allem dort, wo der Mensch nach seiner freien Entscheidung und Handlung agiert.

Für Muṭahharī sind jedoch die Pflichten allgemein und unveränderbar, denn sowohl die praktische als auch die theoretische Philosophie unterliegen apriorischen und primären Prinzipien (*uṣūl-i awwaliyya*). Diese können nicht geleugnet werden, denn sonst würde man der Ethik ihren normativen Charakter entziehen. Die Allgemeinheit und Unwandelbarkeit der ethischen Werte liegen sozusagen im Bereich des eigenen normativen Bestimmungsgrundes. Muṭahharī verbindet Werte mit der menschlichen Natur. Diese Tatsache wird von einem Anhänger der ṣadräischen Schule mit dem transzendentalen Intellekt gleichgesetzt: Die Werte entsprängen nämlich dem ursprünglichen Wesen des Menschen, und zwar dem himmlischen. Sie liegen weder in der Gesellschaft noch in der einzelnen Person.

»Mit anderen Worten: die ethischen Werte sind alle eine Reihe seelischer Entwicklungen (*kamālāt-i nafsānī*, bedeutet auch die seelischen Vervollkommnungen oder Entwicklungsvorzüge), aber praktischer, keiner theoretischen Entwicklungen, d.h. Entwicklungen, die die Beziehung der Seele zu dem unter ihr Stehenden verbinden, während die theoretischen Entwicklungen die Beziehung der Seele zu einem über ihr Stehenden, d.h. zu Gott und dem System des Weltganzen, verbinden.«[339]

Es ist nicht zu übersehen, dass Muṭahharīs Definition eine Trennung des Weltlichen vom Himmlischen zur Folge hat. Die positiven und negativen Werte werden zwei unterschiedlichen Welten zugeordnet. Nur das Gute lässt sich aus der Idee des höchsten Gutes ableiten und erhält so seine Universalität. Das Böse gehört somit zur niedrigen Welt. Diese ist, im Gegensatz zur oberen Welt, relativ

338 Muṭahharī ^{6}1989, S. 178.
339 Ebd. S. 187.

und vergänglich. Es fehlt bei Muṭahharī jedoch eine Begründung für das Böse und dessen Relativität, wie sie etwa von Mullā Ṣadrā angeführt wurde. Denn wenn man glaubt, dass das Böse die Folge der Entstehung der niedrigen Welt sei, muss man auch auf die Frage eingehen, ob die Relativität des Bösen nicht auf die Relativität des Guten hindeuten könnte.

Nach der ontologischen Vorstellung der islamischen Philosophen wissen wir, dass der Mensch nicht nur ein irdisches Wesen ist, sondern auch ein Intellektwesen. Es gehört unter der permanenten Einwirkung des zehnten Intellektes (in der mittelalterlichen Philosophie auch aktiver Intellekt genannt) dem Reich des Intelligiblen an.[340] Dem würde auch Muṭahharī zustimmen. Mullā Ṣadrā versucht, die Verbindung dieser zwei Welten anhand seiner Definition der Philosophie zu begründen, die sich formal nicht von der avicennischen Tradition unterscheidet.[341]

> »Die Philosophie ist die Vollendung (*istikmāl*, Vervollkommnung) der menschlichen Seele mit der Erkenntnis der Wesen der Existierenden (der wirklichen Beschaffenheit der Existierenden), wie sie sind (*ʿalā mā hiya ʿalaihā*, sofern sie sind). Die Zustimmung zu ihrer Existenz verwirklicht sich durch Beweise, nicht durch Vermutung (*bi aẓ-ẓan*) oder Nachahmung (*at-taqlīd*), und zwar nach dem Ermessen der Möglichkeit des Menschen. Wenn Du willst, kannst du sagen, die Ordnung der Welt ist eine geistige Ordnung (*naẓman ʿaqliyan*) nach dem Ermessen des menschlichen Vermögens (Fähigkeiten) zur Erlangung der Ebenbildlichkeit (*tašabbuh*, bedeutet auch Ähnlichkeit, Nachahmung usw.) mit dem erhabenen Gott.«[342]

Die praktische Philosophie verfügt demnach über eine bestimmte Erkenntnisart, die mit der Welt des Machbaren zusammenhängt. Über sie erreicht der Mensch die Erkenntnis vom Guten. Ferner führt sie zur Praxis des Guten, sodass die Seele die Herrschaft über den Körper erlangen kann. Mullā Ṣadrā meint, dies sei der Sinn der bekannten Überlieferung »*taḫallaqū bi aḫlāq allāh*«. Der Prophet fordert damit den Menschen auf, sich die Eigenschaften bzw. den sittlichen Charakter Gottes anzueignen. Die Nachahmung göttlicher Attribute ist damit ein moralischer Vorgang und somit auch der Weg

---

340 Siehe Hajatpour 2013, S. 73 – 153.

341 Vgl. Fakhry, Majid (1970): A history of islamic philosophy. NewYork/London: Columbia University Press, S. 341.

342 aš-Šīrāzī, al-Ḥikma al-mutaʿāliya, Bd. 1. Teil 1. S. 20. Zitatübersetzung nach Hajatpour 2013, S. 183.

zum höchsten Gut. Gott ähnlich werden bedeutet hier also, sich ethisch zu optimieren, um dem höchsten Gut näher zu kommen.[343] Diese »Angleichung an Gott« war auch – ähnlich wie bei Platon – das Ziel der Ethik bei Zakarīyā ar-Rāzī, dessen Werke »*Kitāb aṭ-ṭibb ar-rūḥānī*« und »*Kitāb as-sīra al-falsafiyya*« als Pionierarbeiten für die Ethik gelten. Im Kern seiner Ethik steht die Vernunft: Wer mit seiner Vernunft sein Verlangen unterjocht, der ist Gott ähnlich.[344]

Mullā Ṣadrā ist der Meinung, dass die praktische Vernunft das Vermögen der Seele bezüglich der Gerechtigkeit (*ʿadl*) darstellt. Wie bei Ibn Miskawaih handelt es sich bei *ʿadl* auch für Mullā Ṣadrā um die Balancekraft der Seele. Diese kann die Kraft des Zorns (*qaḍabiyya*), des Animalischen (*bahīmiyya*) und der Lustbegierde der Seele (*šahawiyya*) unter ihre Kontrolle bringen.[345] Die satanischen Attribute sind die bösen Eigenschaften, die dem Engel gegenüberstehen. Die Intellektkraft der Seele (*ʿaql*) ist daher auch die Kraft der Engel bzw. der Attribute des Guten.[346]

Die praktische Erkenntnisart gepaart mit der theoretischen Erkenntnis betrachtet Mullā Ṣadrā als zwei Zustandsbereiche, die im koranischen Sinne dem Himmlischen und dem Weltlichen sowie im philosophischen Sinne der Form und der Materie entsprechen.

> »Wir haben den Menschen ja in schönster Gestaltung erschaffen, hierauf haben Wir ihn zu den Niedrigsten der Niedrigen werden lassen.« (K 95/4–5)

Sie stellen zwei Realitäten des Menschen dar. Gott erschuf den Menschen in bester Form und ließ ihn anschließend tief fallen. In diesem Prozess werden diejenigen von diesem Fall wieder heraufgenommen oder errettet, die glauben und tun, was recht ist. Mullā Ṣadrā zufolge spiegeln sie die theoretischen und praktischen Weisheiten wider.[347]

Über die theoretische Weisheit erlangt der Mensch Erkenntnis über Anfang und Ende (*al-mabdaʾ wa al-maʿād*) der Existenz. Die

343 Siehe dazu Āmulī, Ḥaidar: Ǧāmiʿ al-asrār wa manbaʿ al-anwār. Eingel. u. hrsg. v. Henry Corbin (1347/1969). Teheran, S. 363.

344 Siehe Adamson, Peter: Abū Bakr ar-Rāzī, S. 199–217, in: Heidrun Eichner/Matthias Perkams/Christina Schäfer (Hrsg. 2013): Islamische Philosophie im Mittelalter. Ein Handbuch. Darmstadt: WBG-Verlag, S. 210.

345 Siehe aš-Šīrāzī, Ṣadr ad-Dīn Muḥammad Ibn Ibrāhīm: Šarḥ Uṣūl al-kāfī. Kitāb al-ʿaql wa al-ǧahl. Bd. I. Hrsg. v. Muḥammad Ḫʷāǧawī (1988). Muʾassis-ʾi mutāliʿāt wa taḥqiqāt farhangī Teheran, Bd. I, S. 42.

346 Siehe aš-Šīrāzī, al-Ḥikma al-mutaʿāliya, Bd. IX, S. 82.

347 Siehe dazu aš-Šīrāzī, al-Ḥikma al-mutaʿāliya, Bd. 1. Teil 1, S. 21.

praktische Weisheit vermittelt ihm Wissen über die Ordnung der Welt, den Lebensunterhalt und das Heil im Jenseits.

In diese beiden Erkenntnissphären werden Vernunft und Autonomie mit einbezogen. Der Mensch soll sich beiden Welten mit seinen theoretischen und praktischen geistigen Fähigkeiten widmen. Als Ziel schwebt Mullā Ṣadrā die Erkenntnis von Anfang und Ende vor. Die Erkenntnis des Guten führt den Menschen zu der Einsicht, dass er nach Ähnlichkeit mit Gott strebt.[348]

Das Streben des Menschen nach Ähnlichkeit mit Gott ist nach der Auffassung von Ǧalāl al-Dīn ad-Dawānī nur unter der Bedingung nachvollziehbar, wenn die Weisheit zusätzlich durch Sittlichkeit ergänzt wird. Er meint, dass Weisheit die Praxis innehabe.[349] Diese Vorstellung resultiert daraus, dass die Vernunft in der islamischen Philosophie die erste geistige Schöpfung darstellt, die unmittelbar aus dem Wesen Gottes hervorgeht. Durch sie und in ihr entfaltet sich der gesamte Schöpfungsprozess, da der Mensch als Vernunftwesen das einzige Geschöpf ist, das nach Erkenntnis strebt.

In diesem Sinne sind die Ethik und damit auch die Erziehung letztlich eine Sache der Vernunft. Durch seine praktische Fähigkeit gehört daher der Mensch der Welt der Intelligiblen an: Diese sei, wie Ilāhī Qumšaʾī mit Rückgriff auf die ṣadrāische Philosophie erläutert, der realen Welt ähnlich (*al-ḥikma sairūat al-insān ʿalaman ʿaqliyan muḍhiyan li-ʿālim al-ʿainī*).[350] Muḥammad Taqī Ǧafarī interpretiert die praktische Vernunft als sittliches Gewissen. Diese Vorstellung geht auf Mullā Ṣadrās Verständnis von der praktischen Vernunft zurück, die gewisse Parallelen zum Gewissen aufweist.

Ǧaʿfarī zufolge trägt das Gewissen einen metaphysischen Aspekt in sich.[351] Denn zur praktischen Weisheit (*ḥikma*) gehören die vier Kardinaltugenden: Weisheit (*ḥikma*), Enthaltsamkeit (*ʿiffa*), Mut (*šaǧāʿa*) und Gerechtigkeit (*ʿadl*). Diese stellen für Ǧaʿfarī eine innere und seelische Reflexion dar. Im Sinne von Miskawaih ermöglicht die Aneignung dieser Tugenden der Seele die Erkenntnis über die Seienden, wie sie sind, d.h., man gewinnt mit der *ḥikma* Erkenntnisse

348 Siehe Muḥaqqiq, Mahdī u. Izutsu, Toshihiko (Hrsg.) (1352/1974): Fīlsūf-i Ray. Muḥammad Ibn Zakarīyā Rāzī. Teheran, S. 231.

349 Siehe ad-Dawānī, Ǧalāl al-Dīn: al-Lawāmiʿ al-išrāq fī makārim al-aḫlāq. Hrsg. v. Dār al-ʿImāra (1225/1810). Kalkutta, S. 16.

350 Ilāhī Qumšaʾī 1379/2000, S. 137.

351 Vgl. Ǧaʿfarī (o. J.), Wuǧdān, S. 26–27.

über göttliche und menschliche Angelegenheiten (*al-umūr al-ilāhiyya wa al-insāniyya*).[352]

Menschsein ist somit eine praktische Aufgabe, in welcher der Mensch sich unter seinem geistigen Vermögen und der Verfügbarkeit seines Willens zu bewähren hat. Damit lässt er die praktische Anlage seines Seelenvermögens zu einer pädagogischen Größe werden. So gelingt ihm die »Vollendung seines Menschseins und seiner Tugenden« (*wa bihā tatimmu insāniya wa faḍā'ilihu*).[353] Ferner werden das Gute und Böse als menschliche Willenstätigkeit zur spezifischen Aufgabe der praktischen Philosophie.[354]

In Anschluss an Ibn Miskawaih definiert der persische Dichterphilosoph ʿUbaid Zākānī in seinem Werk »Die Fürstenethik« (*Aḫlāq al-ašrāf*) die Weisheit (*ḥikma*) in Bezug auf ihre zwei Aspekte als die Vervollkommnung der Seele bezüglich ihrer zwei Vermögen, der theoretischen und der praktischen:

»Die Weisheit (*al-ḥikma*) zielt auf Perfektion der menschlichen Seele in ihrem theoretischen und praktischen Vermögen. [...]. D.h., in der Vernunftseele sind zwei Vermögen verankert. Ihre (der Seele) Vervollkommnung hängt von der Vervollkommnung dieser beiden ab: des theoretischen und praktischen Vermögens. Das theoretische Vermögen ist dasjenige, welches sein Verlangen auf die Perzeption der Kenntnisse und der Wissenschaften richtet, kraft jenes Verlangens (jener Leidenschaft) sich (die Seele) die Erkenntnis der Dinge aneignet, wie sie ihnen wirklich eigen ist. Danach erreicht (der Mensch) die Erkenntnis um das wahre Ziel und den (letzten) Grund des Ganzen zu erfassen, die das Endziel alles Existierenden bilden – erhaben und geheiligt sei Er (der letzte Grund bzw. Gott). Und (um) geleitet (*dalālat*, Zeichen, Hinweis) von solcher (jener) Erkenntnis mag er die Welt der Einheit und sogar die Stufe der Vereinigung erlangen, und sein Herz Ruhe finden [...]. Das praktische Vermögen ist dasjenige, wodurch (der Mensch) seine Kräfte und seine Handlungen klar ordnet und transparent macht, so daß sie miteinander übereinstimmen und harmonisch werden, damit auf der Grundlage jenes Gleichgewichtes sein sittlicher Charakter lobenswert wird. Wenn dieses Wissen und die Praxis in diesem Grad in einer Person zusammenkommt, kann man sie den vollkommenen Menschen und Stellvertreter Gottes

352 Ibn Miskawaih, Tahḏīb al-aḫlāq, S. 26.

353 Ebd. S. 20.

354 Ebd. S. 19.

nennen. Sein Rang ist die höchste Stufe der Menschengattung, wie Gott, erhaben sei Er, sagte: Er gibt die Weisheit, wem er will. Und wer die Weisheit erhält, erhält (damit) viel Gutes (K 2/269). So wird seine Seele nach dem Verlassen des Leibes für die beständige Wonne, für die ewige Glückseligkeit und für die Aufnahme in die Erleuchtung (*faiḍ*, Gnade) Gottes gereift sein.«[355]

Die praktische Vernunft ist damit die Instanz, der die Funktion der Erziehung der Seele (*trabiyat-i nafs* bzw. *tahḏīb-i nafs*) zukommt. Das Ziel dieser geführten seelischen Pädagogik ist die Entwicklung der Seele hin zum Zustand der vollkommenen Erkenntnisse und des ästhetischen Vollzugs der sittlichen Handlungen. Daher sind Ethik (*aḫlāq*), Ökonomie (*tadbīr al-manzil*) und Politik (*siyāsat al-mudun*) die drei Bereiche der praktischen Philosophie, die für die Belange der menschlichen Lebensgestaltung wesentlich sind.

Erziehung ist somit kein Vorgang, der nur in enger Verbindung mit Ethik und Ökonomie steht: Erkenntniserwerb gehört ebenso zum pädagogischen Programm der Seele. Dieser wäre jedoch ohne sittliche Reinigung nicht zu erreichen. Der Erziehungsgrund ist damit in denjenigen inneren Werten zu suchen, die unmittelbar durch die Vernunft erkennbar sind. Mit dem Prozess des Erkennens geht jedoch ein ethischer Prozess einher, in dem der Mensch sein Wesen aus eigener Kraft einem sittlich vollkommenen Lebenswandel unterziehen kann.

Daher spielt die Ethik eine wichtige Rolle in der Pädagogik im Islam. Ethik kann jedoch keine institutionelle Aufgabe sein. Sie ist ein Zustand der Seele, der die Menschen ohne Gedanken und Überlegung zum Handeln veranlasst.[356] Damit kommt der Seele eine aktive Tätigkeit zu. Sie hat den Willen zum Guten, aber auch den Hang bzw. die Neigung, sich vom Bösen anziehen zu lassen. Der Mensch befindet sich nach Ibn Miskawaih zwischen diesen beiden Anziehungspolen. Durch sein theoretisches und praktisches Vermögen (*al-quwwa al-ʿālima wa al-quwwa al-ʿāmila*) schaffe es der Mensch, die Harmonie zwischen seinem Wissen und seinen praktischen Anliegen zu erreichen.[357] Der Mensch könne die vollkommene Glückseligkeit nur dann erlangen, wenn die Philosophie, so

---

355 Zākānī, ʿUbaid Niẓām ad-Dīn: Aḫlāq al-ašrāf. Kommentiert und hrsg. v. ʿAlī-Aṣġar Ḥalabī (1374/1995). Teheran, S. 62–64. Zitatübersetzung nach Hajatpour, Was ist das Wesen der Philosophie im Islam? 2018, S. 169 – 170.

356 Siehe Ibn Miskawaih, Tahḏīb al-aḫlāq, S. 41; siehe auch aš-Šīrāzī, al-Ḥikma al-mutaʿāliya, Bd. IV. S. 114–115.

357 Vgl. Ibn Miskawaih, Tahḏīb al-aḫlāq, S. 49.

Ibn Miskawaih, in ihrem praktischen und theoretischen Teil durch den Menschen vollzogen werde (*fa-iḏa kamula al-insān bi al-ǧuz' al-'amalī wa al-ǧuz' an-naẓarī: faqad sa'āda as-sa'āda at-tāmma*).[358] Auch in dieser Tradition versteht Ǧalāl al-Dīn ad-Dawānī die Rolle der praktischen Vernunft und ihrer praktischen Tätigkeit für die Sittlichkeit und Erziehung:

> »Die praktische Vernunft bedeutet die Erkenntnis (*'ilm*, Wissen) der Zustände der Vernunftseele des Menschen, so daß die schönen und die mißbilligten Taten kraft des Willens zustande kommen können, damit sie durch jene Erkenntnis vom Lasterhaften (*raḏā'ila*, verworfene Eigenschaften) frei und mit Gutem (*faḍā'il*, Tugenden) erfüllt wird und die Vollendung (*kamālī*, Vollkommenheit), die sie (Seele) betrifft, erreicht.«[359]

Das Böse wird mit der Abhängigkeit von der materiellen Welt, welche nach Mullā Ṣadrās platonischer Vorstellung den Schatten der wahren Existenz darstellt, gleichgesetzt. Dies bedeutet für die Gläubigen die Abwendung von der Wahrheit. Die Wissenschaft der Ethik ist daher, wie der Moralphilosoph und Mystiker Mullā Mahdī Narāqī (auch Nirāqī gest. 1795) in seinem bekannten Werk »Sammlung der Glückseligkeiten« (*Ǧami' as-sa'ādāt*) definiert, das Wissen, durch welches der Mensch das Gute und Böse erkennt. Dieses Wissen heilt die Seele von den bösen Charaktereigenschaften und versieht sie mit guten Sitten.[360]

Sein Sohn Mullā Aḥmad Narāqī (gest. 1829) versucht in seinem Ethikwerk »Himmelfahrt der Glückseligkeit« (*mi'rāǧ as-sa'āda*) die besondere Bedeutung der Ethik gegenüber anderen Wissenschaften hinsichtlich ihres praktischen Zweckes zu beleuchten. Durch die Wissenschaft der Ethik erfolge die Reinigung der Seele von bösen Eigenschaften und die Ausstattung der Seele mit den schönen Veranlagungen. Dieser Vorgang des menschlichen Sittlichkeitsprozesses ist nach Narāqī als Ausfeilung des Charakters (*tahḏib al-aḫlāq*) zu bezeichnen. Das Endziel dieser Ausfeilung des Charakters ist die Erlangung des höchsten Gutes (*ḫair*) und der ewigen Glückseligkeit (*sa'ādat-i abadī*).[361]

358 Ebd. S. 50.
359 ad-Dawānī, al-Lawāmi' al-išrāq, S. 11.
360 Narāqī, Mahdī: Ǧāmi' as-Sa'ādāt ". Hrsg. v. Muḥammad Riḍā al-Banī al-Kašānī (1417/1997). Bd. I. Ghom, S. 13.

Aḥmad Narāqī ist der Meinung, dass nur der Ethik der Rang als höchste Wissenschaft bzw. als höchste Erkenntnis zukommt. Zum einen sei ihr Gegenstand die menschliche Vernunftseele, zum anderen wurde der Mensch durch sie zur Krönung der Schöpfung auserkoren. Somit handelt es sich bei dieser Wissenschaft auch um die Krönung der Wissenschaften. Diese Ansicht, dass die Ethik zu den vorzüglichsten Künsten gehört, wird ebenfalls von dem islamischen Aristoteliker Ibn Miskawaih vertreten.[362] Beide Narāqīs folgen ihm in ihrer Ethik, wenngleich sie ihre Ethik nicht rein philosophisch aufbauen, sondern ihren Ethiklehren eine Fülle praktischer und moralischer Anweisungen zur Seite stellen. Diese leiten sie stark aus Überlieferungen ab.

Beide sehen die wahre Weisheit in der prophetischen Religion und in dem, was darin als Grundlage des Glaubens und Handelns verankert ist. Doch zeigen die bisherigen Erläuterungen über die Ethik, dass die menschliche Seele als Gegenstand der Sittlichkeit direkt von der Vernunft geleitet wird.

Die Ethik ist sozusagen eine Vernunfterkenntnis und ihre praktische Verwirklichung eine rationale Tätigkeit. Diese kann durch die Erziehung der Seele vollzogen werden. Zwar wurden, wie dem Koran zu entnehmen ist, durch Gott der menschlichen Seele das Gute und das Böse eingegeben (K 91/8). Doch wurde die Seele auch mit Fähigkeiten ausgestattet, die es ihr ermöglichen, sich selbst nach ihrer Einsicht und ihrer Entwicklung zu gestalten. Diese Gestaltungsmöglichkeit legt die Vermutung nahe, dass der Mensch selbst der pädagogische Gestalter seines seelischen Zustandes ist. Nach beiden Narāqīs und anderen Gelehrten ist die Seele ein unbeschriebenes Blatt und somit auch formbar. Ibn Miskawaihs Erziehungslehre geht ebenso von der Formbarkeit der Seele aus. Denn die Seele des Kindes sei frei von Formen und Eindrücken und stehe für sittliche Erziehung bereit, sobald sie in der Lage sei, tugendhaft zu reflektieren, und die ersten Zeichen für moralisches Empfinden aufgetreten sind.

> »Die Seele des Kindes ist einfach. Sie ist nicht geformt (von keiner Form ist sie geprägt). Sie trägt keine Idee in sich, auch keine feste Absicht (keine Orientierung, kein festes Ziel). Sie pendelt hin und her (tendiert von einem zu etwas anderem). Wenn sie von einer Form geprägt wird

---

361 Narāqī, Aḥmad: Miʿrāǧ as-saʿāda. Hrsg. u. verbessert v. Riḍa Marandī (^{2}1379/2000). Teheran, S. 25–27.

362 Ibn Miskawaih, Tahḏīb al-aḫlāq, S. 46.

und sie annimmt, wächst es (das Kind) entsprechend dieser Form und es wird sich an sie gewöhnen.«[363]

Die Erlangung des höchsten Gutes und der Glückseligkeit kann daher nur unter der eigenen, freien und souveränen Initiative eine Bedeutung für den Menschen gewinnen. Auf diese Rationalität und Souveränität führt auch Muḥammad Taqī Ǧaʿfarī die Prinzipien für die sittliche Erziehung zurück. Er plädiert dafür, dass dem Menschen die Möglichkeit gegeben wird, sich seines Menschseins bewusst zu werden. Seiner Überzeugung nach ist der Mensch in der Lage, im Schulterschluss mit dem materiellen Leben auch ein spirituelles Leben zu pflegen. So kann er das Bewusstsein erlangen, das materielle Leben als Mittel für eine hohe sittliche Lebensweise zu begreifen.[364]

Wenn Erziehung als ethischer und sittlicher Vorgang zu betrachten ist, so ist sie zugleich ein Zweig der praktischen Vernunft. Die Frage stellt sich nun, wie sie erfolgen sollte, ohne die Autonomie der praktischen Vernunft zu verletzen. Für die islamischen Gelehrten sind die Ausbildung und die Schulung des menschlichen Geistes unverzichtbar. Gerade weil die menschliche Seele ein unbeschriebenes Blatt darstellt, ist die Erziehung des Kindes Aḥmad Narāqī zufolge erfolgreicher als die des Erwachsenen.[365] Für ihn kann die richtige Erziehung der Seele nach der prophetischen Lehre erfolgen.

So gibt Aḥmad Narāqī, wie viele andere Ethikautoren auch, in seinem Buch theoretische und praktische Anweisungen. Durch sie soll der Mensch nach der prophetischen Lehre zur Sittlichkeit erzogen werden. Trotz der prophetischen Tradition, die von einem praktischen und idealen Muster der Sittlichkeit spricht, folgt Narāqī in der Beschreibung des Guten und des Bösen der antiken Tugendlehre nach den vier Kardinaltugenden Weisheit (*ḥikma*), Enthaltsamkeit (*ʿiffa*), Mut (*šağāʿa*) und Gerechtigkeit (*ʿadl*).

Auch Aḥmad Narāqī ist der Meinung, dass diese Tugenden ohne die Oberherrschaft des Vernunftvermögens (*quwwa ʿāqila*) nicht zu erreichen sind. Ihm zufolge gehen die Quellen des Guten und Bösen auf das menschliche Vermögen zurück. Wenn der Vernunft der Sieg über Einbildung, Zorn und Triebe gelingt, werden die vier Tugenden das Ergebnis einer Vernunftherrschaft.[366]

---

363 Ebd. S. 67.
364 Vgl. Ǧaʿfarī, 1379/2000, S. 100.
365 Siehe Narāqī, Miʿrāğ as-saʿāda, S. 24.
366 Ebd. S. 38–46.

Mit geringfügigen Unterschieden zeigt Ǧalāl al-Dīn ad-Dawānī (gest. 1502, auch bekannt als ʿAllāma Dawānī), welche Rolle die Vernunft in der menschlichen Selbstgestaltung einnimmt. Muḥammad b. Asʿad Ǧalāl al-Dīn ad-Dawānī studierte bei seinem Vater, der wiederum ein Schüler Sayyid aš-Šarīf al-Ǧurǧānīs (gest. ca. 1413) war. Er übte während der Herrschaft von Ḥasan Baiġ-Ḫan Bahadur (Āq Qoyunlu Ozun Ḥasan) das Amt des Oberrichters aus. Er sowie sein Gegner Ṣadr ad-Dīn Daštakī finden in Mullā Ṣadrās Hauptwerk häufig Erwähnung.

Dawānī wurde im Westen wegen seines Ethikswerkes »Ǧalālīs Ethik« (*Aḫlāq-i Ǧalālī*) bekannt. Der vollständige Titel dieses Werkes lautet »Das Funkeln der Erleuchtung über die edlen Charaktereigenschaften« (*al-Lawāmiʿ al-išrāq fī makārim al-aḫlāq*). Sein Buch ist eine Weiterentwicklung des ethischen Strangs in der Tradition von Ibn Miskawaih, wobei er die Philosophie mit Mystik verbindet.

Dawānī meint, folgt der Mensch der Vernunft und unterwirft ihr Begierde und Zorn, erhebt er sich über die Engel. Unterwirft er andererseits die Vernunft der Begierde und dem Zorn, wird er niedriger als ein Tier. Denn die Vernunft sei das Vermögen, durch das sich der Mensch von Tieren und Engeln unterscheidet.

Dawānī erklärt ferner, dass die Vernunft für die Stellvertreterschaft Gottes auf Erden unverzichtbar ist. Wenn der Mensch sich sowohl in der Weisheit als auch in den Tugenden vervollkommnet, sei er berechtigt, die Stellvertreterschaft Gottes auf Erden zu beanspruchen.[367] Diese Stellvertreterschaft ist eine sittliche Verkörperung, die durch die Vernunftseele (*an-nafs al-ʿāqila*) auf der Erde vollzogen werden kann. In diesem Zusammenhang kommen der Seele als Vermögen und Subjekt die Selbsterkenntnis und Selbsterziehung zu. Denn nur durch diese Fähigkeiten der Seele kann der Mensch, wie auch Ibn Miskawaih weiter ausführte, zum Menschen werden. Die Sittlichkeit ist dabei in seiner Vernunftseele zu suchen.

Diese ethische Selbstkonstituierung des Menschen ermöglicht es der Seele, die Unvollkommenheiten ins Auge zu fassen und durch asketische Anstrengungen ihre Vervollkommnung selbst in die Hand zu nehmen.[368] Durch den Vollzug der Selbsterkenntnis der Vernunftseele wird der Mensch sich seines Wesens bewusst und nimmt seinen Rang bei dem Göttlichen ein. Dadurch ist er in der Erziehung seiner

367 ad-Dawānī, al-Lawāmiʿ al-išrāq, S. 15–16.

368 Vgl. Ibn Miskawaih, Tahḏīb al-aḫlāq, S. 59.

Kräfte (*fī tarbiya hāḏihi al-quwā*) und in deren Konstituierung nach Ibn Miskawaih der beste Stellvertreter Gottes.[369]

Diese Selbstreflexion der Seele, über die sie aufgrund ihrer Vernünftigkeit und Sittlichkeit verfügt, ist meines Erachtens jene pädagogische Konstituierung des Selbst, die wir bei Ibn Miskawaih immer wieder feststellen. Der Grad des Menschseins hängt bei ihm davon ab, wie man sich bzw. sein Selbst kraft seines Willens und seiner Kräfte, die unter der Herrschaft seiner Vernunft agieren, einer asketischen Selbsterziehung unterziehen kann. Durch einen selbsterzieherischen bzw. sittlichen Vorgang bestimmt der Mensch den Grad seiner Verwirklichung. Dadurch werden »manche Menschen besser als die anderen, und manche verfügen über ein Mehr an Menschsein als die anderen.«[370]

Wir sehen daher die Möglichkeit, Erziehung als einen Vorgang der praktischen Vernunft zu betrachten. Dieser Vorgang wird in Mullā Ṣadrās transzendentaler Philosophie mit dem Intellektvermögen der menschlichen Seele begründet. Mit der Erziehung wird dem Menschen eine Stufe von seinem menschlichen Dasein gewährt, durch die er sich von den Tieren absondern kann.

Mullā Ṣadrā betrachtet die Erziehung als eine Besonderheit, die den Menschen als Mensch kennzeichnet. Die Stufe des Menschseins ist für ihn eine geistige Stufe, die sich über die materielle Welt erhebt und sich mit dem aktiven Intellekt vereint. Nach seiner evolutionären Vorstellung kennzeichnet der Prozess der Erziehung den Grenzwandel des Tierseins hin zur Menschwerdung. Sobald das Tierwesen dem »Menschwesen« näherkommt, tritt die Erziehung ein und damit erhebt sich der Mensch über die anderen Tiere (*ḥattā yaqraba min ufuq al-insān, fa-ḥina ʾiḏin yaqbalu at-taʾdīb wa yaṣiru bi-qubūlihi al-adab al-fāḍila yatamayyazu bihā min sāʾir al-ḥayawānāt al-uḫar*).[371]

Im Horizont des Menschseins tritt der Mensch in einen neuen Zustand, in dem die Vernunft, das Unterscheidungsvermögen, die Sprache und die Mittel erscheinen, die dem Menschen zur Verfügung stehen. Diese sind Begleiter der menschlichen Vervollkommnung. Mit dem Vernunftvermögen, Willensvermögen und Bemühen wird dem Menschen der Weg zur höchsten Stufe des Daseins geebnet. Vom Horizont des Menschseins erreicht er den Horizont der Engel, wo alles Seiende sich vereinen kann und sich der Kreis der Existenz schließt.[372]

---

369 Ebd. S. 64.

370 Ebd. S. 59.

371 aš-Šīrāzī, al-Ḥikma al-mutaʿāliya Bd. V, S. 346 f.

Mullā Ṣadrā begibt sich damit auf das geistige Feld seiner aristotelischen Vorgänger wie Ibn Miskawaihs. Er versucht dennoch, den Menschen im Lichte seiner evolutionären und transzendentalen Existenzphilosophie und Lichtmetaphysik einem Prozess zu unterziehen. Dabei bestimmt er sich selbst sowie den Grad seiner Existenz stufenweise, um die Vollkommenheit und die höchste Einsicht zu erreichen und vom erhabenen göttlichen Licht erleuchtet zu werden. Dies ist die Stufe, welche die Weisen oder die Propheten erreichen können. Damit haben sie platonisch ausgedrückt die Verantwortung, zwischen der höheren und niedrigen Welt zu vermitteln.

7 Selbsterziehung der Vernunft

Im Islam gibt es keine direkte Debatte, in der man die Erziehung für überflüssig hält. Es existieren dennoch Ansätze, welche die Erziehung eher als Hilfsmittel zur Selbsterziehung in Betracht ziehen. Diese Ansätze sind allerdings nicht radikal bzw. naturromantisch genug, um sie mit der Rousseau`schen Erziehungsvorstellung zu vergleichen.

Abū Ḥāmid al-Ġazālī z. B. übt Kritik an der Erziehung, die zur Nachahmung führt. In seinem autobiographischen Werk »*al-Munqiḏ min aḍ-ḍalal*« hält er die Erziehung zum Zweck der Wahrheitsfindung nicht für sinnvoll. Denn diesen Weg kann der Gläubige durch Selbstdisziplin und asketische Selbstkontrolle eigenständig bewältigen:

> »(Mein) Durst nach dem Begreifen der Wahrheiten (wirklichen Tatsachen) der Dinge war schon zu Beginn und während der Blüte meiner Jugend da. Es sind der Instinkt und die natürliche Veranlagung, die meinem Wesen von Gott ohne meine Wahl und mein Zutun verliehen (gelegt) wurden, so daß die Fessel der blinden Nachahmung sich schon in der frühen Jugend von mir löste und die überlieferten Glaubensgrundsätze in mir zerbrachen. Denn als ich sah, daß die Kinder der Christen auf nichts anderes als auf das Christentum, die Kinder der Juden auf das Judentum und die Kinder der Muslime zum Islam hin erzogen wurden und ich dazu die Überlieferung des Propheten – Friede sei über ihm – im Ohr hatte: ›Jedes Kind wird in seiner natürlichen Beschaffenheit geboren. Es sind seine Eltern, die ihn zum Juden, zum Christen oder zum Magier machen‹, drängte es mich in meinem Inneren, die Wahrheit dieser ursprünglichen Natur und die

[372] Ebd. S. 347 f.; Vgl. Ibn Miskawaih, Tahḏīb al-aḫlāq, S. 80.

> der zufälligen Glaubensgrundsätze, die durch die Nachahmung von Eltern und Lehrern entstanden sind, zu erfahren und zwischen diesen blinden Nachahmungen zu unterscheiden. Diese blinden Nachahmungen beginnen mit Belehrungen, aus denen durch die Unterscheidung zwischen dem Wahren und dem Falschen Kontroversen entstehen.«[373]

Al-Ġazālī stellt sich nicht gegen traditionelle, gesellschaftliche und institutionelle Eingriffe, solange sie im Rahmen der religiösen Rechtleitung handeln, denn ohne göttliche Rechtleitung und Barmherzigkeit ist keiner vor den Gefahren in diesem Leben gefeit.[374]

Stattdessen kritisiert er Nachahmung, Belehrung und Gewohnheiten, denen Überzeugungen zugrunde liegen, die von den Eltern und Lehrern übernommen werden. Im Gegensatz dazu gibt es eine natürliche Veranlagung (*fiṭra*), die Gott dem Menschen einverleibt hat und mit der er den wahren Weg und Glauben erreichen kann.

Die optimale Erziehung wird allerdings erst dann erreicht, wenn die Disposition (*fiṭra*) des Menschen bei der Erziehung von institutioneller und gesellschaftlicher Nachahmung unberührt bleibt. Denn die blinde Nachahmung hält den Menschen auf, sich seines wahren Wesens bewusst zu werden. Das Wesen des Menschen hat einen göttlichen Ursprung und ist so beschaffen, die Wahrheit erkennen zu können. In diesem Sinne soll, um diese unschuldige Disposition des Menschen zu bewahren, dafür gesorgt werden, den Menschen in seiner wahren und natürlichen Natur vor der Nachahmung zu schützen.

Versteht man al-Ġazālī richtig, so ist zwar Erziehung nicht überflüssig, es bleibt jedoch ungeklärt, wie sie mit der Selbsterfahrung durch die natürliche Veranlagung zu vereinbaren ist. Aus seinen Aussagen kann man schließen, dass die Erkenntnis der Wahrheit nicht durch Belehrung allein erreicht werden kann. Für ihn gibt es mit Hilfe einer inneren persönlichen Hinwendung zu seinem Wesen eine zusätzliche Quelle des Erkennens und Handelns.

Er ist der Meinung, dass die menschliche Disposition zum Guten neigt und eigentlich keiner Erziehung bedarf. Wenn man sich seiner guten Disposition bewusst wird, kann man sein eigener Erzieher werden. Dennoch ist die menschliche Disposition nicht bei allen gleich. Manche Menschen sind schwach, andere dagegen stark. Einige sind sich vieler Dinge bewusst, andere unwissend.[375]

---

373 al-Ġazālī, al-Munqiḏ, S. 84.

374 Siehe Fakhry ^{2}1994, S. 196–201.

375 Vg. Mubārak 1924, S. 151–156.

Was aber den seelischen Zustand betrifft, so hat man es hier mit einer Erkenntnis zu tun, die nicht durch den Erwerb wissenschaftlicher Beweise zu erlangen ist, sondern durch eine Art Erleben. In seinem biographischen Bekenntnis warnt al-Ġazālī vor der Nachahmung. Der Mensch muss nach Gewissheit streben. Der Weg dazu sei die mystische Schau. Und dies ist nichts anderes als der Glaube und die Liebe zur prophetischen Schönheit.

Al-Ġazālīs mystisches Erleben ist keine Selbsterziehung zur Vernunft, die bei den Philosophen einen wesenhaften Aspekt der Seele darstellt. Sie ist eine Selbsterfahrung und ständige Seelenanalyse. Einen anderen Weg als al-Ġazālī geht der andalusische Denker Ibn Ṭufail (lat. Abubacer, 1110–1185), bei dem man Gedankenspuren von al-Fārābī und al-Ġazālī vorfindet. Für ihn hat die Vernunft die Fähigkeit, autonom zu sein. Sie benötigt im Grunde keine göttliche Rechtleitung, um die Wahrheit zu erkennen.

In seinem Werk »Das Traktat von Ḥayy ibn Yaqẓān« (*Risālat Ḥayy ibn Yaqẓān*), das auch als eine Art »philosophischer Bildungsroman« bezeichnet wird,[376] zeigt Ibn Ṭufail den Prozess der menschlichen Selbstkonstituierung auf und wirbt für die Idee einer geistigen Souveränität und einer intellektuellen Freiheit. Er verbindet zwar Religion, Ethik und Erkenntnisse. Jedoch kommt dabei, ähnlich wie bei John Locke, der eigenen persönlichen Vernunft das letztgültige Urteil zu.

Ibn Ṭufail, ein Zeitgenosse von Ibn Rušd (Averroes) und Šihāb ad-Dīn Suhrawardī, wirkte als Arzt und Sekretär während der Herrschaft von Granada. Er genoss bei den spanischen Fürsten und dem Kalifen der Almohaden großes Ansehen. Trotz seiner öffentlichen Aktivitäten bei den almohadischen Herrschern hielt er den »Rückzug aus der Öffentlichkeit […]« für »ein anzustrebendes Ideal«[377].

Dieser Rückzug aus der Gesellschaft unterscheidet sich von dem »einsamen Menschen« bei Ibn Bāǧǧa (gest. 1138, lat. Avempace), mit dem er sich in seinem Werk »Die Lebensführung des Einsiedlers« (*Tadbīr al-mutawaḥḥid*) befasste. So steht Ibn Ṭufails Ḥayy ibn Yaqẓān für alle Menschen. Dagegen ist der Einsiedler bei Ibn Bāǧǧa ein Philosoph, der sich mit dem aktiven Intellekt vereint hat.

---

376 Siehe Ibn Ṭufail, Abū Bakr: Der Philosoph als Autodidakt. Ein philosophischer Inselroman. Übersetzt mit einer Einleitung und Kommentaren von Schärer, Patric O. (Hg.) (2009). Hamburg: Felix Meiner Verlag, S. XIV.

377 Rudolph 2004, S. 65–66.

Ibn Bāǧǧas Pessimismus gegenüber der Gesellschaft liegt darin, dass er im Gegensatz zu al-Fārābī nicht daran glaubt, dem Menschen mit Hilfe eines Tugendstaats zur Glückseligkeit verhelfen zu können. Denn in einer Gesellschaft besteht die Gefahr für einen Philosophen als sog. Wegweiser darin, sich korrumpieren zu lassen. Daher liegt seine Rettung gänzlich in der Isolation von Politik und Gesellschaft.[378]

Der philosophische Inselroman »Das Traktat von Ḥayy ibn Yaqẓān« erzählt von einem Menschen, dessen einziger Lehrer und Erzieher die Natur ist. Ḥayy wächst allein ohne Eltern auf einer Insel unter der Obhut eines weiblichen Rehs bzw. einer Gazelle (*aẓ-Ẓabya*, auch Antilope) auf. Das Tier ist seine erste Lehrerin und Teil der Natur, die er imitiert. Ḥayy verkörpert, wie Sebastian Günther zu Recht formuliert, »eine Art ›Ur-Robinson‹, d. h. eine Figur, die völlig auf sich selbst gestellt ist und fernab von allen anderen Menschen lebt.«[379]

Ḥayy lernt sämtliche Erscheinungen der Natur kennen und beobachtet ihre Veränderungen. So wird in ihm die Neugier geweckt, alle ihre Geheimnisse zu erkennen. Er entdeckt das Feuer und wird sich dessen Besonderheit bewusst. Dies geschieht auch bei anderen natürlichen Phänomenen. Als seine Begleiterin, die Gazelle, stirbt, überkommt ihn eine »tiefe Verzweiflung und seine Seele war übervoll mit Kummer.«[380]

Ḥayy versucht, die Ursache für den Stillstand des toten Körpers zu erforschen. Als er in den sichtbaren Körperteilen nichts findet, beginnt er durch eine Autopsie das Innenleben zu erkunden.[381] Nach vielen Untersuchungen stößt er auf eine leere Hülle und stellt fest, dass alle Organe ihre Funktionen verloren haben. Auch das Herz ist leer und Ḥayy fragt sich allmählich, was sich hinter diesen leeren Hohlräumen verbirgt. Er kommt zu folgendem Ergebnis:

> »Der ganze Körper erschien ihm darauf erbärmlich und wertlos gegenüber jenem Ding, von dem er annahm, dass er dem Körper eine Zeitlang innewohnte und ihn danach verließ.«[382]

---

378 Ebd. S. 61–64.

379 Günther, Sebastian: »Der Lebende, Sohn des Wachen: Über die Geheimnisse der orientalischen Weisheit – Literatur und Religion in einem philosophisch-allegorischen Roman des klassischen muslimischen Gelehrten Ibn Tufail«, in: Toni Tholen, Burkhard Moennighoff, Wiebke von Bernstorff (Hrsg. 2012): Literatur und Religion. Hildesheimer Universitätsschriften 25. Hildesheim, S. 250–273, hier S. 257.

380 Ibn Ṭufail, Der Philosoph als Autodidakt, S. 29.

381 Ebd. S. 30.

382 Ebd. S. 35.

Die Gazelle ist quasi der einzige Spiegel, in dem Ḥayy sich selbst sieht. Allmählich stößt er auf eine andere Kraft, eine verborgene Quelle, welcher der Körper das Leben verdankt. Ihm wird mit der Zeit die Gabe der Vernunft bewusst, die innere Stimme seines Wesens, mit der man Erkenntnisse erwerben kann. Diese Vernunft ist eine Art instinkthaftes Vermögen, mit dem Ḥayy Erfahrungen sammelt, analysiert und Schlussfolgerungen zieht. Dadurch erlangt er Selbst- und Umwelterkenntnisse. Ḥayy begreift bald, dass er anders ist als die Tiere. Seine autodidaktische Natur- und Selbstreflexion verleiht ihm die Disposition, sein eigener Pädagoge zu sein. Mit den Worten von Ulrich Rudolph strebt Ibn Ṭufail mit der Figur seines Romans danach, die Autonomie des menschlichen Intellekts zu beweisen:

> »Ihm geht es darum, die Autonomie des menschlichen Intellekts zu beweisen. In diesem Sinn beschreibt er, wie Ḥayy ibn Yaqẓān Schritt für Schritt – ohne Anleitung durch einen Lehrer oder durch einen Propheten – die ihn umgebende Welt versteht und schließlich bis zu den höchsten Erkenntnissen, die einem Menschen möglich sind, vordringt.«[383]

Ḥayy ibn Yaqẓān entdeckt die Natur auf eine sinnliche und geistige Art. Er findet eine rationale und natürliche Ethik, eine sinnliche, analytische, beobachtende und intuitive Vernunft und letztlich den übersinnlichen Gott, ohne dass er dafür einen persönlichen Lehrer benötigt. Denn er lebt fern von der Gesellschaft und von den in ihr herrschenden Schulen und Institutionen. So verfügt er über keinerlei Wissen über die Lehren der Religionen und schon gar nicht über den Islam.

Durch seine zufällige Begegnung mit Absāl (er nennt ihn Asāl),[384] der von der gegenüberliegenden Insel auf seine Insel reist, um Einsamkeit zu suchen, und sich mit Ḥayy allmählich anfreundet, erfährt er von den Einwohnern der anderen Insel und der Lehre des Islam. Zunächst muss er sich an die Sprache gewöhnen, in der sich Absāl ausdrückt. Dieser sieht vieles, was Ḥayy allein auf dieser Insel erlernt hat, als identisch mit der Lehre des islamischen Propheten an. Es versetzt Absāl in Erstaunen, wie meisterhaft Ḥayy vieles allein durch seine eigene Vernunfterfahrung bewerkstelligt.

---

383 Rudolph S. 61–64.

384 Vgl. Ibn Ṭufail, Muḥammad Ibn ʿAbd al-Malik: Ḥayy bin Yaqẓān. Hrsg., kommentiert und eingel. v. Fārūq Saʿd (q1394/1974). Beirut, S. 218.

Ḥayy wundert sich jedoch über die religiösen Verpflichtungen, deren Sinn er hinterfragt. Ebenso irritiert ihn die allegorische Sprache, in der der Prophet das Volk unterrichtete. Er fasst dennoch Mut, die Inselbewohner zu besuchen und sie über seine Erfahrungen zu unterrichten. Als beide Männer mit gemischten Gefühlen die gegenüberliegende Insel besuchen, wo Salāmān, der Gefährte von Absāl, die Masse nach den dogmatischen religiösen Traditionen führt, erkennt Ḥayy bald, dass die Einwohner äußerlich und nachahmend der Lehre des Islam folgen, aber nicht in der Lage sind, die Wahrheit durch die Enthüllung bzw. durch ihre eigene Vernunfterfahrung unmittelbar zu begreifen. Diese Verpflichtungen und die allegorische Sprache des Korans sind, wie er es für sich rechtfertigt, für die unwissenden Menschen, also für diejenigen, deren natürliche Instinkte bereits von den herrschenden Meinungen und der Tradition beeinflusst sind. Ḥayy und Absāl kommen zu der Ansicht,

> »daß diese Gemeinschaft unfähige Anhänger (blinde Anhänger) sind und daß es keine Rettung für sie gibt, außer jenem Weg (dem äußerlichen und traditionellen Weg).«[385]

Ḥayy kehrt mit Absāl auf seine einsame Insel zurück und beide geben sich der mystischen Versenkung hin. Hier vereint sich Ḥayys religiöses Erwachen mit intuitiver Erkenntnis und der mystischen Schau der unverhüllten Wahrheit. Ibn Ṭufail zeigt mit seinem Werk, wie Ulrich Rudolph treffend formuliert:

> »Die letzte Botschaft des Romans lautet deswegen, es gebe verschiedene Wege zum Heil, denn man müsse die Menschen nach ihren Verständnismöglichkeiten unterscheiden.«[386]

Aus seinem Inselroman sind viele ethische Aspekte und Lehren zu konstatieren, die ein Erziehungsprogramm anbieten. Die pädagogische Botschaft lautet nämlich: Führung durch die intuitive Vernunft sowie logisches Erfassen und Gewissensforschung gegen Nachahmung. Die entscheidenden anthropologischen und mystischen Begriffe dafür, wie *fiṭra* (Diposition), *ḥads* (Intuition), *ma'rifa* (Erkenntnis), *ḏauq* (Schmecken), *mukāšafa* (Enthüllung) und *mušāhada* (Schau), finden in der Erzählung Ibn Ṭufails Ausdruck, da diese den Weg zur wahren Erkenntnis und Glückseligkeit begleiten.[387]

---

385 Vgl. ebd. S. 234.
386 Rudolph 2004, S. 67.

Ibn Ṭufails *Ḥayy* (lebender Mensch) ist ein Mensch wie alle anderen, der von der Schöpfung ausgehend die gleichen Fähigkeiten besitzt. Er kennt keine Sprache und lernt über sich und die Umwelt die Sprache der Natur. Er enthüllt die Geheimnisse der Schöpfung und die reine Wahrheit. So erzieht er sich selbst quasi stufenweise mit seinem logischen gesunden Verstand und erkennt folglich die Tugendhaftigkeit. Sebastian Günther weist darauf hin,

> »dass Ibn Ṭufail mit seinem großartigen literarischen Werk Ḥayy ibn Yaqẓān einen Erziehungsroman vorlegte, in dem ein menschlicher Erzieher fehlt. Ibn Ṭufail unterstreicht dadurch nicht nur die Autonomie des menschlichen Intellekts, sondern bekennt (so wie andere klassische muslimische Gelehrte vor und nach ihm auch), dass für ihn der erste und oberste Lehrer und Erzieher des Menschen einzig und allein Gott ist.«[388]

So ist Ibn Ṭufail bestrebt, eine speziell östliche Weisheit zu lehren, die er auch als Untertitel in seinem Traktat nennt: Das Traktat Ḥayy ibn Yaqẓān über die Gehemnisse der östlichen Weisheit (illuminative Weisheit) (*Risālat Ḥayy ibn Yaqẓān fī asrār al-ḥikma al-mašriqiyya* (oder *al-mušriqiyya*).[389] Es handelt sich um zwei Lesarten, die beide auf die sogenannte Erleuchtungsphilosophie hindeuten. Er philosophiert im Geist Ibn Sīnās, denn er verfolgt und vertieft dessen Fantasie in seiner eigenen orientalischen Weisheit der Erkenntnis[390] und übernimmt die Figuren sowie die Idee des aktiven Intellektes. Er vermischt diese mit der Idee des einsamen Siedlers und der theoretischen Vernunft Ibn Bāǧǧas (lat. Avimpace), übersteigt sie jedoch mit einer intuitiven Vernunfterfahrung, die bei den Mystikern als Präsenzwissen bezeichnet wird.

Ibn Ṭufail verwendet die theoretische Wissenschaft (*ʿilm naẓarī*) mit der diskursiv-rationalen Forschung (*baḥṯ fikrī*). Ihr folgt die intuitive Schau (*mušāhada, ḏauq*) bzw. das intuitive Erfassen (*ḥads*), so dass »er (Ḥayy) ohne belehrt zu werden zur Kenntnis gelangt«.[391]

Ibn Ṭufail verbindet sie mit dem Ziel, nach dem der Mensch als ein sinnlich-vernünftiges Wesen souverän und unabhängig auf sich

---

387 Siehe Ibn Ṭufail, Der Philosoph als Autodidakt, S. 3–15, 90, 100.

388 Günther, Der Lebende, Sohn des Wachen, 272–273.

389 Ebd. S. 256.

390 Schärer, Patric, Einleitung, In: Ibn Ṭufail, Der Philosoph als Autodidakt, S. XXX-XXXII.

391 Ebd. S. 7, Fußnote, S. 118, 120.

selbst gestellt ist und so an die wahre Erkenntnis gelangt. Auch wenn er letztlich eine höhere Wahrnehmungsquelle entdeckt, mit der man unmittelbar an die Wahrheit herankommen könnte, verdankt er diese den Sinnen und der Vernunft, die ihm naturhaft zu eigen sind.

> »Ibn Ṭufails Held, Ḥayy ibn Yaqẓān, ist ein nach Erkenntnis strebender Mensch, der ohne göttliche Offenbarung und ohne Prophetie und ausnahmslos durch seine genauen Beobachtungen, nämlich der gezielten Erforschung der Natur, sowie seinem Vermögen zur intellektuellen Abstraktion – in einem stufenförmigen Erkenntnisprozess – im Alter von fünfzig Jahren schließlich zu Gott findet.«[392]

392 Günther, Der Lebende, Sohn des Wachen, S. 257.

Adab-Erziehung als Vorgang der sittlichen Charakterveredelung

Die erzieherische Funktion der Vernunft ist eng mit der Ethik und der Sittlichkeit verbunden. Dabei sind diejenigen Aspekte von Bedeutung, die mit der gesellschaftlichen Relevanz der sittlichen Erziehung einerseits und dem damit verbundenen Vervollkommnungsprozess andererseits einhergehen. Darauf konzentrierten sich vor allem die *Adab*-Autoren.

Adab-Literatur lässt sich bis ins 8. Jahrhundert zurückverfolgen.[393] Jedoch erhält der Begriff *Adab* erst ab dem 19. Jahrhundert die Bedeutung »Literatur« im engeren Sinne. Bei ʿAmr ibn Baḥr al-Ǧāḥiẓ (gest. 868), der selbst als Literat bekannt und Autor zahlreicher *Adab*-Schriften war, bezeichnet *Adab* als »eine für verschiedenste Kenntnisse offene Gesamtstruktur«.[394] Daher war die Person ein *Adīb*, der ein enzyklopädisches Wissen innehatte bzw. divers gebildet war.

Der Begriff *Adab* umfasst verschiedene Typen der Bildungswerke, die von der Didaktik, Schreibkunst bis hin zur praktischen Moral allgemeine und besondere Verhaltensregeln sowie eine ästhetische und schöngeistige Natur aufzeigen.[395] Woher aber der Begriff *Adab* stammt, wird kontrovers diskutiert. Möglicherweise ist der Begriff persischen Ursprungs und bedeutet übersetzt »Schreiben«.[396] Doch schon seit der frühislamischen Zeit steht der Begriff traditionell als *Adab*-Erziehung für Anstandsweisheiten. Mit dieser pädagogischen Lektüre vermittelte man den Fürsten, wie sie sich sittlich verhalten sollen und ihren Charakter kultivieren können. Allgemein sollte dadurch den Menschen der sittliche Umgang in zwischen-

---

393 Siehe Horst, Entstehung der *adab*-Literatur, S. 209.

394 Siehe Triki, Fathi (2011): Demokratische Ethik und Politik im Islam. Arabische Studien zur transkulturellen Philosophie des Zusammenlebens. Aus dem Französischen übersetzt von Hans-Jörg Sandkühler. Göttingen: Velbrück Wissenschaft, S. 30–31.

395 Vgl. Horst, Entstehung der *adab*-Literatur, S. 211–216.

396 Siehe Aḏarnūš, Adab, S. 296–298.

menschlichen Beziehungen nähergebracht werden. Aḏartāš Aḏarnūš setzt sich ausführlich mit dem Thema *Adab* auseinander und liefert dabei in seinem Beitrag in »*Dā'irat al-ma'ārif buzurg-i islāmī*« wertvolle ideengeschichtliche Erkenntnisse.[397]

Bei pädagogischen *Adab*-Schriften ging es zunächst um die allgemeine Charakterbildung des Menschen, also um die Veredlung des Charakters. Diese Erziehung erfolgte durch die Weisen, Wissenden, Edlen und die sozial vornehmen Gruppen. Man war bemüht, die Fürsten und ihren Nachwuchs nach den Prinzipien der Anstandsregeln und der Lehre des vortrefflichen Charakters zu unfehlbaren Menschen zu erziehen.

Wie bereits angedeutet, bedeutet *Adab* im erzieherischen Sinne wörtlich Höflichkeit und Anstand. Aḏartāš Aḏarnūš meint, dass dieser Begriff seit dem ersten Jahrhundert der islamischen Zeit auch für die alte Tradition der arabischen Völker und für gute Eigenschaften in der vorislamischen Zeit gebraucht wurde. Ab dem dritten Jahrhundert wurde er für die Tugendlehre und Sittlichkeit der prophetischen Tradition verwendet.[398] Vor allem mit al-Ǧāḥiẓ im Anschluss an Ibn Muqaffa' (gest. 756 oder 759) wurde ein breites Spektrum der Vernunftbildung (*ḫirad āmūzī*) auf unterschiedlichen pädagogischen Ebenen verbreitet.[399]

Im Buch »*al-Mu'ǧam al-wasīṭ*« wird *Adab* als »Training der Seele durch die Ausbildung und Ausfeilung, wie es sich gehört« (*riyāḍat an-nafs bi at-ta'līm wa at-tahḏīb 'alā mā yanbaġī*) definiert.[400] Wissen und Anstand (*al-'ilm wa al-adab*) stellen für Ibn 'Abd Rabbih al-Andalūsī (gest. 980) zwei Pole dar, die als Anhaltspunkte für die Religion und die Welt gelten, mit denen sich die Menschen von den Tieren unterscheiden.

Im zweiten Band seines Werkes »*al-'Iqd al-farīd*« führt er unterschiedliche Anstandsregeln und Anstandsweisheiten an, die sich auf die unterschiedlichen Gesellschafts- und Berufsschichten, aber auch auf die verschiedenen Wissenschaften und Situationen zwischenmenschlicher Beziehungen erstrecken.[401] Beispielhafte Lite-

---

397 Ebd. S. 296–317.

398 Ebd. S. 298.

399 Ebd. S. 301.

400 Vgl. Madkūr, Ibrāhīm u. Muṣṭafā, Ibrāhīm (Hrsg. 1985): al-Mu'ǧam al-wasīṭ. Bd. I. Kairo, S. 9.

401 Ibn 'Abd Rabbihi al-Andalusī, Aḥmad Ibn Muḥammad: al-'Iqd al-farīd. Bd. I-VI. Eingel. u. hrsg. v. 'Alī Šīrī (1420q/1999). Beirut. Bd. II. S. 69 f., 240.

ratur für die Verhaltensregeln enthält Überlieferungen, Weisheitssprüche, Literatur, praktische Lebensführung und Gleichnisse, mit denen Ibn ʿAbd Rabbih die Sittlichkeit illustriert.

Jedoch umfasst der Begriff *Adab* unterschiedliche Gattungen der Sittlichkeit. Aḏartāš Aḏarnūš benennt in einer schematischen Darstellung die unterschiedlichen Arten und Entwicklungen der *Adab*-Tradition in der islamischen Welt. An der Spitze des Stammbaumes von *Adab* stehen zunächst die Gewohnheiten und das Brauchtum der islamischen und persischen Traditionen. Später entwickelten sich drei Richtungen, die sich wiederum in diverse Zweige aufteilten: Ethische *Adab* mit persischer Färbung, die arabisch-islamische Tradition mit religiösem Ausdruck und die Fürstenethik mit philosophischem und politischem Anschlag.[402]

Dabei hat sich *Adab* in besonderem Maße in sprachlichen, allgemeinen, religiösen und interessengemeinschaftlichen Gruppen sowie mystischen und enzyklopädischen Formen verbreitet, die sich aber auch untereinander kreuzen.

Schon früh versuchte man, zwischen Ethik und *Adab* zu unterscheiden. Eine solche Differenzierung findet sich in dem mystischen Werk »*Miṣbāḥ al-hidāya wa miftāḥ al-kifāya*« von ʿIzz ad-Dīn Maḥmūd Ibn ʿAlī Kāšānī (gest. ca. 1336). *Adab* stellt für den Autor im mystischen Sinne »die Veredelung des Charakters und die Ausfeilung der Aussagen und der Taten« dar.[403] Die Taten umfassen seiner Meinung nach auch die Intentionen, bei welchem es sich um die Taten des Herzens handelt und die Ausführungen, die aus den Gliedern hervorgehen. Ethik ist für ʿIzz ad-Dīn Kāšānī ein stabiler Zustand der Seele, der erst durch die Erziehung erworben und durch Gewohnheit erreicht würde. Die Quelle des guten Charakters liegt demnach in der Gewohnheit, der Vernunft und dem Glauben.[404]

Auch in der Moderne kann man solche Differenzierungsversuche beobachten. Während die Ethik (*aḫlāq*) sowohl den guten als auch den schlechten Charakter erfasst, beinhaltet *Adab* nur den guten Anstand und schönen Charakter.[405] Im Rahmen seiner Koraninterpretation definiert der zeitgenössische schiitische Philosoph Muḥammad Ḥusain Ṭabāṭabāʾī den Begriff *Adab* als Schönheit des

402 Aḏarnūš, Adab, S. 311.

403 Kāšānī, Miṣbāḥ al-hidāya, S. 203.

404 Ebd. 340.

405 Vgl. Ḥalabī, ʿAlī-Aṣġar (1372/1993): Tāriḫ-i tamaddun-i Islām. Darshāʾi čand dar farhang wa ʿulūm-i ʿaqli-yi islāmī. Teheran, S. 179.

Handelns. Eine Handlung gilt nämlich erst dann als schön, wenn sie legitim und darüber hinaus selbstgewählt ist. Darin sieht er auch das Ziel des Lebens. Allerdings versteht man darunter in verschiedenen Nationen und Gesellschaften Unterschiedliches. Dagegen ist die Ethik eine beständige Eigenart der Seele und daher auch eines ihrer Attribute. Für Ṭabāṭabāʾī steht die Ethik in Beziehung zur Seele, während *Adab* in Bezug zur Handlung steht.

Alle Handlungen sind jedoch von den jeweiligen gesellschaftlichen, politischen und historischen Umständen beeinflusst. Somit ist *Adab* die Folge der Ethik einer Gesellschaft, denn die Ethik entspricht den Notwendigkeiten der Gesellschaft. Bei seinen Ausführungen stoßen wir auf die Überlegung, dass er sich innerhalb der Notwendigkeiten der Gesellschaft ihre essentiellen Eigenschaften vor Augen hält. Er verbindet die Gesellschaft mit ihrem inneren Zustand. *Adab* spiegelt daher den psychischen und sittlichen Zustand einer Gemeinschaft wider. Ṭabāṭabāʾī befasst sich ausführlich mit den unterschiedlichen Anstandsregeln und der Ethik, die einer islamischen Gesellschaft zu eigen sein sollten.[406]

Ethik wird somit zum Ziel der sittlichen Erziehung zur Veredelung des Charakters erhoben. Dieser sittliche Prozess soll der Gewohnheit, der Vernunft und dem Glauben entspringen. In diesem Sinne finden wir in den meisten Ethikwerken und in zahlreichen klassischen Schriften islamischer Gelehrter Formen und Aspekte verschiedener ethischer und erzieherischer Regeln und Verhaltensnormen. Neben Fürstenspiegeln, Ethiktraktaten und Anstandsregeln für die Erziehung von Kindern finden wir sittliche Verhaltensregeln für ein islamisches Bildungssystem bezüglich des Wissenserwerbs und der Wissensvermittlung. Dies wurde allgemein als *Ādāb at-Taʿlīm* (Die Anstandsregeln der Wissensvermittlung) bezeichnet.

Dabei war man bemüht, die epistemologischen Aspekte des Wissens und der Wissenswerte anschaulich zu gestalten. Daraufhin stellte man die Rahmenbedingungen dar, nach denen Unterricht stattfinden sollte. So handelt es sich oft um das Erlernen des sittlichen Umganges im Streitgespräch oder die sittliche Beziehung zwischen Lehrer und Schüler sowie das Erlernen der Normen und der traditionellen Verhaltenskategorien. Diese bilden die Grundlage der Wissensvermittlung

---

406 Siehe Ṭabāṭabāʾī, Muḥammad Ḥusain (^{2}1366/1987): Tafsīr al-mīzān. Bd. I-XX. Übers. v. Muḥammad Bāqir Mūsawī Hamadānī. Teheran. Bd. VI. Teheran, S. 404–600; Zur Ethik siehe hier: Bd. I. S. 500–542.

und des Wissenserwerbs, denn Tradition existiert bis heute in vielen religiösen Bildungsstätten.[407]

Was die Erziehung von Kindern betrifft, finden wir einige Traktate, in denen praktische Empfehlungen und Ratschläge erteilt werden. Auf deren Grundlage sollen Kinder im Sinne einer religiösen Sittlichkeit oder allgemein anerkannter Vorbilder und Weisheiten erzogen werden. Selten gibt es Abhandlungen, die im Rahmen der philosophischen Ethiktraktate auch praktische Ratschläge für eine gute Erziehung der Kinder und anderer Mitglieder der Gesellschaft erteilen. Diese Aspekte finden in dem Ethikwerk »*Tahḏīb al-aḫlāq*« von Ibn Miskawaih und in Werken einiger seiner Nachfolger Ausdruck. Die meisten Ethikschriften erscheinen als Moralpredigten, die einen religiösen Rahmen nicht überschreiten. Werden in Ethiktraktaten meist die wichtigsten moralischen Verhaltensmuster und Tugenden thematisiert, stehen in *Adab*-Abhandlungen vor allem pädagogische Fragen im Mittelpunkt. Auch wenn dabei keine direkte philosophische Erziehungsanschauung zu postulieren ist, vermitteln sie die einzige nennenswerte theoretische Grundlage, die zusammen mit einer islamischen Sitten- und Anstandslehre eine Art Philosophie der Pädagogik im Islam darstellt. Im Folgenden sollen einige Beispiele zu diesen vier Arten der Erziehungsformen skizziert werden.

---

[407] al-ʿĀmilī, Zayin ad-Dīn Ibn Aḥmad (Šahīd aṯ-Ṯānī): »Munyat al-murīd fī adab al-mufīd wa al-mustafīd«: Ādāb-i taʿlīm wa taʿallum dar Islām. Hrsg. von Muḥammad Bāqir Ḥuǧǧatī (1980). Daftar-i Našr-i Farhang-i Islāmī. Teheran; Amirpur, Katajun: Reformen an theologischen Hochschulen? Köln: Teiresias-Verlag, 2002; Ḍawābitī, Mahdī (1980): Pažūhisī dar Niẓām-i ṭalabagī. Teheran; Edalatnejad, Saeid: Zur Geschichte und Gegenwart der Seminare und religiösen Schulen der Schia: Ein Blick von innen, in: Gott ist das Haus des Wissens. Hrsg. v. Jürgen Doetsch (2005). Aus dem Persischen übertragen von Reza Hajatpour. Trier: Katholische Akademie, S. 31–44; Edalatnejad, Saied: Ein Überblick über das Lehr- und Erziehungssystem der schiitischen Geistlichkeit, in: Einsicht. Drei Reisen in die innerste Welt des schiitischen Islam. Fotographien von Hans Georg Berger und frühen iranischen Fotografen. Hrsg. v. Saied Edalatnejad u. Boris von Brauchitsch (2018). Katalog zu den Ausstellungen im Iran und bei Bumiller Collection. Übertragen vom Persischen ins Deutsch von Reza Hajatpour. Berlin: Kehrer, S. 41–46; Hajatpour, Reza (2005): Der brennende Geschmack der Freiheit. Frankfurt /M.: Suhrkamp; Pākatčī, Aḥmad: Ḥauza-i ʿilmiyya, in: Dāʾirat al-maʿārif buzurg-i islāmī. Hrsg. v. Kaẓim Mūsawī Buǧnūrdī (2016). Bd. XXI. Teheran, S. 462–503; Šīrḫānī, ʿAlī/ Zāriʿ, ʿAbbās (2005): Taḥawwulat-i Ḥauza-i ʿilmiyya-i Qum pas az pīrūzi-yi inqilāb-i islāmī. Ghom; Internetquellen: Ǧāmī, Mahdī und Ḫalagī, Mahdī: Az šar-i ḫudā tā šahr-i dunyāʾ: Inqilāb dar Ḥauza. http://www.bbc.com/persian/iran/story/2005/08/050802_mj-shahr-e-khoda3.shtml [aufgerufen am 04.04.2019].

1 Adab und Bildungspädagogik

Als ein signifikantes Beispiel für eine religiöse Bildungspädagogik ist das Buch »*Kitāb Munyat al-murīd fī adab al-mufīd wa al-mustafīd*« zu nennen, das zu Beginn des 16. Jahrhunderts von dem libanesischen schiitischen Gelehrten Zayin ad-Dīn Šaiḫ Imām Nūr ad-Dīn ʿAlī ibn Aḥmad al-ʿĀmilī (gest. ca. 953/1560), bekannt als Šahīd aṯ-Ṯānī, verfasst wurde. Der Autor, der für die Tradition der rationalistischen Schule von Bagdad und Hilla und gegen die philosophisch und mystisch orientierte Isfahaner Schule steht, nennt klare normative Rahmenbedingungen, gemäß derer sich Lehrer und Schüler zu verhalten haben.

Ziel der Wissensvermittlung und des Wissenserwerbs ist laut Šahīd aṯ-Ṯānī die Wahrheit. Diese Wahrheit ist nicht rein spekulativ, sondern eine Grundlage für die Praxis, denn Wissen ist Handeln. Handeln bedeutet auch die Verwirklichung der Sittlichkeit und Herstellung der Wahrheit. In diesem Sinne sind Erziehung und Ausbildung Werkzeuge, mit dem man die Schüler zur Wahrheitssuche erzieht. Sie stellen zugleich sittliche Prinzipien dar, die zur Selbstdisziplin des Schülers und Lehrers beitragen. Wissen ist primär kein geistiges Vermögen bzw. keine intellektuelle Errungenschaft. Ebenso wenig ist es ein ästhetisches Erlebnis oder eine Erfahrungsübung.

Für Šahīd aṯ-Ṯānī hat Wissen die Funktion einer praktischen Meditation. Es geht um die normative Nutzbarkeit des Wissens und Lehrens. Alle Absichten, bei welchen es um reine Selbstdarstellung, Siegesfreude oder Selbstbereicherung geht, weist er zurück. Ziel ist die Pflichterfüllung und in dieser sieht er auch eine große pädagogische Aufgabe zur Sittlichkeit. Daher darf man nicht unendliche Diskussionen führen oder sich mit Themen beschäftigen, die keine aktuellen Belange des Menschen zum Gegenstand haben, selten stattfinden oder einfach der Übung und dem Wachstum der Argumentationsstärke und Forschungskraft dienen.

Was Šahīd aṯ-Ṯānī vor Augen hat, ist die Ritualisierung der Bildung der Wissenskultur. Denn Wissensvermittlung und Wissenserwerb finden nur unter strenger Verhaltensdisziplin statt. Die Streitkultur, mit der die gläubigen Religionsstudierenden die Wahrheit ausfindig machen sollen, unterliegt einer Reihe sittlicher und methodischer Rituale. Die Wahrheit (*ḥaqq*), die hier ausfindig gemacht werden soll, ist nicht allgemein. Im koranischen Sinne ist sie das, von dem sich die Ungläubigen abwenden und sich de facto weigern, sich ihr zu unterwerfen.

Mit der Wahrheit ist Gott gemeint sowie das, was zu Ihm führt. Dem Erreichen dieses Zweckes dienen Wissenschaften, die den Menschen die Kenntnis vermitteln, was man wissen, wie man sich verhalten und was man praktizieren solle. Diese sind für Šahīd aṯ-Ṯānī keineswegs irgendwelche rationalen und schöngeistigen Wissenschaften. Mit ihnen darf man sich nur beschäftigen, wenn sie für die Vorbereitung der religiösen Wissenschaften von Nutzen sind und dies auch nur, wenn sie den Studierenden nicht vom Notwendigen abhalten. Hierbei handelt es sich um eine Vorstellung, die immer noch in den traditionellen religiösen Hochschulen im schiitischen Raum existiert.[408]

Bildung ist daher für Šahīd aṯ-Ṯānī kein Selbstzweck. Sie ist ein Werkzeug für die existentielle Ordnung der menschlichen Lebensbereiche, die im Dienste Gottes steht. So soll Bildung die gesellschaftlichen Erziehungsziele vor Augen haben. Dazu gehört: die Pflege der Solidarität unter den Gläubigen sowie die Beseitigung des Zwistes und die Vermeidung gesellschaftlicher Spaltungen. Es reicht nicht, allein um des Wissens willen ein Studium zu betreiben oder einen Vorteil daraus zu ziehen, der nicht für Gott erzielt wird. Daher sind diese gesellschaftlichen Erziehungsbestrebungen nicht neutral. Insofern haben wir es hier mit einer Pädagogik zu tun, die eine bestimmte Wissenskultur vermittelt.[409] Sie ist nämlich sittlich-pragmatisch und religiös-ritualistisch.

Der Erziehung in diesem Sinne geht es nicht primär um die Entwicklung der Zukunft, die unter Berücksichtigung der Nutzbarmachung der Vergangenheit als Mittel erstrebt werden soll. Sie gilt auch nicht als »diejenige Rekonstruktion und Reorganisation der Erfahrung, die die Bedeutung der Erfahrung erhöht und die Fähigkeit, den Lauf der folgenden Erfahrungen zu leiten, vermehrt«.[410] Eine solche erfahrungsorientierte Bildungspädagogik war etwa bei Ibn Ḫaldūn zu beobachten.

---

408 Siehe Edalarnejad, Saeid: Zu Geschichte und Gegenwart der Seminare und religiösen Schulen der Schia: Ein Blick von innen. Aus dem Persischen übertragen v. Reza Hajatpour, in Jürgen Doetsch (Hrsg.) (2005): Gott ist das Haus des Wissens. Trier: Katholische Akademie.

409 Vgl. al-ʿĀmilī, Zayin ad-Dīn Ibn Aḥmad (Šahīd aṯ-Ṯānī): Kitāb munyat al-murīd fī adab al-mufīd wa al-mustafīd. Hrsg. v. Riḍā at-Tihrānī (1307q/1889), Teheran.

410 Dewey, Demokratie und Erziehung, S. 108.

Ein religiöser Gelehrter wie Šahīd aṯ-Ṯānī würde sich zwar keineswegs gegen die Erfahrung stellen und auch nicht gegen die Zukunft, da die Bewahrung der Erfahrung notwendig ist. Die Entwicklung der Zukunft durch den Gewinn der Erfahrung kann für ihn jedoch nicht das Ziel und die Intention der Pädagogik des Menschen im Islam bestimmen.

Erziehung ist für Šahīd aṯ-Ṯānī zunächst die Annäherung an die absolute Wahrheit und das höchste Gut, nämlich an Gott. Unter diesem Aspekt ist die Entwicklung der Zukunft keine Erschaffung einer neuen Welt oder die Erweiterung neuer Horizonte. Die Ausbildung hat den Zweck der Bewahrung und der Pflege der Offenbarungswissenschaften, die den Weg zu Gott weisen. Denn das Ziel liegt nicht in der Erneuerung der Erfahrung oder dem Gewinn einer neuen Wahrheitsdimension.

Diese Annäherung an Gott darf allerdings nicht nur geistig oder asketisch betrieben werden. Damit setzt er ein Signal gegen die mystische Askese und Weltentsagung. Nur im Zusammenhang mit den Handlungen des Menschen kann Šahīd aṯ-Ṯānī zufolge die Erkenntnis der Wahrheit bedeutsam sein. In diesem Sinne können, wie dies auch bei vielen anderen mystischen und philosophischen Werken zu sehen ist, nicht alle den Weg zur ewigen Glückseligkeit und zum Paradies finden. Dies ist nur einer bestimmten Gelehrten- und Gesellschaftsschicht vorbehalten, nämlich denjenigen, die sich Gott und Seiner Anweisungen bewusst sind. Diesen Personenkreis nennt Šahīd aṯ-Ṯānī *al-Kubarā'* (wörtlich die Weisen, Würdenträger, Großen oder Mündigen), kurz: die weisen Würdenträger und unterscheidet sie von den *al-'Ulamā* (wörtlich Wissenden), den Gelehrten und den *al-Ḥukamā* (wörtlich die Weisen), den Philosophen.

Für Šahīd aṯ-Ṯānī sind *al-Kubarā'* diejenigen, die Wissen und Praxis bzw. Gott und Mensch miteinander verbinden. Diese seien die Lehrer bzw. die Erzieher der Muslime *(mu'alliman li-lmuslimīn)*. In diesem Sinne verstehen wir einen weiteren pädagogischen Aspekt: Es geht nämlich hierbei um das Vollkommene. Je tiefer und intensiver die Perzeption der Wahrheit ist, desto vollkommener und edler ist der Wahrnehmende, je ewiger und reiner die Wahrgenommenen sind, desto edler ist der Genuss. Da der Ort des Genusses sich in der Seele befindet und diese edler als der Körper ist, so sei de facto die geistige Perzeption wirkungsvoller und edler.[411]

---

411 al-'Āmilī, Kitāb munyat al-murīd, S. 10–11.

Was Šahīd aṯ-Ṯānī hier anstrebt, ist eine pädagogische Vorstellung, die von einem antiken Erziehungsprojekt weit entfernt ist. Zwar weisen manche Äußerungen Šahīd aṯ-Ṯānīs hinsichtlich der Lehrer-Schüler-Beziehung Ähnlichkeiten mit der antiken Erziehungsvorstellung der Akademie Platons auf. Das primäre Ziel von Šahīd aṯ-Ṯānīs Pädagogik liegt jedoch keineswegs in der Befruchtung der Seele. In der Antike zeigt sich eine klare Richtlinie, in der Selbstbeherrschung und Gerechtigkeit als höchste intellektuelle Tugenden gelten. Denn mit diesen geistigen Errungenschaften geht eine intellektuelle und seelische Vollkommenheit einher.[412]

Šahīd aṯ-Ṯānī setzt bei der Bildung bereits die Tugend voraus, denn ohne sie kann man nicht gerecht und wahrhaftig sein: Man ist dann nämlich fern der Wahrheit und kann die pädagogischen Ziele nicht erreichen. Wenn die Wahrheit den Erkenntnissuchenden verborgen bleibt, so ist ihre Wissenschaft nur ein Betrieb für Selbstdarstellung, Heuchelei und Ignoranz. Erziehung bzw. geistige Schulung sollen nicht nur der eigenen Person zugutekommen, sondern auch anderen zur Findung der Wahrheit dienen.

Šahīd aṯ-Ṯānī steht mit seiner Lehre und Auffassung von Pädagogik nicht alleine da. Es gibt zahlreiche Werke, die sich ausschließlich mit den pädagogischen Problemen des Ausbildungswesens im Islam auseinandergesetzt haben.[413]

412 Siehe dazu die Darstellung von Hadot 1999, S. 75 – 78.

413 Naṣīr ad-Dīn aṭ-Ṭūsī wird das Buch »*Adab al-muta'allimīn*« (Anstandsregel der Studierenden) zugeschrieben. Außerdem sind die Bücher »*Ta'līm al-muta'allim wa traīq at-ta'alum*« von Burhān ad-Dīn az-Zarnuǧī (gest. 1223), »*Taḏkirat as-sāmi' wa al-mutakkalim fī ādāb al-'ālim wa al-muta'allim*« von Badr ad-Dīn Muḥammad Ibn Ǧamā'a (gest. 1333), »*Kitāb Adāb al-muta'allim*« von Muḥammad Ibn Saḥnun Ibn Sa'īd ibn Ḥabīb at-Tanūḫī (gest. 854), »*Risālat fī al-mu'allimīn« von al-*Ǧāḥiẓ, »*Mu'īd an-ni'am wa-mubīd an-niqam*« von Abd al-Wahhāb ibn 'Alī ibn 'Abd al-Kāfī Tāǧ ad-Dīn as-Subkī (gest. 1370) sowie »*Risāla ibn 'Abdūn*« von Ibn 'Abdūn usw. zu nennen. Hierzu kann man aus folgenden Arbeiten wichtige Informationen zum Erziehungs- und Ausbildungswesen erhalten: Shalabi, Ahmed (1954): History of Muslim Education. Chabridge University; Makdisi, George (1981): The Rise of Colleges-Institutions of Learning in Islam and the West. Edinburgh University Press; Rosenthal, Franz (1970): Knoweledge Triumphant. The Concept of Knowledge in Medieval Islam. Leiden: Brill; Amirpur, Katajun (2002): Reformen an theologischen Hochschulen? Köln: Teiresias-Verlag; al-'Āmilī, Zayin ad-Dīn Ibn Aḥmad (Šahīd aṯ-Ṯānī): Kitāb munyat al-murīd fī adab al-mufīd wa al-mustafīd. Hrsg. v. Riḍā at-Tihrānī (1307q/ 1889), Teheran; al-'Āmilī, Zayin ad-Dīn Ibn Aḥmad (Šahīd aṯ-Ṯānī): Munyat al-murīd fi Ādāb al-mufīd wa al-mustafīd (Ādāb-i ta'līm wa ta'allum dar Islām, übers. v. Muḥammad Bāqir Ḥuǧǧatī1359/1980). Teheran; Ḥusein Sulṭānzāda (1363/1984):

2 Adab und die Erziehung des Kindes

Was die Erziehung von Kindern betrifft, können das kleine Traktat »Oh Du, mein Kind« (*yā ayyuha-l-walad*) von Abū Ḥāmid al-Ġazālī und der Beitrag zu »Politik und Verpflegung der Kinder« aus dem Buch »Nāsrīsethik« (*Aḫlāq-i Nāṣirī*) von Naṣīr ad-Dīn aṭ-Ṭūsī als Beispiele genannt werden.

Beide müssen im Zusammenhang mit den allgemeinen religiösen bzw. philosophischen Gesamtkonzepten der jeweiligen Autoren gedacht werden. Damit ist vor allem die Frage nach der Rolle des Menschen hinsichtlich seiner Erziehung zur Vollkommenheit verbunden. Auch geht damit die Frage einher, ob die Vollkommenheit des Menschen abhängig davon ist, wie man sich als Mitglied der Gesellschaft verhält. Dabei spielt die Stellung des Kindes als Gegenstand der Erziehung eine wichtige Rolle.

Al-Ġazālī ist ein gemäßigter religiös-mystischer Gelehrter. Die Grundlage seiner Erziehungsideen kann aus seinen religionsphilosophischen Anschauungen konstruiert werden. Ziel der Erziehung sind sowohl bei al-Ġazālī wie auch Šahīd aṯ-Ṯānī die Wahrheit und die ewige Glückseligkeit im Jenseits. Die Mittel, nämlich jene Wissenschaften, die den Menschen zur Wahrheit führen, sollen selbst frei von Irrtum sein, wie dies al-Ġazālī unmissverständlich feststellt.[414] Bei ihm sind rationale Mittel nicht im Stande, die Wahrheit zu erkennen.

Tāriḫ-i madāris-i Irān. Az ʿahd-i bāstān tā taʾsīs-i dār al-funūn. Teheran; Mahdī Ḍawābitī (1359/1980): Pažūhišī dar niẓām-i ṭalabagī. Teheran; Muṭahharī, Murtaḍā: Muškil-i asāsi-i dar sāzamān-i ruḥānīyat, in: ders.: Muṭahharī, Murtaḍā (1361/1982) Dahgoftār. Ghom, S. 285–319; Intišārāt-i Yaġmā (Hrsg. 1353/1974): Ḫāṭirāt. Teheran; ʿAlī Ṣāfī Gulpāyagānī (o.J): Sairī (Seyrī dar) Ḥuzahā-yi ʿilmī-yi šīʿa. Intišārāt-i islāmī Ghom; Muwaḥḥid Abṭaḥī, Ḥuǧǧat (1369/1990): Āšanāʾī bā ḥuzahā-i ʿilmiya-i šīʿa dar ṭūl-i tārīḫ. Isfahan; Arasteh, Reza (1962): Education and Social Awakening in Iran. Leiden: Brill; Iqbāl Qāsimīpūr (1377/1998): Madāris-i ǧadīd dar daura-i Qāǧāriya. Teheran; Pākatčī, Aḥmad: Ḥauza-i ʿilmiyya, in: Dāʾirat al-maʿārif buzurg-i islāmī. Hrsg. v. Kaẓim Mūsawī Buǧnūrdī (2016). Bd. XXI. Teheran, S. 462–503; Shonja Mahdiroody (1980): Entwicklung und Struktur des Ausbildungswesens im Iran unter Berücksichtigung historischer und sozial-ökonomischer Aspekte. Osnabrück; Gläs-sing, Gabriele, Kemper, Angela, Wäcken, Martina (1994): »... weil ich ein Mädchen bin«: Biographien, weibliche Identität und Ausbildung. Bielefeld: Verlag Oberstufen-Kolleg; Glassen, Erika: Schah Ismāʿil und die Theologen seiner Zeit, in: Der Islam 48 (1972), S. 254–268; Hourani, Albert: From Jabal Ýamil to Persia, in: Bulletin of the School of Oriental and African Studies. vol. XLIX (1986), S. 4–11.

414 Siehe al-Ġazālī, al-Munqiḏ, S. 85.

Das höchste Gut bzw. die Wahrheit ist bei Gelehrten wie al-Ġazālī nicht Gegenstand der Vernunft, sondern steht jenseits der sinnlichen und rationalen Tätigkeiten. Die Wahrheit ist Gegenstand des Herzens (*dill* bzw. *qalb*), welches er als das innere Auge bezeichnet. Mit dessen Hilfe kann man sich die wahre Erkenntnis aneignen, denn bei dieser Erkenntnis handelt es sich um die Glückseligkeit. Sie ist ausschließlich durch die Erkenntnis Gottes zu erlangen.[415] Jedoch setzt die Erkenntnis Gottes die Erkenntnis des Herzens voraus, welche ebenfalls nicht durch die Vernunft, sondern durch inneren seelischen Einsatz zu erreichen ist. Durch diesen Einsatz erfolgt eine Rechtleitung auf den Weg zu Gott.

Die Vernunft steht allerdings im Dienst des Herzens und in dessen Dienst stehen wiederum die Sinne, die als Instrument für das Leid gebraucht werden.[416] Die Aufgabe der Vernunft ist somit nicht primär die Erkenntnis von den metaphysischen Wahrheiten. Sie soll vor allem eine Leuchte sein, mit deren Hilfe das Herz die Göttlichkeit erblickt. Denn die Erkenntnis diesseitiger Werke und Geschöpfe ist Gegenstand der Vernunft, die mit Hilfe der Sinne erfolgt. Anders als die meisten islamischen Philosophen nimmt die Vernunft bei al-Ġazālī eine Zwischenposition ein. Sie befindet sich zwischen dem Verstand und dem seelischen Intellekt, der für al-Ġazālī frei von Sinneseindrücken und diskursivem Verstand agiert. Diese mystische Schau ist sozusagen die Nahrung des Herzens und die höchste Erkenntnis.

Versteht man al-Ġazālī richtig, so kann man den Schluss ziehen, dass eine solche Erkenntnis nicht durch den herkömmlichen Erziehungsvorgang erreicht werden kann. Die Schulung des Geistes, der sozialen Verhaltensformen, der physischen Lebensprozesse und selbst der Erwerb der religiösen Wissenschaften können nicht die Mittel sein, mit denen man die metaphysische Wahrheit bzw. das höchste Gut erfahren kann. Al-Ġazālī spricht dabei vom Erleben.

Er legt wie viele andere Gelehrte ebenso großen Wert auf die Ausbildung des religiösen Wissens. Dafür sprechen seine umfangreichen Werke über ethische, theologische sowie rechtswissenschaftliche Fragen. Al-Ġazālī trennt die Erkenntnisse der metaphysischen von den Erkenntnissen der physischen Welt. Es besteht kein Zweifel, dass der Mensch in seinem Erkenntniserwerb an ein Unterrichtssystem

415 al-Ġazālī, Kīmīyā-yi saʿādat, Bd. I. S. 17–18.
416 Ebd. 20–21.

gebunden ist. Erziehung heißt hier die Schulung der geistigen Fähigkeiten und Belehrung sowie Vermittlung der religiösen Erkenntnisse und Erfahrungen. Gleich zu Beginn seines Traktates »Oh Du, mein Kind« zeigt al-Ġazālī, wie wichtig es ist, dass man keine Minute seines Lebens vergeudet. Er warnt jene, die nichts zur Vermehrung ihres Wissens, ihrer Kenntnisse und ihrer ethischen Veredelung beitragen.

> »Wozu der Abgesandte Gottes, Gott segne ihn und schenke ihm Heil, seine Gemeinschaft (freundlich) unter anderem ermahnte (*naṣaḥa*), ist seine Äußerung: ›das Zeichen (der Grund) der Abwendung Gottes von seinem Geschöpf ist dessen Beschäftigung mit dem, was keinen Sinn hat. Wenn ein Mensch eine Stunde seines Lebens mit Dingen verbringt, wofür er nicht erschaffen wurde, ist es angemessen, seine Betrübnis (Kummer, Schmerz) zu verlängern und wenn vierzig Tage vergangen sind und das Gute nicht seine Bosheiten überwiegt, so soll man ihn für das Feuer bereitstellen.«[417]

Für ihn ist, genauso wie bei Šahīd aṯ-Ṯānī, das Handeln der zentrale Aspekt des Lernens: ohne Praxis gibt es keine Erlösung und Rettung (*naǧāt*). Al-Ġazālī zufolge sind die Philosophen diejenigen, die glauben, das Wissen allein würde sie erretten und man müsse nicht handeln.[418] Er gibt jedoch zu, dass es ohne das Wissen unmöglich ist, überhaupt zu handeln (*al-ʿilm bi-lā ʿamal ǧunūn wa al-ʿamal bi-ġairi ʿilmin lā yakūn*, Wissen ohne Handeln ist Wahnsinn und Handeln ohne Wissen ist nicht machbar).[419]

Jedoch nimmt für al-Ġazālī das Wissen an sich keine vorrangige Stellung ein. Für das Handeln genügt nur so viel Wissen, wie man benötigt, um gerettet zu werden. In erster Linie geht es ihm um die Einsicht und die Erkenntnis des Guten. Das ist diejenige Erkenntnis, welche die Menschen von ihrem schlechten Charakter reinigt und die Seele von den Einflüssen der Begierden befreit. Daher bringt auch al-Ġazālī seine mystische Lehre als pädagogischen Wegweiser ins Spiel:

> »Du weißt nun aus jenen beiden Anekdoten, daß Du nicht (so sehr) das Vermehren des Wissens benötigst. Ich werde Dir nun deutlich machen, wozu der (mystische) Novize in Bezug auf den Weg der

---

417 al-Ġazālī, Abū Ḥāmid Muḥammad bin Muḥammad: Ayyuha-l-walad. Hrsg. u. verbessert u. kommentiert v. ʿAlī Muḥy ad-Dīn ʿAlī al-Qara-Daġī (^{2}1405q/1985). Beirut, S. 93.

418 Ebd. S. 94–96.

419 Ebd. S. 108.

> Wahrheit (Gottesweg) verpflichtet ist. Wisse, daß es unerläßlich für den Novizen ist, einen Scheich zu haben, der Wegweiser (*muršid*, mystischer Anleiter) und Erzieher (*murabban*) ist, um den bösen Charakter durch seine Erziehung aus ihm herauszuholen und dessen Stelle mit einem guten Charakter zu ersetzen.«[420]

In diesen Zeilen ist erkennbar, dass al-Ġazālī in einer mystischen Pädagogik eine praktisch-ritualistische Maßnahme erkennt, mit deren Hilfe er ein praktisches Resultat im Denken und Handeln erwartet. Nicht intellektuell, sondern durch praktische Erarbeitung, ständige seelische Hingabe und Hinwendung und Gehorsam Gott gegenüber und durch die Erfüllung der göttlichen Gebote sollen das Gute und die Seligkeit erreicht werden. Denn Erziehung ist für al-Ġazālī

> »vergleichbar mit der Arbeit des Bauers, der den Stachel (die Dornen) herauszieht und das Unkraut (*an-nabātāt al-aǧnabiyya*) vom Saatfeld entfernt, damit seine Pflanze sich veredelt und seinen Zuwachs vollendet.«[421]

Für al-Ġazālī sind die religiösen Riten nur ein Mittel zur Heilung. Die Erziehung des Kindes kann daher bei al-Ġazālī nur im Lichte religiöser Frömmigkeit, asketischer Erlebnisse, sittlicher Ausfeilung und Religionsbelebung gesehen werden.

Al-Ġazālī führt all diese Aspekte in seinem Hauptwerk »Widerbelebung der religiösen Wissenschaften« (*iḥyā' al-'ulūm ad-Dīn*) zusammen.[422] Für die Vervollkommnung des Menschen genügen nicht, wie al-Ġazālīs Erziehungsanschauung von Ǧalāl ad-Dīn Humā'ī interpretiert wird, die erworbenen Kenntnisse und Wissenschaften. Vielmehr benötigt man eine spirituelle Betreuung. Diese ist keineswegs dogmatisch, sondern als Wegbegleiterfunktion zu sehen.[423] Doch letztlich ist al-Ġazālī ein traditioneller Gelehrter, der den Versuch unternimmt, das Äußere mit dem Inneren und Geheimen zu verbinden. Für ihn trifft auf den vollkommenen Menschen die folgende Aussage zu, wie sie in seinem Buch »Die Nische der Lichter«

---

420 Ebd. S. 128.

421 Ebd. S. 128.

422 Siehe al-Ġazālī, Abū Ḥāmid: Islamische Ethik. Nach den Originalquellen übersetzt und erläutert von Hans Bauer (1979). Heft I-IV. Hildesheim/New York: Olms, S. 101–103. Siehe al-Ġazālī, Abū Ḥāmid: Iḥyā al-'ulūm ad-Dīn. Hrsg. v. Ḥusain Ḫadīw Ǧam (1972). Übertragen aus dem Arabischen ins Persischen Mu'ayid- ad-Dīn Muḥammad Ḫwārazmī. Intišārāt-i 'ilmī wa farhangī Teheran. In Band 3 nennt er speziell die Rituale, gemäß derer man sein Kind erziehen soll.

423 Vgl. Humā'ī, Ǧalāl ad-Dīn ([2]1342/1963): Ġazālī-nāmah. Teheran, S. 397–399.

(*miškāt al-anwār*) zu finden ist: »Der Vollkommene ist derjenige, dessen Licht der Erkenntnis das Licht seiner Frömmigkeit nicht auslöscht.«[424]

Auch wenn manche Forscher, wie beispielsweise Majid Fakhry, al-Ġazālīs ethische Lehre als eine religiöse Ethik ansehen,[425] ist keineswegs zu übersehen, dass er sich sowohl der rationalen als auch der mystischen Tradition der islamischen Denkschulen bedient. Ethik versteht er, wie auch Ibn Miskawaih, als die wichtigste praktische Wissenschaft, die für jeden unverzichtbar ist. Besonders wichtig sei sie für Personen in Führungspositionen: »who cannnot manage or direct his soul will be ill-equipped to manage the affairs of others.«[426]

Vielleicht ist die Bezeichnung rational-mystisch, wie al-ʿAwwā die Methode al-Ġazālīs betitelt, nicht übertrieben. Denn al-Ġazālī vertritt ihm zufolge eine gemäßigte ethische Position, die sowohl die Mystik als auch die spekulative Theologie und den aristotelischen Neuplatonismus zu verbinden versucht.

Zu den vier edlen Künsten, die al-Ġazālī mit der Politikkunst verbindet, gehören die Prophetie, die politische Herrschaft der Kalifen, der Fürsten und Könige, das Gelehrtentum und die Kunst des Predigens. Die beste und höchste Kunst (*sanāʿa*, wörtl. Gewerbe), die nach der Prophetie die höchste Bedeutung für al-Ġazālī innehat, ist

> »die Wissensvermittlung (*ifādat al-ʿilm*), um die Seele des Menschen von den missbilligten, vernichtenden Charaktereigenschaften (*al-aḫlāq*) zu befreien (zu reinigen), und ihre Rechtleitung zu einem lobenswerten und beglückenden Charakter. Damit (mit diesen drei Schritten) ist die Belehrung (*al-taʿlīm*, was auch Ausbildung und Unterweisung bedeutet) gemeint.«[427]

Anders als bei al-Ġazālī beruht das Erziehungskonzept von Naṣīr ad-Dīn aṭ-Ṭūsī auf der traditionellen aristotelisch-neuplatonischen Philosophie. Naṣīr ad-Dīn aṭ-Ṭūsī bekennt in seinem Ethikwerk »Nāṣirīs Ethik« (*Aḫlāq-i Nāṣirī*), dass die Werke Ibn Miskawaihs die Grundlage seiner Ethiklehre bilden. Erziehung begrenzt sich nicht auf die Sphäre der Praxis der religiösen Frömmigkeit oder asketischen Übung. Sie ist vielmehr eine Angelegenheit der rationalen Tätigkeit,

---

424 Vgl. al-Ġazālī, Abū Ḥāmid: Miškāt al-anwār. Hrsg. v. Badīʿ as-sayyid al-Laḥḥām (1411/1990). Beirut, S. 89–90.

425 Siehe Fakhry ²1994, S. 193 – 206.

426 Ebd. S. 195–196.

427 Zitat nach al-ʿAwwā 1986, S. 550–551.

auf deren Grundlage alles Praktische eingeleitet wird. Die Erziehung ist somit ein Teil der praktischen Vernunft. Ihre Grundlage soll daher der philosophischen Lehre entnommen werden.

Kindererziehung gehört für beide Philosophen zur ökonomischen Haushaltsstrategie, die nach der antiken Philosophie als Ökonomie (*tadbīr manāzil*) oder Ökonomie-Weisheit (*ḥikmat-i manzilī*) bezeichnet wurde. Da dies so viel wie Management des privaten und öffentlichen Lebensraumes bedeutet, können wir sie als praktische Lebensphilosophie begreifen, in der Erziehung einen integralen Bestandteil bildet. Diese Philosophie geht vom Menschen als einem Gesellschaftswesen aus.

Ibn Miskawaihs Ethiklehre hat den Anspruch, den Menschen als ein Gesellschaftswesen zu sehen. Der Mensch ist in der Vervollkommnung seines Selbst auf andere Menschen angewiesen.[428] Ibn Miskawaih betont mehrfach, der Mensch sei in seiner Glückseligkeit auf seine Außenwelt angewiesen. Die Außenwelt ist für ihn das Ganze, in welchem eine Person und seine Umwelt eingeschlossen sind und so eine Körperschaft bilden. Der Mensch stehe in einer Beziehung zu seinem Körper, zu seinem Staat und zu den anderen Menschen, die ihn unterstützen können. Die Glückseligkeit ist nicht in der Einsamkeit bzw. im Einzelgängertum zu suchen:

> »Diese ist ein Zustand der menschlichen Glückseligkeit, die für uns nicht vollendet werden kann außer durch die körperlichen Tätigkeiten, die Zustände der Stadt und die Unterstützung der tugendhaften Menschen und aufrichtigen Freunden.«[429]

In seiner Ethiklehre widmet Ibn Miskawaih ein gesondertes Kapitel der sittlichen Erziehung des Kindes. Dem folgen später auch Naṣīr ad-Dīn aṭ-Ṭūsī und Ǧalāl al-Dīn ad-Dawānī in ihren Ethikschriften. Das Kind verkörpert für Ibn Miskawaih den Naturzustand, der nicht vernachlässigt werden soll. Die Naturanlage soll mit Erziehung und Neugestaltung vervollständigt werden.[430]

---

428 Vgl. Ibn Miskawaih, Tahḏīb al-aḫlāq, S. 37–38. Schon vor Ibn Miskawaih hat al-Fārābī diesen Gesellschaftsaspekt des menschlichen Wesens in seiner Staatsphilosophie ausführlich behandelt. Später widmete sich der arabische Gesellschaftsphilosoph Ibn Ḫaldūn, wie bereits oben ausgeführt, in besonderer Weise der Idee einer Beziehung zwischen menschlichen Wesen und der Gesellschaft, welche für die Idee der Erziehbarkeit des Menschen zentral ist.

429 Ebd. S. 177.

430 Ebd. S. 45.

Diese Auffassung geht von der Annahme aus, dass der Mensch von seinem Umfeld beeinflusst wird, wie dies von Ibn Ḫaldūn in seinen Prologomena betont wird. Ebenso geht man von der Veränderbarkeit des Menschen aus. Was allerdings im Menschen verändert werden könne, sei nicht seine Substanz oder Natur an sich. Die Veränderungen geschähen in den Erzeugungen und Eigenschaften, die den menschlichen Kräften entsprängen.[431] Das Kind gibt seinen elementaren Bedürfnissen nach, denen zufolge er nach Nahrungsaufnahme und dem Schutz seines Körpers strebt.[432]

Das Verlangen (*aš-šauq*) ist im Menschen etwas Ursprüngliches, was Ibn Miskawaih anhand der Entwicklung eines Kindes illustriert. Sobald die Seele des Kindes für die Erziehung bereit ist, darf sie nicht vernachlässigt und außer Acht gelassen werden. Die Eltern begleiten das Kind schon von Beginn an bei seiner natürlichen Entwicklung. Ibn Miskawaih gibt Anweisungen, nach denen man einem Kind gutes Benehmen, schönes Verhalten und vor allem die geistige und sittliche Vollkommenheit vermitteln kann.[433] Dies geschieht unter der Leitung der praktischen Vernunft, wie man der traditionellen philosophischen Sittenlehre entnehmen kann.

Dawānī betont in seinem Ethikbuch die Notwendigkeit des Erlernens von Dingen als Teil der praktischen Philosophie. Denn davon sind die Selbsterhaltung und die Fortdauer einer Gesellschaft abhängig.[434] Demnach hat sie die gesamten persönlichen, vertraglichen und zwischenmenschlichen Handlungen zum Gegenstand. Sie wird von Naṣīr ad-Dīn aṭ-Ṭūsī und Ǧalāl al-Dīn ad-Dawānī auch Politik (*siyāsa*) genannt. Diese wird in ökonomische Belange und Verwandtschaftsangelegenheiten unterteilt.

Die Erziehung ist im weitesten Sinne eine Kunst, mit der man die Angelegenheiten des Gemeinschaftslebens (*maṣlaḥat-i ʿumūmī*) regelt. Der Korpus dieser Gemeinschaft wird zunächst im engen Sinne aus Vater, Mutter, Kind, Dienstleistung und Lebensgütern gebildet. Die Erziehung der Kinder ist somit ein Vorgang der Sozialisation, der als Teil des allgemeinen Haushaltsmanagements gesehen wird. Die Aufgabe des Managers des Hauses ist es, Mäßigung (*iʿtidāl*) und Gleichgewicht unter den Mitgliedern herzustellen.

---

431 Ebd. S. 43–45.
432 Ebd. S. 66–67.
433 Ebd. S. 68–75.
434 Vgl. ad-Dawānī, al-Lawāmiʿ al-išrāq, S. 120–121.

Diese philosophische Erziehung hat auch die Vollkommenheit zum Ziel. Durch Mäßigung und Gemeinsinn setzt man eine Entwicklung in Gang, die der Ordnung des Hauses (*niẓām-i mazil*) zu eigen ist. Naṣīr ad-Dīn aṭ-Ṭūsī liefert praktische Anweisungen, mit denen man zur Charakterveredelung des Kindes beiträgt und den Umgang der Mutter mit dem Kind und mit den Angelegenheiten des Haushaltsmanagements sowie mit Besitz und der Güterverhandlung bestimmt.[435] Eine fast mit aṭ-Ṭūsī identische Auffassung vertritt Ǧalāl al-Dīn ad-Dawānī. Bei ihm sind deutliche Spuren der illuministischen Philosophie aus islamischer und vorislamischer Tradition erkennbar.

Was allerdings Naṣīr ad-Dīn aṭ-Ṭūsī als Erziehung ansieht, scheint zunächst nicht über sozialisatorische Aspekte hinaus zu gehen. Das Kind soll sowohl geistig als auch sittlich erzogen werden. Diese ethischen Maßnahmen umfassen das religiöse (*šarīʿat*) und gesellschaftliche Brauchtum (*ādāb wa rusūm*).

Anders als Naṣīr ad-Dīn aṭ-Ṭūsī spricht Ǧalāl al-Dīn ad-Dawānī der religiösen Erziehung eine stärkere Bedeutung zu.[436] Die Erziehung (*taʾdīb*) soll nach Beendigung der Stillzeit beginnen. Denn die Seele des Kindes sei bereit, sehr schnell das gute wie das schlechte Verhalten aufzunehmen. Eine vergleichbare Vorstellung sieht man auch bei der späteren abendländischen Erziehungsliteratur wie beispielsweise der »Fürstenerziehung« von Erasmus von Rotterdam.[437] So gilt Erziehung letztlich als die Schulung der Begabung bzw. der natürlichen Potenzen.

Trotz der seelischen Aufnahmebereitschaft als Kind besitzt der Mensch nur eine bestimmte und begrenzte Möglichkeit zur Vervollkommnung seiner geistigen und seelischen Anlagen. Je intensiver und tiefer man sich auf die sittliche Erziehung des Kindes einlässt, desto deutlicher wird, dass die Erziehung bei Naṣīr ad-Dīn aṭ-Ṭūsī vor allem eine Erziehung der Seele darstellt. Dazu gehört die Schulung des Geistes bzw. der Seele gemäß den ethischen Prinzipien.

In Anlehnung an Ibn Miskawaih orientiert sich Naṣīr ad-Dīn aṭ-Ṭūsī an der platonischen und aristotelischen Ethik. Diese ist im Grunde eine pädagogische Ethik, die das Individuum, die Gesellschaft und den Staat als eine Einheit durchdringt. In Verbindung mit der menschlichen Seele bildet sie den Aspekt der praktischen Vervoll-

---

435 Vgl. aṭ-Ṭūsī, Naṣīr ad-Dīn: Aḫlāq-i Nāṣirī. Kommentiert und hrsg. v. Muǧtabā Mīnūʾī (⁴1369/1990). Teheran, S. 205–224.

436 ad-Dawānī, al-Lawāmiʿ al-išrāq, S. 132–137.

437 Siehe dazu Erasmus von Rotterdam, Fürstenerziehung, S. 53.

kommnung. Mit der theoretischen Vervollkommnung schafft sie sogar Form und Materie. So wie diese beiden nicht getrennt voneinander vorstellbar sind, so ist ebenso Wissen ohne Praxis und Praxis ohne Wissen unmöglich. »So ist Wissen der Ursprung (*mabda'*), und Praxis ist die Vollendung (*tamām*).« Der Grund (*ġaraḍ*, wörtlich Absicht) der menschlichen Existenz ist die Vervollkommnung dieser beiden Elemente, denn »die Absicht ist das, was noch potentiell ist. Wenn es aktuell wird, wird es vollkommen.«[438]

Bei dieser praktischen Vervollkommnung handelt es sich um nichts anderes als die Verkörperung des Menschen im Mikrokosmos (*'ālam-i ṣaġīr*), der dem Makrokosmos (*'ālam-i kabīr*) entspricht, welcher die Welt im Ganzen darstellt. Demnach verkörpert diese Stufe bereits die praktische Vollendung der seelischen Veredelung, in der sich die Stellvertreterschaft Gottes widerspiegelt:

> »Also wird man Stellvertreter Gottes unter seinen Geschöpfen. Man wird zu seinem speziellen Freund. Dieser ist also der vollendete und absolute Mensch. Das Vollendete und Absolute ist das, was Lebensbeständigkeit und Fortdauer aufweist. So wird er für die ewige Glückseligkeit und für die beständige Wonne und für die Gnade seines Gottes empfänglich sein.«[439]

Erziehung stellt nach den Ausführungen Naṣīr ad-Dīn aṭ-Ṭūsīs einen Vorgang der Vervollkommnung der Seele dar. Erziehung ist nämlich die Aktualisierung der vorhandenen Entwicklungspotentiale. Erziehung (*adab*) findet allerdings nur bezüglich der wilden Seele (*nafs-i sabu'ī*) statt. Die beiden anderen Seelen, die engelhafte (*malakī*) und die animale (*bahīmī*), sind nicht erziehbar. Erstere besitzt bereits Anstand (*adab*), die zweite ist naturgemäß nicht aufnahmefähig für Erziehung.[440]

Wir sehen, dass bei Naṣīr ad-Dīn aṭ-Ṭūsī im Gegensatz zu al-Ġazālī kein religiöser Unterricht im Katechismus bzw. keine religiöse Morallehre im Vordergrund steht, sondern eine metaphysische Sozialisationsethik. Sie verbindet das Religiöse und Rationale, das Individuelle und Gemeinschaftliche, das Seelische und Weltliche, das Eine und Viele miteinander. Eine solche Sozialethik sieht die

---

438 aṭ-Ṭūsī, Aḫlāq-i Nāṣirī, S. 70.
439 Ebd. S. 71.
440 Ebd. S. 77.

Welt als eine Einheit, und das Ziel ist das Gute, aus dem sich alles Existierende emaniert.

Weisheitspädagogik und humanistische Sittenpädagogik für Staat, Könige und Fürsten

1 Politische Ethik bei al-Fārābī

Nach einer utopischen Sozialethik bzw. politischen Ethik wurde die Vorstellung von einem Musterstaat (*madīna fāḍila*) entworfen. In seinem Werk »Einteilung der Wissenschaften« (*iḥṣāʾ al-ʿulūm*) definiert al-Fārābī diverse Wissenschaften und ihren jeweiligen Zweck. In einem Kapitel beschäftigt er sich mit der Zivilwissenschaft (*ʿilm-i madanī*, Wissenschaft vom Gemeinwesen), die er in die Reihe der Jurisprudenz und der dialektischen Wissenschaft stellt. Er definiert sie als eine Wissenschaft, die sich mit den »unterschiedlichen Typen der Handlungen, dem willentlichen Verhalten und mit jenen Veranlagungen, Tugenden, Eigenschaften und Gewohnheiten, aus denen das willentliche Handeln und Verhalten entspringen, befasst«.[441]

Al-Fārābī erklärt, dass diese Wissenschaft die Erkenntnis über die Tugenden und die Wege, die zur guten Veranlagung und Glückseligkeit führen, zum Ziel hat, denn sie vermittelt, was der Mensch erkennen und tun muss, um diese Ziele zu erreichen. So muss sich der Mensch dem tugendhaften Handeln und den sittenhaften Traditionen verpflichten, um die Tugenden in seiner Natur zu verankern. Die Realisierung dieser Tugenden sei ohne eine tugendhafte Herrschaft, in der alle genannten Veranlagungen, Gewohnheiten, Traditionen und Tugenden verbreitet sind, nicht möglich.[442] Dies lässt sich nur durch eine tugendhafte Politik erreichen. In diesem Sinne könnte man meinen, dass al-Fārābī von einer politischen Ethik spricht, in der das individuelle Glück von der zivilen Tugendhaftigkeit abhängt.

Al-Fārābīs Werk »Die Prinzipien der Ansichten der Bewohner der vortrefflichen Stadt« (*Mabādī ārāʾ ahl al-madīna al-fāḍila*) ist ein exemplarisches Beispiel dafür.[443] Diesem Thema widmete er sich

---

441 al-Fārābī, Abū Naṣr Muḥammad Ibn Muḥammad: Iḥṣāʿ al-ʿulūm. Hrsg. u. übertragen von Ḥusein Ḫadīv-Ǧam ([3]2002). Intišarāt-i ʿilmī wa farhangī Teheran, S. 106.
442 Ebd. S. 107.

ebenso in seinen weiteren Werken »*as-siyāsāt al-madaniyya* bzw. *Kitāb as-Siyāsa*« (Staatsleitung), »*Taḥṣīl as-sa'āda*« (das Erlangen der Glückseligkeit) oder »*Risāla fī at-tanbī 'alā sabīl as-sa'āda*« (Traktat zum Aufmerksammachen auf die Wege der Glückseligkeit).[444] Ziel seiner politischen Ethik ist die Lehre der Tugenden, womit die Glückseligkeit erreicht wird. Die theoretische Wahrheitserkenntnis und die praktische Werterkenntnis sind die geistigen Fundamente, die dem Gemeinwesen zum vollkommenen Glück verhelfen.[445]

Al-Fārābī wird als Gründer der islamischen Philosophie bezeichnet. Er gilt als Universalgelehrter und zählt zu den bedeutendsten Kommentatoren der Lehren Platons und Aristoteles`. Daher wurde ihm nach Aristoteles der Titel »der zweite Lehrer« verliehen. Er war Schüler des nestorianischen Gelehrten Yuḥannā ibn Ḥaylān (gest. ca. 932), bei dem er das »*Organon*«, die Schriften des griechischen Philosophen Aristoteles, studierte.[446] Ebenso lernte er beim Bagdader christlich-syrischen Logiker Abū Bišr Mattā. Al-Fārābī verließ Bagdad wegen politischen Unruhen und ließ sich auf Einladung des syrischen Emirs der Hamdaniden-Dynastie, Saif ad-Daula (gest. 967), in Damaskus nieder. Wahrscheinlich wurde er im Jahr 950 zwischen Damaskus und Asqalān von Straßenräubern überfallen und ermordet.[447]

Al-Fārābī ist der Meinung, dass die Vernunft die Fähigkeit besitzt, die ethischen Werte in Gut und Böse aufzuteilen. Denn die Vernunft besitzt die Fähigkeit die Wahrheit zu erkennen. Folglich steht die Erkenntnis über den ethischen Handlungen. Der Grund hierfür liegt darin, dass, wenn man das Gute nicht erkennen kann, man auch nicht danach handelt.[448] Die Seele (*nafs*) besitzt eine

---

443 Siehe dazu Al-Fārābī, Abū Naṣr Muḥammad Ibn Muḥammad: Die Prinzipien der Ansichten der Bewohner der vortrefflichen Stadt. Aus dem Arab. übers. und hrsg. von Cleophea Ferrari (2009). Stuttgart: Reclam.

444 Ferrari, Cleophea: Al-Fārābī und der arabische Aristotelismus, in: Heidrun Eichner/Matthias Perkams/Christina Schäfer (Hg. 2013): Islamische Philosophie im Mittelalter. Ein Handbuch. Darmstadt: WBG-Verlag, S. 218–232. hier S. 229; al-Fāḫūrī, Ḥannā u. al-Ǧarr, Ḫalīl ([2]1358/1979): Tārīḫ al-falsafa al-'arabīya. Bd. I. Übers. v. 'Abd al-Ḥamīd Āyatī. Teheran, S. 432.

445 Siehe Ferrari, Al-Fārābī, S. 228.

446 Ferrari, Al-Fārābī, S. 218.

447 Ebd. S. 218; Netton, Ian Richard (1992): Al-Fārābī and his School, London, Routledge, S. 4–7.

448 Vgl. Ḥalabī, 'Alī-Aṣġar ([3]2002): Tārīḫ-i falasafa-i Irānī. Intišārāt Zawwār: Teheran, S. 178.

Wahlfähigkeit, ebenso der Wille, doch ohne Intellekt kann sie sich von der materiellen Welt nicht befreien. Die höchste Freiheit kann die Vernunftseele erst dann erlangen, wenn sie sich von der Abhängigkeit der materiellen Welt gelöst hat: Dies geschieht, wenn die Seele sich der Vernunft zuwendet. Hierin besteht für al-Fārābī die höchste Glückseligkeit und der höchste Genuss, worunter er auch das absolut Gute (*ḫair-i muṭlaq*) versteht.[449]

Al-Fāḫūrī und al-Ǧarr betonen in ihrer Schrift über die Geschichte der islamischen Philosophie, dass al-Fārābī in seinem Werk »*Risāla fī at-tanbīh ʿalā sabīl as-saʿāda*« das eigentliche Ziel der Ethik als die Glückseligkeit beschreibt. Sie ist es, wonach der Mensch strebt. Und das, wonach der Mensch strebt, ist gut und das Endziel der Vollkommenheit.[450] Der Mensch vollzieht drei Arten des Handelns: das Körperliche, das Reflexive und das Willentliche bzw. Bewusste. Al-Fārābī ist der Auffassung, dass der Mensch durch Übung und Training die guten und schlechten Eigenschaften zum Habitus der Seele werden lässt. Daher soll man die guten Eigenschaften durch permanente Gewohnheiten so anerziehen, dass sie zu Eigenschaften der Seele werden.[451]

Gutes Handeln zeichnet sich durch Balance aus. Daher stellen alle tugendhaften Handlungen die Mitte zwischen zwei Extremen dar. Al-Fārābī ist nach al-Fāḫūrī und al-Ǧarrs Darstellung der Meinung, dass vier Aspekte dem Menschen die dies- und jenseitige Glückseligkeit ermöglichen: Die theoretischen Tugenden (*faḍāʾil naẓarī*), die gedanklichen Tugenden (*faḍāʾil fikrī*), die ethischen Tugenden (*faḍāʾil aḫlāqī*) und die praktischen Fertigkeiten (*ṣanāʿāt ʿamalī*).[452]

So nennt al-Fārābī alle Arten der Wissenschaften, die damals nützlich und für den Erkenntniserwerb des Menschen förderlich waren. Al-Fārābī zeigt neben den üblichen Wissenschaften zwei weitere Arten des Wissens auf, die er für den Menschen als Gesellschaftswesen für unverzichtbar hält: die Humanwissenschaft (*ʿilm insānī*) und die Zivilwissenschaft (*ʿilm madanī*).

Die Denkfähigkeit ist für die Reflexion dieser Erkenntnisse von Bedeutung, da man sie al-Fārābī zufolge benötigt, um ideale Ziele für eine Gemeinschaft zu setzen sowie gute Gesetze zu errichten. Wer diese Fähigkeiten innehat, ist in der Lage, sich die ethischen Tugenden

---

449 Ebd. S. 179.

450 Siehe al-Fāḫūrī, u. al-Ǧarr ²1358/1979, S. 432.

451 Ebd. S. 432.

452 Ebd. S. 433.

anzueignen. Die Erlangung dieser Tugenden geschieht nach al-Fārābī durch den Lernprozess (*ta'līm*) und die Erziehung (*ta'dīb*):

> »*T'alīm* ist die Schaffung der theoretischen Tugenden in den Völkern und den Städten. *Ta'dīb* ist die Schaffung der tugendhaften Eigenschaften und der praktischen Fertigkeiten unter der Bevölkerung. *T'alīm* geschieht durch Belehrung und *ta'dīb* durch Belehrung und Praxis.«[453]

Die Tugenden und praktischen Fertigkeiten erlernt man durch die überzeugende und reflektierende Belehrung oder mittels Zwang.

Al-Fārābī, nach dessen Entwurf des Musterstaates Naṣīr ad-Dīn aṭ-Ṭūsī den dritten Teil seines Buches schrieb, macht unmissverständlich sowohl die primären materiellen Notwendigkeiten als auch die tugendhaften und psychischen Zustandsideale von dem gemeinschaftlichen Leben abhängig.[454]

Mit diesem Zustandsideal ist vor allem die Möglichkeit eines idealen Vervollkommnungszustandes verknüpft, der sich als die erste Ursache der Natur bestimmen lässt. Diese Vollkommenheitsideale kommen ebenso in seinem Buch »*Mabādī ārā' ahl al-madīna al-fāḍila wa-muḍāddātuhā*« vor.

Das höchste Gut und die höchste Vollkommenheit können daher durch die Realisierung des vollkommenen Staates erreicht werden. Die Verbindung von Erziehung und Staat ist aus der antiken Philosophie nicht wegzudenken.[455] Die erste Person des Staates und der Gemeinschaft ist daher als solche sittlich und geistig musterhaft. Die Erziehung erfolgt in diesem Staat gemäß den höchsten Vollkommenheitsidealen.[456] Ein solches Vollkommenheitsideal kann jedoch nicht ohne Hierarchie auskommen. So besitzt die Führung die höchsten Eigenschaften, über denen niemand steht.

> »Dieser Mensch ist auf der vollkommensten Stufe des Menschseins und im höchsten Grad der Glückseligkeit. Seine Seele ist vollkommen und so, wie wir gesagt haben, mit dem aktiven Intellekt vereint. Einem solchen Menschen sind alle Handlungen bewußt, die zur Glückseligkeit führen. Das ist die erste Bedingung für die Führung.«[457]

---

453 Zitat nach ebd. S. 434.

454 al-Fārābī, Abū Naṣr Muḥammad: Siyāsa madanīya. Hrsg. u. übers. v. Ǧa'far Saǧǧādī (1358/1979), Teheran, S. 136.

455 Siehe dazu Hadot 1999.

456 al-Fārābī, Abū Naṣr Muḥammad: Ārā' ahl al-madīna al-fāḍila wa-muḍāddātuhā. Hrsg., eingel. u. kommentiert v. 'Alī Bū Mulḥim (1995). Beirut, S. 112 ff.

457 Ebd. S. 121.

So sind al-Fārābī zufolge diejenigen Menschen, die unter solch einer Führerschaft betreut werden, Wissende, Gute und Glückselige.[458] Die Erziehung, welche die Einwohner eines solchen Musterstaates erhalten, ist eine Weisheitspädagogik. Es geht um die Perfektion, die die Natur als Antrieb begleitet und den Intellekt zum obersten Führungsprinzip der Vervollkommnung macht. Erziehung ist in dem Fall ein Vorgang, der die Natur zu ihrer höchstmöglichen Entfaltung bringt und dem Menschen zur Entfaltung seiner höchsten geistigen Begabung verhilft. Erziehung hat aber nur dann eine Vorbildfunktion, wenn die Führer des Hauses sie bis hin zum Staat sittlich und geistig repräsentieren.[459]

Die Führung des Staates muss daher über ausreichend Intellekt, Wissen und Sachverstand verfügen. So besitzt die Führungsriege Einsicht und Weisheit, da ihre Seelen mit dem aktiven Intellekt verbunden sind. Eine führende Person steht unter der Leitung des Intellektes. Dadurch wird sie zu einer vorzüglichen Person, die dazu geeignet ist, andere zu führen. Sie ist wie ein Licht, das den Weg zur Erleuchtung zeigt und in der Lage ist, die Seele zu ihrer Vervollkommnung und Glückseligkeit zu leiten. Diese Person kommt einem Engel gleich, da ihr die Offenbarung zuteil wird.[460]

Der farābische Tugendstaat ist wie bei Platon von Weisheit, Gerechtigkeit, Selbstbeherrschung und Tapferkeit geprägt.[461] Die Einwohner dieses Staates dienen den obersten Weisheitsdirektiven, die von dem weisen Führer, dem Philosophen, gelebt, vorgeführt und gelehrt werden. Diese Fähigkeit verdankt der Philosoph seiner praktischen Vernunft. Denn Vernünftigkeit ist, wie Fathi Triki zu Recht betont, eine Tugend der praktischen Vernunft. Demzufolge ist die Vernünftigkeit das Ventil für die humanistische Gestaltung des Selbst, der Familie und der Gemeinschaft. Denn es gibt gemäß al-Fārābī in Anlehnung an Aristoteles drei Vernünftigkeiten: die

---

458 Al-Fārābī, Siyāsa madanīya, S. 156–157.

459 Es existieren eine Fülle von Ethiktraktaten in der islamischen Schriftkultur, die für die Pädagogik im allgemeinen Sinne eine besondere Relevanz haben. Diese Tradition wurde auch in der modernen Zeit fortgesetzt und zum Teil mit modernen Ansichten und Analysen versehen. Es gibt aber auch Ethikmodelle, die sich völlig von der Tradition gelöst haben. Zu den wichtigsten Ansichten und Darstellungen solcher Art siehe ʿAtiyya, Aḥmad ʿAbdulḥalīm (1998): Al-aḫlāq fī al-fikr al-ʿarabī al-maʿāṣir. Kairo.

460 AlFarabi, Der Musterstaat von Alfarabi. Aus dem Arabischen übertragen von Friedrich Dieterici (1900). Leiden: Brill Verlag, S. 61–62.

461 Ebd. S. 156.

Vernünftigkeit der Familie, zivile Vernünftigkeit und schließlich die humane Vernünftigkeit, um »das Menschengeschlecht zum Glück gelangen zu lassen«.[462]

2 Traditionelle und religiöse Fürstenethik

Der eben dargelegten politischen Ethik steht die philosophisch-pädagogische Ethik der *Adab*-Literatur sehr nahe. Ein großer Teil dieser Literatur besteht aus Fürstenspiegeln, die nach unterschiedlichen Gesichtspunkten gestaltet werden: So kommen religiöse Heilserwartung, soziale Veredlung, Führungskunst und politische Macht in diesen vor. Andere Schwerpunkte liegen in der Fürsten- oder der Volksethik.

Die *Adab*-Bücher werden ʿAtiyya zufolge von Majid Fakhri als ethische Pädagogik (*al-adab al-ḫulqī*) bezeichnet. Dazu zählt er auch Ethikwerke wie »*Ṣiwān al-ḥikma*« angeblich von Abū Sulaimān Siğistānī (gest. 988), »*as-Saʿāda wa al-isʿād*« von Abū al-Ḥasan ibn Abī Ḏarr bekannt als al-ʿĀmirī (gest. 992) und »*al-Ḥikmat al-ḫālida*« von Ibn Miskawaih.[463] Die drei genannten Werke haben zwar starke sittlich-pädagogische Züge, wie viele andere Ethiktraktate auch. Sie entsprechen jedoch nicht dem gewöhnlichen Charakter eines Fürstenspiegels. Alle drei Werke überliefern wertvolle ethische Traditionen und philosophische Lebensweisheiten, die wahlweise aus persischen, indischen und griechischen Strömungen übernommen sind.[464]

Selten sind diese Fürstenspiegel mit einem theoretischen Hintergrund versehen und noch seltener mit einer systematischen Theoriebildung. Es geht einfach um die Verkündigung pädagogischer Ratschläge und allgemein akzeptierter Anstandsregeln. Diese werden mit Hilfe von Anekdoten, Fabeln, Gedichten, Weisheitssprüchen, Eliten- und Volkserzählungen vermittelt. Sie können spezielle religiöse Sprüche und Heilsgeschichten zum Schwerpunkt haben oder allgemeine Idealbilder religiöser und sozialer Klasseneliten.

Wenn sich die *Adab*-Bücher nicht ausschließlich eine religiöse Botschaft zum Ziel setzen, enthalten sie meist eine Vernunftbotschaft. Es handelt sich dabei um eine sittliche Vernunft, wie sie auch bei einer

---

462 Triki 2011, S. 18.

463 Siehe dazu ʿAtiyya 1998, S. 183; Fakhry ^{2}1994, S. 61–63.

464 Siehe Gutas, Populäre Ethik, S. 467–475.

philosophischen Ethik zu beobachten ist. Diese ist den Tugenden verpflichtet.

Beispielhaft dafür stehen die beiden *Adab*-Bücher Ibn Muqaffaʿs (gest. 759)[465] sowie sein Fabelwerk »*Kalīla wa Dimna*«,[466] in denen er dem Fürsten, dem Sachwalter (*al-wālī*) oder dem einfachen Mann nahelegt, sich die Sittlichkeit mit Hilfe der Vernunft oder des weisen Mannes (*ṣāliḥ*, wörtl. rechtschaffen) anzueignen. Bei dieser Fürstenerziehung handelt es sich, wie bereits mit Blick auf die Fürstenerziehung von Erasmus von Rotterdam erwähnt wurde, um eine Staats- und Menschenerziehung.

In diesem Sinne können wir verstehen, warum Ibn Muqaffaʿ sein Buch »Das große *Adab*-Buch« (*al-Adab al-kabīr*) auch als »Philosophie des Staates« (*al-ḥikmat al-madaniyya*) bezeichnet. Anders als al-Fārābī zieht Ibn Muqaffaʿ das Erziehungsprogramm einem Staatsmodell vor. Er versucht durch die Belehrung der sittlich-vernünftigen Handlung den Fürsten die wichtigsten geistigen Maximen einzuprägen, gemäß denen sie die Kunst der Politik vernünftig, weise und erfolgreich ausüben können.

Azartāš Azarnūš zufolge stellt *Adab* in Ibn Muqaffaʿs Erziehungsprogramm die Vollendung der Vernunft dar. Ohne Kultivierung kann die Fähigkeit der Vernunft nicht gesteigert werden. Das Endziel der Menschen liegt in der Rechtschaffenheit im Dies- und Jenseits. Dies benötigt jedoch eine gesunde Vernunft. Ibn Muqaffaʿ sieht die Ursache für die Unterschiede in der Vernunft unter den Menschen in der *Adab*-Erziehung.[467] Die Grundlagen für das ethische Programm von *Adab* bilden Rechtschaffenheit der Religion und des Körpers, Tapferkeit, Großzügigkeit, Redegewandtheit und der Lebenskodex.

Bemerkenswert bei der Fürstenethik ist das Zusammenfallen von Öffentlichem und Privatem. Die Freundschaft mit dem Weisen ist das Ziel eines sozial-ethischen Erziehungsplanes, den Ibn Muqaffaʿ

---

465 Zu Ibn Muqaffaʿ siehe Latham, J. Derek: Ebn al-Moqaffaʿ, Abū Moḥammad ʿAbd-allāh Rōzbeh b. Dādūya/Dādōē, in: *Encyclopaedia Iranica*, VIII/1, pp. 39–43. http://www.iranicaonline.org/articles/ebn-al-moqaffa [aufgerufen am 30.12.2012].

466 Siehe Ibn Muqaffaʿ, ʿAbdallāh: al-Ḥikmat al-madaniyya. Kitāb al-adab al-kabīr. Hrsg. v. Muḥammad Ḥasan Nāʾīl al-Marṣafī (1331q/1913). Kairo; Ders.: al-Adab aṣ-ṣagir. Hrsg. v. Maḥmūd Taufīq al-Kutubī (⁷1332q/1914). Kairo. Von Letzterem siehe die Übersetzung ins Deutsche von Rescher, O. (1915): Das kleine Adab-Buch des Ibn el-Moqaffa. Stuttgart: Wax & Heppeler; Ibn al-Muqaffa, Abdallah: Kalila und Dimna. Die Fabeln des Bidpai. Übertragen aus dem Arabischen ins Deutsche von Philipp Wolff (1995). München: Manesse Verlag.

467 Aḏarnūš, Adab, S. 299.

in seinen Werken nach dem Vorbild der vorislamischen Tradition verfolgt. Es geht um die ruhmreiche und tugendhafte Herrschaft gegenüber dem untergebenen Volk, darüber hinaus jedoch auch um das Verhältnis von Starken und Schwachen, Machthabern und Wissenden sowie Reichen und Armen.

Angestrebt wird nicht nur der Erwerb jener Eigenschaften, die den meisten Menschen die Vollkommenheit jenseits des weltlichen Lebens ermöglichen, sondern die Beantwortung der Frage, wie man das soziale Leben und seine Ideale im Diesseits gestalten kann. Bedeutsam dafür sind Klugheit, Vorteilhaftigkeit und Nutzbarkeit, aber auch Vortrefflichkeit, Triumph, Freundschaft und überhaupt Menschlichkeit, die man am besten durch Weisheit, Wissen und Gerechtigkeit erlangen kann.

Hierbei wird eine Art Prologomenon zu »*al-Adab al-kabīr*«, Ibn Muqaffaʿs weiterem Buch »Das kleine *Adab*-Buch« (*al-Adab aṣ-ṣaġīr*), als ein geistiger Rahmen einer sittlichen Vernunft erkennbar. In diesem Werk hebt er die Bedeutung des Wissens, die Notwendigkeit des Wissenserwerbes und die Schlüsselrolle des gesunden Menschenverstandes hervor.

Wissen ist in schwierigen Zeiten ein Werkzeug in guten und sicheren Zeiten aber auch ein Schmuck. Ferner verpflichtet er jene Menschen, die eine Führungsposition in der Gesellschaft anstreben, zu einem Höchstmaß an Wissbegier, erzieherischer Selbstdisziplin und vor allem der Aneignung eines sittlichen Charakters. Ein guter Charakter kann ein effektives Vorbild sein, denn die theoretische Weisheits- bzw. Verhaltensvermittlung ist zwar eine Seite der erzieherischen Maßnahmen. Es kommt aber darauf an, Erziehung durch die praktische Anwendung anschaulich zu machen.

In der islamischen Erziehungslehre wird dem Menschen nahegelegt, eine Lehre aus schlechten Eigenschaften und sittlichen Taten zu ziehen. Die Bedeutung, die Ibn Muqaffaʿ hier der Position der Führerschaft beimisst, ist die einer pädagogischen Vorbildfunktion statt einer rein politischen Führung. Daher betont er, dass niemand unbedacht den Anspruch auf ein solches Erziehungsamt erheben soll.

Es gibt verschiedene Möglichkeiten, politische und gesellschaftliche Ziele mit einer allgemeinen sittlichen Pädagogik für die Menschen in Verbindung zu bringen. Ein Beispiel dafür ist das Buch »*Qābūs-nāma*« von Kaikāwuūs bin Iskandar bin Qābūs Wušmgīr bin Ziyād (1021–1087). Von diesem Werk ließ sich etwa auch J. W. von Goethe inspirieren.[468] Der Autor war selbst ein Fürst aus dem Geschlecht der Ziyariden. Das Buch enthält eine pädagogische Spruch- und Lebensweisheit, die man auch als Philosophie des gesunden Menschenverstandes bezeichnen kann.[469]

Der Leitgedanke dieser pädagogischen Schrift ist, wie der französische Orientalist de Fouchécour hervorhebt, die Menschenliebe. Mit pädagogischen Prinzipien versucht der Autor die Menschen darauf aufmerksam zu machen, was sie als Menschen auszeichnet. Daher legt er Wert darauf, die Gesamtwirklichkeit des menschlichen Lebens und dessen soziale, religiöse, politische, private und individuelle Belange in seine Pädagogik mit einzubeziehen. Die Idee der Sittlichkeit im »*Qābūs-nāma*« ist mit der Idee der Perfektion des Menschen verbunden. Diese Idee ist nämlich der Ausdruck dafür, dass der Mensch auf eine sinnstiftende Artikulation seiner Seele bzw. eine Selbstauslegung angewiesen ist.[470]

Mit etwas stärkeren Akzenten auf das Religiöse und die klassische Weisheit, aber in einem ähnlichen Stil, vermittelt Ibn Miskawaih die Sittlichkeit in seinem Buch »*al-Ḥikma al-ḫālida*«. In diesem Werk, anders als in seinem philosophischen Ethikbuch »*Tahḏīb al-aḫlāq*«, ist er stärker der Tradition der vorislamischen Zeit verhaftet. Wie »*Qābūs-nāma*« stellt sein Buch viele Vorbilder, Sprüche und Handlungen von den Weisen in den Vordergrund.[471]

---

468 Goethe, Johann Wolfgang von (2017): Westöstlicher Divan – mit Auszügen aus dem Buch des Kabus. Hansebook. die Ausgabe von 1875.

469 Vgl. Najmabadi, Seifeddin u. Knauth, Wolfgang (Hrsg. u. übers. 1988): Das Qābūsnāme. Ein Denkmal persischer Lebensweisheit. Wiesbaden: Reichert Verlag, S. 20.

470 De Fouchécour fasst die pädagogischen Ziele von *Qabusnama* zusammen: »Quoi qu`il en soit du résultat, c`est bien le souci de cerner ce qui fait qu`un homme est homme qui guide son écriture. Il sait cet homme fragile et changeant et cherche à le stabiliser dans une conduite fixée à un minimum d`équilibre; mais il ne doute pas qu`il existe un espoir pour tout homme d`aller au-delà d`un minimum, jusqu`à une perfection qui soit lui soit proportionnée. C`est par cet espoir encore qu`il est humain. Son humainisme n`est pas une idéologie; il est la conviction qu`il y a quelque chose qui est propre à l`homme, que cette qualité est réalisable, que l`on peut libérer l`existence humaine d`une absence de sens.« De Fouchécour, Charles-Henri (1986): Moralia. Les Notions Morales dans la Littérature Persane du 3e/9e au 7e/13e siécle. Paris, S. 181.

471 Sieh Ibn Miskawaih: Trağuma-i Ğāwīdān-i Ḫirad. Hrsg. v. Muḥammad Taqī Dāniš-pažūh (1359/1970). Übers. ins Persische v. Šaraf ad-Dīn Uṯman bin Muḥammad Qazwīnī. Teheran; Ibn Miskawaih: Al-ḥikma al-ḫālida. Hrsg. v. ʿAbd ar-Raḥmān Badawī (1952). Kairo.

Die pädagogische Weisheit in diesem Werk ist sehr stark mit Überlieferungen und persönlichen Handlungserfahrungen von Vorbildern verbunden. Theorie und Praxis lassen sich als eine Einheit begreifen. Mit Fabeln und Anekdoten wird in den Werken »*Marzbān-nāma*« von Marzbān b. Šervin, das in der Übersetzung von Saʿd ad-Dīn al-Warāwīnī[472] bekannt geworden ist, und »*Ǧwāmiʿ al-ḥikāyāt*« von Sadīd ad-Dīn Muḥammad bin Muḥammad ʿAufī[473] ebenso ein weit verbreiteter pädagogischer Stil der vorislamischen Zeit gepflegt. Die Beispiele dienen der Wiederbelebung einer pädagogischen Tradition und zugleich deren Idealisierung.

Vergleichbar mit dem »*Qābūs-nāma*« ist das Buch »*Siyarat al-Mulūk*« von Ḫwāǧa Niẓām al-Mulk (1018–1092), der als Berater und Minister des seldschukischen Sultans wirkte. Er führt in seinem Werk zahlreiche Erzählungen auf, in denen er die Ziele einer politischen Pädagogik festlegte.[474] Bekannt ist es auch als »Buch der Staatskunst«, das den berühmten italienischen Staatsphilosophen Machiavelli beeinflusste. Neben den politischen Weisheiten sind die sittlichen Maximen nicht zu übersehen, nach denen die Herrschaft ausgeübt werden soll.[475]

In einem ironischen Stil und mit vielen Beispielen versucht ʿUbaid Zākānī (gest. 1370)[476] in seinen Schriften »*Ṣad Pand*«, »*Risāla Dilgušā*« und »*Muš wa Gurba*« als Pädagoge zu wirken. In seinem

472 Siehe Saʿd ad-Dīn Varavīnī: The Tales of Marzubān (Marzubān-nāma). Translated from the Perisan by Reuben Levy (1959). London: Verlag Thames and Hudson; Davis, Edward William: »The Tales of Marzbān-nāmah," Ph. D. diss., University of Michigan, 1977.

473 Siehe Matīnī, J.: Awfī, Sadīd-al-dīn, in: *Encyclopaedia Iranica*. Originally Published: December 15, 1987. Last Updated: August 18, 2011. Vol. III, Fasc. 2, pp. 117–118. https://iranicaonline.org/articles/awfi-sadid-al-din.

474 Vgl. Niẓām al-Mulk, Abu ʿAlī al-Ḥasan: Siyrat al-mulūk (Siyāsatnāma). Hrsg. v. Norbert Darke ([3]1372/1993). Teheran.

475 Auch die Autoren der Werke »*Dustūr al-Wuzarāʾ*«, »*Tuhfat al-Mulūk*« und anderer Fürstenethiken bringen ihr sittliches Erziehungsprogramm deutlich zum Ausdruck, ohne dass sie direkt von Erziehung sprechen. Sie bedienen sich oft freundlicher Ratschläge (*naṣiḥa*). Solche pädagogischen Moralpredigten, Weisheitsbelehrungen und klugen Ratschläge erhalten auch die Bezeichnung »*Pand-nāma*« bzw. »*Andarz-nāma*«. In dem Buch »*Pand-nāma*« von Farīd ad-Dīn ʿAṭṭār Nišābūrī, der darin allerdings eine mystische Pädagogik betreibt, kann man dieselbe Zielsetzung der moralischen Wertevermittlung in poetischer Form beobachten.

476 Siehe dazu Reza Hajatpour: ʿUbaid-i Zakānī (eig. Nižāmuddīn ʿUbaidallāh aus Qazwin, Biogramm und das satirische Werk), in: Heinz Ludwig Arnold (Hrsg.): Kindlers Literatur Lexikon. [3]2009.

Werk »Fürstenethik« (*Aḫlāq al-ašrāf*) nimmt er die theoretische Grundlage seiner Vordenker für seine Sittenlehre auf. Die Bedeutung dieses Werks zeichnet sich vor allem durch seine Zivilisationskritik aus. Personen, an die er sich kritisch und ironisch wendet, sind Intellektuelle, Künstler und die politischen Eliten seiner Zeit.

Der Autor bedient sich besonders der Ethikwerke Ibn Miskawaihs und Naṣīr ad-Dīn aṭ-Ṭūsīs, verfügt jedoch keineswegs über ihre analytische und philosophische Scharfsinnigkeit. Dafür glänzt er durch seine spitzfindige Betrachtung und Analyse des sozialen Befindens. Anders als seine Vorgänger versucht er mit seiner sprachlichen Methode den Sinn für psychologische Empfindsamkeit zu wecken. ʿUbaid Zākānī beklagt sich über die moralischen Vorstellungen seiner Zeit, belächelt sie zugleich und versucht seine Leser durch Beispiele zu sensibilisieren. Den gegenwärtigen sozialethischen Verhaltensformen stellt er die antike Vorstellung von Ethik und sittlichem Verhalten als ein vergessenes Ideal gegenüber.[477]

Das Buch »*Naṣiḥat al-Mulūk*«, das mit Abū Ḥāmid al-Ġazālī in Verbindung gebracht wird, konzentriert sich ebenfalls, wenn auch mit einem stark religiösen Akzent, darauf, Ratgeber des Sultans bzw. der islamischen politischen Führer zu sein. Sultanerziehung ist für al-Ġazālī Staats- und Menschenerziehung. Als Erzieher und Weiser vermittelt er damit ein politisches Ethos, das dem Menschsein eine göttliche Orientierung verleiht. Er stellt nicht nur die religiös-sittlichen Maximen auf, sondern spricht auch von allgemeinen rationalen Weisheitsformen, mit denen er eine Art *humanistische Sittenpädagogik* vermittelt.[478]

In diesem Zusammenhang ist auch Buch »*Adab ad-dunyāʾ wa ad-dīn*« von al-Māwardī zu erwähnen. Bei ihm wird mehr als bei den meisten religiösen Schriften Wert auf eine theoretische Grundlage hinsichtlich der Ethik- und Erziehungsvorstellungen gelegt. Wie al-ʿAwwā betont, bemüht sich al-Māwardī, die religiöse und philosophische Tradition miteinander zu verbinden. Auch Majid Fakhry bezeichnet ihn als den Prototyp für eine religiöse Ethik, welche die Tradition durch Ratio mildert.[479] Ebenso beabsichtigt al-Māwardī, ein Gleichgewicht zwischen materiellem Leben und Religion herzustel-

477 Vgl. Zākānī, Aḫlāq al-ašrāf.

478 Vgl. al-Ġazālī, Abū Ḥāmid: Naṣīḥat al-mulūk. Eingel. u. hrsg. v. Ǧalāl ad-Dīn Humāʾī (1361/1982). Teheran.

479 Siehe Fakhry ^{2}1994, S. 158.

len.[480] Nach diesem Prinzip stellt er eine Verbindung von Wissen und Frömmigkeit her.

Hierin sieht al-Māwardī keinen Widerspruch, denn weder das Streben nach materiellem Leben noch nach Frömmigkeit soll übertrieben werden. Die Welt ist der Ort der Pflicht und der Tat, das Jenseits hingegen der Ort der Belohnung, der Strafe und des Verweilens. Somit muss der Mensch sich um die Veredelung und Verbesserung beider Seiten (*salāḥ ad-dīn wa ad-dunyā'*) kümmern.

Al-Māwardī erklärt Verhaltensregeln bezüglich des religiösen Verhaltens (*adab ad-dīn*), des weltlichen Verhaltens (*adab ad-dunyā'*) sowie des persönlichen Verhaltens (*adab an-nafs*). Er sieht in der Welt (*ad-dunyā'*) die Gefahr, sich vom Jenseits und den eigentlichen Belangen der Seele abzulenken. Daher muss man seine Gedanken von der Liebe zu dieser Welt fernhalten. Al-Māwardī weist darauf hin, dass die Befriedigung der weltlichen Wünsche und das, was man sich vorgenommen hat, niemals zu erreichen ist, wenn man nicht rechtschaffen handelt und Seelenruhe besitzt. So solle man daran denken, dass man nicht ewig für diese Welt bestimmt ist, und sich von Hoffnungen und Erwartungen nicht ablenken lassen.[481]

Der Mensch muss sich als Gesellschaftswesen mit den Angelegenheiten des gemeinschaftlichen Lebens auseinandersetzen. Genauso gilt für ihn die Notwendigkeit, seine individuellen Angelegenheiten, die allerdings nicht getrennt vom gesellschaftlichen Leben zu betrachten sind, ernst zu nehmen. Darin enthalten sind, wie al-ʿAwwā weiter ausführt, die Selbstachtung und die Solidarität mit dem Nächsten.

Im Zentrum seiner Vorstellung stehen die Handlungen, die sittlich erworben werden müssen. Daher kommt der sittlichen Erziehung eine tragende Rolle zu. Mit der Kunst des Anstandes bzw. der Erziehung (*adab*), die bei ihm auch Ethik (*aḫlāq*) genannt wird, erwerbe der Mensch die lobenswerten Charaktere. Diese fasst al-ʿAwwā in seinem Buch zusammen.

Das ganze Konzept von al-Māwardī verfolgt dasselbe Prinzip, das man auch bei jenen religiösen Gelehrten sieht, die die Rolle des Glaubens und der Ethik aus juristischer und theologischer Sicht definieren. Im Zentrum der Erziehung steht die Veredelung der Seele. Anders als bei den Philosophen und Mystikern kommt bei ihm der

---

480 Vgl. al-ʿAwwā 1986, S. 563.
481 Siehe Fakhry ²1994, S. 161–163.

Erfahrungswelt und den Besonderheiten der einzelnen Gemeinschaften eine entscheidende Funktion zu. Letztlich geht es um den Einsatz für ein gesundes und gutes Leben im Dies- und Jenseits, was durch die Veredlung und Erziehung der Seele zu einem guten Charakter erreicht werden kann.[482]

Wichtig ist bei diesem Erziehungsmodell, dass die Rolle der göttlichen Rechtleitung als unverzichtbar erachtet wird, denn sonst hätten die Propheten auf die göttliche Leitung verzichtet, meint er. Daher darf der Mensch nicht daran glauben, dass er der göttlichen Offenbarung entbehren und sich nur allein auf seine Vernunft oder seinen Naturinstinkt (Gewissen) verlassen könne.[483]

482 Vgl. al-ʿAwwā 1986, S. 583.
483 Ebd. S. 584 f.

Spirituelle Pädagogik

1 Mystische Erziehung als Vorgang seelischer Perfektion im Vereintsein mit dem Ganzen

Mystische *Adab*-Literatur ist eine weitere pädagogische Textart, die sich mit der Verbesserung und Veredlung des Menschen befassen. Es sind Werke, in denen nicht nur die Rituale der asketischen Übungen vorkommen, sondern vor allem die theoretischen Darstellungen, die eine philosophisch-mystische Erfahrungspädagogik oder eine philosophisch-mystische Selbsterlebenspädagogik ausweisen.

In diesen Werken geht es hauptsächlich um die Erziehung der Seele mit dem Ziel der Vollendung und Souveränität. Das heißt, anders als bei anderen *Adab*- und Ethikwerken, wo Charakterveredelung das vordergründige Motiv darstellt, ist mystische Erziehung eine Vorstufe für einen höheren Rang. Es geht hier also nicht darum, durch gutes Benehmen, Aneignung guter Eigenschaften und Befolgung kluger Weisheitsregeln weltlichen Ruhm und einen eschatologischen Sonderstatus zu erlangen. Ziel des mystischen Lebens ist ein Entwurf seelischer Vollkommenheit. Die Vollkommenheit der Seele ist somit Selbstzweck. Wir haben es daher mit einer Erziehung der Seele (*trabiyat an-nafs*) zu tun, die wir Seelenpädagogik nennen können.

Die Pädagogik, die durch mystische Lehre verfolgt wird, bewegt sich jenseits der weltlichen Belange. Es geht gänzlich um die Innenwelt. Da es nach der mystischen Vorstellung nur ein wahres Leben gibt, können wir auf trennende Begriffe verzichten. Was man für ein beständiges Leben (*baqā*), d. h. ewiges Leben tut, geschieht für eine Welt, die wirklich ist.

Wie in den meisten aristotelisch-neuplatonisch orientierten Ethikschriften ist auch in den mystischen Werken die Seele der Ausgangspunkt der pädagogischen Lehre. Mit einer mystischen Seelenpädagogik ist eine asketische Übung gemeint, welche die Seele durch permanente Beaufsichtigung von weltlichen Eingriffen fernhält.

Dabei handelt es sich um einen Selbstentwurf. Hier sollen nun die Prämissen rekonstruiert werden, die dem Seelenentwurf in der islamischen Mystik zugrunde liegen. Wir fragen zunächst nach der Bedingung der Möglichkeit des mystischen Erfahrungsprozesses und nach dem Erfahrungsumfeld, aus dem die Pädagogik des Seelenentwurfes erfolgen soll. Die islamische Mystik ist jedoch nicht als ein monolithischer Block zu sehen. Sie ist wie alle anderen Disziplinen heterogen. Die Unterschiede stellen jedoch keine grundsätzliche Differenz in der Inhaltsbestimmung dar, sondern beziehen sich oft auf eine methodische und zum Teil religiöse Schul- und Sektenzugehörigkeit.

Alle mystischen Richtungen so wie auch religiöse und philosophische Schulen leiten ihre Lehre aus einem Prinzip ab. Am Anfang und Ende steht das absolute Leben in einer absoluten Einheit. Dieses absolute Leben ist der Grund für alle Erscheinungen und das Prinzip alles Seienden. Die Wege und die Erkenntnisse, wodurch man das absolute Leben zu erlangen versucht, setzen unterschiedliche Akzente, welche die Nähe und die Ferne des Mystikers zu der religiösen Orthodoxie oder der philosophisch neuplatonischen Schule aufzeigen.

Anders als bei Vernunfterkenntnissen handelt es sich bei der Mystik um Erleben. Erleben ist eine Art Erkenntnis, die sich auf die Ebene der intuitiven Erkenntnis bezieht. Dies ist eine erweitere Form des Wissens. In der philosophischen Betrachtung beginnt der Erwerb des Wissens mit Sinnesempfindungen und ihrer Multiplikation sowie ihren Modalitäten, die zu einer komplexen Wahrnehmung führen, d.h., die Welt der Materie ist das Medium, das die Eindrücke und Stoffe für die inneren Verbindungen und geistigen Reflexionen liefert. Somit haben wir es mit Tätigkeiten des äußeren und inneren Wahrnehmungsvermögens zu tun, die naturhaft dem eigenen Wesen entspringen.

Erzieherische Schulung bedeutet den Ausbau dieser Fähigkeiten, so dass der Mensch gemäß seinem naturhaften Wahrnehmungsvermögen seinen Geist trainiert. Dadurch legt er einen mentalen Katalog der Begriffe bzw. Ordner für die Sinnesstiftung und geistigen Gesamtbilder an. Erziehung heißt, sich der natürlichen Fähigkeiten bewusst zu sein. Doch Wissen wird letztlich mit dem Denken gleichgesetzt. Denn Wissen heißt, fähig zu sein, zu denken. Geistige Entwicklung zielt darauf ab, dass das Denken frei von Materialität fungiert.[484]

---

484 Vgl. Iqbal, Muhammad (1908): The development of metaphysics in Persia. Entwicklung der Metaphysik in Persien. London: LUZAC & CO, S. 28.

In der klassischen Vorstellung islamischer Gelehrter hat das Wissen, obwohl es erworben werden soll, einen metaphysischen Ursprung. Nach Ibn Miskawaih ist das Ziel aller philosophischen Schulung, so wie es Muḥammad Iqbāl (gest. 1938) interpretiert,

> »to develop the power of ›ideation‹ or contemplation on pure concepts, in order that constant practice might make possible the conception of the absolutely immaterial.«[485]

Für die Mystik ist Wissen ebenso ein Phänomen, das unabhängig von der Materialität betrachtet wird. Nach der Definition von ʿIzz ad-Dīn Kāšānī hat das Wissen eine übersinnliche Qualität.

> »Mit Wissen ist ein Licht im Herzen des Gläubigen gemeint, das der prophetischen Nische entnommen ist, mit dem er (der Gläubige) den Weg zu Gott oder zur göttlichen Handlung oder zum göttlichen Urteil findet. Dieses Wissen ist spezifisch für den Menschen. Es ist frei von sinnlichen und rationalen Perzeptionen.«[486]

Wissen als solches ist also speziell für die Gläubigen, wie ʿIzz ad-Dīn Kāšānī weiter ausführt. Dieses Wissen ist das, womit der Gläubige bezüglich der Jenseitsangelegenheiten das Gute vom Schlechten unterscheidet. ʿIzz ad-Dīn Kāšānī setzt das Wissen mit der Vernunft gleich. Und obwohl sie für einen Mystiker wie ihn in der Einheit begriffen werden kann, lässt er sich auf die traditionelle Einteilung der Vernunft ein. Es gibt eine allgemeine Vernunft, die bezüglich der Diesseitsangelegenheiten das Gute vom Schlechten unterscheidet.

An dieser Vernunft haben Gläubige und Ungläubige gleichermaßen anteil. ʿIzz ad-Dīn Kāšānī nennt dies die Vernunft des Alltags- bzw. des Diesseitslebens (*ʿaql-i maʿāš*). Der andere Aspekt der Vernunft ist im Schöpfer vorhanden. An ihm können nur die Gläubigen teilhaben. Diese Art der Vernunft erscheint in drei Wissensarten, die ausschließlich religiöser Natur sind. Neben dem Monotheismus und der Erkenntnis der göttlichen Attribute und Handlungen fügt ʿIzz ad-Dīn Kāšānī auch das Wissen über die Religionsvorschriften hinzu. Er zählt diese allerdings zum weltlichen Wissen. In Anlehnung an eine Überlieferung bekräftigt er seine Überzeugung, dass es nichts Schlimmeres als die weltlichen Gelehrten und nichts Besseres als die göttlichen Gelehrten gäbe.

---

485 Ebd. S. 30.

486 Kāšānī, Miṣbāḥ al-hidāya, S. 56.

ʿIzz ad-Dīn Kāšānī zufolge ist die Quelle dieses göttlichen Wissens das Herz. Die Erscheinung desselben dient der Bewahrung des Anstandsverhaltens gegenüber der göttlichen Majestät.[487] Die Gelehrten werden daher in zwei Gruppen eingeteilt: Jene, die sich mit dem Sichtbaren, und jene, die sich mit dem Verborgenen beschäftigen. Die Religionsgelehrten, die sich mit Korankommentaren, den Überlieferungen und der Jurisprudenz beschäftigen, gehören zur ersten Gruppe. Obwohl ʿIzz ad-Dīn Kāšānī sich auf gewisse Kompromisse mit weltlichen Gelehrten einlässt, bleibt er zu diesen in seinen Äußerungen distanziert.

Die Besonderheiten des mystischen Wissens manifestieren sich in vielfältigen Erscheinungen, die er in folgenden Wissensformen auflistet: die Wissenschaft der Pflichten (*farīḍat*), der Tugenden (*faḍīlāt*), des Studiums (*dirāsāt*), des Erbes (*wirātāt*), der spirituellen Erfüllung bzw. des Ausbruches (*qiyām*, im koranischen Sinne); Gott steht (*qāʾim*) über einem jeden (Menschen). Ebenso gibt es die Wissenschaft des Zustandes (*ḥāl*), der Notwendigkeit (*ḍarūrat*), der göttlichen Größe (*siʿat*, Weite), der Gewissheit (*yaqīn*) und der göttlichen Unmittelbarkeit (*ladunnī*).

Bei diesen unterschiedlichen Erscheinungsformen handelt es sich um praktische und mentale Lebensweisheiten bzw. um eine Art geistigen Bewusstseinszustand. Die Mystik ist die Weisheit einer praktischen Lebensform und das Wissen ist eine Stufe des Bewusstseins, die auch rituell Ausdruck findet. Um einen vollkommenen Zustand des Wissens zu erreichen, sieht ʿIzz ad-Dīn Kāšānī eine Notwendigkeit in der Erziehung. Neben einem erfahrenen Erzieher müsse jedoch auch Gott beteiligt sein, wie er einer Überlieferung zufolge den Spruch des Propheten interpretiert: »Gott erzog mich und so war es die Erziehung in bester Form« (*addabanī rabbī fa-aḥsana taʾdībī*).

In den ersten Phasen der mystischen Erziehung wird die Seele durch pädagogische und erzieherische Maßnahmen praktisch und sittlich trainiert, die sie mit Erkenntnissen und Weisheiten versorgen. Die Seele steht somit in einem Prozess der Selbstdisziplin, der Selbstkontrolle, der Selbstanalyse und der Selbstveredelung. Sobald sich der Mensch in die Welt der göttlichen Unendlichkeit (*siʿat*) begibt, fügt er sich dem göttlichen Willen. Er besitzt dann Erkenntnisse, mit denen er die mystischen Zustände und eine seelische Gewissheit erlangt, so dass Vernunft oder Überlieferungen nicht mehr nötig sind.

---

487 Ebd. S. 60.

Am Ende dieser Seelenpädagogik steht eine Art Pädagogik der Unmittelbarkeit, die von Gott direkt ohne menschliche Vermittlung ausgeht.[488] Letzten Endes ist es jedoch die Aufgabe des Menschen selbst, die Erziehung seiner Seele zu vollziehen. Dies kann durch seine Vernunft oder einen besonderen mystischen Zustand, den er sich im Laufe der Seelenanalyse erworben hat, geschehen. Er steht in allen Phasen, bis zum Vollzug der Einheit mit dem Absoluten, unter einer permanenten Selbstüberwindung.

Für manche Mystiker wie Saʿd ad-Dīn Ḥammūya (gest. 1252) und den Meister ʿAzīz ad-Dīn Nasafī (gest. um 1281) ist die Vernunft (*ʿaql*) die Sprache des Geistes (*rūḥ*) und der Spiegel des Herzens.[489] Aus der Vernunft gehe daher auch die Sprache des Menschen und seine Rhetorik hervor. Mit ihr nähmen Status und Formung des Menschen Gestalt an. Der Vernunft kommt aufgrund ihrer vielfältigen Erscheinungsformen, wie sie Ḥammūya in seinem Buch »*al-Miṣbāḥ fī t-taṣawwuf*« ausführlich beschreibt, eine gestalterische Rolle zu, sowohl im kosmogenetischen als auch im pädagogischen Sinn.[490]

Die Vernunft bringt die Potenzen mit Hilfe der äußeren Sinne und inneren Kräfte allmählich zu ihrer unterschiedlichen Aktualität, wie dies Nağm ad-Dīn Rāzī in seinem Buch »*Risāla-yi ʿišq wa ʿaql*« darstellt.[491] Die Vernunft ist in dieser Stufe der Erziehung autark. Es existiert jedoch eine weitere Stufe der Erkenntnisse, deren Erlangung dem Menschen ohne unmittelbare Wirkung des Göttlichen unmöglich sei. Dabei handelt es sich um jenes göttliche Licht, das dem göttlichen Willen unterworfen ist.[492]

Wenn man Nağm ad-Dīn Rāzī richtig versteht, spielt die Erziehung bei diesem letzten Teil des Erkenntniserwerbs keine Rolle. Im Gegensatz zu ʿIzz ad-Dīn Kāšānī, bei dem der religiöse Ritus eine tragende Kraft in der Erziehung einnimmt, stellt Nağm ad-Dīn Rāzī die Liebe über die rituelle Erziehung. Es handelt sich eher um eine Dimension, in der nicht die Erziehung, sondern die Anziehungskraft göttlicher Unmittelbarkeit und die Präsenz der göttlichen Liebe diese Wirkung hervorrufen. Diese Stufe übersteigt jegliche weltlichen und geistigen Dimensionen. Gott selbst ist die Quelle dieser Liebeskraft.

---

488 Ebd. S. 60–79.

489 Ḥammūya, Saʿd ad-Dīn: Al-Miṣbāḥ fī t-taṣawwuf. Hrsg. v. Nağīb Māyil Hirawī (1362/1983). Teheran, S. 90.

490 Ebd. S. 91.

491 Rāzī Dāya, Risāla-yi ʿišq wa ʿaql, S. 46.

492 Ebd. S. 47 f.

Es ist letztlich sein Wille, da Gott, so Naǧm ad-Dīn Rāzī, schon vor dem Anfang aller Dinge den Grund der Schöpfung mit der Liebe verbunden hat.[493]

Naǧm ad-Dīn Rāzī zeigt hier zwei Quellen der menschlichen Vervollkommnung: Vernunft (*ʿaql*) und Liebe (*ʿišq*). Diese beiden stehen gerade in den pädagogischen Tätigkeiten im Gegensatz zueinander.

> »Die Antinomie von Vernunft und Liebe wird hier verwirklicht. [...] so daß die Vernunft der Held der Kultivierung der zwei körperlichen und immateriellen Welten ist und die Liebe ein Feuer, das lichterloh brennt und die Existenzaufhebung dieser beiden Welten (der körperlichen und immateriellen) ist.«[494]

Liebe ist für Naǧm ad-Dīn Rāzī das, womit der Liebende in einem Akt der Selbstaufhebung zum Geliebten gelangt, während die Vernunft den Träger der Vernunft (Vernunftbesitzer) nicht weiter als bis zum Intelligiblen (*maʿqūl*) führt. Die Welt des Intellektes ist nach Muḥy ad-Dīn Ibn ʿArabī (gest. 1240), einem Vordenker für diese Mystiker, eine bedingte Welt. Im Gegensatz dazu ist das Reich der Liebe das Herz, das sich dem Zustand des Geliebten anpasst wie eine durchsichtige Schale (Becher), die durch die Mannigfaltigkeit der darin befindenden Flüssigkeit vielfältig erscheint.[495] Es herrscht daher eine Einheit zwischen dem Liebenden und dem Geliebten. Für Ibn ʿArabī sind sogar das Äußere und das Innere die Erscheinung von Ein- und Demselben. So werden der Liebende und der Geliebte zu einer Person.[496]

Der andalusische Denker Ibn ʿArabī kann so verstanden werden, dass der Begriff Selbstliebe in der Liebesmystik als eine Selbstrealisierung zu betrachten ist. Ihm zufolge ist derjenige, der die Gegensätze in sich erfasst, der Besitzer der göttlichen Liebe, da die Liebe ihn zum Nichtsein führe. Dieses Nichtsein ist für Ibn ʿArabī ein Zustand des Selbstseins, den man nur durch die Selbstliebe erreichen kann. Da der wahre Liebende Gott selbst ist, der sein Wesen liebt, kann auch

---

493 Einer Überlieferung nach soll Gott gesagt haben: »Ich war ein verborgener Schatz. Also wollte (*aḥbabtu*, d. h. wörtl. ich liebte) ich erkannt werden, so habe ich die Geschöpfe (*ḫalq*, Menschen) erschaffen, um erkannt zu werden.« (*kuntu kanzan maḫfiyan fa-aḥbabtu an uʿrafa fa-ḫalaqtu al-ḫalq li-kai uʿrafa*). Ebd. S. 116.

494 Ebd. S. 63.

495 Vgl. Ibn ʿArabī, Muḥyi ad-Dīn: al-Futūḥāt al-makkīya. As-safar ar-rābiʿ. Bd. 4. Hrsg. v. ʿUṯmān Yaḥyā u. Ibrāhīm Madkūr (1975). Kap. 73. Kairo, S. 462 f.

496 Ebd.

jede Selbstliebe zur Liebe zum Nächsten werden. Diese Auffassung geht aus der Annahme hervor, dass alle anderen Existierenden, welche die Welt der Erscheinung bilden, ein privativer Aspekt der Existenz (nämlich Nichtsein) sind. Dies entspringt der eigentlichen Selbstliebe. Daher liebt Gott die Erscheinung, die eben nichts anderes ist als die Selbstliebe.

> »Daher ist das Kennzeichen der göttlichen Liebe die Liebe zum gesamten Dasein und zu allem Existierenden – alle spirituellen (ideellen), sinnlichen, imaginären, illusionären Stufen betreffend. Für jede dieser Stufen gibt es ein reales Objekt Seines Namens – des Lichtes (*an-nūr* – gemeint ist der Name Gottes), das man mit Seinem Namen *al-ǧamīl* (die Schönheit) betrachtet, und jenes Licht verhüllt sie mit dem Kleid der Existenz. Jeder Liebende liebt nichts außer sein eigenes Selbst. Daher hat Gott sich selber so beschrieben, dass er die Erscheinungen liebt.«[497]

Mit der Liebe wird die Einheit vollzogen, während sich mit der Vernunfterziehung ein geistiger Zustand vollendet, in dem die Vernunft die Idee des Dingwesens erblicken kann, nicht jedoch deren Wirklichkeit. Die Einheit würde hiermit Ganzheit in der höchsten Seinsform bedeuten. Nur in dieser Ganzheit kann der Mensch laut Nasafī die Blindheit überwinden. Der Mensch erkennt dann die vollständige Wahrheit.[498] Für diese Pädagogik ist die Liebe zuständig.[499]

Der Begriff Liebe hat hier keine pädagogische Funktion, sondern findet allegorische Verwendung. Im Gegensatz dazu existiert für Rūzbihān Baqlī Šīrāzī (gest. 1209) eine Pädagogik der Liebe. Das dreizehnte Kapitel seines Buches »Kitāb ʿAbhar *al-*ʿāšiqīn« betitelt er sogar mit »Zur Pädagogik der Liebe« bzw. »Zur Erziehung der Liebe« (*fī trabiyat al-ʿišq*).[500] Ihm zufolge erscheint in der menschlichen Liebe durch die Pädagogik der Liebe die göttliche Liebe. Liebe ist bei ihm eine untrennbare Essenz des einen Ganzen, dem alle Arten der Liebe und der Liebenden entspringen. Sie hat verschiedene Stufen und erscheint unterschiedlich in der gesamten Existenz, denn sie symbolisiert die Manifestation des Einen.

---

497 Siehe Ibn ʿArabī, al-Futūḥāt al-makkīya. Kap. 73, S. 459.

498 Nasafī, ʿAzīz ad-Dīn: Kitāb al-insān al-kāmil. Hrsg. u. eingel. v. Marijan Molé (1379/2000). Mit einer Einleitung von Henry Corbin. Teheran, S. 107.

499 Rāzī Dāya, Risāla-yi ʿišq wa ʿaql, S. 74.

500 Siehe Baqlī Šīrāzī, Rūzbihān: Kitāb ʿAbhar al-ʿāšiqīn. Hrsg. v. Henry Corbin u. Muḥammad Muʿīn ([3]1366/1987). Paris u. Teheran, S. 67–71.

Liebe hat dabei einen stark ästhetischen Akzent. Im Menschen kommt ihre pädagogische Schlüsselrolle besonders in religiösen Bereichen und mystischen Stationen zum Ausdruck. Die Liebe, die bei Naǧm ad-Dīn Rāzī erst nach einigen pädagogischen Maßnahmen in Erscheinung tritt, begleitet nach Baqlī Šīrāzī die Existierenden in all ihren Erscheinungsformen. Die spezielle Liebe bleibt jedoch eine Besonderheit, die man sich durch eine spezifische asketische Seelenpädagogik aneignen muss.

Die Liebe ist in der islamischen Mystik die Treibkraft zum Suchen und Finden, wie Fritz Meier erläutert.[501] Bei Naǧm ad-Dīn Rāzī erreicht man erst dann den Zustand der Liebe, wenn man die anderen Zustände bereits hinter sich hat. Für Mystiker ist das Endziel die Liebe, und diese drückt sich in der Selbstüberwindung aus. Liebe bedeutet Vereintsein mit dem Absoluten, d.h. mit dem Geliebten, der selbst die Quelle der Liebe ist. Der Vollzug dieser Einheit geht daher mit einer Selbstüberwindung einher, die einem Prozess der sittlichen, geistigen und spirituellen Personenentwicklung zugrunde liegt.

Selbstveredelung ist ein Zustand, der durch strenge asketische Übungen erreicht werden kann. Dazu gehört die Selbstbeherrschung bis hin zum Zustand der Selbststeigerung bzw. Selbstoptimierung. Dies führt zu einer hohen Selbsterkenntnis, der wahren Selbstfindung, wodurch man den Zustand der seelischen Erleuchtung und der existentiellen und schöpferischen Selbstbegründung erlangt.

Der Seele gelingt somit durch pädagogische Selbstbegründung ein existentieller Selbstentwurf. Diese existentielle Selbstfindung zeigt sich im Erwerb eines unendlichen Ichs.[502] Durch die Aufhebung des kleinen Ichs erreicht der Mystiker das ewige Leben in Perfektion. In diesem Sinne ist Erziehung ein Prozess der Selbstverwirklichung und als Vorgang seelischer Perfektion im Vereintsein mit dem Ganzen zu betrachten. Die Liebe stellt für einen Mystiker eine göttliche Anziehungskraft dar. Dadurch stellt sich die Frage, welche Rolle die eigene Kraft des Menschen spielt und wie das Verhältnis von Liebe, Freiheit und der göttlichen Rechtleitung zu verstehen ist. Naǧm ad-Dīn Rāzī versucht, dieses Verhältnis näher zu bestimmen.

In seinem Werk »*Mirṣād al-ʿibād*« nennt er drei Bereiche, die das Leben des Menschen bestimmen: Den existentiellen Naturzustand (*bidāyat-i fiṭrat*), den er den Anfang (*mabdaʾ*) nennt, den Zustand

---

501 Siehe Meier, Fritz (1943): Vom Wesen der islamischen Mystik. Basel, S. 22.
502 Hajatpour 2013, S. 348–349.

der weltlichen Lebensführung (*ma'āš*) und die Rückkehr der Seele (*ma'ād*). Im Zustand der weltlichen Lebensführung steht der Mensch in einem Erziehungsprozess. Erziehung erfasst dann sämtliche sittliche, geistige und spirituelle Lebensentwicklungen.[503]

Dieser weltliche Zustand ist, Naǧm ad-Dīn Rāzī zufolge, für die Vervollkommnung der Eigenschaften, die im Geist des Menschen vorhanden sind, von großer Bedeutung. Es handelt sich hierbei um folgende Eigenschaften: Erleuchtung (*nūrāniyyat*), Liebe (*muḥabbat*), Wissen (*'ilm*), Sanftmut (*ḥilm*), Vertrauen (*uns*), beständiges Leben (*baqā*) und Leben (*ḥayāt*). Wenn man danach trachtet, dass z.B. die Liebe ihre Vollkommenheit erreicht, dann braucht sie den Leib. Der Unterschied zwischen Mensch und Engel besteht genau darin, dass Letzterer nicht zur Vollkommenheit erzogen werden kann.[504]

Der Mensch dagegen wird als Wesen verstanden, das, weil er ein pädagogisches Wesen ist, seine Person und Entwicklung selbst in der Hand hält. Die Welt wird daher zu einem unumgänglichen Teil der Pädagogik des Menschen. Es ist de facto nicht zu übersehen, dass Naǧm ad-Dīn Rāzī der materiellen Welt eine pädagogische Schlüsselrolle gewährt, wofür er folgendes Beispiel anführt.

> »Die Bindung des menschlichen Geistes an den Leib und deren Folgen (*'āfāt*, wörtl. Schäden) verhalten sich so, wie wenn der Mensch ein Samenkorn besitzt. Wenn er es einpflanzt und züchtet (*parwariš*, wörtl. züchten, pflegen), werden aus Einem bis zu Hundert und bis zu Siebenhundert. Wenn man aber das Samenkorn nicht einpflanzt, so kann man daraus keinen Nutzen ziehen. Wenn man das Samenkorn in die Erde tun und es aber nicht züchten (kultivieren) würde, gehört es zur Eigenschaft der Erde, das Samenkorn verfaulen zu lassen, und damit wäre die Nutzveranlagung, die ihm eigen war, verdorben.«[505]

Das Gleichnis, das diesem Zitat zu entnehmen ist, zeigt einerseits, dass Pädagogik ohne Handlung und praktische Kultivierung keinen Erfolg haben kann. Andererseits weist es gleichermaßen darauf hin, dass der Mensch eine Anlage besitzt, die kultiviert werden kann. Diese Selbstkultivierung ist eine pädagogische Arbeit an sich selbst, eine Selbstaskese, die zur Realisierung des Selbst beitragen kann.

Die Erziehung begleitet den Menschen zu seiner Selbstdefinition und Selbstaktualisierung als Ganzes. Dieser Kultivierungsprozess

---

503 Vgl. Rāzī Dāya, Mirṣād al-'ibād, S. 28 f.

504 Ebd. S. 43.

505 Ebd. S. 104.

wird mit Hilfe der Weisheit und der Erfahrung des geistigen Mentors bzw. Erziehers (*muršid*) eingeleitet. Der Vollzug der Erziehung hängt jedoch von der eigenen Bereitschaft und dem eigenen Zutun ab. Ähnlich argumentiert auch Ṣadr ad-Dīn aš-Šīrāzī, dass die geistige Anleitung zwar ein Bestandteil der pädagogischen Maßnahme sei. Jedoch ginge von ihr keine verbindliche Macht und praktische Funktion aus, sondern ihr käme eine rein moralische und geistige Aufgabe zu. Erziehung sei demnach ein Vorgang zur Entwicklung der im Geist vorhandenen Veranlagung (*isti'dād*). Diese Veranlagung ist nichts anderes als das menschliche Bekenntnis im Urzustand, als der Mensch der göttlichen Herrschaft zustimmte. So kann diese Veranlagung im menschlichen Geist nach Naǧm ad-Dīn Rāzī nicht ohne Glauben und Erziehung zu tugendhaften Handlungen (*'amal-i ṣāliḥ*) zur Vollendung kommen. Dann sei auch keine geistige Vollkommenheit möglich.[506]

Er sieht keine Gegensätzlichkeit zwischen Leib und Geist. Denn aufgrund der Verschmelzung von Leib und Geist entstünde die Seele (*nafs*). Genau hier lässt er einen wichtigen pädagogischen Aspekt einfließen, den er in Metaphern zum Ausdruck bringt. Die Existenz ist für ihn eine Einheit. Diese verfüge über zwei Dimensionen bzw. Modi, die wiederum in zwei Existenzzuständen erscheinen: im Zustand des Verborgenen (*ġaib*) und im Zustand des Erscheinenden (*šahāda*, Sichtbaren).

Man kann diese Zustände im philosophischen Vokabular das Ding an sich und die Erscheinung oder das Wirkliche und die Realerscheinung nennen. In der mystischen Sprache werden sie auch das Innere und das Äußere bzw. das Objektive und das Subjektive genannt. Es handelt sich sozusagen um zwei Farben, deren Auflösung die Einheit vollendet. Der Mensch durchläuft in seinem Abstieg in den irdischen Naturzustand eine Reihe von Entstehungs- und Entwicklungsphasen. Dabei lässt er unterschiedliche existentielle Zustände, von der himmlischen hin zur materiellen Welt, hinter sich.

Das Urvertrauen, das der Mensch hatte, entfernt sich durch die neue Dimension. Bis zur Geburt eines Kindes verläuft ebenso eine Reihe evolutionärer Fortentwicklungen. So geschieht mit der Geburt eine Trennung und das Kind braucht eine Erziehung, denn es hat diesen Urzustand verlassen und vergessen. Mit dem weltlichen Leben pflegt das Kind demnach die Dimension, die ihm zur Vollendung

---

506 Ebd. S. 105–107.

dieser materiellen Dimension verhelfen sollte. Da der Mensch durch die Hand Gottes (*bi-yadī*) und den Hauch Seines Geistes (*nafaḫtu min rūḥī*) ins Leben trat, kam er mit zwei ewigen Kräften in Berührung oder, wie Naǧm ad-Dīn Rāzī sagt, »schmeckte er (der Mensch) die zwei beständigen Welten«.

Anders als das Tier, das eindimensional existiert, ist der Mensch immer von einer anderen, einer ewigen Dimension angezogen. Solange der Mensch an beide Farben (d.h. an den Zustand der Vielheit bzw. Dualität) gebunden ist, gibt es kein Wachstum und Gedeihen, keine Entwicklung und keine Vervollkommnung.

Für Naǧm ad-Dīn Rāzī ist die Prophetie allerdings als unverzichtbar für die Erziehung des Menschen anzusehen. Zunächst braucht der Mensch die Religionsgesetze (*šarīʿat*). Diese sind für den Leib. Für die Seele (*nafs*) braucht man zusätzliche Mittel und vor allem die Selbsterkenntnis der Seele.

> »Solange Du die Seele nicht erkannt hast, kannst du sie nicht erziehen. Solange Du die Erziehung der Seele nicht zur Vollendung bringst, kann ihre wahre Erkenntnis, die zur Erkenntnis Gottes führt, nicht erreicht werden.«[507]

Ohne Erkenntnis kann das Religionsgesetz allein die Seele nicht zur Vollkommenheit erziehen. Erkenntnis ist das, wofür die Menschen erschaffen sind. Sie ist das, was Gott den Menschen anvertraute. Um diese Erkenntnis zu erreichen, muss der Mensch seine Seele von unbeständigen Einflüssen befreien. Animalische Kräfte wie Begierde und Zorn sollen durch sittliche Eigenschaften beherrscht werden. Über den Glauben und das Religionsgesetz könne man ein Gleichgewicht in der Seele herbeiführen. Naǧm ad-Dīn Rāzī zählt sämtliche ethischen Maximen und Tugenden auf, welche die Seele zur Mäßigkeit führen und die Hindernisse auf dem Weg zur Entfaltung der Veranlagungen des Geistes beheben.

Die Prophetie ist für ihn die Erziehungsinstanz der Religion. Jedoch verfügt die Religion über unterschiedliche Attribute. Es sind diejenigen Tugenden, die wir aus den Ethikschriften kennen. Liebe (*muḥabbat*) ist die Eigenschaft der Religion, um deren Vollzug und Erziehung (*parwariš*, wörtlich Zucht) sich der islamische Prophet kümmerte. Denn seine Aufgabe war die Verkörperung des menschlichen Herzens, in dem nur die Erziehung der Liebe stattfinden kann.[508]

---

507 Ebd. S. 174.

Die Liebe gilt somit als Vollkommenheit der Religion. Aber wie erreicht man diese Liebe? Die Antwort darauf ist, dass man zunächst die Seele von gewissen seelischen Krankheiten (*amrāḍ-i dill*) befreit und säubert. Damit meint Naǧm ad-Dīn Rāzī nicht die Veränderung der Eigenschaften. Denn die Seele besitzt unveränderbare Eigenschaften. So haben seines Erachtens die Philosophen den Irrtum begangen, sich auf die Vernunft zu verlassen, um die Eigenschaften zu verändern. Erziehung ist aber ein Vorgang der Gewohnheitsverwandlung, nicht der Eigenschaftsverwandlung, wie dies Nasafī präziser als Naǧm ad-Dīn Rāzī definiert.[509]

Man soll daher das Herz (*dill*) bereinigen. Dies kann nur durch einen asketischen Weg (*ṭarīqat*) erreicht werden. Der asketische Weg ist für Naǧm ad-Dīn Rāzī die Überwindung des Weltlichen und damit der Vielfalt sowie der Vollzug der Einheit. Daher können Sittlichkeit und Tugendhaftigkeit allein die Seele nicht in den Zustand der Sicherheit (*nafs al-mutmaʾinna,* die friedliche bzw. getröstete Seele) führen. Sie sind wie die anderen religiösen Gesetze für die Vorbereitung sowie das Training des Leibes und der Seele notwendig, nicht jedoch für die Vervollkommnung der Liebe.

> »Wenn jene Gruppe, auch wenn sie ihr ganzes Leben der Verwandlung des Charakters widmen und sich um die Gesetze der Religion bemühen würde, sich aber nur für einen Augenblick von der Selbstkontrolle (*muḥāfaẓat-i nafs*, der Bewahrung/Kontrolle der Seele) abhalten ließe, so würde deren Seele der Eigensinnigkeit (Wildheit) verfallen, die Zügel zerreißen und sich der Weide zuwenden. Je fester man die Hundeseele bindet, desto hungriger wird sie. In jenem Augenblick, in dem man sich von der Askese freimacht (loslöst), nehmen das Böse und die Gier zu.«[510]

Naǧm ad-Dīn Rāzī macht seinen Leser darauf aufmerksam, dass der theoretische Weg nicht ausreicht, um die Einheit zu erreichen. In seiner Ausführung stoßen wir auf eine Auffassung, bei der die wahre Askese sich in einem Zustand der permanenten Selbstkontrolle und Selbstüberwindung befindet. So kann die Hundeseele nicht mental beherrscht werden, da ihre Gier unendlich ist. Der Mensch muss sich stattdessen in einer andauernden Selbstkontrolle befinden, die

508 Ebd. S. 153.

509 Nasafī, Kitāb al-insān al-kāmil, S. 107 f.

510 Rāzī Dāya, Mirṣād al-ʿibād, S. 201.

Vernunft überwinden und sich in eine Art permanente inwendige seelische Selbsttherapie begeben.

Naǧm ad-Dīn Rāzī beruft sich auf den legendären Mystiker Abū l-Muġīṯ al-Ḥusain ibn Manṣūr al-Ḥallāǧ (gekreuzigt 922). Dieser führte den Unterschied des Weges der Frommen und der Liebenden darauf zurück, dass der Weg der Liebenden in der Ich-Überwindung liege, die in der mystischen Sprache Entwerdung (*fanā*) genannt werde. Durch die Säuberung des Herzens werde dieses, so Naǧm ad-Dīn Rāzī, aufnahmefähig für die Gnade Gottes. Durch diese Gnade würden dann die Eigenschaften verwandelt.

Eine grundsätzliche Frage, die mit einer Pädagogik der Ich-Überwindung zusammenhängt, betrifft die eigentliche Haltung der Mystik gegenüber der Welt. Denn hier stellt sich die Frage, ob Erziehung zur Vollkommenheit angesichts der Weltverachtung bzw. Selbstverneinung einen Sinn hat. Die Abwendung von der Welt, die Weltentsagung oder die Weltfeindlichkeit, wie sie allgemein mit der islamischen Mystik in Zusammenhang gebracht werden, ist keine absolute Isolierung bzw. Verachtung der Welt.[511] Es gibt zahlreiche mystische und religiöse Schriften, in denen weltliche Arbeit, Erwerbstätigkeit und weltliche Zuwendung einen besonderen Platz in der Entwicklung des Menschen einnehmen.

Der persische Dichter Abū Muḥammad Mušarrif ad-Din Muṣliḥ bin ʿAbd-Allah bin Mušarrif Šīrāzī (gest. 1292), bekannt als Saʿdī, bringt sein Verständnis eines Sufi auf dem Punkt, wie Dieter Bellmann in seinem Nachwort zu Saʿdīs Buch »Rosengarten« hervorhebt: Es stellt sich »in der Einheitlichkeit der inneren und der äußeren Welt des Menschen« dar.[512] Man kann dies am Tenor seiner Erziehungsvorstellungen innerhalb seines gesamten Werkes erkennen.[513]

Bei der sogenannten Weltentsagung geht es meines Erachtens – abgesehen von deren sozialer Bedeutung, die hier nicht zur Debatte steht um die Überwindung der Vielfalt durch die Einheit. Weltentsagung bedeutet das Vereintsein mit dem Absoluten und Ganzen. Hierbei geht es nicht um Weltfeindlichkeit, sondern um das Streben nach Freiheit und die Befreiung von der Abhängigkeit. *Fanā* ist in diesem Sinne keine Entwerdung, sondern die Auflösung des konditionierten Ichs in einem einheitlichen bzw. höheren Ich-Bewusstsein.

---

511 Siehe Hajatpour 2013.

512 Saʿdī, Muṣliḥ ad-Dīn: Der Rosengarten (Hrsg. u. kommentiert v. Dieter Bellmann (1990). München: C. H. Beck, S. 315–216.

513 Ebd. S. 223–251.

Die Welt ist eine Eigenschaft bzw. ein Zustand, die bzw. der für den Menschen das Vergängliche verkörpert. Sie stellt für den Menschen zugleich die Möglichkeit bzw. die Aufgabe dar, seine verlorene Souveränität wiederzugewinnen. Souveränität ist die absolute Freiheit. In diesem Sinne interpretiert ʿAbd al-Karīm al-Ǧīlī (gest. 1428) den Abstieg bzw. die Verbannung (*ṭrad*) des Menschen aus der himmlischen Welt. Er sagt, dass der Grund des Abstieges bzw. der Verbannung aus der göttlichen Nähe in die körperliche Ferne »die Abwendung des Menschen von der himmlischen Welt ist«.

Diese Welt ist im Gegensatz zu der natürlichen Unterwelt »rein von Bedingtheit und Einschränkung (*huwa munazza ʿan al-qaid wa al-ḥaṣr*)«.[514] Die Welt verkörpert für den Menschen quasi die Chance, in der Auseinandersetzung mit ihr eine besondere Widerstandskraft und rationale und asketische Standhaftigkeit zu gewinnen. Dadurch kann er die Seele auf die Aneignung höherer Eigenschaften, nämlich einen neuen Entwurf und eine neue Selbstgestaltung, vorbereiten. Es geht also um Selbstbeherrschung, Souveränität und Selbststeigerung. Um all das zu erlangen, bedarf es der Entbindung von einer radikalen Unterwerfung unter die materielle Welt und von der Sklaverei der Leidenschaft. Daher kann auch nicht allein die Vernunft dem Menschen zur Vollkommenheit verhelfen, denn die Vernunft muss erst zur Selbsterkenntnis erzogen werden. Dann kann die Vernunft als »Minister« der Liebe dienen. Ziel dieser pädagogischen Phasen ist die Erkenntnis von der Wahrheit (*ḥaqīqat*).

Wie bei allen Mystikern kommen auch bei Naǧm ad-Dīn Rāzī die drei Kardinalbereiche der Mystik vor: Religionsgesetz (*šarīʿat*), mystischer Weg (*ṭarīqat*) und Wahrheit (*ḥaqīqat*). In diesem letzten Zustand geht es um die Vollkommenheit des menschlichen Geistes. Diese erreicht man durch die Inkarnation der göttlichen Attribute. Wahrheit ist am Ende des mystischen Weges zu finden, der wiederum den Kern bzw. den Weg (*ṭraīq*) des Religionsgesetzes bildet. Der Weg zur Vollkommenheit ist mit der Praxis und der Weisheit verbunden, was letztlich die Manifestation der göttlichen Attribute bedeutet.

Das Religionsgesetz stellt in der mystischen Pädagogik nur die Tür eines Hauses dar. In das Innere des Hauses einzudringen geschieht durch den Pfad der Mystik, der zum Kern des Hauses führt.

---

514 al-Ǧīlī, ʿAbd al-Karīm: al-Insān al-kāmil fī maʿrifat al-awāḫir wa-l-awāʾil. Bd. I-II. Eingel. u. hrsg. v. Raǧab ʿAbd al-Munṣif ʿAbd al-Fattāḥ al-Mutanāwī (q1419/1999). Kairo, Bd. II. S. 74.

Manche halten daher die Religionsgesetze und den mystischen Weg für ein und dasselbe. Daher wird *ṭarīqa* in der Sprache mancher Mystiker zum prophetischen Weg bzw. für dessen Lebensführung verwendet.[515] In diesem Sinne sehen einige Mystiker wie Abū al-Ḥasan ʿAlī bin ʿUṯmān Hūǧwīrī (gest. 1071) in der Scharia die Wahrheit und distanzieren sich von denjenigen, die das Religionsgesetz durch die Stufe der Wahrheit aufzuheben gedenken.[516]

Diese Gruppen bemühen sich letztlich, der Religion eine stärkere Rolle beizumessen. Hūǧwīrī ist demgegenüber skeptisch, was von den Scheingelehrten (*ʿUlamā-i ẓāhir*, wörtlich Gelehrte des Äußeren, gemeint sind die Religionsgelehrten) vermittelt wird. Ihnen zufolge gäbe es nämlich keinen Unterschied zwischen der Wahrheit und dem Religionsgesetz. Die Wahrheit ist für Hūǧwīrī jedoch eine Gnade Gottes. Die Religionsgesetze hingegen müssten erworben werden.[517]

Daher ergeben sich für ihn drei Arten des Wissens, die das Religionsgesetz, den mystischen Weg und die Wahrheit widerspiegeln: das Wissen von Gott, das Wissen mit Gott und das Wissen in Gott. Das Letztere ist die Erkenntnis Gottes, das Zweite ist die Erkenntnis von den Stationen (*maqāmāt*) und das Erste ist die Erkenntnis des Religionsgesetzes. Daher steht das Religionsgesetz vor dem mystischen Weg als Vorübung für ein größeres Ziel.

Die mystische Pädagogik beginnt daher mit der Aneignung der Eigenschaften, die dem Mystiker eine stabile Haltung gewähren, um sein höchstes Ziel zu erreichen. Diese Aneignung der Eigenschaften findet auf dem spirituellen Pfad der Stationen (*maqāmāt*) statt. Hierbei handelt es sich um asketische Stationen, deren Vollendung dazu führt, den Zugang zu den spirituellen Zuständen zu ermöglichen.

Mit Reue (*tauba*) beginnt der Asket die erste Station zu verinnerlichen, um die Unachtsamkeit zu überwinden. Mit der Enthaltsamkeit (*waraʿ*) beginnt die zweite Station, wodurch der Asket eine widerständige Haltung gegenüber der weltlichen Verführung entwickelt. In der dritten Station übt der Asket die Askese (*zuhd*), um die Verzichtfä-

515 Siehe Nasafī, Kitāb al-insān al-kāmil, S. 73 f.

516 Siehe Hūǧwīrī, Abū al-Ḥasan ʿAlī bin ʿUṯmān: Kašf al-maḥǧūb. Ediert v. V. A. Zukovskij u. eingl. v. Qāsim Anṣārī (1979). Teheran, S. 498 ff. Das Verhältnis der Wahrheit zum Religionsgesetz ist jedoch für manche Mystiker wie das Verhältnis der Sonne zum Mond. Wenn die Sonne erscheint, verschwindet der Mond, so Aḥmad Ǧām, bekannt als Žandah-Pīl (gest. 1141). Vgl. Ǧām Nāmqī, Aḥmad: (žandih-Pīl): Uns at-tāʾibīn. Hrsg. v. ʿAlī Fāḍil (1989). Teheran, S. 89.

517 Hūǧwīrī, Kašf al-maḥǧūb, S. 18–19.

higkeit zu erwerben. Nach dieser Station folgt die Armut (*faqr*), um materielle Bindungen aus seinem Herzen zu befreien. Danach muss der Asket sich in der Station der Geduld (*ṣabr*) gegen Schwierigkeiten und Krisen behaupten. In den Stationen Gottvertrauen (*tawakkul*) und Zufriedenheit (*riḍā*) lernt der Asket sich auf Gott zu verlassen und sich in Frieden zu befinden.

Sobald alle diese Stationen durch Anstrengungen und pädagogische Disziplin durchlaufen wurden, öffnen sich die Türen der Zustände (*aḥwāl*), die vom göttlichen Reich den Asketen verliehen werden (*mawāhib*, wörtl. Gnaden).[518] Diese sind eine Art innere seelische Befindlichkeit bzw. eine Seelenanalyse (*muḥāsaba*), weswegen sie keinem Lernprozess unterstehen. Diese Seelenzustände werden im Folgenden benannt: ständige Anwesenheit vor Gott (*murāqiba*), Nähe (*qurb*), Liebe (*muḥabbat*), Hoffnung (*riǧā'*), Furcht (*ḫauf*), Scheu (*ḥayā*), starkes Verlangen (*šauq*), Vertrautheit (*uns*), Sicherheit (*itmi'nān*), Gewissheit (*yaqīn*) und Schau (*mušāhada*).[519]

Eine solche Ritualisierung des Lebenswandels, die durch die *maqāmāt* erfolgen sollte, findet man in dem Buch »Die Sitten der Novizen« (*Ādāb al-murīdīn*) von Abū al-Naǧīb Ḍiyā ad-Dīn Suhrawardī (gest. 1168), dem Lehrer Šihāb ad-Dīn Abū Ḥafṣ ʿUmar as-Suhrawardīs (gest. 1234).[520] In seinem Buch beschreibt er Umgangsweisen und Verhaltensregeln für einen Sufi, die er gegenüber seinen eigenen Genossen und, darüber hinaus, auch im Umgang mit dem Trinken und Essen bis hin zu Krankheit und Tod beachten soll.

Die Seelenpädagogik in der Mystik ist ein seelischer Selbstentwurf, wodurch versucht wird, die absolute Souveränität durch die Entbindung des Ichs von den materiellen Zügeln zu erreichen. Mit der Inkarnation göttlicher Eigenschaften ähnelt der Mensch demnach Gott. Die Attribute Gottes, von denen Naǧm ad-Dīn Rāzī spricht, sind Wissen (*ʿilm*), Vernunft (*ʿaql*) und Leben (*ḥayāt*). Diese sind auch die Eigenschaften des menschlichen Geistes. Der Geist (*rūḥ*) kommt, wie wir erfahren haben, aus der Schöpferwelt. Er wurde dem Menschen von Gott verliehen.

Die Form, in der der Geist in der evolutionären Welt in die Welt des Kindes eindringt, ist eine Eigenschaft. Wie dieser in der

---

518 Kāšānī, Miṣbāḥ al-hidāya, S. 404.

519 Siehe dazu Suhrawardī, Abū al-Naǧīb Ḍiyā ad-Dīn: Ādāb al-murīdīn. Übertragen v. ʿUmar bin Muḥammad bin Aḥmad Šīrkān. Hrsg. v. Naǧīb Māyil Hirawī (1984). Teheran, S. 76–77.

520 Ebd. S. 74–75.

Schöpferwelt von Gott betreut wurde, so unterliegt er auch in der diesseitigen Welt einer Pflege. Es geht hier also um die Seelenpädagogik. Abgesehen von der natürlichen gehören dazu auch die geistige und spirituelle Betreuung.

Bei der Betrachtung der mystischen Lehre Nağm ad-Dīn Rāzīs stoßen wir auf die Auffassung, dass die Verweltlichung des Geistes kein anderes Ziel verfolgt als die Möglichkeit eines pädagogischen Selbstentwurfes der Seele. Ziel dieses Selbstentwurfes ist das Erlangen der Vollkommenheit. Diese setzt die Entbindung von Begierden voraus. Begierde ist die letzte Eigenschaft des Menschen, wodurch der Mensch in ein Verantwortungs- und Pflichtbewusstsein einbezogen wurde.

Der Mensch wird dadurch als Person angesprochen. Begierde ist die Eigenschaft der Seele. Wenn sie in Erscheinung tritt und die Seele sich mit ihr identifiziert und deren Ort wird, so vollendet sich die absolute und vollständige Anwesenheit des Menschen in der Welt des Sichtbaren.[521] Die Vollkommenheit, die Nağm ad-Dīn Rāzī meint, ist hierarchisch gegliedert. So wird die Erkenntnis, die der Mensch erlangen soll, in drei Bereiche unterteilt. Nur wenige können die höchste Stufe der Erkenntnis erreichen. Dies gelingt nur denjenigen, denen Gott die Liebe verliehen hat. Dies sind die Propheten (*anbiyā'*), bestimmte auserwählte Personen, die auch Freunde Gottes (*auliyā'*) genannt werden, und besondere mystische Meister. Dennoch kann kein Mensch ohne die Begleitung durch mystische Meister diesen Weg einschlagen.

> »Wisse, daß es nicht möglich ist, eines vollkommenen Scheichs, eines Wegführers und Wegkenners, eines Besitzers der Herrschaft und eines Ermächtigers (*taṣarruf*, wörtlich Besitznahme) zu entbehren, um den Weg der Religion zu gehen und die Gewißheit zu erlangen.«[522]

Diese Aussage zeigt, dass dem Asketen ein autonomer Selbstentwurf nicht möglich ist, wenn Erziehung gänzlich von bestimmten äußerlichen Faktoren abhängt. Beispiele dafür sind spirituelle Autoritäten oder der Autoritätsglaube.

Die mystische Lehre konzentriert sich auf das menschliche Selbst. Es wird hierbei von Selbsterkenntnis, Selbstanalyse, Selbstbeobachtung, Selbstaskese, Selbstüberwindung und Selbstbegründung gesprochen. Man soll sich selbst beherrschen und Herr seiner Bedürf-

---

521 Siehe Rāzī Dāya, Mirṣād al-ʿibād, S. 215.

522 Ebd. S. 236.

nisse werden. Wenn man zu seinem wahren Selbst zurückkehren will, soll man sich in der materiellen Welt von sich selbst distanzieren. Diese Selbstdistanzierung ist eine Art des Bekenntnisses zu einem Selbst und zugleich die Herausforderung, sich der beherrschenden Zwänge bewusst zu werden.

In der mystischen Seelenpädagogik spielen Ideale für den Menschen eine besondere praktische Rolle. Man bekämpft die Abhängigkeit von materiellen Belangen, denn man erwartet im Gegenzug ein ewiges Leben in Perfektion. Erziehung stellt hier einen Vorgang der Erlangung der Wahrheit und Gewissheit dar. In dieser mystischen Weltanschauung und Lebensform sind Wahrheit und Gewissheit auch keine Glaubensgrundsätze. Sie sind Ziele einer praktischen Selbstvollendung. Der Mensch konstituiert sich dadurch, dass er sich permanent im Spiegel seines Ideals zu realisieren und zu begründen versucht, nicht allein durch einen ethischen, rationalen und religiösen Status, sondern im Vereintsein mit dem Idealbild. Das geschieht nur in der Vollkommenheit seines Selbst. Einen solchen Zustand kann man nur bei Gott suchen. Nicht aus dem Grund, dass Er als eine logische Notwendigkeit der Existenz vorausgeht, wie die Anhänger der peripathetischen Schule im Islam denken, sondern dadurch, dass Er das Idealbild darstellt, nach dem der Mensch sich selbst begründet.

Die materielle Welt strahlt keine Beständigkeit aus, auf die man sich verlassen kann. Man versucht, durch asketische Anstrengungen der Seele Stabilität und Standhaftigkeit zu gewähren. So entsteht die höchste seelische Fähigkeit, um für den Empfang höherer Zustände würdig zu sein. Nach diesem pädagogischen Konzept wird die Erziehung zu einer schöpferischen Leistung. Die Seelenpädagogik soll dem Menschen die Würde verleihen, die ein Verständnis von einer höheren Personalität darstellt. Mit dieser Pädagogik geht die Vorstellung der Überwindung des Todes einher. Sich selbst beherrschen bedeutet vor allem, den Tod, der das Nichtsein verkörpert, zu beherrschen.

Daher sprechen manche Mystiker gemäß der Überlieferung »Sterbt, bevor ihr sterben werdet« (*mutū qabla an tamutū*) von einem vorzeitigen Sterben, bevor man natürlich stirbt. Es gibt also neben einem natürlichen Tod (*mautun ṭabīʿiyun*) einen willentlichen Tod (*mautun irādiyun*), wie Ibn Miskawaih in Anlehnung an die Philosophen formuliert.[523] Mit dem natürlichen Tod befreit sich die Seele vom Leid.[524] Diese Befreiung ist Ibn Miskawaih zufolge von sittlicher

523 Ibn Miskawaih, Tahḏīb al-aḫlāq, S. 219.

Natur, da der Mensch seine Begierde abtötet (*imātat aš-šahawāt*). Daher ist dieses vorzeitige Sterben eine Übung, die man vor dem leiblichen Tod verinnerlichen kann und als einen eigenmächtigen Tod (*maut-i irādī*) bezeichnet.[525] Der natürliche Tod wird aus der Sicht Nağm ad-Dīn Rāzīs zu einer formalen Sache erklärt, zu einem sogenannten Scheintod (*marg-i ṣūratī*).[526] Die Befreiung vom Scheinleben und die Auflösung der materiellen Abhängigkeit stellen, wie Ibn Miskawaih sagt, die »Vollendung und die Vervollkommnung des Menschen« dar.[527] Im wahren Leben, das bei Ibn Miskawaih als das natürliche Leben (*al-ḥayāt aṭ-ṭabīʿiya*) bezeichnet wird, verewigt sich die Seele durch die Aneignung des wahren Wissens und die Befreiung von der Unwissenheit.

2 Die Selbstmacht ist ein Zustand des Selbstentwurfes

Ziel der mystischen Pädagogik ist die absolute Freiheit der Seele. ʿAzīz ad-Dīn Nasafī (gest. ca.1287) gehört zu den Mystikern, welche die asketische Frömmigkeit und seelische Erfahrung mit einer existentiellen Vervollkommnung und ästhetischen Schau verbinden. Sein Buch »Der perfekte Mensch« (*al-Insān al-kāmil*) kann auch als ein pädagogisches Lehrbuch betrachtet werden, das versucht, den Novizen eine Lebensform zu vermitteln, die in einer asketischen Selbstwendung und einer ästhetisch-existentiellen Perfektibilität inbegriffen ist.[528]

Für Nasafīs Pädagogik sind die Sozialisationsmotive und das Erlangen des höchsten edlen Charakters für eine individuelle bzw. gesellschaftliche Sittlichkeit sekundär. Das primäre Ziel seiner pädagogischen Lehre liegt in der Identifikation mit der höchsten Entwicklungsstufe der transzendentalen Reinheit. Hier vereinigen sich die Weisheit, Schönheit, Vollkommenheit und Ewigkeit. Nasafīs Lehre ist

---

524 Ibn ʿArabī bezieht sich auf die Überlieferung »der Tod ist ein Geschenk für den Gläubigen« und meint, dass die Menschheit im Jenseits den Tod als Person sehen kann und die Gläubigen diejenigen sind, die sich über ihn freuen, da er sie aus dem weltlichen Leid befreit habe. Siehe Ibn ʿArabī, al-Futūḥāt al-makkīya. As-safar ar-rābiʿ. Bd. 4. Kap. 64. S. 407.

525 Hʷārazmī, Tāğ ad-Dīn Ḥusain Ibn Ḥasan: Šarḥ fuṣūṣ al-ḥikam Šaiḫ Muḥyi ad-Dīn Ibn ʿArabī. Hrsg. v. Nağīb Māyil Hirawī (21368/1989). Bd. 1. Teheran, S. 200.

526 Rāzī Dāya, Mirṣād al-ʿibād, S. 386.

527 Ibn Miskawaih, Tahḏīb al-aḫlāq, S. 220.

528 Zu Nasafī siehe Hajatpour, 2013.

von der altorientalischen Lichtmetaphysik beeinflusst. Sein Verständnis von der asketischen Erziehung hin zur existentiellen Perfektion basiert auf seiner existentiellen Einheit-Vielfalt-Vorstellung.

Mit Vielfalt definiert Nasafī Erscheinungsweisen, die Gegensätze und Unterschiede in ihren individuellen und geistigen Formen und Zuständen in sich zum Ausdruck bringen. Bei Vielfalt (*kiṯrat*) handelt es sich, wie Nasafī sie in ihren Ausdrucksformen mit Beispielen umschreibt, der spirituelle Wegbeschreitende (*sālik*), der Polytheismus (*širk*), die Inkarnation (*ḥulūl*), die Vereinigung (*ittaḥād*), die Nähe (*qurb*), die Ferne (*buʿd*), die Trennung (*firāq*) und das Erlangen (*wiṣāl*).

Diese Vielfalt verkörpert einen Prozess und eine Betrachtung zugleich. Die Existenz besteht Nasafī zufolge aus zwei Aspekten: der äußeren Hülle (*ẓāhir*) und dem inneren Kern (*bāṭin*). Das Innere ist das Licht und das Äußere die Strahlung. Die Strahlung ist daher nicht vom Licht zu trennen. So sind die Geschöpfe für Nasafī die Attribute dieses Lichtes. Auch ʿAbd al-Karīm al-Ǧīlī vertritt eine ähnliche Vorstellung, dessen mystische Philosophie weitgehend neuplatonisch blieb. Ihm zufolge manifestiert sich die absolute Essenz bzw. das Eine als Vielfalt und zeigt sich als Differenzierung der Erscheinungsweisen der Namen und Attribute der absoluten Essenz. Gott ist also die Essenz der Welt und diese spiegelt wiederum Seinen Namen und Seine Attribute wider. So verhalten sich Gott und die Welt zueinander wie das Wasser zum Eis.[529]

In dieser Vielfaltvorstellung verbirgt sich eine wichtige pädagogische Dimension. Denn das Ziel sei die Überwindung der Vielfalt und die Vollendung der Einheit. Die Vollendung der Einheit für die Menschheit ist allein abhängig von einer Seelenpädagogik, die in einer mystischen Askese und in einer mystischen Schau vollzogen wird. Daher ist für Nasafī die Seele der Träger dieser asketischen Dimension. Nasafī drückt sich präziser aus und zeigt die geistigen, praktischen und sittlichen Folgen dieses Einheitsvollzuges:

> »Oh Derwisch! Jeder, der dieses Lichtmeer erlangt und in diesem Lichtmeer im (Rauch) versinkt, [...] wird mit dem Weltgeschöpf völlig in Frieden sein, schaut alle mit Nachsicht und Barmherzigkeit an, enthält niemandem Hilfe und Solidarität vor und führt niemanden auf den Irrweg (Irrtum) und Umweg und betrachtet alle auf dem Weg Gottes und sieht alle in Richtung Gottes.«[530]

---

529 al-Ǧīlī, al-Insān al-kāmil, Bd. I. S. 119.

Mit diesem Einheit-Vielfalt-Verhältnis ist ein ontologisches Prinzip gegeben, mit dem Nasafī auf ein praktisches Prinzip hinweist, das den Kern des mystischen Erlebensprozesses darstellt. Dieses praktische Prinzip ist die Reise der Seele. Es spielt dabei keine Rolle, ob diese Reise von gedanklicher oder realer Natur ist.[531] Diese Seelenreise trägt eine ontologisch-anthropologische Bedeutung in sich. Man kann dabei zwei Prozesse beobachten: Die Entstehung des menschlichen Wesens und die Menschwerdung als Selbsterschaffung. Es geht hier zum einen um das Zusammenfallen von Natur bzw. Existenz und Erziehung, zum anderen um Abstieg und Aufstieg der Seele. Hierbei handelt es sich um einen Prozess der existentiellen Selbstentfaltung und Selbstvervollkommnung, in dem der Mensch seine Potentiale, seine Rolle und sein Ziel erkennen kann.

Seine Einheit-Vielfalt-Vorstellung sieht die Existenz als Ganzes wie einen Kreis. Alles hat einen Ursprung und bewegt sich in einer Kreisform. Das Ende eines Kreises ist die Vollendung, für die jedes Ding bestimmt ist. Der Kreis schließt sich durch einen evolutionären Prozess. Wenn dieser Prozess durch asketische Anstrengungen sein Ende erreicht hat, wird der Mensch seine vollständige Reife (*bulūġ*) und Freiheit (*ḥurriyyat*) erlangen. Die vollständige Reife jedes Dinges ist Nasafī zufolge die Vollendung seines Wesens. So ist es auch mit dem Menschen, wenn seine Vollendung abgeschlossen ist. Danach ist er bereit für eine Entbindung, die ihm die Unabhängigkeit und vollständige Freiheit ermöglicht (*azādī wa qaṭʿ-i paiwand*). Hier ist der Mensch vollkommen.[532]

Der Mensch gilt als das geistige Resultat der Existenz. Der erste Intellekt (*ʿaql-i awwal*), der aus Gott hervorgeht, ist der Keim alles Seienden. In Ihm sind Vernunft, Seelen, Himmelskörper, Sterne, Mineralien, pflanzliche und tierische Naturen sowie Elemente potentiell vorhanden, genauso wie Wurzeln, Stamm, Ast, Blätter, Blume und Frucht im Keim eines Baumes. Alles Existierende ist vergleichbar mit einem Baum und die Frucht dieses Baumes ist der Mensch. Denn

> »alles Existierende entstand aus dem ersten Intellekt, bis der Mensch kam. Da es nach dem Menschen nichts Anderes gab, so wurde klar, daß der Mensch die Frucht des Baumes der Existierenden ist. Als der

530 Nasafī, Kitāb al-insān al-kāmil, S. 107.

531 Nasafī beschreibt zwei unterschiedliche Vorstellungen unter den Einheitsanhängern. Siehe ebd. S. 107 f.

532 Ebd. S. 178.

> Mensch zur Vernunft gelangte und es nach der Vernunft nichts Anderes (Höheres/Reiferes) gab, wurde klar, daß der erste Keim die Vernunft war. Wenn also der Mensch die Vollendung der Vernunft erreicht, erreicht er seine äußerste Grenze, er wird vollständig reif und der Kreis wird sich schließen.«[533]

Dieser Prozess der Intellektstufen ist durch eine schöpferische Leistung gekennzeichnet, die sich sowohl in der Existenz als Ganzes wie auch in der asketischen Pädagogik offenbart. Der Mensch ist in seiner pädagogischen Entwicklung nämlich von einer Leistung abhängig. In seinem Urkeim sind bereits alle seine natürlichen, geistigen und sittlichen Veranlagungen potentiell verankert, sie können jedoch erst durch die Arbeit und Praxis verwirklicht werden.

Nasafī ist der Meinung, dass Gott zwar der Schöpfer der Dinge ist, aber einige Dinge werden erst später vollendet. »Wenn die Hand des Menschen nicht eingreift, werden einige Dinge nicht existieren«. Ihm zufolge hat jeder eine eigene Arbeit bzw. Aufgabe.[534] Hierbei geht es um einen schöpferischen Leistungsprozess. Die Welt des Existierenden teilt sich in zwei Dimensionen auf: den Makrokosmos und den Mikrokosmos. Den Makrokosmos bezeichnet er als großes Buch. Um das große Buch lesbar zu machen, wurde es zusammengefasst und daraus entstand das kleine Buch. Dies bezeichnet er mit Mikrokosmos, welches das Buch des Intellekts darstellt. Erkennt man diesen Intellekt, begreift man das große Buch. Dieser Intellekt wurde daher beauftragt, Stellvertreter Gottes auf der Erde zu sein.

Im Makrokosmos ist der Vernunftmensch der Stellvertreter Gottes. Der Makrokosmos verkörpert das Göttliche, der Mikrokosmos die Vernunft. Mit der Stellvertreterschaft der Vernunft verbindet sich die Erkenntnis vom Makrokosmos. So wird die Selbsterkenntnis zu einem Vernunftprozess. Darin unterscheiden sie sich weder im Denken noch im Handeln. Nasafī beschreibt ausführlich die kosmogenetischen Prozesse und die Handlungsprozesse, die sich in beiden Kosmen abspielen.

> »Wisse, daß der Mikrokosmos ein Exemplar und Muster des Makrokosmos ist. Alles, was sich im Makrokosmos befindet, befindet sich auch im Mikrokosmos. Alles, was man im Makrokosmos begründet, soll auch ein Muster davon im Mikrokosmos abgeben.«[535]

533 Ebd. S. 179.
534 Ebd. S. 357 f.
535 Ebd. S. 196.

Das Himmlische (*malakūt*) und das Weltliche (*mulk*) sind zwei Aspekte einer Essenz. Das erste ist das Intelligible, das zweite ist das Körperliche, die in der Welt der Allmacht (*ğabarūt*) in Erscheinung treten.

> »Alles, was in der Welt der Allmacht verborgen und summarisch war, trat gänzlich im Weltlichen und im Himmlischen in Erscheinung, es wurde thematisiert (konkretisiert, detailliert). Von der Welt des Summarischen (*iğmāl*, Summation bedeutet Zusammenfassung) trat es in die Welt des Thematischen (*tafṣīl*, Details) ein. Von der Ebene der Essenz erreichte es die Ebene der Attribute.«[536]

Für das, was Nasafī Summation nennt, verwende ich den Begriff das Unthematische. Im Gegenteil dazu steht das Thematische.[537] Die thematische Welt manifestiert sich in Licht und Finsternis. Die Finsternis ist somit die Strahlung bzw. die Hülle für das Licht. Dieses Licht wird von ihr geschützt und umhüllt.[538] So erhält die Finsternis ihr Leben vom Licht und das Licht gilt als das Wissen und die Weisheit in der Finsternis. Aus der Verschmelzung bzw. der Vermählung dieser beiden Welten entstehen Nasafī zufolge die körperlichen und die intelligiblen Welten.

Auch im Menschen existieren diese Welten: Der Keim (*nuṭfa*) ist demnach das Unthematische, der Leib (*ğism*) und der Geist (*rūḥ*) sind das Thematische. So gesehen handelt es sich beim Guten und Bösen um ein- und dasselbe. So postuliert Nasafī: es gibt keine guten und schlechten Eigenschaften (*ṣifāt*).

> »Oh, Derwisch! Keine Eigenschaft ist schlecht. Da manche Gruppen diese Eigenschaften nicht an ihrem Platz verwenden, sagen sie, daß jene Eigenschaft schlecht sei. In der Welt[539] ist nichts schlecht. Alle Dinge sind in ihrer Beschaffenheit (*ğāy*, wörtlich an ihrem Platz) gut. Weil manche Dinge nicht an ihrem Platz sind, werden sie schlecht genannt. Also Gott, erhaben sei Er, hat nichts Schlechtes erschaffen. Alles hat Er gut erschaffen.«[540]

536 Ebd. S. 196.

537 Siehe dazu Hajatpour 2013, S. 30.

538 Nasafī, Kitāb al-insān al-kāmil, S. 199.

539 Im Text steht *ʿilm*, Wissen. Von dem Kontext her empfinde ich den Begriff Welt hier angemessener als Wissen. Möglicherweise ist ein Fehler bei der Editierung oder beim Druck unterlaufen.

540 Ebd. S. 108.

Eigenschaften sind hier nichts anders als Dispositionen, die bereits Bestandteil der Essenz dieser Welt sind. Nicht die Veranlagung ist schlecht, sondern die Gewohnheiten sind es. Durch Erziehung können sie laut Nasafī in gute Gewohnheiten gewandelt werden. Der Unterschied zwischen Veranlagung und Gewohnheiten beruht auf der Unterscheidung von Wesen und Praxis. Das Wesen ist, was es ist. Niemals können das Wolfsein des Wolfes oder das Schafsein des Schafes umgewandelt werden, da beides das Wesen (*māhiyyat*) dieser Tiere darstellt. Was verändert werden kann, sind die Eigenschaften der Seele und des Körpers. Die Offenbarung, die prophetische Rechtleitung und die pädagogische Ethik und Askese sind es, die schlechte Gewohnheiten in gute Eigenschaften verwandeln. Eine wilde Eigenschaft kann durch Erziehung gezähmt werden. Dies gilt auch für das Gegenteil. Erziehung ist daher ein Vorgang der Gewohnheitsveränderung.

> »Oh Derwisch! Aufruf (*da ʿwat*, wörtl. Einladung) und Erziehung sind nicht, daß man dem Bösen Glückseligkeit verleiht und den Unbegabten die Begabung und den Menschen das Wesen der Dinge sichtbar macht. Aufruf und Erziehung dienen dazu, die schlechten Gewohnheiten des Menschen zu beheben, den Menschen das Leben und die Lebensführung (*tadbīr-i ma ʿāš*) zu erleichtern, die Menschen miteinander zu befreunden und zu solidarisieren und dazu zu führen, die Menschen füreinander aufrichtig in Wort und Handeln werden zu lassen. So sind der Aufruf und die Erziehung, sonst nichts.«[541]

Durch die Seelenpädagogik kann der Mensch seinem Leib und seiner Seele neue Attribute hinzufügen oder entfernen. Es stellt sich die Frage, woher diese Eigenschaften kommen, wenn alles aus der Welt des einen Wesens stammt. Wenn es so ist, wie Nasafī meint, dann sind die natürlichen und sittlichen Eigenschaften, Ordnungen und Unordnungen prädestiniert. Dadurch wären Offenbarung, prophetische Invitation und Erziehung, rationale Überlegung, Ausbildung und Heilung überflüssig.

Alle diese Eigenschaften befinden sich Nasafī zufolge in der allgemeinen Form in der Welt des Unthematischen und werden durch Bemühen und Praxis erst konkret. Nasafī hielt nichts von den Astrologen seiner Zeit, die den Sternen einen Einfluss auf gute und schlechte Eigenschaften einräumten. Himmelskörper und Sterne sind

541 Ebd. S. 107 f.

seiner Meinung nach willenlos. Der Mensch dagegen besitzt einen Willen und kann daher auch eine freie Wahl treffen.

Demzufolge findet man alle sittlichen Eigenschaften schon potentiell im Keim des Menschen vor. Diese Potentialitäten sind offen für Veränderung. Die Wandlungsfähigkeit bezieht Nasafī jedoch nicht auf alle Bereiche, in denen die Welt des Unthematischen gestaltet werden kann. Er bezieht die Veränderungen auf die Handlungsfähigkeit des Menschen.[542] Daher findet für ihn Pädagogik nur im Bereich der Praxis, nicht in der natürlichen Veranlagung, ihren Stellenwert.

Durch schöpferische Leistung des Urhebers wurde die Welt des Thematischen aus dem Unthematischen hervorgebracht. So ist es auch bei dem Menschen, der mit Einsatz und Bemühen die Eigenschaften des Keimes in die Praxis umsetzt.

> »Wisse, daß Wissen, Vermögen, Macht, Lebensunterhalt und ähnliches nicht vorgeschrieben sind. D.h., im Keim des Menschen wurde nicht vorgeschrieben, wie dieses Kind und welche Menge an Wissen es lernen soll, und wie und in welcher Menge es Können erwerben soll. So ist es mit sämtlichen Dingen. Im Menschenkeim wurde die Veranlagung (*isti'dād*, wörtl. auch Begabung, Kapazität) des Erlernens des Wissens und der Weisheit, die Veranlagung der Erlangung des Vermögens und der Macht verankert (vorgeschrieben, vorherbestimmt). Da die Veranlagung des Erlernens des Wissens und der Weisheit im Keim dieses Kindes vorgeschrieben wurde, so werden ihm das Wissen und die Weisheit zuteil. Aber diese sind abhängig von seiner Erprobung (seinem Versuch) und vom Bemühen.«[543]

Die menschliche Tätigkeit und Leistung schaffen die Möglichkeit, die Schöpfung in der Welt des Konkreten fortzusetzen. Durch Erziehung und pädagogische Aneignung findet die schöpferische Fortsetzung in der Welt des Machbaren statt. Somit kann man auch behaupten, dass der Mensch sich selbst neu erschafft durch die Entfaltung seiner potentiellen Fähigkeiten. Diese Fortsetzung ist ein schöpferischer Seinsakt, um den Menschen als Gottesentwurf in der thematischen Welt neu zum Selbstentwurf zu entfalten. Dieser Prozess der Selbstkonstitutierung stellt eine existentielle und sittliche Vollendung des Menschen dar. In allen Bereichen des menschlichen Lebens, die dazu dienen, sich selbst zu konstituieren, wird der Mensch von Vernunft und Handeln geleitet:

---

542 Ebd. S. 238–239.
543 Ebd. S. 240.

> »Wisse, daß der Mensch zwei Dinge hat, mit denen er sein Ziel und seine Absicht erlangen kann (wörtl. die ihn zum Ziel und Zweck führen). Erstens die Vernunft, zweitens die Praxis. Der Mensch ist in seiner Vernunft prädestiniert und in seiner Handlung frei. Also sind die Prädestination und die freie Wahl zwei Flügel des Menschen. Wenn diese beiden Flügel oder auch nur einer fehlen, kann man niemals das Ziel und den Zweck erreichen. Die Vernunft hat zwei Bereiche, die instinkthafte Vernunft (*ġarīzī*, auch natürliche Anlage), die die Veranlagung ist, und die erworbene Vernunft (*ʿaql-i mustafād*, lat. *intellectus acquisitus*), was die Vervollkommnung der Vernunft bedeutet. Die Praxis teilt sich ebenso in zwei Bereiche, die Praxis des Herzens und die Praxis des Leibes.«[544]

Demnach ist das Wesen des Menschen offen für das Werden. Ethisch gesehen ist Menschwerdung einer selbstgestalterischen schöpferischen Leistung unterworfen. Der Mensch muss existentiell und sittlich mit seinen freien Handlungen tätig sein, um den Vernunftmenschen zu realisieren. In diesem Sinne fungiert der Mensch als Mitschöpfer an seiner Transformation zu einer vollkommenen und sittlichen Person.

Diese schöpferischen Leistungen, die bereits im Keim des Menschen beginnen, bis sich alle vorhandenen Potentialitäten entfalten, bezeichnet Nasafī als Kultivierung (*trabiyat*, wörtlich Erziehung),[545] wie er in folgenden Ausführungen erläutert.

> »Oh, Derwisch! Der Mensch hat Entwicklungsstufen, so wie ein Baum Entwicklungsstufen hat. Es ist klar, was in jeder Stufe eines Baumes offensichtlich wird. Also die Aufgabe des Gärtners ist es, die Erde weich und passend zu machen [...]. Die Aufgaben der Mystiker (*sālik*, wörtl. der Reisende, Schüler, der, den spirituellen Weg einschlägt) sind auch so. Es soll das Anliegen (die Absicht) des Mystikers in der Askese sein, ein Mensch zu werden. [...]. Die gesamten Entwicklungsstadien sind im Samenkorn des Baumes vorhanden. Es sind erfahrene Gärtner, Erziehung und Kultivierung notwendig, damit das Vollkommene (*tamām*, bedeutet auch das Ganze) sichtbar wird. So sind auch Reinheit, guter Charakter, Wissen, Erkenntnis, die Enthüllung der Geheimnisse und die Erscheinung der Lichter allesamt im Wesen des Menschen vorhanden. Es ist die Begleitung (Gefährtenschaft) des Weisen, die Erziehung, die Ausbildung (*parwariš*, auch Kultivierung) nötig, damit das Vollkommene offensichtlich wird.«[546]

---

544 Ebd. S. 241.
545 Ebd. S. 86.

In diesem Sinne ist die Pädagogik des Menschen ein Bestandteil seines Wesens, eine Seelenpädagogik. Der Mensch muss sie in die Praxis umsetzen. Er ist dabei auf sich selbst gestellt und letztlich sein eigener Erzieher. Denn er besitzt alle Veranlagungen und auch die Möglichkeit, zu handeln und seine volle Reife zu erlangen. Was der Mensch benötigt, ist Betreuung durch die Weisen, keine Unterwerfungen, um volle Reife und Freiheit zu erlangen. Die Erziehung eines Novizen funktioniert nach Vorbildern. Daher soll der Wegbegleiter eine weise, erfahrenere und souveräne Person sein,[547] die Nasafī als Freunde Gottes (*auliyā'*) bezeichnet und die keine Erziehung betreiben.[548] Nasafī ist der Meinung, dass die Freien unter den Vollkommenen frei von jeglicher Verpflichtung sind.[549]

Die Propheten können hingegen Erziehung betreiben. Danach kommt den Gelehrten diese Zuständigkeit zu. Hierbei geht es um pädagogische Ethik. Während seiner spirituellen Reise hat der Mystiker eine Begleitung (*ṣuḥbat*). Der Reisende (*rawanda*) auf diesem Weg ist auf sich selbst gestellt und auf seine Sinne, seine Vernunft und seine Tätigkeit angewiesen.[550] Dieses pädagogische Programm sieht vor, dass der Schüler zuerst die nötigen Vorschriften und die Lehre der Religion erlernt. Dann beginnt die Erziehung der Seele, gefolgt von der Erlangung der seelischen Souveränität. Im Sprechen, in Handlungen, im Charakter und in Erkenntnissen muss der Schüler sich nach gutem Beispiel verhalten und sich in allen diesen vier Prinzipien vervollkommnen (*insān-i kāmil*). Um frei zu sein, ist der vollkommene Mensch noch zu den folgenden vier Tugenden verpflichtet: Verzicht (*trak*), Zurückgezogenheit (*'uzlat*), Bescheidenheit (*qanā'at*) und Anonymität (*ḫumūl*). »Wer diese acht Sachen vervollkommnet, ist vollkommen (*kāmil*), frei (*āzād*), voller Reife (*bāliġ*) und Herr (*ḥurr*, wörtl. frei, souverän, unabhängig)«.[551] Am Ende stehen die Erkenntnis Gottes und die Erlösung des Menschen.[552]

546 Ebd. S. 139.
547 Ebd. S. 284.
548 Ebd. S. 319.
549 Ebd. S. 284.
550 Ebd. S. 416.
551 Ebd. S. 77.
552 Ebd. S. 132.

Zusammenfassung

Insgesamt wurde in den Kapiteln dieses Buches die Vielfalt der ethischen Lehren im Islam aufgezeigt. Grob kann man die ethischen Lehren methodisch mittels der Zugänge zusammenfassen: Durch die Offenbarung und die religiöse Überlieferung, durch die Vernunft unter Berücksichtigung der Offenbarung und der religiösen Tradition und durch die Vernunft unter Berücksichtigung der klassischen Sittenlehre und Bildungspädagogik.

Die These war, dass im Islam keine Normenfindung und ethische Lehre unabhängig von den religiösen Traditionen existiert. Darüber hinaus kann eine moderne Theologie ohne ein ethisches Konzept für alle Menschen nicht existieren. Eine moderne religiöse und theologische Ethik kann nur in der Korrespondenz und dem Austausch mit anderen Disziplinen und wissenschaftlichen Erkenntnissen den Herausforderungen der Vielfalt in einer pluralen Gesellschaft gerecht werden.

Die koranische Lehre, das Verhalten des Propheten und seiner Gefährten bilden die Grundlage für die islamische Ethik. Sie fungieren nicht nur als Wegweiser, sondern auch als moralisches Vorbild für eine lebendige Tradition. Durch Ge- und Verbote und Angebote verkündet die Offenbarung den göttlichen Willen. Glaube und rechtschaffene Taten bilden die Brücke zum Gottesweg und zur jenseitigen Glückseligkeit.

Auf Grundlage dieser Tradition manifestiert sich eine religiöse Ethik, welche die Offenbarungslehre und prophetische Lebensweise mit einer Pflichten- und Normenlehre verbindet.[553] Die Taten werden nach Scharia und Glaubenseinsatz bewertet und die Normenfindung wird durch die Absicht der Scharia (*maqāṣid aš-šarīʿa*) erweitert. Es geht nämlich um eine Lebensethik, die in einer Glaubenswelt eingebettet ist und sich gottgefällig und nach jenseitiger Glückseligkeit orientiert.

553 Siehe dazu Pākatčī, Aḥmad: Aḫlāq-i dīnī, in: Dāʾirat al-maʿārif buzurg-i islāmī. Hrsg. v. Kaẓim Mūsawī Buǧnūrdī (²1998). Bd. VII. Teheran, S. 215–234.

Diese religiöse Ethik entwickelte sich dann im Laufe der Geschichte zu einer Tugendlehre. Es wurden diverse religiöse Ethiken konzipiert. Beeinflusst von philosophischer Ethik, persischem Fürstenspiegel und religiöser *Adab*-Literatur konzentriert sich die religiöse Ethik auf die individuelle Heilsfindung sowie innergesellschaftliche und zwischenmenschliche Tugendhaftigkeit.

In der theologischen Ethik werden diese Aspekte mit rationalen Argumenten untermauert und an Glaubensgrundsätze angepasst. In der modernen Zeit musste die theologische Ethik um weitere Themen erweitert werden. Die Frage nach Menschenrechten und -würde stellte nicht nur bei Ḥāʾirī Yazdī, sondern auch bei Ǧaʿfarī eine Herausforderung für die islamische Theologie und damit für eine neue Ethik dar. Sie sollte nun den Fokus auf eine menschenorientierte Lebensethik richten. Menschenrechte, Toleranz gegenüber Andersgläubigen und Andersdenkenden, Glaubensfreiheit, Dialogfähigkeit, Friedens- und Vernunftethik sowie Dogmenkritik sollten im Lichte einer Neuorientierung bezüglich des sozialen und ethischen Lebenswandels im Mittelpunkt stehen.

Die philosophische Tradition stellte sich zwar in den Dienst des Glaubens, war aber stets bemüht, ihre ethische Lehre vernunftorientiert und mit Hilfe von rationalen Beweisen zu präsentieren. In der islamischen Philosophie stellen ethische Urteile keine autoritäre Aufforderung dar und sind ebenso wenig relativ und abhängig von den gemeinschaftlichen Vereinbarungen. Es handelt sich um rationale Reflexionen, die zur tugendhaften Selbstverpflichtung führen. Unter dem Einfluss der antiken griechischen Philosophie strebte sie nach der Systematisierung einer islamischen Ethik, die zum Ziel hat, vollkommene Weisheit und die Vollendung des Intellektes zu erlangen.

Die philosophische Ethik beschäftigt sich also mit den ethischen Werten der Handlungen und den Grundfragen des Guten und Bösen im Leben. Die Ethiklehre der islamischen Philosophie bemüht sich folglich um ein Erziehungsprogramm. Die theoretische Betrachtung sollte durch eine praktische Lehre ergänzt und vollendet werden. So sollen die Vernunfterkenntnisse und die Praxis in Übereinstimmung stehen. Das Ziel der philosophischen Ethik ist die Erziehung des Intellektes in Übereinstimmung mit der Erziehung der menschlichen Seele zur Vollkommenheit. Denn nur so gelingt es dem Menschen einen Ausgleich zwischen körperlichen und geistigen Triebkräften zu erreichen.

Durch diese Harmonie schafft es der Mensch mit Hilfe der Vernunft seinen Charakter sittlich zu veredeln und sein Leben tugendhaft zu gestalten. Diese Souveränität der Selbsterziehung der Vernunft verleiht dem Menschen den Rang der Stellvertreterschaft Gottes und somit den Zustand der Ähnlichwerdung mit Gott.

Dieser Aspekt wird vor allem im philosophischen Inselroman »*Ḥayy ibn Yaqẓān*« von Ibn Ṭufail deutlich. Die ethischen Grundsätze vermischen sich hier mit sozialen Gedanken. Man fragt nach dem Ursprung der ethischen Erkenntnisse, ob diese von der persönlichen Reflexion oder von der Offenbarung oder institutionellen Erziehungsvorstellung abgeleitet werden. Ferner erkennt man den Unterschied zwischen autoritärer ethischer Pädagogik und individueller Lebenserfahrung und -praxis.

In einer sozialen und politischen Ethik, wie al-Fārābī es ausführt, sucht man das individuelle Glück in einer tugendhaften Stadt, die von den Tugenden der Weisen geführt wird. Ohne eine tugendhafte Gemeinschaft kann keine individuelle Glückseligkeit existieren. Im Gegensatz dazu steht die Idee, dass die Gemeinschaft ein Hindernis für die individuelle Tugendhaftigkeit darstellt. Nur in der Einsamkeit kann der Mensch die Vollendung seiner Vernunftseele und überhaupt Seelenfrieden erreichen.

Die Hauptlehre der islamischen Ethik propagiert allerdings die Reinigung bzw. die Läuterung der Triebseele (*tazkiyat an-nafs*). Von der koranischen Selbstreinigungslehre (*tazkiya*) hin zu mystischer Selbstaskese geht es um die Befreiung von den üblen Eigenschaften sowie seelischen Krankheiten. Der Mensch ist Gott, der Schöpfung und sich gegenüber verantwortlich. Daher muss er sich selbst überwinden und in seinem irdischen Dasein nach dem höchsten Gut streben.

Der Mensch befindet sich auf dem Weg der existentiellen und ethischen Optimierung bzw. der Selbststeigerung, denn er trägt seine ursprüngliche Würde in sich. Zugleich ist sein Wesen unbestimmt und daher offen für Selbstverwirklichung und Weiterentwicklung. »Der Mensch stellt die Grenzlinie zwischen göttlicher und geschöpflicher Stufe dar«[554] und ist unterdessen dazu aufgefordert, sich religiös und sittlich für einen Entwurf der Neuwerdung als ethisches Wesen zu betätigen.

---

554 Schimmel, Annemarie: Zur Anthropologie des Islam, in: Anthropologie religieuse. L'homme et sa destinée à la lumière de l'histoire des religions C.J. Bleeker (Hrsg. 1955). Leiden: Brill, S. 140 – 154, hier S. 150.

Die pädagogische Ethik eröffnet im Rahmen des Glaubens die Möglichkeit, den Menschen in seiner Selbstwahrnehmung und Selbstinterpretation zu betrachten. Dies kann in individueller oder kultureller Hinsicht erfolgen. Dabei ist Erziehung eine menschliche Besonderheit, die in unterschiedlicher Weise stattfindet. Die Ermahnungspädagogik ist eine Form der Erziehung, die durch die Texte der Offenbarung und die Rechtleitung der Prophetie den einfachen Menschen vermittelt wird.

Die theologische bzw. klerokratische Erziehungsform ist geprägt durch Ausbildung der Eliten und die moralische und juristische Mitteilung. Zur philosophisch-sittlichen Erziehung gehörte eine Art Vernunfterziehung, die unmittelbar unter der Wirkung der praktischen Vernunft fungiert. Nicht fern von einer Vernunfterziehung kam auch eine ästhetische Erziehung zum Ausdruck. Diese versuchte, die Volksveredelung, Fürstenveredelung und individuelle Charakterveredelung durch die Geschichte von Vorbildern, den Mythos, die Weisheitsliteratur, durch Anstandsregeln und Fürstenspiegel zu verwirklichen. Asketische Erziehung bzw. mystische Seelenpädagogik war noch eine weitere Art, die Pädagogik des Menschen zu veranschaulichen.

Der Mensch betrachtet sich als einziges Wesen, das durch Erziehung sowohl seine Person als auch seine Menschengattung zu voller Entfaltung optimiert. Gott ist für den religiösen Menschen der Grund alles Seienden. Er sehnt sich nach ihm und wird von ihm angezogen. Nur deshalb konnten das sittliche Verhalten, die geistigen Tätigkeiten, die seelischen Absichten sowie die Erziehung des Menschen dargestellt werden. Angeführt wurden neben metaphysischen Aspekten auch folgende: das gute Benehmen, die Entfaltung der geistigen Veranlagungen, die Veredelung der politischen Eliten, die Kindererziehung, die Verwaltung des Haushaltes, die Ausbildung und Erkenntnisvermittlung.

Als Ziel kristallisierte sich eine auf der praktischen Vernunft basierende Erziehung heraus, die durch philosophische Weisheit und die Betrachtung der Dinge erfolgen soll. Die Kernaufgabe der philosophischen Pädagogik ist somit die Veredelung und Vervollkommnung der Vernunft. Die Vernunfterziehung umfasste sowohl die Charakterveredelung als auch die Intellektualisierung der Seele, die dem Vereintsein mit dem Weltganzen gleichkommt.

Weisheit (*ḥikma*), Enthaltsamkeit (*ʿiffat*), Mut (*šağāʿa*) und Gerechtigkeit (*ʿadl*) waren die vier Kardinaltugenden. Von ihnen erhofften sich die islamischen Philosophen und Ethiker geistige Steigerung und Ordnung, seelische und psychische Reflexion, Tapferkeit durch die aktive Sittlichkeit und Gleichgewicht. Dies entspricht der Ordnung des Kosmos und des Seins überhaupt. Somit haben wir es mit einer Sittlichkeit zu tun, in der sich der Mensch in vollkommener Weisheit, in seelischer und geistiger Harmonie und im Gleichgewicht mit dem Ganzen vereint sieht. Für die Philosophen kam damit ein schöpferischer Akt in Gang. Die Gottähnlichkeit war das Endziel der philosophischen Sittlichkeit und Weisheitserziehung. Die religiös-orthodoxen Gelehrten versprechen sich durch eine religiöse Erziehung die Wahrheit, die Begegnung mit Gott im Jenseits und Gottes Zufriedenheit. Diese wurde als der eigentliche Sinn der Ausbildung und der geistigen und seelischen Veredlung betrachtet.[555]

In einer religiösen Weltanschauung kann man die Gottesvorstellung nicht von der religiösen Praxis trennen. Erziehung kann demzufolge im religiösen Sinne als Gottesdienst betrachtet werden. Dies bedeutet, dass Erziehung nicht als Kunst, sondern als eine gottesdienstliche, geistige und seelische Kultivierung angesehen wird. Eine solche Kultivierung beruft sich auf die religiösen Weltbilder, gemäß denen sich die Idee von einer Selbstdefinition und Selbstbegründung abbilden lässt, welche einem Selbstentwurf gleichkommt. Wie wir aus der Interpretation eines modernen Theologen wie Muṭahharī herauslesen können, wurde Erziehung als Kultivierung und Aktualisierung der inneren Begabungen und Veranlagungen, die potentiell vorhanden sind, definiert.

Bei jeder dieser Betrachtungsweisen wurde die Welt zu einem pädagogischen Forum. Man nahm sie als einzigen Ort und das weltliche Leben als einzige Form wahr, in welcher der Mensch seine ganzen Möglichkeiten und verborgenen Qualitäten kultivieren kann. Die Rückkehr zu Gott ist verbunden mit einer pädagogischen Aufgabe, ohne die der Mensch unvollkommen bleibt. Es wurde sogar die Möglichkeit einer Art Wiedergeburt oder Verwandlung in Betracht gezogen. Der Mensch ersetzt seinen früheren Zustand durch eine höhere Entwicklung, wobei nach Nasafī eine Transformation (*nasḫ*, wörtl. Abrogation) stattfindet. Wenn er sich aber auf einen niedrigen Zustand zurückstufe, werde er verwandelt (*masḫ*). Bei Nichterrei-

[555] Ein gemäßigter Religionsphilosoph wie Mullā Muḥsin Faiḍ Kāšanī ließ in seinen Schriften eine Zwischenform der religiösen, philosophischen und mystischen Ethikdarstellung zum Ausdruck kommen. Siehe: Faiḍ Kāšanī, Muḥsin: Aḫlāq-i ḥasana. Übers. v. Muḥammad Bāqir Saʿīdī ([10]1369/1990), Teheran, S. 23 ff.

chung der Stufe der Vollkommenheit ist es Nasafī zufolge sogar möglich, dass der Mensch in den tierischen, pflanzlichen und Gesteinszustand zurückfällt. Dies ist die Umkehrung der Vervollkommnung zum Menschsein.[556]

Im paradiesischen Leben befand sich der Mensch in völliger Übereinstimmung und Harmonie mit der Existenz und mit seinem Leben. Die Welt hingegen stand für den Verlust von Unschuld, Beständigkeit, Souveränität und Freiheit, also Qualitäten, die der Mensch im Angesicht Gottes besaß. Nun muss er diese Unschuld unter eigenem pädagogischen Einsatz wiedergewinnen. Einerseits ist es seine Pflicht, in seinem irdischen Zustand das Geistige und Edle in sich wiederzuentdecken. Andererseits soll er sich von der Sklaverei der Leidenschaft und der Begierde befreien.

In dieser Phase seines Existenzzustandes können wir in Anlehnung an Schillers Formulierung sagen, dass »der Wille des Menschen vollkommen frei zwischen Pflicht und Neigung« steht.[557] Es steht ihm frei, wem er folgen will, denn er befindet sich als freies Wesen in einer freien Welt, in der seine Natur sich beliebig verändern und die er beliebig gestalten kann. Wichtig für den Menschen ist nach einer religiösen Vorstellung die Ablehnung des satanischen Joches. Dieses verkörpert sich auch in der Willkür. Diese Willkür zu zügeln[558] ist eine Aufgabe der Pädagogik des Menschen.

Mit der pädagogischen Ethik und göttlichen Weisheit ist der Mensch in der Lage, den Urzustand zurückzuerobern. Somit können wir die Welt als ein Ereignis des menschlichen Selbstverlustes interpretieren, wobei er die Ursouveränität durch Ethik, Erziehung und Sittlichkeit wiederherstellen kann. Auf diesem Weg erreicht er das höchste Gut, das bei dem einen Glückseligkeit, bei den anderen Vollkommenheit oder Einheit mit Gott ist. Damit stellt er sein wahres Selbst wieder her, womit das Ganzsein oder Selbstsein gemeint ist. Zum höchsten Gut gehört die vollkommene Freiheit, die nach al-Fārābī den freien Willen und die freie Wahl miteinschließt (*lamā kāna šaʾna al-ḫairi fī al-ḥaqīqati an yakūna yanālu bi-l-irādati wa-l-iḫtīyār*).[559]

Die mystische Pädagogik ist die Erziehung der Seele mittels reiner Charakterveredelung, die durch erzieherische Maßnahmen

556 Nasafī, Kitāb al-insān al-kāmil, S. 393–394.
557 Schiller, Über die ästhetische Erziehung, S. 11.
558 Ebd. S. 14.
559 Vgl. Al-Fārābī, Ārāʾ ahl al-madīna, S. 113.

erfolgt. Es geht primär um die individuelle Heilung und die Erlösung der Seele von der materiellen Bindung. Die Mystik beabsichtigt nicht eine öffentliche Erziehung, auch wenn je nach Orden unterschiedliche Gemeinschaftsrituale praktiziert werden. Der Mystik geht es vielmehr um die spirituelle Haltung. Anders als bei Philosophen wie al-Fārābī oder Ibn Miskawaih ist die individuelle Glückseligkeit nicht von ihrer Gemeinschaft und Sozialisation abhängig.

Das Ziel einer solchen Pädagogik ist daher nicht per se die individuelle Selbstverwirklichung. Denn die eigentliche Selbstverwirklichung ist die Sache des Individuums selbst, die unabhängig von sozialer und gemeinschaftlicher Zweckgebundenheit eine Eigendynamik besitzt. Eine solche Eigendynamik bedarf eher einer anderen Besinnung und Idealvorstellung. Im mystischen Konzept können wir diese Selbstverwirklichung, welche dem Prinzip der Vollkommenheit unterworfen ist, deutlich erkennen. Denn ihr geht es um eine transzendentale seelische Selbststeigerung und Selbstbegründung.

Der spirituelle Pfad ist nicht Selbstzweck, sondern nach Ibn Sīnā Mittel zu einer höheren Erkenntnis.[560] Durch Aneignung der Stationen gewinnt der Mystiker Zustände,[561] die ihm den Zugang zur wirklichen Welt verschaffen. Einem Mystiker ist bewusst, dass das Leben in Isolation und Weltentsagung allein nicht ausreicht, um die Vollkommenheit zu erlangen.

Es existiert überhaupt keine Weltentsagung ohne Welt. Die Seelenpädagogik der Mystik bezieht sich auf die Tatsache, dass der Mensch über Handlungen, Einsichten und Zustände das wahre Selbst und die wahre Vollkommenheit erreichen kann. Handlungen sind sowohl äußerer wie auch innerer Art. Wenn in den unteren Stufen Körper und Glieder tätig sind, so ist das Herz als das innere Auge oder als die Seele für die höchsten Stufen verantwortlich.

Ziel der mystischen Ethik ist die Entschleierung. Dazu gehört, wie aus der Darstellung eines gemäßigten Mystikers hervorgeht,[562] auch das Wissen (*ʿilm*). Zu den primären Prinzipien der Mystik gehören jedoch die Praxis und die Anstandsregeln (*ādāb*).[563] Daher

560 Vgl. Ibn Sīnā, Abū ʿAlī al-Ḥusain Ibn ʿAbdallāh: al-Išārāt wa-t-tanbīhāt. Mit den Kommentaren v. Naṣīr ad-Dīn aṭ-Ṭūsī u. Quṭb ad-Dīn ar-Rāzī. Bd. I_III. Hrsg. v. Naṣr al-balāġa (1375/1996). Bd. 3. Ghom, S. 390.

561 Kāšānī, Miṣbāḥ al-hidāya, S. 125–126.

562 Al-Ġazālī, Kimiya-yi saʿādat, S. 36 ff.

563 Siehe dazu: al-Kubrā, Naǧm ad-Dīn: Ādāb aṣ-ṣufiyya. Hrsg. v. Masʿūd Qāsimī (1363/1984). Teheran; Suhrawardī, Abū al-Naǧīb Ḍiyā ad-Dīn: Ādāb al-murīdīn.

ist nicht nachvollziehbar, wie Ibn Sīnā behauptet, dass die Mystik mit einer völligen Isolierung von aller weltlichen Tätigkeit beginne.[564] Mystik ist asketische Leistung in der Welt, um das wahre Selbst wieder zurückzuerobern. Dieses Selbst ist jedoch nicht bereits vorhanden. Es richtet sich nach dem Gottesbild, nach der Vorstellung von der Vollkommenheit, der Einheit und der Beständigkeit. Dieses Selbst ist am Ende das eigene Werk des Menschen, denn er muss sich selbst wieder erschaffen (begründen, realisieren). Dies geschieht jedoch nicht aus dem Nichts, da dies nach religiöser Vorstellung allein Gott zusteht. Seine Selbsterschaffung beruht auf Vermögen, Können und Veranlagungen, die ihm durch seinen Körper, seine Seele und die Welt gegeben wurden.

Teilweise wird die mystische Seelenpädagogik mit einem gewissen Altruismus gleichgesetzt. Mit Altruismus ist die Selbstlosigkeit gemeint, welche im Gegensatz zum Egoismus steht. Die mystische Seelenpädagogik stellt eine Verhaltensweise des Menschen dar, die einer Art der Selbstlosigkeit gleichkommt. In der mystischen Selbstlosigkeit beabsichtigt der Mystiker das kleine Ich aufzugeben, dafür erwartet er zugleich das ewige Leben in Perfektion und die Erwerbung des großen Ichs im Makrokosmos. Ein anderes Wort für dieses Selbstaufgeben ist, wie Nasafī formuliert, Selbstliebe. Der Keim liebt sich selbst. Der Keim trachtet danach, wie die Welt der Allmacht es auch tut, sich selbst und seine Attribute anschauen. Er sucht die reine Einheit und diese ist die reine Ichheit. Dabei handelt es sich um eine Art Selbstoffenbarung: das Leben in vollkommener Liebe und das Selbstsein. Somit können wir von Erziehung als Vorgang seelischer Perfektion im Vereintsein mit dem Ganzen sprechen. Was sich mit der mystischen Seelenpädagogik auch noch als Erziehungsziel verbindet, ist die Aufhebung der Dualität. Das Vereintsein ist das umfassende Ganzsein. Erziehung stellt sich in diesem Sinne als ein Vorgang der Dualitätsüberwindung dar, für die der perfekte Mensch als Musterbeispiel steht.

564 Vgl. Ibn Sīnā, al-Išārāt wa-t-tanbīhāt, Bd. III. S. 389.

Literaturverzeichnis

Abū al-Ḫair, Abū Saʿīd: Asrār at-tauḥid fī maqāmāt aš-Šaiḫ Abī Saʿīd. Bd. I. Eingel. hrsg. u. kommentiert von Muḥammad Riḍā Šāfiʿī Kadkinī (1366/1987). Teheran.

Aḏarnūš, Aḏartāš: Adab, S. 296–317, in: Dāʾirat al-maʿārif buzurg-i islāmī. Hrsg. v. Kaẓim Mūsawī Buǧnūrdī (²1998). Bd. VII. Teheran.

Adamson, Peter: Abū Bakr ar-Rāzī, S. 199–217, in: Heidrun Eichner/Matthias Perkams/Christina Schäfer (Hg. 2013): Islamische Philosophie im Mittelalter. Ein Handbuch. Darmstadt: WBG-Verlag.

al-ʿĀmilī, Zayin ad-Dīn Ibn Aḥmad (Šahīd aṯ-Ṯānī): Kitāb munyat al-murīd fī adab al-mufīd wa al-mustafīd. Hrsg. v. Riḍā at-Tihrānī (1307q/1889), Teheran.

al-ʿĀmilī, Zayin ad-Dīn Ibn Aḥmad (Šahīd aṯ-Ṯānī): »Munyat al-murīd fī adab al-mufīd wa al-mustafīd«: Ādāb-i taʿlīm wa taʿallum dar Islām. Hrsg. von Muḥammad Bāqir Ḥuǧǧatī (1980). Daftar-i Našr-i Farhang-i Islāmī. Teheran.

Amirpur, Katajun (2002): Reformen an theologischen Hochschulen? Köln: Teiresias-Verlag.

Āmulī, Haidar: Ǧāmiʿ al-asrār wa manbaʿ al-anwār. Eingel. u. hrsg. v. Henry Corbin (1347/1969). Teheran.

Arasteh, Reza (1962): Education and social Awakening in Iran. Leiden: Brill.

Asghar-Zadeh, Darius (2017): Menschsein im Angesicht des Absoluten Theologische Anthropologie in der Perspektive christlich-muslimischer Komparativer Theologie. Paderborn: Verlag Ferdinand Schöningh.

ʿAtiyya, Aḥmad ʿAbdulḥalīm (1998): Al-aḫlāq fī al-fikr al-ʿarabī al-maʿāṣir. Kairo.

Auffrath, Christoph / Kippenberg, Hans G./ Michaels, Axel (2006): Wörterbuch der Religionen. Stuttgart: Verlag Kröner.

Averroes: Philosophie und Theologie. Aus dem arabischen übersetzt v. Marcus Joseph Müller (1974). Nachdruck: Osnabrück.

Aʿwānī, Ġulām Riḍā: Aḫlāq, S. 201–2014, in: Dāʾirat al-maʿārif buzurg-i islāmī. Hrsg. v. Kaẓim Mūsawī Buǧnūrdī (²1998), Bd. 7, Teheran.

al-ʿAwwā, ʿĀdil (1986): al-ʿUmda fī falsafat al-qayyim. Damaskus.

Bannerth, Ernst: Der Mensch im Islam, S. 279–315, in: Hans-Georg u. Vogler, Paul (Hrsg. 1975): Neue Anthropologie. Bd. 6. Philosophische Anthropologie. Erster Teil. Stuttgart: Georg Thieme.

Baqlī Šīrāzī, Rūzbihān: Kitāb ʿAbhar al-ʿāšiqīn. Hrsg. v. Henry Corbin u. Muḥammad Muʿīn (³1366/1987). Paris u. Teheran.

Baṭḥāī Gulpāyigānī, Hāšim (1998): Aḫlāq-i taḥlīl-i Islām. Teheran.

Birnbacher, Dieter (²2007): Analytische Einführung in die Ethik. Berlin u.a: De Gruyter.

Carrera, Gabriel García: Selbsterkenntnis, S. 336–338, in: Christoph Horn, Jörn Müller, Joachim Söder (²2020): Platon-Handbuch. Leben – Werk – Wirking. Heidelberg, Berlin: J. B. Metzler.

Cragg, Kenneth (2003). Privilege of Man. Oxford: Onward Publication.

Davis, Edward William: »The Tales of Marzbān-nāmah," Ph. D. diss., University of Michigan, 1977.

ad-Dawānī, Ǧalāl al-Dīn: al-Lawāmiʿ al-išrāq fī makārim al-aḫlāq. Hrsg. v. Dār al-ʿImāra (1225/1810). Kalkutta.

De Fouchécour, Charles-Henri (1986): Moralia. Les Notions Morales dans la Littérature Persane du 3e/9e au 7e/13e siécle. Paris.

Dewey, John: Demokratie und Erziehung. Eine Einleitung in die philosophische Pädagogik. Übers. v. Erich Hylla. Hrsg. und mit einem Nachwort v. Jürgen Oelkers (2000). Weinheim/Basel: Verlag Beltz.

Ḍawābitī, Mahdī (1980): Pažūhišī dar Niżām-i ṭalabagī. Teheran.

Edalatnejad, Saeid: Zur Geschichte und Gegenwart der Seminare und religiösen schulen der Schia: Ein Blick von innen, S. 31–44, in: Gott ist das Haus des Wissens. Hrsg. V. Jürgen Doetsch (2005). Aus dem Persischen übertragen von Reza Hajatpour. Trier: Katholische Akademie.

Edalatnejad, Saied: Ein Überblick über das Lehr- und Erziehungssystem der schiitischen Geistlichkeit, S. 41–46, In: Einsicht. Drei Reisen in die innerste Welt des schiitischen Islam. Fotografien von Hans Georg Berger und frühen iranischen Fotografen. Katalog zu den Ausstellungen im Iran und bei Bumiller Collection. Hrsg. v. Boris von Brauchitsch und Saeid Edalatnejad (2018). Übertragen vom Persischen ins Deutsch von Reza Hajatpour. Berlin: Kehrer.

Eichner/Matthias Perkams/Christina Schäfer (Hg. 2013): Islamische Philosophie im Mittelalter. Ein Handbuch. Darmstadt: WBG-Verlag.

Endress, Gerhard: Antike Ethik-Traditionen für die islamische Gesellschaft: Abū ʿAlī Miskawaih, 210–237, in: Rudolph, Ulrich (Hrsg.), Philosophie in der Islamischen Welt, Bd. 1: 8.-10. Jahrhundert (Grundriss der Geschichte der Philosophie, begr. von Friedrich Ueberweg). Basel 2012.

Faiḍ Kāšanī, Muḥsin: Aḫlāq-i ḥasana. Übers. v. Muḥammad Bāqir Saʿīdī (¹⁰1369/1990), Teheran.

Falsafī, Muḥammad Taqī (³2000): Aḫlāq az naẓar-i hamzīstī wa arzišhā-i insānī. Teil I. Daftar-i Našr wa farhang-i islāmī Teheran.

Fakhry, Majid (1970): A history of islamic philosophy. NewYork/London: Columbia University Press.

Fakhry, Majid (²1994): Ethical Theories in Islam. Islamic Philosophy, Theology and science, Volume 8, edited by H. Daiber and D. Pingree. Leiden: Brill Verlag.

al-Fāḫūrī, Ḥannā u. al-Ǧarr, Ḫalīl (²1358/1979): Tārīḫ al-falsafa al-ʿarabīya. Bd. I-II. Übers. v. ʿAbd al-Ḥamīd Āyatī. Teheran.

al-Farabi, Der Musterstaat von Alfarabi. Aus dem Arabischen übertragen von Friedrich Dieterici (1900). Leiden: Brill.

al-Fārābī, Abū Naṣr Muḥammad: Siyāsa madanīya. Hrsg. u. übers. v. Ǧaʿfar Saǧǧādī (1358/1979). Teheran.

al-Fārābī, Abū Naṣr Muḥammad Ibn Muḥammad: Die Prinzipien der Ansichten der Bewohner der vortrefflichen Stadt. Aus dem Arab. übers. und hrsg. von Cleophea Ferrari (2009). Stuttgart: Reclam.

al-Fārābī, al-Fārābī, Abū Naṣr Muḥammad: Ārā᾽ ahl al-madīna al-fāḍila wa-muḍāddātuhā. Hrsg., eingel. u. kommentiert v. ʿAlī Bū Mulḥim (1995). Beirut.

al-Fārābī, Abū Naṣr Muḥammad Ibn Muḥammad: Iḥṣā᾽ al-ʿulūm. Hrsg. u. Übertragen von Ḥusein Ḫadīv-Ǧam (^{3}2002). Intišarāt-i ʿilmī wa farhangī Teheran.

Ferrari, Cleophea: Al-Fārābī und der arabische Aristotelesmus, S. 218–232, in: Heidrun Eichner/Matthias Perkams/Christina Schäfer (Hg. 2013): Islamische Philosophie im Mittelalter. Ein Handbuch. Darmstadt: WBG-Verlag.

Flügel, Gustav (1969): Mani. Seine Lehre und seine Schriften. Osnabrück: Biblio-Verlag.

Frankena, William K. (1972): Analytische Ethik. Eine Einführung. München: Dtv.

Frankena, William K. (1973): Ethics. 2. Auflage. Englewood Cliffs: Prentice-Hall.

Ǧaʿfarī, Muḥammad Taqī, (1344/1965): Āfarīniš va insān. Tehrān.

Ǧaʿfarī, Muḥammad Taqī (o. J.): Wuǧdān. Tehrān.

Ǧaʿfarī, Muḥammad Taqī (^{8}1375 h.š./1996/1997): Tarǧuma va tafsīr-i Nahǧ al-balāġa, I-XXVII Tehrān.

Ǧaʿfarī, Muḥammad Taqī: (^{2}2006): Toużīḥ va barrasī-ye moṣāhabe-ye Rāsel – Vāit [Bertrand Russell – Woodrow Wyatt] dar falsafa, maḏhab, aḫlāq-i tābū Tehrān.

Ǧaʿfarī, Muḥammad Taqī (2010), Takāpū-ye andīšehā, Bd. I-II. Tehrān.

Ǧaʿfarī, Muḥammad Taqī (2000): Aḫlāq wa maḏhab. Tehrān.

Ǧaʿfarī, Muḥammad Taqī (1982): Zībāʾī va honar az dīdgāh-i islām. Tehrān.

Ǧām Nāmqī, Aḥmad: (žandih-Pīl): Uns at-tāʾibīn. Hrsg. v. ʿAlī Fāḍil (1989). Teheran.

Ǧāmī, Mahdī und Ḫalagī, Mahdī: Az šar-i ḫudā tā šahr-i dunyā: Inqilāb dar Ḥauza. http://www.bbc.com/persian/iran/story/2005/08/050802_mj-shahr-e-khoda3.shtml aufgerufen am 04.04.2019.

al-Ġazālī, Abū Ḥāmid: al-Munqiḏ min aḍ-ḍalal. Hrsg. v. ʿAbd al-Ḥalīm Maḥmūd (1955). Kairo.

al-Ġazālī, Abū Ḥāmid: Iḥyā al-ʿulūm ad-Dīn. Hrsg. v. Ḥusain Ḫadīw Ǧam (1972). Übertragen aus dem Arabischen ins Persischen Muʾayid- ad-Dīn Muḥammad Ḫ^{w}ārazmī. Intišārā-i ʿilmī wa farhangī Teheran.

al-Ġazālī, Abū Ḥāmid: Islamische Ethik. Nach den Originalquellen übersetzt und erläutert von Hans Bauer (1979). Heft I-IV. Hildesheim/New York: Olms.

Al-Ġazālī, Abū Ḥāmid: Naṣīḥat al-mulūk. Eingel. u. Hrsg. v. Ǧalāl ad-Dīn Humāʾī (1361/1982). Teheran.

al-Ġazālī, Abū Ḥāmid Muḥammad bin Muḥammad: Ayyuha-l-walad. Hrsg. u. verbessert u. kommentiert v. ʿAlī Muḥy ad-Dīn ʿAlī al-Qara-Daġī (^{2}1405q/1985). Beirut.

al-Ġazālī, Abū Ḥāmid: Miškāt al-anwār. Hrsg. v. Badīʿ as-sayyid al-Laḥḥām (1411/1990). Beirut.

al-Ġazālī, Abū Ḥāmid Muḥammad: Kīmīyā-yi saʿādat. Bd. I-II. Hrsg. v. Ḥusain Ḫadīw Ǧam (^{8}1378/1999). Teheran.

al-Ġazālī, Muḥammad ([17]1423/2002): Ḫulq al-muslim. Damskus u. Beirut.

al-Ǧīlī, ʿAbd al-Karīm: al-Insān al-kāmil fī maʿrifat al-awāḫir wa-l-awāʾil. Bd. I–II. Eingel. u. hrsg. v. Raǧab ʿAbd al-Munṣif ʿAbd al-Fattāḥ al-Mutanāwī (q1419/1999). Kairo.

Glassen, Erika: Schah Ismāʿil und die Theologen seiner Zeit, S. 254–268, in: Der Islam 48 (1972).

Glässing, Gabriele, Kemper, Angela, Wäcken, Matina (1994): »...weil ich ein Mädchen bin«: Biographien, weibliche Identität und Ausbildung. Bielefeld: Verlag Oberstufen-Kolleg.

Goethe, Johann Wolfgang von (2017): Westöstlicher Divan – mit Auszügen aus dem Buch des Kabus. Hansebook. Die Ausgabe von 1875.

Günther, Sebastian: »Der Lebende, Sohn des Wachen: Über die Geheimnisse der orientalischen Weisheit« – Literatur und Religion in einem philosophisch-allegorischen Roman des klassischen muslimischen Gelehrten Ibn Tufail«, S. 250–273, In: Toni Tholen, Burkhard Moennighoff, Wiebke von Bernstorff (Hrsg. 2012): Literatur und Religion. Hildesheimer Universitätsschriften 25 Hildesheim.

Gril, Denis: The Prophetic Model of the Spiritual Master in Islam, S. 63 – 88, in: Jean-Louis Michon & Roger Gaetani (Hrs. 2006): Sufism: love & wisdom. Foreword by Sayyid Hossein Nasr. Indiana: World wisdom Book.

Gutas, Dimitri: Populäre Ethik und praktische Politik, S. 458–517, in: Rudolph, Ulrich (Hrsg. 2012), Philosophie in der Islamischen Welt, Bd. 1: 8.-10. Jahrhundert (Grundriss der Geschichte der Philosophie, begr. von Friedrich Ueberweg). Basel.

Hadot, Pierre (1999): Wege zur Weisheit oder was lehrt uns die antike Philosophie? Berlin: Eichborn.

Ḥāʾirī Yazdī, Mahdī (1361/ 1982): Kāwušhā-yi ʿaql-i ʿamalī. Falsafah-i aḫlāq. Teheran.

Ḥāʾirī Yazdī, Mahdī (1995): Ḥikmat wa ḥukūmat. London.

Hajatpour, Reza (2005): der brennende Geschmack der Freiheit. Frankfurt a. M.: Suhekamp.

Hajatpour, Reza (2013): Vom Gottesentwurf zum Selbstentwurf. Die Idee der Perfektibilität in der islamischen Existenzphilosophie. (Welten der Philosophie). Freiburg: Karl Alber Verlag.

Hajatpour, Reza: Würde im Islam, in: P. Gröschner, A. Kapust, O. Lembcke (Hrsg. 2012): Lektionen aus dem Wörterbuch der Würde. Eine Lesereise um den Globus der Menschlichkeit. Paderborn: Fink-UTB.

Hajatpour, Reza (2002): Iranische Geistlichkeit zwischen Utopie und Realismus: Zum Diskurs über Herrschafts- und Staatsdenken im 20. Jahrhundert. Wiesbaden: Reichert Verlag.

Hajatpour, Reza: Reflections and Legal Analysis of the Relationship between »Religious Government and Human Rights«" from the Perspective of Grand Ayatullāh Muntaẓirī, in: Die Welt des Islams 51 (2011), S. 382–408.

Hajatpour, Reza (2005): Mehdi Hairi Yazdi Interkulturell gelesen. Interkulturelle Bibliothek. Band 80. Hrsg. U.a. von Hamid Reza Yousefi Ram Adhar Mall. Nordhausen: Traugott Bautz Verlag.

Hajatpour, Reza: Was ist das Wesen der Philosophie im Islam? Eine ideengeschichtliche Spurensuche, S. 156–183, in: Ahmad Milad Karimi (Hg. 2018) Falsafa. Jahrbuch für islamische Religionsphilosophie / Yearbook for Islamic Philosophy of Religion. Freiburg: Karl Alber.

Hajatpour, Reza: ʿUbaid-i Zakānī (eig. Niżāmuddīn ʿUbaidallāh aus Qazwin, Biogramm und das satirische Werk, in: Heinz Ludwig Arnold (Hrsg. 2009): Kindlers Literatur Lexikon. 3. Auflage.

Hajatpour, Reza: Muḥammad Taqī Ǧaʿfarī, S. 1051–1059, in: Kügelgen, Anke (Hg.) (2021): Philosophie in der islamischen Welt. 19.-20. Jahrhundert. Grundriss der Geschichte der Philosophie. Vol. 4. Basel/Berlin: Schwabe.

Hager, Fritz-Peter: Staat und Erziehung bei Rousseau, Helvétius und Condorcet – ein Vergleich, S. 67–95, in: Hager, Fritz-Peter u. Dieter Jedan (Hrsg. 1993): Staat und Erziehung in der Aufklärungsphilosophie und Aufklärungszeit. Bochum: Verlag Dr. Winkler.

Halm, Heinz (1988): Die Schia. Darmstadt: Wissenschaftliche Buchgesellschaft.

Ḥalabī, ʿAlī-Aṣġar (1372/1993): Tāriḫ-i tamaddun-i Islām. Darshāʾi čand dar farhang wa ʿulūm-i ʿaqli-yi islāmī. Teheran.

Ḥalabī, ʿAlī-Aṣġar (³2002): Tārīḫ-i falasafa-i Irānī. Intišārāt Zawwār Teheran.

Ḥammūya, Saʿd ad-Dīn: Al-Miṣbāḥ fī t-taṣawwuf. Hrsg. v. Naǧīb Māyil Hirawī (1362/1983). Teheran.

Hamadānī, Yūsuf: Rutbat al-ḥayāt. Eingel. u. hrsg. v. Muḥammad Amīn Riyāḥī (1362/1983). Teheran.

Ḥanabka Al-Maidānī, ʿAbd ar-Raḥmān Ḥasan (⁶1423/2002): Al-aḫlāq al-islāmiyya wa ususuhā. Bd. I. Damaskus u. Beirut.

Hʷārazmī, Tāǧ ad-Dīn Ḥusain Ibn Ḥasan: Šarḥ fuṣūṣ al-ḥikam Šaiḫ Muḥyi ad-Dīn Ibn ʿArabī. Hrsg. v. Naǧīb Māyil Hirawı (²1368/1989). Bd. 1. Teheran.

Ḥiǧāb, Muḥammad Farīd (1997): At-tarbiyya al-islāmiyya bain al-ʿaqīda wa al-aḫlāq. Kairo.

Höffe, Otfried (Hrsg. 1977): Lexikon der Ethik. In Zusammenarbeit mit Maximilian Forschner, A. Schöpf u. W. Vossenkuhl. München: C. H. Beck.

Höffe, Otfried: Die Menschenrechte im interkulturellen Diskurs, S. 119–137, in: Walter Odersky (Hrsg. (1994). Die Menschenrechte. Herkunft – Geltung – Gefährdung. Düsseldorf: Patmos-Verl.

Höffe, Otfried (²1996): Praktische Philosophie. Das Modell des Aristoteles. Berlin: Akademie Verlag.

Höffe, Ottfried: Ethik als praktische Philosophie – Methodische Überlegungen (I 1,1094a22 – 1095a13), S. 9 – 28, in: Höffe, Ottfried (Hrsg. ⁴2019): Aristoteles. Nikomachische Ethik. Berlin/Bosten: Walter De Gmbh Gruyter.

Horovitz, Saul (1909): Ueber den Einfluss der griechischen Philosophie auf die Entwicklung des Kalam. Breslau: Breslau Schatzky.

Horst, Heribert: Entstehung der *adab*-Literatur und ihre Arten, 208–220, in: Gätje, Helmut (Hrsg.), Grundriß der arabischen Philologie, Bd. 2: Literatur. Wiesbaden 1986.

Hourani, Albert: From Jabal ʿĀmil to Persia, In: Bulletin of the Schooll of Oriental and African Studies. vol. XLIX (1986), S. 4–11.

Hūǧwīrī, Abū al-Ḥasan ʿAlī bin ʿUṯmān: Kašf al-maḥǧūb. Ediert v. V. A. Zukovskij u. eingl. v. Qāsim Anṣārī (1979). Teheran.

Humāʾī, Ǧalāl ad-Dīn ([2]1342/1963): Ġazālī-nāmah. Teheran.

Hübner, Dietmar ([2]2018): Einführung in die philosophische Ethik. Göttingen: Vandenhöck und Ruprecht.

Ibn ʿAbd Rabbihi al-Andalusī, Aḥmad Ibn Muḥammad: al-ʿIqd al-farīd. Bd. I-VI. Eingel. u. hrsg. v. ʿAlī Širī (1420q/1999). Beirut.

Ibn Ḫaldūn, ʿAbd ar-Raḥmān bin Muḥammad: Muqaddimat Ibn Ḫaldūn. Hrsg. v. Dār al-Ǧalīl (o. J.). Beirut.

Ibn Miskawaih, Aḥmad Ibn Muḥammad: Tahḏīb al-aḫlāq wa-taṭhīr al-aʿrāq. Hrsg. v. Ibn al-Ḫaṭīb (1398q/1979). Maktaba aṯ-ṯaqāfa ad-dīniyya Kairo.

Ibn Miskawaih: Traǧuma-i Ǧāwīdān-i Ḫirad. Hrsg. v. Muḥammad Taqī Dānišpažūh (1359/1970). Übers. ins Persische v. Šaraf ad-Dīn Uṯman bin Muḥammad Qazwīnī. Teheran.

Ibn Miskawaih: Al-ḥikma al-ḫālida. Hrsg. v. ʿAbd ar-Raḥmān Badawī (1952). Kairo.

Ibn Muqaffaʿ, ʿAbdallāh: al-Ḥikmat al-madaniyya. Kitāb al-adab al-kabīr. Hrsg. v. Muḥammad Ḥasan Nāʾīl al-Marṣafī (1331q/1913). Kairo.

Ibn Muqaffaʿ, ʿAbdallāh: al-Adab aṣ-ṣagir. Hrsg. v. Maḥmūd Taufīq al-Kutubī ([7]1332q/1914). Kairo.

Ibn al-Muqaffa, Abdallah: Kalila und Dimna. Die Fabeln des Bidpai. Übertragen aus dem Arabischen ins Deutsch von Philipp Wolff (1995). München: Manesse Verlag..

Ibn Sīnā: An-naǧāt fī al-ḥikma al-manṭaqiya, aṭ-ṭabīʿiya wa al-ilāhiya. Hrsg. v. Muḥy ad-Dīn Ṣabrī al-Kurdī ([2]1938q/1978). Kiaro.

Ibn Sīnā: al-Mabdaʾ wa al-maʿād. Hrsg. von ʿAbdallāh Nūrānī (1984). Teheran.

Ibn Sīnā, Abū ʿAlī al-Ḥusain Ibn ʿAbdallāh: al-Išārāt wa-t-tanbīhāt. Mit den Kommentaren v. Naṣīr ad-Dīn aṭ-Ṭūsī u. Quṭb ad-Dīn ar-Rāzī. Bd. I-III. Hrsg. v. Našr al-balāġa (1375/1996). Ghom.

Ibn Rušd, Abū al-Walīd: al-Kašf ʿan minhāǧ al-adilla fī ʿaqāʾid al-milla. Hrsg. u. eingel. v. Muḥammad ʿĀbid al-Ǧābirī (1999). Beirut.

Ibn Rušd, Abū al-Walīd: Faṣl al-maqāl fī-mā bain al-ḥikma wa-š-šarīʿa min al-ittiṣāl. Kommentiert, eingel. u. hrsg. v. Muḥammad ʿImāra ([2]1969). Kairo.

Ibn Tamiyya: al-Amr bi-l-maʿrūf wa-n-nahy ʿan al-munkar: li-šayḫ al-islām Aḥmad Ibn ʿAbd al-Ḥalīm Ibn Taymiyya al-mutawaffā sana 728 h. Ḥaqqaqahū ad-duktūr Ṣalāḥ ad-Dīn al-Munaǧǧid. Bayrūt: Dār al-kitab al-ǧadīd, 1984.

Ibn Ṭufail, Abū Bakr: Der Philosoph als Autodidakt. Ein philosophischer Inselroman. Übersetzt mit einer Einleitung und Kommentaren von Schärer, Patric O. (Hg. 2009). Hamburg: Felix Meiner Verlag.

Ibn Ṭufail, Muḥammad Ibn ʿAbd al-Malik: Ḥayy bin Yaqẓān. Hrsg., kommentiert und eingel. v. Fārūq Saʿd (q1394/1974). Beirut.

Ibn ʿArabī, Muḥyi ad-Dīn: al-Futūḥāt al-makkīya. As-safar ar-rābiʿ. Bd. 4. Hrsg. v. ʿUṯmān Yaḥyā u. Ibrāhīm Madkūr (1975). Kap. 73. Kairo.

Ibrāhīm, Zakarīyā (1966): al-Muškila al-ḫulqīya. Kairo.

Ilāhī Qumšaʾī, Muḥyi ad-Dīn Mahdī (1379/2000): Ḥikmat-i ilāhī. Ḫāṣṣ w ʿāmm. Hrsg. v. Hurmuz Būšahrīpūr. Teheran.

Intišārāt-i Yaġmā (Hrsg. 1353/1974): Ḫāṭirāt. Teheran.
Iqbal, Muhammad (1908). The development of metaphysics in Persia. Entwicklung der Metaphysik in Persien. London: LUZAC & CO.
Kant, Immanuel: Kritik der reinen Vernunft. Hrsg. v. Raymund Schmidt (^{2}1962). Hamburg: Meiner Verlag.
Kant, Immanuel: Grundlegung zur Metaphysik der Sitten. Hrsg. v. Martina Thom (1978). Leipzig: Verlag Philipp Reclam jun.
Kant, Immanuel: Kritik der praktischen Vernunft. Hrsg. v. Martina Thom (1978). Leipzig: Verlag Philipp Reclam jun.
Kant, Immanuel: Schriften zur Anthropologie, Geschichtsphilosophie, Politik und Pädagogik 2. Bd. XII. Hrsg. v. Wilhelm Weischedel (^{7}1988). Frankfurt/M.: Suhrkamp.
Kāšānī, ʿIzz ad-Dīn Maḥmūd Ibn ʿAlī: Miṣbāḥ al-hidāya wa miftāḥ al-kifāya. Eingel., ed. und hrsg. v. Ǧalāl Humāʾī (2q1365/1956). Teheran.
Keller, Albert (1994): Philosophie der Freiheit. Graz: Styria.
Koran: Harmut Bubzin (2012). München: Verlag C. H. Beck.
al-Kubrā, Naǧm ad-Dīn: Ādāb aṣ-ṣufiyya. Hrsg. v. Masʿūd Qāsimī (1363/1984). Teheran.
Krings, Herman: Ethik, Ethos, S. 397–403, in: Staatslexikon, Bd. 2. Görres Gesellschaft (Hrsg. 1988). Freiburg u.a.
Latham, J. Derek: Ebn al-Moqaffaʿ, Abū Moḥammad ʿAbd-allāh Rōzbeh b. Dādūya/Dādōē, pp. 39–43, In: *Encyclopaedia Iranica*, VIII/1. http://www.iranicaonline.org/articles/ebn-al-moqaffa (accessed on 30 December 2012).
Leaman, Oliver (2019): Islam and Morality: A Philosophical Introduction. London: Bloomsbury Academic.
Lessing, G. E.: Die Erziehung des Menschengeschlechts und andere Schriften. Hrsg. v. Julius Petersen u. Waldemar von Olshausen (1995). Stuttgart: Reclam.
Lesch, Walter: Ethik und Moral/Gut und Böse/Richtig und Falsch, S. 64–83, in Wils, Jean-Pierre, Mieth, Dietmar (Hrsg. 1992): Grundbegriffe der christlichen Ethik. Paderborn u.a.: Schöningh.
Madkūr, Ibrāhīm u. Muṣṭafā, Ibrāhīm (Hrsg. 1985): al-Muʿǧam al-wasīṭ. Bd. I. Kairo.
Mahdiroody, Shonja (1980): Entwicklung und Struktur des Ausbildungswesens im Iran unter Berücksichtigung historischer und sozial-ökonomischer Aspekte. Osnabrück.
Maǧlisī, Muḥammad Bāqir: Bahār al-anwār. Muʾassisa al-wafāʾ (Hrsg, 1404), Bd. 58. Beyrūt.
Makdisi, George (1981): The Rise of Colleges-Institution of Learning in Islam and the West. Edinburgh University Press.
Matīnī, J.: Awfī, Sadīd-al-dīn, in: *Encyclopaedia Iranica*. Originally Published: December 15, 1987. Last Updated: August 18, 2011. Vol. III, Fasc. 2, pp. 117–118. https://iranicaonline.org/articles/awfi-sadid-al-din .
Maẓāhirī, Ḥusein (^{7}1379/2000): Aḫlāq dar ḫānih. Bd. I-II. Ghom.
Meier, Fritz (1943): Vom Wesen der islamischen Mystik. Basel: B. Schwabe.
Meier, Fritz (1979): Abū Saʿīd Abū al-Ḫair: Wirklichkeit und Legende. Teheran/Paris/London.

Mişbāḥ, Muǧtabā (52001): Falsafah-i aḫlāq. Ghom.

Mişbāḥ Yazdī, Muḥammad Taqī (31379/2000): Ḫud-šināsī barāyi ḫud-sāzī. Ghom.

Mişbāḥ Yazdī, Muḥammad Taqī (31377/1998): Aḫlāq dar Qur'ān. Bd. I-III. Hrsg. v. Muḥammad Ḥusain Iskandarī. Ghom Mu'assisa-i Amūziš wa pažūhiš Imām Ḫumeinī. Ghom.

Mişbāḥ Yazdī, Muḥammad Taqī (2009): Nigāhī guzarā bi ḥuqūq-i bašar az dīdgāh-i Islām. Hrsg. und redigiert von ʿAbulḥakīm Salīmī. Ghom.

Miri, Seyed Javad: East and West. Allama Jafari on Bertrand Russell (Lanham, MD 2013) University Press of America RLPG New York.

Moennighoff, Wiebke von Bernstorff (Hrsg. 2012): Literatur und Religion. Hildesheimer Universitätsschriften 25 Hildesheim.

Mubārak, Zakī (1924): Al-aḫlāq ʿind al-Ġazālī. Kalimāt ʿarabiyya li at-tarǧama wa an-našr. Kairo.

Mudarrisī, Muḥammad Riḍā (21997): Falsafa-i aḫlāq. Pažuhiš dar bunyānhā-i zabānī, fiṭrī, taǧrubī, naẓarī wa dīni-yi aḫlāq. Teheran.

Muġnīya, Muḥammad Ǧawād (o. J.): Falsafat al-aḫlāq fī l-islām. O.O.

Muǧtahid Šabistarī, Muḥammad (2004): Taʿammulātī dar qarāʿat-i insānī az dīn. Teheran.

Muḥaqqiq, Mahdī u. Izutsu, Toshihiko (Hrsg. 1352/1974): Fīlsūf-i Ray. Muḥammad Ibn Zakarīyā Rāzī. Teheran.

Muntaẓirī, Ḥusein ʿAlī (2009): Ḥukūmat-i dīn-i wa ḥuqūq-i insān, Ghom.

Muṭahharī, Murtaḍā (61989): Āšināʾi bā ʿulum-i islāmī. Kalām, ʿIrfān, ḥikmat-i ʿamalī. Bd. II. Teheran.

Muṭahharī, Murtaḍā: Muškil-i asāsi-i dar sāzamān-i ruḥānīyat, S. 285–319, in: Muṭahharī, Murtaḍā (1361/1982): Dahgoftār. Ghom.

Muṭahharī, Murtaḍā (121373/1994): Taʿlīm wa trabiyat dar Islām. Teheran.

Muwaḥḥid Abṭaḥī, Ḥuǧǧat (1369/1990): Āšanāʾī bā ḥuzahā-i ʿilmiya-i šīʿa dar ṭūl-i tārīḫ. Isfahan.

Najmabadi, Seifeddin u. Knauth, Wolfgang (Hrsg. u. übers. 1988): Das Qābūsnāme. Ein Denkmal persischer Lebensweisheit. Wiesbaden: Reichert Verlag.

Narāqī, Mahdī: Ǧāmiʿ as-Saʿādāt ". Hrsg. v. Muḥammad Riḍā al-Banī al-Kašānī (1417/1997). Bd. I-III Ghom.

Narāqī, Aḥmad: Miʿrāǧ as-saʿāda. Hrsg. u. verbessert v. Riḍa Marandī (21379/2000). Teheran

Nasafī, ʿAzīz ad-Dīn: Kitāb al-insān al-kāmil. Hrsg. u. eingel. v. Marijan Molé (51379/2000). Mit einer Einleitung von Henry Corbin. Teheran.

Netton, Ian Richard (1992): Al-Fārābī and his School, London: Routledge.

Nietzsche, Friedrich: Jenseits von Gut und Böse, in: Kritsche Studienausgabe, hrsg. von Giorgio Colli und Mazzino Montinari, Bd. 5, Neuausgabe München 1999.

Niẓām al-Mulk, Abū ʿAlī al-Ḥasan: Siyrat al-mulūk (Siyāsatnāma). Hrsg. v. Norbert Darke (31372/1993). Teheran.

Nuʿama, ʿAbdullāh (²1989): Falasafa-i Šʿia. Übertragen aus dem Arabischen ins Persische von Ǧʿafar Qaḍbān. Zāsamān-i Intišārāt wa amūziš-i inqilāb-i islāmī. Teheran.

Nyberg, Henrik S.: Die Religionen des alten Iran. Übers. v. H. Schaeder (1938). Leipzig: J. C. Hinrichs Verlag.

Oelkers, Jürgen (1992): Pädagogische Ethik. Eine Einführung in Probleme, Paradoxien und Perspektiven. U. a, München: Juventa Verlag.

Pākatčī, Aḥmad: Aḫlāq-i dīnī, In: Dāʾirat al-maʿārif buzurg-i islāmī. Hrsg. v. Kaẓim Mūsawī Buǧnūrdī (²1998). Bd. VII. Teheran, S. 215–234.

Pākatčī, Aḥmad: Ḥauza-i ʿilmiyya, S. 462–503, In: Dāʾirat al-maʿārif buzurg-i islāmī. Hrsg. v. Kaẓim Mūsawī Buǧnūrdī (³2016). Bd. XXI. Teheran.

Pieper, Annemarie (⁷2017): Einführung in die Ethik. Tübingen: A. Francke Verlag.

Qāsimīpūr, Iqbāl (1377/1998): Madāris-i ǧadīd dar daura-i Qāǧāriya. Teheran.

Rafiee, Bahram: Mesbah Yazdi from Ayatollah Khamenei's Office: Democracy and Human Rights Have No Place in Islamic Theology. Rooz Online 09/07/10. http://www.payvand.com/news/10/sep/1057.html aufgerufen am 7.01.2021.

ar-Rāġib al-Iṣfahānī: Muʿǧam mufradāt li-alfāẓ al-Qurān. Hrsg. v. Nadīm Marʿašlī (1392q/1972). Beirut.

Rāzī Dāya, Naǧm ad-Dīn Abū Bakr Ibn Muḥammad Ibn Šāhwar Ibn Anūširwān: Mirṣād al-ʿibād. Hrsg. v. Muḥammad Amīn Riyāḥī (⁶1374/1995). Teheran.

ar-Rāzī, Muḥammad Ibn Zakarīyā: Rasāʾil falsafīya. Hrsg. v. Paul Kraus (o. J.). Kairo u. Teheran.

Rāzī Dāya, Naǧm ad-Dīn: Risāla-yi ʿišq wa ʿaql (Miʿyār aṣ-ṣidq fī miṣdāq al-ʿišq). Hrsg. und ediert v. Taqī Tafaḍḍulī (1345/1966). Teheran.

Renz, Andreas (2002): Der Mensch unter dem An-Spruch Gottes. Offenbarungsverständnis und Menschenbild des Islam im Urteil gegenwärtiger christlicher Theologie (Christentum und Islam – Anthropologische Grundlagen und Entwicklungen, Bd. 1), (Diss.). Würzburg: Ergon Verlag.

Ries, Wiebrecht (2005): Die Philosophie der Antike. Darmstadt: Wissenschaftliche Buchgesellschaft.

Rescher, O. (1915): Das kleine Adab-Buch des Ibn el-Moqaffa. Stuttgart: Wax & Heppeler.

Rohls, Jan (²1999): Geschichte der Ethik. Tübingen: J. C. B. Mohr.

Rosenthal, Franz (1970): Knowledge Triumphant. The Concept of Knowledge in Medieval Islam. Leiden: Brill.

Rousseau, J. J.: Emile oder über die Erziehung. Übers. v. Josef Esterhaus (²1962). Paderborn: Ferdinand Schöningh.

Rotterdam, Erasmus v.: Fürstenerziehung. Hrsg. v. Kurt Kluxen (1968). Eingel. u. übers. v Anton J. Gail. Paderborn: Ferdinand Schöningh.

Rudolph, Ulrich (2004): Islamische Philosphie. Von den Anfängen bis zur Gegenwart. München: C.H. Beck.

Rūmī, Ǧalāl ad-Dīn Maulawī: Aḥādīṯ maṯnawī. Hrsg. v. Badiʿ az-Zamān Furūsānfar (1334/1955). Teheran.

Ṣāfī Gulpāyagānī, ʿAlī (o.J): Sairī (Seyrī dar) Ḥuzahā-yi ʿilmī-yi šīʿa. Intišārāt-i islāmī Ghom.

Sādāt, Muḥammad ʿAlī ([12]1993): Aḫlāq-i Islāmī. Teheran.

Spaemann, Robert ([2]2002): Grenzen zur ethsichen Dimension des Handelns. Stuttgart: Klett-Cotta Verlag.

Spaemann, Robert/ Schweidler, Walter (Hrsg. 2006): Ethik Lehr- und Lesebuch. Texte – Frsagen – Antworten. Stuttgart: Klett-Cotta Verlag.

Saʿdī, Muṣliḥ ad-Dīn: Der Rosengarten (Hrsg. u. Kommentiert v. Dieter Bellmann (1990). München: C:H: Beck.

Schiller, Friedrich: Über die ästhetische Erziehung des Menschen. Hrsg. v. Oskar Walzel (1995). Stuttgart: Reclam.

Schimmel, Annemarie: Zur Anthropologiedes Islam, S. 140 – 154, In: Anthropologie réligieuse. L'homme et sa destinée à la lumière de l'histoire des religions (Hrsg. v. C.J.Bleeker 1955). Leiden: Brill

Schönecker, Dieter: Die Methode der Grundlegung und der Übergang von der gemeinen sittlichen zur philosophischen Vernunfterkenntnis, In: Hariolf Oberer (Hrsg. 1997): Kant. Analyse–Probleme–Kritik. Bd. III. Würzburg: Königshausen & Neumann. S. 81–98.

Schweidler, Walter ([2]2014): Der gute Staat. Politische Ethik von Platon bis zur Gegenwart. Wiesbaden: Springer VS.

Shalabi, Ahmed (1954): History of Muslim Education. Cambridge University.

Šīrḫānī, ʿAlī/ Zāriʿ, ʿAbbās (2005): Taḥawwulāt-i Ḥauza-i ʿilmiyya-i Qum pas az pīrūzī-yi inqilāb-i islāmī. Ghom.

aš-Šīrāzī, Ṣadr ad-Dīn Muḥammad Ibn Ibrāhīm: al-Ḥikma al-mutaʿāliya fī al-asfār al-ʿaqlīya al-arbaʿa (al-Asfār). Bd. I-IX. Hrsg. v. Riḍā Luṭfī u. Muḥammad Riḍā Muẓaffar (q21387/1967). al-Maktabat al-Muṣṭafawī Ghom.

aš-Šīrāzī, Ṣadr ad-Dīn Muḥammad Ibn Ibrāhīm: Ḫalq al-aʿmāl. Hrsg. u. kommentiert v. Yāsīn as-Sayyid Muḥsin (1978). Bagdad.

aš-Šīrāzī, Ṣadr ad-Dīn Muḥammad Ibn Ibrāhīm: Šarḥ Uṣūl al-kāfī. Kitāb al-ʿaql wa al-ǧahl. Bd. I-III Hrsg. v. Muḥammad Ḫwāǧawī (1988). Muʾassis-ʾi mutāliʿāt wa taḥqiqāt farhangī Teheran.

aš-Šīrāzī, Ṣadr ad-Dīn Muḥammad Ibn Ibrāhīm: Risāla ḫalq al-aʿmāl, in: Maǧmuʿa rasāʾil falsafī-yi Ṣadr al-Mutaʾallihīn. Hrsg. v. Ḥamīd Nāǧī ([2]1378/1999). Tiheran. S. 269–280.

aš-Šīrāzī, Ṣadr ad-Dīn Muḥammad Ibn Ibrāhīm (Mullā Ṣadrā): Asrār al-āyāt. Hrsg. v. Muḥammad Ḫwāǧawī (1413/1993). Beirut.

aš-Šīrāzī, Ṣadr ad-Dīn: Tafsīr al-Qurʾān al-karīm. Bd. I-VIII. Hrsg. u. kommentiert v. Muḥammad Ǧaʿfar Šams ad-Dīn (1998–1999). Dār at-Taʿāruf Beirut.

aš-Šīrāzī, Ṣadr ad-Dīn Muḥammad Ibn Ibrāhīm: Die Risāla fī l-ḥudūṯ (Die Abhandlung über die Entstehung) v. Ṣadr ad-Dīn Muḥammad Ibn Ibrāhīm aš-Šīrāzī (1572–1640). Mit Übersetzung und Erläuterung v. M. Bagher Talgharizadeh (2000). Klaus Schwarz Verlag Berlin.

Soroush, Abdolkarim: »Eine religiöse demokratische Regierung«? S. 79–85, in: Spektrum Iran. Zeitschrift für islamisch-iranische Kultur 5 Jahrgang, 1992, Heft 4.

Sulṭānzāda, Ḥusein (1363/1984): Tāriḫ-i madāris-i Irān. Az ʿahd-i bāstān tā taʾsīs-i dār al-funūn. Teheran.

Suhrawardī, Abū al-Nağīb Ḍiyā ad-Dīn: Ādāb al-murīdīn. Übertragen v. ʿUmar bin Muḥammad bin Aḥmad Šīrkān. Hrsg. v. Nağīb Māyil Hirawī (1984). Teheran.

Strzelewicz, Willy (1968): Der Kampf um die Menschenrechte. Frankfurt/M.: Verlag Heinrich Scheffler.

Taghavi, Mohammad Nasser (2008): Ethik im täglichen Leben; Aspekte der islamischen Ethik. Herausgegeben vom islamischen Zentrum Hamburg. Hamburg.

Ṭabāṭabāʾī, Muḥammad Ḥusain (1350/1971): Uṣūl-i falsafa wa rawiš-i riʾālīsm. Mit Einleitung u. Kommentar v. Murtaḍā Muṭahharī. Bd. I-V. Teheran.

Ṭabāṭabāʾī, Muḥammad Ḥusain (²1366/1987): Tafsīr al-mīzān. Bd. I-XX. Übers. v. Muḥammad Bāqir Mūsawī Hamadānī. Teheran. Bd. VI. Teheran.

Ṭabāṭabāʾī, Muḥammad Ḥusain (1996): Die Schia im Islam. Ins Deutsche übertragen v. Farsin Banki. Hamburg.

at-Taftāzānī, Saʿd ad-Dīn: Šarḥ al-maqāṣid. Kommentiert, eingel. und hrsg. v. ʿAbd ar-Raḥmān ʿUmaira (1989). Bd. 3. Kairo; al-Ḥillī, Ǧamāl ad-Dīn Ibn Muṭahhar: Kašf al-murād, šarḥ tağrīd al-iʿtiqād. Kommentiert, hrsg. u. übers. v. Abū l-Ḥasan Šaʿrānī (61370/1990). Teheran.

Tugendhat, Ernst (²1994): Vorlesungen über Ethik. Frankfurt/M.: Suhrkamp Verlag

Turki, Mohammed (2015): Einführung in die arabisch-islamische Philosophie. Freiburg: Verlag Karl Alber.

aṭ-Ṭūsī, Naṣīr ad-Dīn: Aḫlāq-i Nāṣirī. Kommentiert und Hrsg. v. Muğtabā Mīnūʾī (⁴1369/1990) Teheran.

Triki, Fathi (2011): Demokratische Ethik und Politik im Islam. Arabische Studien zur transkulturellen Philosophie des Zusammenlebens. Aus dem Französischen übersetzt von Hans-Jörg Sandkühler. Göttingen: Velbrück Wissenschaft.

ʿUmīd, Masʿūd (2009): Falsafa-i aḫlāq dar Irān-i maʿāṣir. Teheran.

Vasalou, Sophia (2016): Ibn Taymiyya's Theological Ethics. Oxford University Press.

Varavīnī, Saʿd ad-Dīn: The Tales of Marzubān [Marzubān-nāma]. Translated from the Perisan by Reuben Levy (1959). London: Verlag Thames and Hudson.

Vieht, Andereas (2018): Einführung in die philosophische Ethik. Münster, S. 177. https://d-nb.info/1155238087/34, aufgerufen am 09.12.20

Waḥīdī, Ḥusein (1360/1981): Pažūhišī dar farhang-i zartuštī. Teheran.

Wakelnig, Elvira: Die Philosophie in der Tradition al-Kindīs. Al-ʿĀmirī, al-Isfizārī, Miskawaih, as-Siğistānī, at-Tawḥīdī, S. 233–252, in: Heidrun Eichner/Matthias Perkams/Christina Schäfer (Hg. 2013): Islamische Philosophie im Mittelalter. Ein Handbuch. Darmstadt: WBG-Verlag.

Widengren, Geo (1965): Die Religionen Irans. Stuttgart: Kohlhammer.

Widengren, Geo (1961): Mani und der Manichäismus. Stuttgart: Kohlhammer.

Yavari, Neguin: Muḥammad Taqī Miṣbāḥ Yazdī, in: Biographical Encyclopedia of the Modern Middle East and North Africa https://www.encyclopedia.com/international/encyclopedias-almanacs-transcripts-and-maps/mesbah-yazdi-mohammad-taqi-1934 , aufgerufen am 07.01.2021.

Zākānī, ʿUbaid Niẓām ad-Dīn: Aḫlāq al-ašrāf. Kommentiert und Hrsg. v. ʿAlī-Aṣġar Ḥalabī (1374/1995). Teheran.